■2025年度高等学校受験用

明治大学付属八王子高等学校

収録内容一覧

★この問題集は以下の収録内容となっています。また、編集の都
せていただいている場合もございますのでご了承ください。

入試問題の収録内容			解説	解答	解答用紙
2024年度	一般	英語・数学・国語	○	○	○
	推薦	英語・数学・国語	—	○	○
2023年度	一般	英語・数学・国語	○	○	○
	推薦	英語・数学・国語	—	○	○
2022年度	一般	英語・数学・国語	○	○	○
	推薦	英語・数学・国語	—	○	○
2021年度	一般	英語・数学・国語	○	○	○
	推薦	英語・数学・国語	—	○	○
2020年度	一般	英語・数学・国語	○	○	○
	推薦	英語・数学・国語	—	○	○
2019年度	一般	英語・数学・国語	○	○	○
	推薦	英語・数学・国語	—	○	○

★当問題集のバックナンバーは在庫がございません。あらかじめご了承ください。

●凡例●

【英語】

≪解答≫

〔　〕　①別解

②置き換え可能な語句（なお下線は置き換える箇所が２語以上の場合）

(例) <u>I am</u>〔I'm〕glad〔happy〕to～

（　）　省略可能な言葉

≪解説≫

1，**2**…　本文の段落（ただし本文が会話文の場合は話者の１つの発言）

〔　〕　置き換え可能な語句（なお〔　〕の前の下線は置き換える箇所が２語以上の場合）

（　）　①省略が可能な言葉

(例)「(数が) いくつかの」

②単語・代名詞の意味

(例)「彼（＝警察官）が叫んだ」

③言い換え可能な言葉

(例)「いやなにおいがするなべにはふたをするべきだ（＝くさいものにはふたをしろ）」

//　訳文と解説の区切り

cf.　比較・参照

≒　ほぼ同じ意味

【数学】

≪解答≫

〔　〕　別解

≪解説≫

（　）　補足的指示

(例)（右図１参照）など

〔　〕　①公式の文字部分

(例)〔長方形の面積〕＝〔縦〕×〔横〕

②面積・体積を表す場合

(例)〔立方体 ABCDEFGH〕

∴　ゆえに

≒　約、およそ

【社会】

≪解答≫

〔　〕　別解

（　）　省略可能な語

＿＿　使用を指示された語句

≪解説≫

〔　〕　別称・略称

(例) 政府開発援助〔ODA〕

（　）　①年号

(例) 壬申の乱が起きた（672年）。

②意味・補足的説明

(例) 資本収支（海外への投資など）

【理科】

≪解答≫

〔　〕　別解

（　）　省略可能な語

＿＿　使用を指示された語句

≪解説≫

〔　〕　公式の文字部分

（　）　①単位

②補足的説明

③同義・言い換え可能な言葉

(例) カエルの子（オタマジャクシ）

≒　約、およそ

【国語】

≪解答≫

〔　〕　別解

（　）　省略してもよい言葉

＿＿　使用を指示された語句

≪解説≫

〈　〉　課題文中の空所部分（現代語訳・通釈・書き下し文）

（　）　①引用文の指示語の内容

(例)「それ（＝過去の経験）が ～」

②選択肢の正誤を示す場合

(例)（ア，ウ…×）

③現代語訳で主語などを補った部分

(例)（女は）出てきた。

／　漢詩の書き下し文・現代語訳の改行部分

明治大学付属八王子高等学校

所在地	〒192-0001 東京都八王子市戸吹町1100番地
電　話	042-691-0321
ホームページ	https://www.mnh.ed.jp
交通案内	JR線 八王子駅・京王線 京王八王子駅よりスクールバス約25分 JR線・西武拝島線 拝島駅よりスクールバス約25分 JR五日市線 秋川駅より路線バスあり（約10分・下車後徒歩約10分）

普通科

男女共学

くわしい情報は
ホームページへ

応募状況

年度	募集数	受験数	合格数	倍率
2024	推薦 85名 一般 85名	348名 442名	118名 115名	2.9倍 3.8倍
2023	推薦 75名 一般 75名	358名 417名	118名 114名	3.0倍 3.7倍
2022	推薦 75名 一般 75名	342名 410名	128名 95名	2.7倍 4.3倍

※一般は単願優遇（スポーツ）を含む。

試験科目　(2025年度入試・予定)

［推薦］書類審査，適性検査(国・英・数)，面接
［一般］国語・数学・英語（リスニング含む）

本校の特色

カリキュラムは，１年次には幅広い視野と興味を育てる目的から全員共通科目を履修。２年次からは，文系・理系に分かれ，個々の興味や適性に合わせた学習で，希望する進路の実現を目指す。平常講習や夏期講習も充実している。

なお，本校には明治大学への推薦制度がある。また，明治大学の被推薦権を保持しつつ，国公立大学・大学校を受験することも可能である。

施設・環境

本校は，都会の雑踏を離れた緑豊かな地にあり，７万坪の広大な校地による恵まれた環境にある。

施設も充実しており，普通教室のほか，各種特別教室，図書室，講堂，体育館，食堂，売店，プール，野球場，400mトラック，第２グラウンド等が整備されている。また，校舎から500mの位置に，クラブ活動の合宿などで使用する男子合宿所・女子合宿所が設けられている。

進路状況

例年約８～９割の生徒が明治大学へ進学。他大学進学についても，難関国公立大学・私立大学への現役合格に向けて，サポート体制が整っている。

明治大学推薦合格者数（AO含む）

（2024年３月卒業生）

学　部	人数	学　部	人数
法	45	経　営	38
商	47	情報コミュニケーション	23
政治経済	48	国際日本	8
文	20	総合数理	11
理　工	28		
農	16	総　計	284

イベント日程

◎学校説明会　【予約制】
８月23日(金)［７月23日(火)９：00～予約開始］
10月12日(土)［９月12日(木)９：00～予約開始］
11月30日(土)［10月30日(水)９：00～予約開始］

◎オープンスクール　【予約制】
10月12日(土)・11月30日(土)

◎文化祭
９月21日(土)・９月22日(日・祝)

☆上記日程は予定です。詳細は本校ホームページでご確認ください。
☆各種イベントで来校する際は，スクールバスをご利用ください。
（発車時間は本校ホームページ参照）

編集部注―本書の内容は2024年5月現在のものであり，変更されている場合があります。正確な情報は，学校のホームページ等で必ずご確認ください。

出題傾向と今後への対策 英語

出題内容

	2024	2023	2022
大問数	5	5	5
小問数	26	28	27
リスニング	○	○	○

◎大問５題で，小問数は30問程度である。出題構成は放送問題１題，長文読解問題２題，文法問題１題，整序結合１題である。

2024年度の出題状況

1 放送問題

2 長文読解総合—説明文

3 長文読解総合—説明文

4 書き換え—適語補充

5 整序結合

解答形式

2024年度	記　述／マーク／併　用

出題傾向

記述式の問題が比較的多く，正確に英文を読み取る力とそれを日本語や英語できちんと表現できるかが試される。長文のジャンルは説明文が多い。設問は文法問題から内容把握に関するものまでさまざまであり，総合力が要求される。文法問題は適語補充形式の書き換えである。整序結合の語群は10語(句)程度で日本文が与えられている。

今後への対策

総合力の基礎となる教科書にある単語，熟語，重要構文は全て覚えてしまおう。本校は単語を書かせる設問も多いので単語を書き，手で覚えることも有効だ。このうえで，文法と長文読解はそれぞれ問題集を１冊決めて，繰り返し解き直そう。同じ英文でも何度も読むことで長文に慣れてくる。最後に過去問題集で形式と時間配分を確認。

◆◆◆◆◆ 英語出題分野一覧表 ◆◆◆◆◆

分野		年度 2022	2023	2024	2025 予想※
音声	放送問題	●	●	●	◎
	単語の発音・アクセント				
	文の区切り・強勢・抑揚				
語彙・文法	単語の意味・綴り・関連知識			●	△
	適語(句)選択・補充				
	書き換え・同意文完成	●	●	●	◎
	語形変化				
	用法選択				
	正誤問題・誤文訂正				
	その他				
作文	整序結合	●	●	■	◎
	日本語英訳　適語(句)・適文選択				
	日本語英訳　部分・完全記述				
	条件作文				
	テーマ作文				
会話文	適文選択				
	適語(句)選択・補充				
	その他				
長文読解	内容把握　主題・表題		●		△
	内容把握　内容真偽	●	●	●	◎
	内容把握　内容一致・要約文完成		●		△
	内容把握　文脈・要旨把握	●	●	●	◎
	内容把握　英問英答				
	適語(句)選択・補充	●	●	●	◎
	適文選択・補充	●			△
	文(章)整序				
	英文・語句解釈(指示語など)	●	■	●	◎
	その他(適所選択)		●	●	◎

●印：１～５問出題，■印：６～10問出題，★印：11問以上出題。
※予想欄　◎印：出題されると思われるもの。　△印：出題されるかもしれないもの。

出題傾向と今後への対策 数学

出題内容

2024年度

大問５題，20問の出題。1は，数・式の計算や方程式の計算など６問。2は小問集合で，数の性質や場合の数，関数，図形など計８問。うち，平面図形の計量題が３問，空間図形の計量題が１問ある。3はデータの活用に関する問題。度数を求めるものと，正しい箱ひげ図を選ぶもの。4は平面図形で，円と三角形を利用した計量題２問。円の性質や相似な図形，三平方の定理について問われた。5は関数で，放物線と直線に関するもの。図形の知識も要する。

2023年度

大問５題，20問の出題。1は，数・式の計算や方程式の計算など６問。2は小問集合で，数の性質や場合の数，関数，図形など計８問。うち，平面図形の計量題が４問ある。3はデータの活用に関する問題。平均値，中央値を求めるものと，与えられた条件から誤っている値を探し，正しい値に直すものが出題されている。4は関数で，放物線と直線に関するもの。図形の知識も要する。5は空間図形で，立方体を利用した問題。２つの線分の長さの和が最小になるときを考える問題もある。

作…作図問題　証…証明問題　グ…グラフ作成問題

解答形式

2024年度	記　述／マーク／併　用

出題傾向

大問５題で，設問20問の出題となっている。1，2は小問集合で，合わせて14問前後。各分野から出題され，やや難度の高いものも見られる。3～5は，関数，図形がメインとなっている。条件や設定が少し複雑なものも見られ，しっかり問題文を読んで内容を把握することが大事。年度により，関数，図形以外の分野からも出題される。

今後への対策

まず，やや複雑な計算問題にも対応できるよう，毎日練習を積み計算力を強化しよう。また，これと並行して，各分野の基礎基本をしっかり定着させ，そのうえで標準レベルの問題集で演習を積んで，いろいろな解法や考え方を身につけるようにしていこう。できなかった問題は必ず解き直すこと。

◆◆◆◆◆ 数学出題分野一覧表 ◆◆◆◆◆

分野	年度	2022	2023	2024	2025予想※
数と式	計算，因数分解	★	★	★	◎
	数の性質，数の表し方	■	■	●	◎
	文字式の利用，等式変形				
	方程式の解法，解の利用	●	■	■	◎
	方程式の応用				
関　数	比例・反比例，一次関数	★			△
	関数$y=ax^2$とその他の関数		★	★	◎
	関数の利用，図形の移動と関数				
図　形	（平面）計　量	★	★	★	◎
	（平面）証明，作図				
	（平面）その他				
	（空間）計　量	★	■	●	◎
	（空間）頂点・辺・面，展開図				
	（空間）その他				
データの活用	場合の数，確率	★	●	●	◎
	データの分析・活用，標本調査		■	■	◎
その他	不 等 式				
	特殊・新傾向問題など				
	融合問題				

●印：１問出題，■印：２問出題，★印：３問以上出題。
※予想欄　◎印：出題されると思われるもの。　△印：出題されるかもしれないもの。

出題傾向と今後への対策 国語

出題内容

2024年度

小説　論説文

課題文

一凪良ゆう『汝，星のごとく』
二森　達也『集団に流されず個人として生きるには』

2023年度

小説　論説文

課題文

一瀧羽麻子『博士の長靴』
二伊豫谷登士翁『グローバリゼーション』

2022年度

小説　論説文

課題文

一宇佐見りん『推し，燃ゆ』
二小磯修二『地方の論理』

解答形式

2024年度	記述／マーク／併用

出題傾向

設問は，それぞれの読解問題に９～13問付されており，全体で20問強の出題となっている。そのうちのいくつかは記述式解答を求めるものであるが，多くは本文からの抜き書きとなっている。課題文は，論説文・小説ともに分量が多く，また比較的新しい著作からの出題が目立つ。

今後への対策

読解問題については，課題文の分量も設問数も多いので，文章を速く正確に読む力・細部を的確に読む力・全体の論旨の流れを把握する力，以上の三つの力が必要である。こうした力を養うには，基本的な問題集をできるだけたくさんこなすことと，日頃からの読書が大切である。

◆◆◆◆◆ 国語出題分野一覧表 ◆◆◆◆◆

分野			2022	2023	2024	2025予想※
現代文	論説文 説明文	主題・要旨	●	●		◎
		文脈・接続語・指示語・段落関係			●	△
		文章内容	●	●	●	◎
		表現	●	●		◎
	随筆 日記 手紙	主題・要旨				
		文脈・接続語・指示語・段落関係				
		文章内容				
		表現				
		心情				
	小説	主題・要旨				
		文脈・接続語・指示語・段落関係	●			△
		文章内容	●	●	●	◎
		表現	●	●	●	◎
		心情	●	●	●	◎
		状況・情景				
韻文	詩	内容理解				
		形式・技法				
	俳句 和歌 短歌	内容理解				
		技法				
古典	古文	古語・内容理解・現代語訳				
		古典の知識・古典文法				
	漢文	（漢詩を含む）				
国語の知識	漢字 語句	漢字	●	●	●	◎
		語句・四字熟語				
		慣用句・ことわざ・故事成語				
		熟語の構成・漢字の知識				
	文法	品詞				
		ことばの単位・文の組み立て				
		敬語・表現技法				
	文学史					
作文・文章の構成・資料						
その他						

※予想欄　◎印：出題されると思われるもの。　△印：出題されるかもしれないもの。

合格を勝ち取るための

本書の使い方

本書に掲載されている過去問をご覧になって，「難しそう」と感じたかもしれません。でも，大丈夫。ほとんどの受験生が同じように感じるのです。高校入試の出題範囲は中学校の定期テストに比べて広いですし，残りの中学校生活で学ぶはずの，まだ習っていない内容からも出題されているかもしれません。

ですから，初めて本書に取り組む際には，点数を気にする必要はありません。点数は本番で取れればいいのです。

過去問で重要なのは「間違えること」です。自分の弱点を知るために，過去問に取り組むのです。当然，間違った問題をそのままにしておいては意味がありません。

本書には，長年にわたって高校受験に関わってきたベテランスタッフによる詳細な解説がついています。間違えた問題は重点的に解説を読み，何度も解きなおしてください。時にはもう一度，教科書で復習するのもよいでしょう。

別冊として，抜き取って使える解答用紙を収録しました。表示してあるように拡大コピーをとれば，実際の入試と同じ条件で，何度でも過去問に取り組むことができます。特に記述問題では解答欄の大きさがヒントになる場合があります。そうした，本番で使える受験テクニックの練習ができるのも，本書の強みです。

前のページにある「出題傾向と今後への対策」もよく読んで，本校の出題傾向に慣れておきましょう。

2024年度 明治大学付属八王子高等学校

【英　語】（50分）〈満点：100点〉

1　リスニング問題〈編集部注：放送文は未公表につき掲載してありません。〉

放送の指示に従って答えなさい。

問1

Q 1. Why do they decide NOT to take a taxi ?

A. Because the nearest taxi stand is far.

B. Because they have to pay a lot of money.

C. Because they have to wait for a long time to catch a taxi.

D. Because they have found they can walk there.

Q 2. What will they do next ?

A. Go shopping.

B. Take the subway.

C. Turn right at the next corner.

D. Drink coffee.

問2

Q 1. What is NOT true about the man ?

A. He likes big cities better than small towns.

B. He thinks there are many things to do in a city.

C. He thinks big buildings and bright lights are exciting to see.

D. He can't understand any good points of small towns.

Q 2. What do both the man and his girlfriend like ?

A. Shopping in a mall.

B. Seeing a movie.

C. Seeing flowers.

D. Playing outside.

2　次の英文を読み，後の問いに答えなさい。＊印の語(句)には注が付いています。

*Laughter is ①(　　　) for people. We start to laugh at about four months of age. We start to laugh even before we start to speak !

Laughter *connects us with other people. We laugh more when we are with other people. Studies find that ②we are 30 times more likely to laugh with other people than alone. Laughter is also ③contagious. When one person laughs, other people begin to laugh, too.

It is difficult to *pretend to laugh. Laughter is honest. Try to laugh right now. It's difficult, isn't it ? When people pretend to laugh, most people know it's not ④(　　　). Studies show that people don't like the sound of *fake laughter.

Only 10 to 20 percent of laughter is about something funny. 【ア】 Most laughter is about being friendly with other people. Most laughter says, "I don't want to *compete with you. I want to be friendly with you." This kind of laughter brings people together.

We often laugh when we feel *nervous. At the beginning of meetings someone often tells a joke when everyone feels nervous. It is usually a small joke, but we laugh a lot. Our laughter helps us to relax.

Sometimes we laugh because we think we are better than other people. When we laugh at another person, we are saying, "I am better than you." 【イ】

Some things are funny because we don't expect them. When a joke begins, we already have an idea about the end. We think we know the end, but then the joke ends ⑤<u>in a different way</u>. The end of the joke surprises us. It *makes us laugh.

*Silly things are sometimes funny. We laugh at jokes about people and their mistakes because we know something they don't know. 【ウ】 We think we are better than they are.

Not everyone has the same sense of *humor. Some people think a joke is funny, but other people don't think so. People have different ideas about what is funny.

Our idea of what is funny changes with time. For young children, the world is new. Many things surprise them, so they laugh a lot. Teenagers often worry about what others think of them. 【エ】 They laugh to protect themselves. Adults laugh at themselves and other people with similar problems. They laugh at things that give them stress. Our reasons for laughter change over time.

（注） ＊laughter 笑い　＊connect ～をつなぐ　＊pretend to ～するふりをする　＊fake 偽の
＊compete 競い合う　＊nervous 緊張して　＊make 人＋動詞の原形 人に～させる
＊silly 愚かな　＊humor ユーモア

問１ 空所①に当てはまる語として最も適切なものを１つ選び，記号で答えなさい。

ア casual　イ difficult　ウ natural
エ healthy　オ useful

問２ 次の２つの例文を参考にして，下線部②を和訳しなさい。

Our children are likely to sleep longer. 私たちの子ども達はより長く寝る傾向がある。
This animal is 1.5 times heavier than me. この動物は私より1.5倍重い。

問３ 下線部③の単語の本文中における意味として最も適切なものを１つ選び，記号で答えなさい。

ア うつりやすい　イ 個人の
ウ 自発的な　エ 友好的な

問４ 空所④に当てはまる語として最も適切なものを１つ選び，記号で答えなさい。

ア surprising　イ difficult　ウ interesting
エ real　オ funny

問５ 下線部⑤は次の内容を示している。空所に入る日本語を，指定された文字数で答えなさい。

（ ７字以上15字以内 ）とは異なる形で

問６ 本文からは次の１文が抜けている。本文中に挿入する場合，最も適切な箇所はどこか。文中の【ア】～【エ】の中から１つ選び，記号で答えなさい。

Laughter like this hurts people's feelings.

問７ 本文の内容と一致する文を次から１つ選び，記号で答えなさい。

ア We begin to laugh half a year after we are born.
イ It is good to laugh even when we are sad.
ウ A joke told at the end of the meeting can make us feel nervous.
エ Young children laugh a lot because they get surprised at a lot of new things.
オ Adults don't laugh when they feel stressed.

3　次の英文を読み，後の問いに答えなさい。＊印の語(句)には注が付いています。

*Monarch butterflies from the eastern part of North America make the most amazing journey in the *insect world. Each year, this *tiny creature travels up to 3,000 miles (4,800 kilometers) to its winter home in central Mexico. How can it fly so far? And what is the purpose of its long and dangerous trip? Scientists still don't have an *explanation.

For many years, people in Mexico wondered where the orange-and-black butterflies came from every winter. (　①　), a scientist put the first wing *tags on some of the butterflies. (　②　), he tagged and *tracked Monarch butterflies. He discovered that one butterfly started its journey in Ontario, Canada. (　③　), it arrived in Mexico.

The length of the butterflies' trip is only one part of the mystery. Another amazing thing is that the butterflies always return to the same *location in central Mexico. (　④　), Monarchs from all over the eastern part of North America spend the winter at *just a dozen places in Mexico. All of these places are within *300 square miles of each other! You can imagine how crowded the area is with butterflies.

How do the butterflies find their way back to the same place? ⑤<u>This is an interesting question</u> because only every fourth *generation makes the trip south. In other words, the butterfly that travels to Mexico this year is the great-great-grandchild of the butterfly that traveled there last year.

Each year, four generations of a Monarch butterfly family are born. Each generation of the family has (　⑥　) life. The first generation of Monarchs is born in the south in late April. It slowly moves north, *reproduces, and then dies. On the trip north, two more generations are born, reproduce, and die. Each of these generations of butterflies lives for only two to five weeks.

In the fall, the fourth generation of butterflies is born. *Compared to its parents, this generation has a (　⑦　) life. It lives for about eight months. This generation of butterflies makes the amazing journey to the winter home of its great-great-grandparents. The butterflies spend the winter ⑧<u>there</u>, and in the spring they reproduce and then die. Their *offspring will be the first generation of the next *cycle.

（注）＊monarch butterfly　オオカバマダラ(チョウの一種)　＊insect　昆虫　＊tiny　小さな
＊explanation　説明　＊tag　つけ札　＊track　追跡する　＊location　場所
＊just a dozen　ほんの10程度の　＊300 square miles　300平方マイル(約777平方キロメートル)
＊generation　世代　＊reproduce　繁殖する　＊compared to　～と比べると　＊offspring　子
＊cycle　サイクル，周期

問1　次の(i)～(iii)を文中の空所①～③に当てはめるとき，最も適する組み合わせを下のア～エから1つ選び，記号で答えなさい。

(i)　Four months and 1,870 miles later
(ii)　Then, in 1937
(iii)　For the next 20 years

ア　①－(ii)　②－(i)　③－(iii)　　イ　①－(iii)　②－(ii)　③－(i)
ウ　①－(ii)　②－(iii)　③－(i)　　エ　①－(iii)　②－(i)　③－(ii)

問2　空所④に当てはまる語(句)として最も適切なものを1つ選び，記号で答えなさい。

ア　However　　イ　In fact
ウ　Sometimes　　エ　Of course

問3　下線部⑤について，筆者がそのように考える理由は何か。次の日本語に合うように指定された文字数で答えなさい。

（ 3字以内 ）ごとのオオカバマダラのみが（ 7字以内 ）ため。

問4　空所⑥，⑦に入る語(句)の組み合わせとして最も適切なものを次の中から1つ選び，記号で答えなさい。

ア　⑥－the same　⑦－short　　イ　⑥－a very different　⑦－short

ウ　⑥－the same　⑦－long　　エ　⑥－a very different　⑦－long

問5　下線部⑧が示す場所として最も適切なものを1つ選び，記号で答えなさい。

ア　Mexico

イ　America

ウ　Canada

エ　Monaco

問6　科学者たちがまだ説明できないと筆者が述べていることを，次の中から1つ選び，記号で答えなさい。

ア　オオカバマダラはいかにして非常に遠くへ飛ぶことができるのか。

イ　オオカバマダラはどこで生まれているのか。

ウ　オオカバマダラは目的地に着くまでに何世代かかるのか。

エ　オオカバマダラは最大でどれくらいの距離を飛行するのか。

問7　本文の内容と**異なる文**を次から1つ選び，記号で答えなさい。

ア　A scientist put something on Monarch butterflies and tried to find where they would go.

イ　The places which Monarch butterflies visit in winter are full of butterflies.

ウ　Each generation of Monarch butterflies dies in a different place.

エ　The next generation of the butterflies that are born in spring will be the first one of the next cycle.

オ　The generation which is born in the autumn lives for more than half a year.

4　次の各組の英文がほぼ同じ意味になるように，（　）に適切な語を入れなさい。

(1) I hope that I will visit Australia again.
I hope (　　) (　　) Australia again.

(2) He didn't say goodbye when he left home.
He left home (　　) (　　) goodbye.

(3) It has been three days since he and his mother got sick.
He and his mother (　　) (　　) sick (　　) three days.

(4) Nobody in our class read more books than Kenji last year.
Kenji (　　) (　　) (　　) books in our class last year.

5 日本語の意味を表すように次の語(句)を並べかえたとき，(A)(B)(C)に入る語(句)を語群から選び，記号で答えなさい。〈ただし，文頭に来る語(句)の最初の文字も小文字になっています。〉

(1) 私は，トモミの隣に座っている男性の名前を思い出せない。

( )( )( )( )(A)( )(B)( )(C)( ).

ア can't　イ I　ウ next　エ of　オ remember
カ sitting　キ the man　ク the name　ケ to　コ Tomomi

(2) 仕事の効率化を図るためにこのシステムを使うことは，私たちにとって必要である。

(A)( )( )( )(B)( )( )( )(C)( ).

ア for　イ is　ウ it　エ necessary　オ this system
カ to make　キ to use　ク us　ケ work　コ effective

(3) 私の姉が朝に作ったパンケーキが，今日食べた最後の食事だ。

( )( )(A)( )( )(B)( )(C)( )( ) today.

ア cooked　イ food　ウ had　エ I　オ in
カ my sister　キ the morning　ク the pancake　ケ the last　コ is

(4) あそこにいる生徒たちがお祭りに参加できればいいのになあ。

( )(A)( )( )(B)( )(C)( ).

ア attend　イ could　ウ I　エ over
オ the festival　カ the students　キ there　ク wish

【数　学】（50分）〈満点：100点〉

1　次の問いに答えなさい。

(1)　$\dfrac{x(2x+3y)}{3}-\dfrac{y(5x+2y)}{5}$ を計算しなさい。

(2)　$-\dfrac{x^2y^3}{12}\div\left(\dfrac{5}{6}x^2y^2\right)^3\times(-3xy)^3\times\left(-\dfrac{5}{9}y\right)^2$ を計算しなさい。

(3)　$x^2-6xy+9y^2-6x+18y-16$ を因数分解しなさい。

(4)　$x=3+\sqrt{2}$，$y=3+2\sqrt{2}$ のとき，$2x^2-2xy+\dfrac{1}{2}y^2$ の値を求めなさい。

(5)　2次方程式 $(x+1)(2x-3)=(2x-3)(4x-5)$ を解きなさい。

(6)　$x-y=5$，$xy=2$ のとき，$x+y$ の値を求めなさい。ただし，$x>0$，$y>0$ とします。

2　次の問いに答えなさい。

(1)　2つの不等式 $x^2-150\leqq 0$ と $x<10$ を同時に満たす整数 x は何個ありますか。

(2)　数字1，3，4，7，8を書いたカードがそれぞれ1枚ずつあります。この5枚のカードをよくきって，同時に3枚取り出すとき，3枚のカードに書かれている数字の和が3の倍数になるのは何通りありますか。

(3)　関数 $y=\dfrac{1}{3}x^2$ について，x が a から $a+4$ まで増加したときの変化の割合は $\dfrac{8}{3}$ です。a の値を求めなさい。

(4)　2次方程式 $x^2-4ax+4a-1=0$ の解が1つになるときの a の値を求めなさい。

(5)　3辺の長さが5，6，7の三角形の面積を求めなさい。

(6)　下の図1のように，円周上に4点A，B，C，Dがあり，線分ACは∠BADの二等分線です。線分ACと線分BDの交点をEとします。BC＝6，CE＝5，DE＝2のとき，BEの長さを求めなさい。

(7)　下の図2のように，線分AC，BCをそれぞれ直径とする半円があり，点Bは線分AC上の点です。点Eは$\overset{\frown}{\mathrm{AC}}$上の点で，線分AEは点Dで$\overset{\frown}{\mathrm{BC}}$と接しています。∠BCD＝23°のとき，∠BAEの大きさを求めなさい。

図1

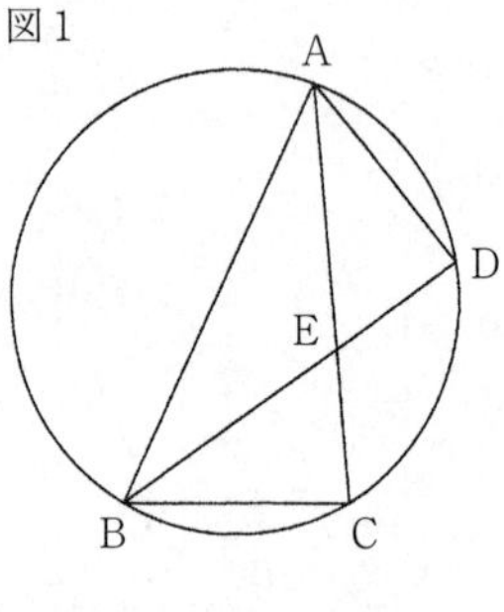

図2

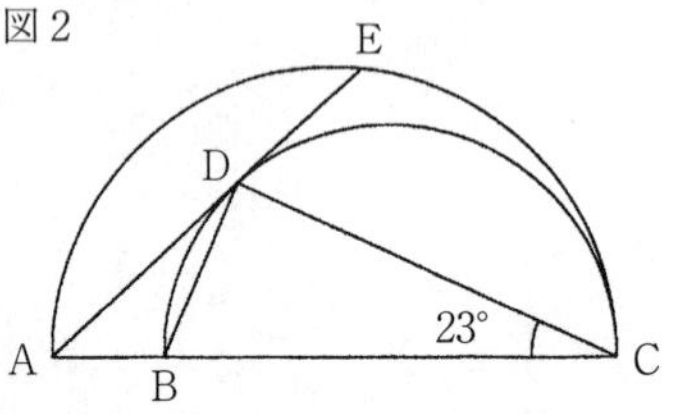

図3

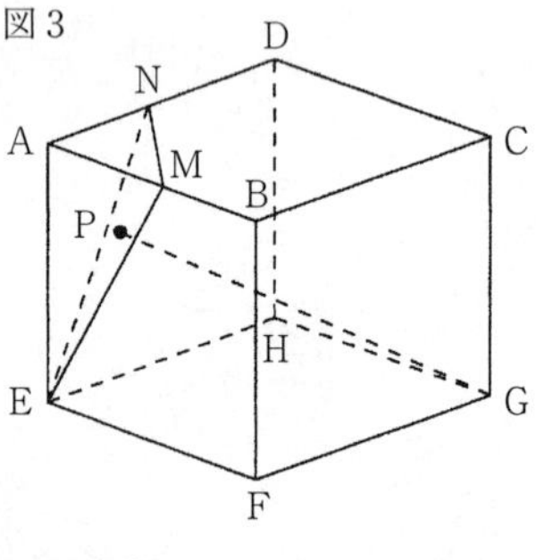

(8)　上の図3のように，1辺の長さが6の立方体ABCD－EFGHにおいて，AB，ADの中点をそれぞれ点M，Nとします。点Gから△EMNに垂線をひいて，その交点をPとするとき，GPの長さを求めなさい。

3 次の図は，20人のクラスで，5月，6月に借りた本の冊数を，それぞれヒストグラムに表したものです。5月，6月に借りた本の総数は同じでした。ただし，6月の4冊，5冊，6冊を借りた人数は表されていません。下の問いに答えなさい。

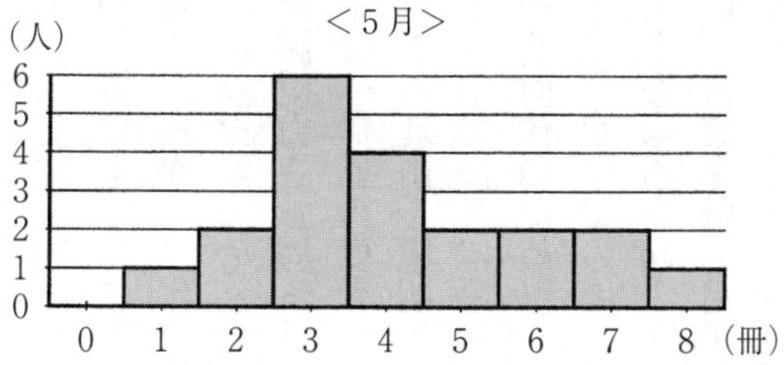

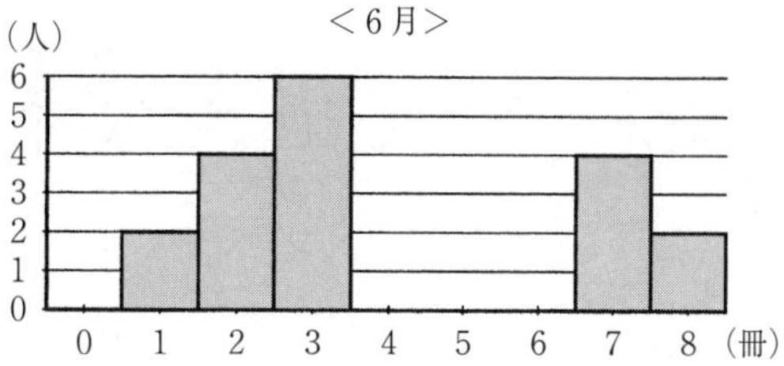

(1) 6月に4冊，5冊，6冊の本を借りた人数をそれぞれ求めなさい。

(2) 5月，6月に借りた本の冊数を箱ひげ図で表すと，AからDのどれになりますか。それぞれ選びなさい。

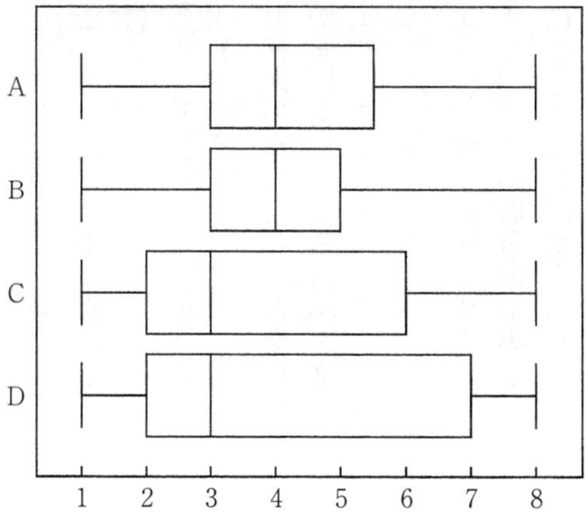

4 右の図のように，△ABCは円Oに内接し，線分BCは円Oの直径です。線分ABの延長線上に点Dをとり，点Cと点Dを結びます。線分BC上に点Eをとり，点Eから線分CA，CDにひいた垂線と線分CA，CDとの交点をそれぞれF，Gとします。$EF=EG=2$，$CE=2\sqrt{3}$，$EB=3\sqrt{3}$ のとき，次の問いに答えなさい。

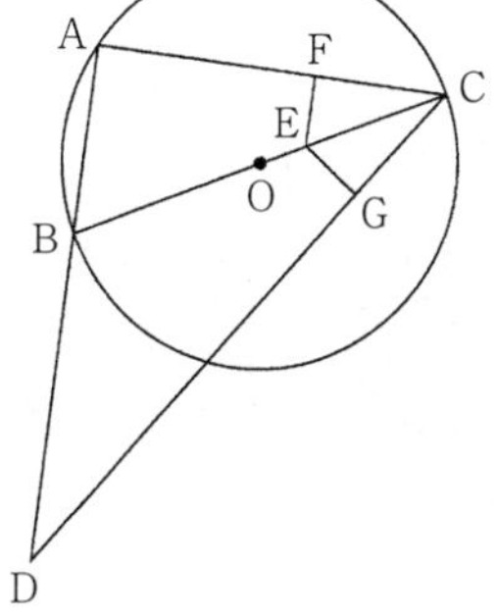

(1) 線分ABの長さを求めなさい。

(2) 線分BDの長さを求めなさい。

5 右の図のように，関数 $y=\frac{1}{2}x^2$ のグラフ上の x 座標が正である点をAとします。点Aから x 軸に平行な直線をひき，関数 $y=\frac{1}{2}x^2$ のグラフとの交点でAとは異なる点をDとし，線分ADを1辺とする正方形ABCDをつくります。ただし，点Bの y 座標は，点Aの y 座標より大きいものとします。点Aの x 座標を t として，次の問いに答えなさい。

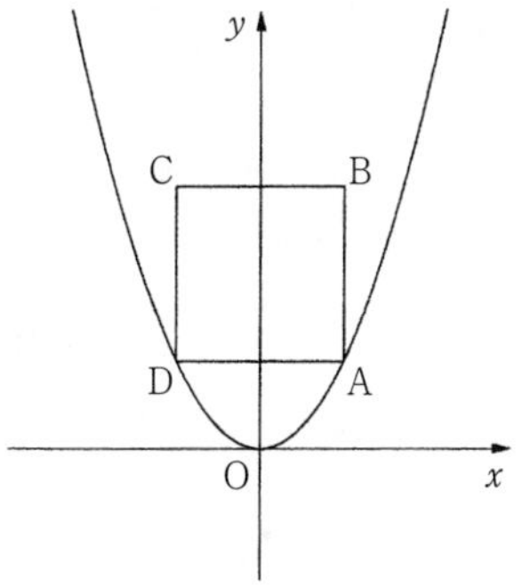

(1) 点Bの座標を t を用いて表しなさい。

(2) 正方形ABCDが直線 $y=-2x+8$ と交わるとき，t の値の範囲を求めなさい。ただし，正方形ABCDの頂点が直線 $y=-2x+8$ 上の点となるときも含みます。

から。

問八、――⑫「発する側にもいる」とありますが、これを説明した次の文の空欄にあてはまる言葉をアはこれより前の文中から四字、イはこれより後から二字で抜き出して答えなさい。

組織に不満があっても［ア］をせず、個が［イ］を守ることで同調圧力を強める場合があるということ。

問九、――⑭「帰属の度合いが強すぎると個が不幸になる」とありますが、この理由を説明した次の文の空欄にあてはまる言葉を文中から十四字で探し、最初の五字を抜き出して答えなさい。

組織や共同体のために［　］を強《し》いられるから。

問十、――⑮「かつてのこの国の戦争のように、個が従属しすぎる組織は大きな過ちを起こす」とありますが、多くの戦争の原因を述べている言葉を解答用紙の「こと」に続くように、文中から八字で抜き出して答えなさい。

問十一、――③「ハッショウ」、⑧「タイザイ」、⑨「ビミョウ」のカタカナを漢字に改め、――④「紛れ」、⑬「駆使」の漢字の読みを答えなさい。

士と呼ばれた。そして戦争の時代には皇国兵士。二つの四文字熟語に共通することは滅私奉公。私(個)を滅して奉公する。奉公とは何か。辞書には「身をささげて公(天皇・国・主君)のために尽くすこと」とある。戦争の時代には皇国である日本と最高元首だった天皇に。そして高度経済成長期には自分が所属する企業や組織に。身をささげて尽くす。奉公する。

私を滅するとは、個の感情や意見を抑えこむこと。その日は気分が悪くても、マスゲームが始まったら全員と同じように動かなくてはならない。試合が終わったら早く帰りたいけれど、周囲でみんながゴミを拾っているから帰れない。不満があってもみんなが黙っているから、自分も沈黙しなくてはならない。

それは奉公される側の国や会社にとって都合がいい。でも個人の生きかたに視点を置けば、絶対に良いことではないはずだ。

だから考えよう。一概に組織を否定するつもりはない。人は組織や共同体に帰属しなければ生きていけない生きものだ。でも⑭帰属の度合いが強すぎると個が不幸になる。何よりも、⑮かつてのこの国の戦争のように、個が従属しすぎる組織は大きな過ちを起こす。多くの人が不幸になる。人類の歴史はそのくりかえし。だから学ぼう。歴史を知ろう。理由を考えよう。

(森　達也「集団に流されず個人として生きるには」による。
一部表記・体裁を改めた)

問一、(①)に入る言葉として最もふさわしいものを次から選び、記号で答えなさい。

ア　臆病は恥ずかしいことですよ
イ　早く飛び込まないと、損をしますよ
ウ　みなさん飛び込んでいますよ
エ　今なら天国でお会いできますよ

問二、――②「そしてマスゲームの『マス』の語源である『Masse』はドイツ語だ」とありますが、これはドイツ人のどのような性質を前提とした表現だと考えられますか。文中から十三字で探し、最初の五字を抜き出して答えなさい。

問三、――⑤「団体行動が得意なのだ」とありますが、筆者は日本人が他の民族より団体行動が得意なのはなぜだと考えていますか。これを説明した次の文の空欄にあてはまる言葉を文中から九字で抜き出して答えなさい。

日本人は［　］性質が強いから。

問四、――⑥「『ねえトイレに行かない?』と言ってくる」とありますが、このクラスメートたちの行動は、日本人のどのような傾向を表すものだと考えられますか。これより前の文中から十六字で探し、最初の五字を抜き出して答えなさい。

問五、――⑦「彼女にはそれがわからない」とありますが、「それ」の指し示す具体的な内容として最もふさわしいものを次から選び、記号で答えなさい。

ア　トイレに誘うことで、相手との関係性が保たれているかを確かめているということ
イ　トイレに誘うことで、相手の体調に配慮する姿勢があることを示しているということ
ウ　トイレに誘うことで、相手の気持ちが読めるかどうかを確かめているということ
エ　トイレに誘うことで、相手の個性を心から尊重している態度を示しているということ

問六、――⑩「これに逆らうことは難しい」とありますが、この理由を説明した次の文の空欄にあてはまる言葉を文中からアは二字、イは五字で抜き出して答えなさい。

個人が規律を乱して人様に［ア］をかけてはいけないという［イ］的気質が形成されているから。

問七、――⑪「まったく意味不明ですという顔をしていた」とありますが、この理由を説明した次の文の空欄にあてはまる言葉を文中から十一字で探し、最初の五字を抜き出して答えなさい。

彼女は［　］とされる文化の中で育ってきていない

　かつてテレビ・ディレクターの仕事をしていたころ、韓国から日本の大学に学びに来た留学生を被写体にしたドキュメンタリーを撮ったことがある。ロケが始まって数日が過ぎたころ、大学の教室で待ち合せていた彼女は、なぜだかとても怒っていた。「どうしたの?」と訊《たず》ねたら、「日本の大学生はなぜ一人でトイレに行けないのですか」と彼女は言った。意味がよくわからない。首をかしげる僕に彼女は説明してくれた。授業が終わって休み時間になるたびにクラスメートたちが寄ってきて、⑥「ねえトイレに行かない?」と言ってくるという。

　それはある意味で社交辞令。でも⑦彼女にはそれがわからない。フィンランドから来て日本に三年ほど⑧タイザイしていた女性から、「日本では芸能人が不倫などのスキャンダルを起こしたとき、なぜ記者会見で謝罪するのですか」と質問されたこともある。

「私も含めてほとんどの人は、この人が起こしたスキャンダルで迷惑など受けていません。謝罪される理由がわかりません」

　少し考えてから、「世間を騒がせたから、という理由かな」と僕は答えた。

「世間って私たちですか。でも騒いだのはメディアです」と彼女は言った。

　僕はうなずいた。まったくその通り。まだ日本に来て数年しかたっていない彼女に、日本の世間について説明することはなかなか難しい。

　そもそも世間という言葉は外国語に訳しづらい。当てはまる言葉がないのだ。例えば英語ならばSociety（社会）かWorld（世界）。でも僕たちが使う世間のニュアンスとは⑨ビミョウに違う。People（人々）かPublic（公共の）などを訳語として並べている辞書もあるけれど、やっぱり日本語の世間の意味に、ぴったりとは嵌《はま》らない。

　僕は彼女に説明した。世間をわかりやすく言えば多くの人の目。あるいは空気。日本ではこの圧力がとても強い。⑩これに逆らうことは難しい。だからスキャンダルを起こした芸能人は、具体的な誰かではなく、カメラの向こうにある世間や空気に謝っているのだと思う。僕のこの説明に対して彼女は、⑪まったく意味不明ですという顔をしていた。説明しながら僕もそう思う。まったく意味不明だ。でもこれが日本なのだ。

　いずれにせよ、日本人の集団性が強い理由は、稲作だけではないと僕は思う。島国であることも理由のひとつかもしれない。世界で最も旧《ふる》い王朝と言われる天皇制が、日本人のメンタリティに大きな影響を与えているとの説もある。

　理由はきっとひとつではない。他にもあるはずだ。僕も考えている。なぜ日本人は集団と相性がいいのか。規律正しいのか。マスゲームなど団体行動が得意なのか。世間とは何なのか。試合終了後にみんなでゴミを拾うのか。こうした考察は、日本人とは何かを考えることときっと重複する。

　理由を考えることはもちろん大切だけど、その前にもっと大切なことは、僕たち日本人はとても強い同調圧力のなかで日々を送っていることに気づくこと。そして自分もその同調圧力を受ける一人であると同時に、無意識のうちに⑫発する側にもいる一人なのだと自覚すること。

　集団で生きることを選択したから、僕たちホモサピエンスは言葉を⑬駆使する高度なコミュニケーションが必要となり、文字によって文化を継承することが可能になり、今の地球でここまで繁栄することができた。それは事実。弊害ばかりではない。群れることの恩恵も大きい。

　戦争で核兵器を二つも落とされて広島と長崎は壊滅し、空襲で東京や大阪など主要都市のほとんどは焼け野原となって多くの犠牲者を出しながら、勤勉で集団力が強いからこそ、日本は戦後に驚異的な高度経済成長を成し遂げることができた。国土は小さくて資源もほとんどない国なのに、アメリカに次いでＧＮＰ世界第二位を達成した。まさしくミラクルだ。

　でも同時に知ってほしいこと。この時代のサラリーマンは企業戦

これは日本国内だけではなく、世界の人たちが口にするジョークだ。つまりそれぞれの国の人は、世界からはこのようなイメージで見られているということ。とはいえジョークだ。あまり深刻に捉えすぎないほうがいい。でもあなたに知ってほしい。かつて同盟国だったドイツと日本は、規則や規律を重んじる国民性としては世界の双璧だ。そして日本人の集団性の高さと場への馴致《じゅんち》能力（自分を場に適応させる能力）の強さは、やはり世界の折り紙つきだ。

オリンピックやサッカーのワールドカップなど国際的なスポーツの試合が行われるたびに、日本人観客が試合終了後に周囲のゴミを拾って持ち帰ったなどと報道される。世界が称賛する日本の美徳。確かに決して悪いことではない。でも何か引っかかる。

北朝鮮で式典が行われるたび、国民たちの壮大なマスゲームが披露される。多人数が集まって体操やダンスなどを一斉に行う集団演技。全員が同じように動く。全員で調和する。圧巻だ。でも実はこのマスゲーム、かつては日本のお家芸であり、北朝鮮は日本から学んだと言われている。独裁政権として知られたチャウシェスク政権下のルーマニアでも盛んにおこなわれた。②そしてマスゲームの「マス」の語源である「Masse」はドイツ語だ。これとゲームを合わせたマスゲームという呼称は日本③ハッショウだが、今では世界共通の名称になっている。

何度も書くけれど、集団には大きな副作用がある。大きな被害を生むことが少なくない。歴史の縦軸を見ても今の世界情勢である横軸を見ても、そんな事例はいくらでもある。戦争や虐殺も含めて、大きな悲劇のほとんどは集団化が暴走した帰結として起きる。

だからこそ僕たちは、集団の過ちとそのメカニズムを知るべきだ。歴史を学ぶべきだ。教訓をしっかりと身に刻むべきだ。

人はなぜ闇を恐れるのか。例えば夜の森。あなたは一人で歩けるだろうか。あるいは夜の海。あなたは一人で泳げるだろうか。僕には無理だ。特に夜の海は怖い。あるいは子供のころ、押し入れの中やベッドの下に何かが潜んでいるような気がして、夜中にふと目を覚まして怖くなったことはないだろうか。

夜は怖い。なぜならばかつて僕たちの先祖は、闇に④紛れて襲ってくる天敵の存在におびえていたからだ。その記憶は遺伝子に刻まれている。だからこそ集団化は人類の本能に近い。夜の森だとしても、もしも団体で行動しているならば、怖さは半減するはずだ。このときに大切なのは規律正しさだ。みんなで同じように動けば、怖さはもっと軽減する。

遺伝子に刻まれた本能に近いということは、世界中のどの民族にも共通しているということでもある。ただし僕たち日本人は、この傾向がちょっと強い（と僕は思う）。つまり⑤団体行動が得意なのだ。

日本人の集団性が強い理由として、稲作を挙げる人がいる。なぜなら米は日本人の主食だ。そして稲作にとって水利は重要だ。もしも自分の田んぼだけで水の流れを塞《せ》き止めたら、他の田んぼが大きな損害を被ることになる。誰かが水を汚したら、村全体が損害を受ける。稲刈りなども村全体でなるべく同じタイミングでやらないと、残された田んぼが害虫などの被害を受ける。

こうして村落共同体的メンタリティが形成される。強い絆と同調圧力。これを破ると村八分という処罰を受ける。つまり仲間外れ。その家や家族を村全体でシカトする。これはつらい。だから全体で同じ動きをしようとする傾向が強くなる。調和と規律正しさが美徳とされる。

でも稲作は日本だけではなく韓国や中国などにも共通しているけれど、場や空気を重んじる傾向は、日本が突出して強い（と僕は思う）。だからこそ「タイタニック号」のジョークでも日本人がとりあげられる。あなたがもしも韓国や中国の街を歩いたことがあるならば、日本人よりは自己主張が強い人が多いと感じるはずだ。場の空気を日本ほどは読まない。調和や規律正しさを日本人ほどに求めない。中国や韓国のサポーターたちが、試合後にゴミを拾って帰るイメージを僕は思い浮かべられない（これは決して悪い意味ではない）。

て答えなさい。

問七、――⑪「そうですね。きっと、そうなんですよね。わかってるんです。でも」とありますが、

1「わたし」が本当はやりたいと考えていることを文中から十六字で探し、最初の八字を抜き出して答えなさい。

2それができない理由を文中から十字で抜き出して答えなさい。

問八、――⑬「あなたたちは良い子ね」とありますが、「わたし」のどのようなところが良い子なのですか。これを説明した次の文の空欄にあてはまる言葉を文中から五字で抜き出して答えなさい。

「わたし」は周囲を気にして、自分の［　　］を優先できずに我慢しているところ。

問九、――⑭「お母さんに復調の兆しはなくて…流れ落ちていく」とありますが、

1このように考える「わたし」の気持ちとして最もふさわしいものを次から選び、記号で答えなさい。

ア　瞳子さんのように生きられない惨めさ
イ　耀との上京を断念してしまったことへの後悔
ウ　女性ばかりが忍耐を強いられる社会への不満
エ　自分の努力や献身が全く報われないむなしさ

2このような「わたし」の状態をたとえていると考えられる言葉を文中から十三字で探し、最初の五字を抜き出して答えなさい。

問十、――①「ヘンテツ」、③「ツクロわ」、④「ソクザ」のカタカナを漢字に改め、――⑦「判子」、⑫「自嘲」の漢字の読みを答えなさい。

二　次の文章を読んで、あとの各問いに答えなさい。なお、文中の言葉の下の（　）の中はその言葉の意味とする。

エスニック・ジョークという言葉をあなたは聞いたことがあるだろうか。エスニックとは民族。つまり世界の民族の文化や習俗の違いをネタにしたジョーク。差別的な要素もあるからあまり取り上げるべきではないけれど、でもよく知られたエスニック・ジョークのひとつくらいなら、知っておいても損はない。

多くの国の人が乗っている「タイタニック号」が沈没しかけたとき、船長は乗客たちに、速やかに船から海に飛び込むように指示しなければならなかった。ただし「タイタニック号」のデッキは高い。下は海面とはいえ、高さはビルの五階くらいある。さすがにみんな飛び込みをためらっていると、国別対応マニュアル（男性用）を手にした船長は、乗客それぞれの国籍に合わせてこう言った。

アメリカ人には「もしも飛び込めば、あなたは英雄として称《たた》えられるでしょう」

イギリス人には「あなたがもしも紳士ならば、迷うことなく飛び込むはずですよ」

ドイツ人には「昨日、お国の法律で飛び込むことが決まりました」

イタリア人には「海面には綺麗《きれい》な女性がたくさん浮かんでいますよ」

フランス人には「絶対に飛び込まないでくださいね」

そして日本人には、「（　①　）」

ついでにもうひとつ。

とても重要な国際会議が始まった。

開始一時間前に、ドイツ人と日本人が到着した。

三〇分前にはユダヤ人が到着した。

一〇分前になってイギリス人が到着した。

開始時間ぎりぎりに、アメリカ人が間に合った。

五分遅刻して、フランス人が到着した。

一五分遅刻して、イタリア人が到着した。

三〇分以上経《た》ってから、スペイン人がようやく現れた。

ポルトガル人がいつ来るのかは、誰も知らない。

むくわたしの頭に瞳子さんが触れた。

「⑬あなたたちは良い子ね」

「たち？」

「前に櫂くんにも似たようなことを言ったの」

ゆっくりと小さな子のように髪をなでられる。

「あなたたちは本当に良い子。でも褒めてないのよ」

頭をなでる瞳子さんの手首から、ほのかに香水が薫る。出勤する前にわたしが適当に片付ける洗濯物とは全然ちがう香り。わたしはいつも時間に追われている。

⑭お母さんに復調の兆《きざ》しはなくて、なにをどうしてもありがとうの一言がない。仕事をがんばろうにも、がんばった先にはなにもない。この暮らしがいつまで続くのかわからないまま、砂時計の砂みたいにわたしの十八歳から先の時間が流れ落ちていく。

「ごめんなさい。わたしは、あなたにだけは謝る」

いつも軽やかな瞳子さんの声が、今は薄い薄いガラスみたいに響く。瞳子さんがわたしを心配してくれていることが伝わってくる。申し訳ないと思っていることも。

わたしは首を横に振った。きっかけは確かに瞳子さんだった。けれどいくつかあった選択肢の中から『今』を選んだのはわたしだ。それが間違いだったならば、間違えたのはわたしだ。誰のせいにもできない。けれどただひとつ、知りたいことがある。

——わたしは、いつまでこんなふうなのだろう。

（凪良ゆう「汝、星のごとく」による。一部表記・体裁を改めた）

問一、——②「実はとても自己中心的な人間だと思い知らされる」とありますが、この理由として最もふさわしいものを次から選び、記号で答えなさい。

ア　自慢の彼女でいるよりも、自分が自慢できることをつくりたいと考えているから

イ　自慢できることがないのに、彼女として一目置かれることばかり願っているから

ウ　好きな人が仕事で成功することより、そばにいて世話をしていたいと願っているから

エ　浮気されて傷つくくらいなら、好きな人が成功しなくてもいいと考えているから

問二、——⑤「大きな問題」とありますが、これを説明した次の文の空欄にあてはまる言葉を文中からアは五字、イは三字で抜き出して答えなさい。

男性社員と［ア］働いているのに、給料、［イ］、昇進における差別があるという問題。

問三、——⑥「人気商売はそんなに甘くない」とありますが、「甘くない」現実を具体的に表している連続する三文の最初の五字を抜き出して答えなさい。

問四、——⑧「知ったかぶりの哀れみを向けられるよりも、『人でなし』と呼ばれるほうがマシだと思う」とありますが、このように考える「わたし」の気持ちとして最もふさわしいものを次から選び、記号で答えなさい。

ア　島に残っている古い習慣にがっかりしていて、女性を軽視する価値観から解放されたい

イ　誰かに依存して惨めな思いをするよりも、敵意を向けられながら自立して生きるほうがいい

ウ　島の人たちの心ない噂《うわさ》話が原因で母親が家に引きこもるようになったことに怒りを覚えている

エ　羨ましがられ一目置かれることもあれば傷つくこともあるので、噂に惑わされないようにしている

問五、——⑨「けれどわたしは」とありますが、「わたし」とは対照的な「瞳子さん」の性格を表している言葉を文中から十五字で探し、最初の七字を抜き出して答えなさい。

問六、——⑩「瞳子さんの口調は軽やかで、なんの押しつけがましさもない」とありますが、これとは対照的な現在の「お母さん」の様子を表している一文を文中から探し、最初の五字を抜き出し

お母さんは煮魚をひとくち食べ、味が全然しみてないと溜息《ためいき》をついた。つつくばかりで食べない魚が、皿の上でぐちゃぐちゃになっていく。

一度は離婚に応じたものの、お母さんは今も届《とど》けに⑦判子を押さない。お父さんからは慰謝料の前払いのように毎月いくらかが振り込まれる。ふたつの家庭を支えられるほどお父さんは高給取りではないけれど、向こうは瞳子《とうこ》さんにも収入がある。男の人に頼らなくても瞳子さん自身に経済力があることが、お母さんを余計惨《みじ》めにさせている。瞳子さんはうちの島では『人でなし』と呼ばれて、お母さんとわたしは『かわいそう』という同情の対象だ。でも⑧知ったかぶりの哀れみを向けられるよりも、『人でなし』と呼ばれるほうがマシだと思う。

――お金で買えないものはある。でもお金があるから自由でいられることもある。

――たとえば誰かに依存しなくていい。いやいや誰かに従わなくていい。

あの言葉は、社会人になった今のほうが胸にくる。お金は大事だ。お金を得るための仕事も大事だ。そう思って仕事をがんばった社会人一年目。現実を思い知らされた二年目、同期の男性社員と同等に働いているのに、やはり給料は上がらないままお茶を淹れる。

先日、女子社員のボスである佐々木さんの昔話を伝え聞いた。佐々木さんは若いころは同期である今の課長よりも営業成績がよかったそうだ。けれど昇進はなく、名刺もいつまでも営業アシスタントのまま、佐々木さんは今日も黙って課長にお茶を淹れている。

あのときから、わたしは仕事を流すようになった。サボりはしないけれど、特別がんばりもしない。代わりに、それまで以上に刺《し》繍《しゅう》にのめり込むようになった。ぽっかりと空いた虚《うつ》ろな部分を、煌《きら》めくビーズやスパンコールで刺し埋めてゆく。

仕事終わり、残業だとお母さんに嘘をついて頻繁に瞳子さんの元を訪ねるようになった。最初は教室に通おうとしたけれど、あなたから教室代はもらわない、と瞳子さんは言った。もらえないではなく、もらわないと言い切るところが瞳子さんらしい。いかなるときも、瞳子さんの中心は瞳子さん自身だ。

「刺繍って本当に性格が出るわねえ」

仕上げたばかりのブローチを、瞳子さんがしげしげと見つめる。鶏頭の花をチェーンステッチで象《かたど》り、金色と暗赤色の極小ビーズで花房を埋めた。もっと柔らかく波打たせたかったのに、わたしの技量では無理だった。あちこち隙間だらけでとても恥ずかしい。

「暁海ちゃんらしいわよ。自己流でどんどん簡単にできるのに、わかんないところ適当にしないできちんと刺そうとしてる。そういう真面目さはプロ向きよ」

「ただ好きなだけです」

「好きこそものの上手なれ。櫂くんだってそうやってプロになったんでしょう」

考えもしなかった。でもそうか。最初は誰でもただ好きだからはじめるのだ。そうして櫂はプロの漫画家に、瞳子さんはプロの刺繍作家に。⑨けれどわたしは――。

「そこまで打ち込める時間はないです。会社もあるし」

「お仕事はどう？」

「まあ、それなりに」

「ちっとも楽しくないのね」

瞳子さんには隠し事ができない。

「ねえ暁海ちゃん、いざってときは、誰になんて言われようと好きなことをしなさいね。怖いのは、えいって飛び越えるその一瞬だけよ。飛び越えたら、あとはもう自由なの」

⑩瞳子さんの口調は軽やかで、なんの押しつけがましさもない。

「⑪そうですね。きっと、そうなんですよね。わかってるんです。でも」

⑫自嘲的に笑い、でも、の続きを言い淀《よど》んだ。言いたいことはいつも胸に渦巻いている。でもそれを言葉にしてしまったら――うつ

ための外回り、見積書《みつもりしょ》から商材を発注、手配、配送の手続き、既存の顧客に向けた新商材の提案書作り。仕事がおもしろくないことに不満はないけれど、これがこの先ずっと続くと思うとうんざりする。最初はそうではなかったのに――。

「井上さん、ちょっと」

入社してすぐのころ、女子社員のボス的存在である佐々木さんから呼び出された。なにか失敗をしただろうかと緊張したけれど、注意の内容は他愛《たあい》ないことだった。

「お茶のことなんだけど、自分が飲むときは周りにも声をかけてあげてほしいの」

叱《しか》るというよりもお願いという口調で、なんだそんなことかと安堵し、気がつかなくてすみませんと謝った。違和感を覚えたのは、しばらく経《た》ってからだ。

「お茶を淹《い》れますけど、みなさん、どうですか？」

そう声をかけるのは女子社員だけだと気がついた。男性社員は自分の分だけを淹れる。納得できないものを感じたけれど、そんな些《さ》細《さい》なことで不満を言うのもどうかと思って黙ってしまった。それが⑤大きな問題の一端だと気がつかないままに。

入社して半年も経つと外回りに連れ出されるようになり、自力で新規契約を取れたときは嬉《うれ》しかった。しかし飲み会で酔った同期の男性社員がぽろりと零《こぼ》した事実に愕然《がくぜん》とした。その同期は営業成績によって給料が上がっているのに、わたしの給料は変わっていない。名刺の肩書きもちがう。男性は『営業』、女性は『営業アシスタント』。

「営業はしんどいし、女の子には酷だから」

いたわりなのか侮《あなど》りなのか、それが主任からの返事だった。男性社員と変わりなく仕事をしているのにおかしいのではないかと佐々木さんに相談すると、

「うちは昔からそうなの」

という簡単な一言ですまされた。当然とは思っていない、でも言っても無駄というあきらめムードが伝わってきて、それ以上は言えなくなった。なんとなく島の寄り合い〔集会〕を思い出した。料理を作って酒を運ぶのは女の人で、男の人は座って食べるだけだった。慣れてはいたけれど、社会に出てもそうなのかと落胆した。都会ではこんなことはないのだろうと思うたび、幻となった櫂との東京での暮らしに想《おも》いが飛んでしまう。

そうしてわたしは毎日、自分がお茶を飲みたくなるたびに事務所にいるみんなに声をかける。お茶、コーヒー、それぞれの好みどおりにミルクや砂糖を入れる。せめてオフィス用のドリンクマシンを導入してほしいと思いながら。

「お茶くらい淹れてあげればいいじゃない。それもお給料のうちなんでしょうよ」

夕飯を食べながら、お母さんはどうでもよさげに言った。

「どうせ青埜くんと結婚したら辞めるんでしょう。だったら適当でいいじゃない。それより化粧ちゃんとしなさい。そんなんじゃ東京の女の子に取られるわよ」

お母さんは以前とちがい、櫂との交際に積極的だ。水商売をしている女の息子からプロの漫画家へとクラスチェンジをしたからか。島の多くの人たちと同じように、漫画家イコール儲《もう》かる華やかな仕事と認識している。

⑥人気商売はそんなに甘くない。がんばっている櫂を近くで支えたい。でもお母さんが心配だからわたしは島に残ってるんだよ、わたしの化粧の心配なんかするくらいなら早く元気になってよ、そんな言葉が喉元まで込み上げる。

口うるさいけど朗らかだったお母さんはもういない。月に二度、抗うつ剤をもらいに今治の病院に通院し、それ以外はずっと家にこもっている。愚痴っぽくていつも不機嫌。励ますのも叱るのもいけないので、わたしはそうだねと聞いているしかない。

「結婚するなら、お茶を上手に淹れられるほうがいいわよ。料理もね」

二〇二四年度 明治大学付属八王子高等学校

【国語】〈五〇分〉〈満点：一〇〇点〉

〈注意〉字数には、句読点も記号も一字として数えます。

一 次の文章を読んで、あとの各問いに答えなさい。なお、文中の言葉の下の〔 〕の中はその言葉の意味とする。

ふたりで手をつないで午後の高円寺を歩いていく。こうしていると、島に残ると決めたときの悲壮な決意が嘘《うそ》みたいだ。わたしたちは順調に続いている。

理由のひとつに櫂《かい》の忙しさがある。慣れない新人にとって連載は大変だという。さらに尚人《なおと》くんは描くのが遅く、原作担当の櫂も簡単な背景処理を手伝ったりしている。櫂の毎日は漫画一色で、浮気の心配をしなくていいのは大きい。

新鮮なアジが安かったので、夕飯には尚人くんも呼んだ。尚人くんは歩いて五分のところに住んでいる。アジのタタキ、ニラレバ炒《いた》め、タマネギとトマトのサラダ、お味噌汁《みそしる》というなんの①ヘンテツもない夕飯を、ふたりは本当に喜んでおかわりをした。

〆切《しめきり》中、櫂たちの食事はカップラーメンやコンビニ弁当が続く。わたしへの連絡も途絶えるし、あっても「腹減った」「疲れた」「眠い」の三つしかない。そんなにがんばっているのに打ち切りになるかもしれない。

心配する一方で、わたしがいない東京で、櫂がそれほど楽しい思いをしていないという事実に安堵《あんど》する自分がいる。好きな人の成功を純粋に願っていない。わたしは『いい彼女』ではなく、②実はとても自己中心的な人間だと思い知らされる。

――暁海《あけみ》はいいなあ。プロの漫画家が彼氏なんてすごいよ。

――将来は青埜《あおの》くんと結婚して東京で暮らすんでしょう。

絶対にお式には呼んでねとみんなに羨ましがられる。小さな島ではプロの漫画家なんてスターに等しいので、彼女であるわたしも一目置かれる。でも『すごい青埜くんとつきあっている』ことが今のわたしの自慢できることのすべてになっている。

――わたしは、いつの間にそんなふうになったのだろう。

高校卒業後、わたしは今治《いまばり》の内装資材を扱う会社に勤めた。進路について相談したとき、北原先生から言われた。

「将来の保険として、大学は行ったほうがいいと思いますが」

母親の放火騒ぎ〔新聞紙に灯油をかけて火をつけたのを、暁海と北原先生が消したこと〕以来、わたしは頻繁に化学準備室を訪ねるようになっていた。これ以上ない恥をさらしたあとだからか、担任よりも本音で相談できた。北原先生の前では取り③ツクロわなくてもいい。

学費はお父さんが出すと言ってくれたけれど、両親の離婚がほぼ決まり、母親がひどく体調を崩した。学費とは別に慰謝料は三百万円くらいらしく、将来、経済的に苦しくなることは見えている。だから進学はやめて就職すると自分で決めた。

「井上さんが決めたのなら、それが一番いいと思います」

そう言ったあと、けれど、と北原先生は続けた。

「きみはもう少し周囲に甘えてもいいと思いますよ」

「わたしだって、甘えられるなら甘えたいです」

④ソクザに言い返すと沈黙が落ちた。

「すみません、ぼくの配慮が足りなかったですね」

北原先生は謝り、なにかあれば相談に乗りますと言ってくれた。

化学準備室を出たあと、恥ずかしさでしゃがみ込みたくなった。わたしを心配してくれている人の言葉も素直に受け入れられないくらい、余裕をなくしていることを自覚したのだ。

そしてその余裕のなさは、社会人二年目となった今も続いている。

毎朝六時半に起きて、朝食とお母さんのお昼ご飯の準備をして、自分のお弁当を作り、洗濯や掃除といった家事をすませる。八時すぎに家を出て、九時から夕方の五時まで働く。新規顧客を開拓する

英語解答

1 問１　Ｑ１…Ｂ　Ｑ２…Ｂ

問２　Ｑ１…Ｄ　Ｑ２…Ｃ

2 問１　ウ

問２　(例)私たちは１人でいるときよりも誰かといるときの方が30倍笑う傾向にある。

問３　ア　　問４　エ

問５　(例)思っていた結末

問６　イ　　問７　エ

3 問１　ウ　　問２　イ

問３　(例)４世代，南に旅をする

問４　エ　　問５　ア　　問６　ア

問７　エ

4 (1)　to visit　(2)　without saying

(3)　have been, for

(4)　read the most

5 (1)　Ａ…エ　Ｂ…カ　Ｃ…ケ

(2)　Ａ…ウ　Ｂ…ク　Ｃ…ケ

(3)　Ａ…ア　Ｂ…コ　Ｃ…イ

(4)　Ａ…ク　Ｂ…キ　Ｃ…ア

1〔放送問題〕放送文未公表

2〔長文読解総合―説明文〕

≪全訳≫❶笑いは人間にとって自然である。私たちは生後約４か月で笑い始める。私たちは話し始めてもいないのに笑い始めるのだ。❷笑いは私たちを他の人とつなぐ。私たちは他の人と一緒にいるとき，より多く笑う。研究によると，私たちは１人でいるときよりも誰かといるときの方が30倍笑う傾向にある。また，笑いはうつりやすい。１人が笑うと，他の人も笑い始める。❸笑うふりをするのは難しい。笑いは正直だ。今すぐ笑ってみてほしい。難しいのではなかろうか。人々が笑ったふりをするとき，大半の人はそれが本物ではないとわかる。研究によると，人々は偽の笑いの音を好まないという。❹笑いの10～20パーセントだけが，おもしろいことについての笑いである。大半の笑いは，他の人と仲良くなることについてのものだ。大半の笑いは「私はあなたと競い合いたくない。私はあなたと仲良くなりたい」と言っている。この種の笑いは人々を結びつける。❺私たちは緊張を感じているとき，よく笑う。会議の最初に，皆が緊張を感じているとき，誰かがよく冗談を言う。それはたいていたわいない冗談だが，私たちはたくさん笑う。笑いは私たちがリラックスするのに役立つ。❻私たちは自分が他の人より優れていると思っているので，笑うことがある。私たちは他の人を笑うとき，「私はあなたより優れている」と言っている。イこのような笑いは人々の気持ちを傷つける。❼予期していないからおもしろいこともある。冗談が始まると，私たちはすでに結末を考えている。私たちは結末を知っているつもりだが，冗談は違う形で終わる。その冗談の結末が私たちを驚かせる。それが私たちを笑わせる。❽愚かなことがおもしろいこともある。私たちが人々やその間違いに関する冗談に笑うのは，私たちが彼らの知らないことを知っているからだ。私たちは自分が彼らよりも優れていると思っている。❾全員が同じユーモアの感覚を持っているわけではない。ある冗談をおもしろいと思う人もいれば，そう思わない人もいる。人々は何がおもしろいかについてさまざまな考えを持っている。❿何がおもしろいかに関する私たちの考えは，時とともに変わる。幼い子どもたちにとって，世界は新しい。たくさんのことが子どもたちを驚かせるので，子どもたちはたくさん笑う。10代の若者は，他人が自分のことをどう思っているかを心配していることが多い。彼らは自分を守るために笑う。大人は自分自身や似た問題を持つ他の人々を笑う。大人は自分にストレスを与えることに対して笑う。私たちが笑う理由は時とともに変わるのだ。

問１＜適語選択＞直後の２文は，笑いが人間にとって「自然な」ものであることを表している。 casual「偶然の」

問２＜英文和訳＞例文より，be likely to ～は「～する傾向がある」，‘数詞＋times＋比較級＋than ～’は「～の―倍…だ」という意味だとわかる。　alone「１人で」

問３＜単語の意味＞直後の誰かが笑うと他の人も笑い出すという内容から，笑いは伝染するものであることがわかる。　contagious「伝染性の，うつりやすい」(≒ infectious)

問４＜適語選択＞pretend to laugh「笑うふりをする」のは難しいのだから，その笑いは「本物ではない」とわかるのである。

問５＜語句解釈＞下線部を含む部分は「その冗談は異なる方法で終わる」という意味。前に‘逆接’の but があることから，文前半の We think we know the end「私たちは結末を知っていると思っている」に反して，想定していた結末とは異なる形で終わるということ。これを字数内にまとめる。

問６＜適所選択＞与えられた文の意味から，人の気持ちを傷つける笑いの例が書かれている箇所を探す。イの直前に書かれている，他人を見下す笑いの例が該当する。

問７＜内容真偽＞ア.「私たちは生まれて半年後に笑い始める」…×　第１段落第２文参照。生後約４か月で笑い始める。　イ.「私たちが悲しいときでも笑うのは，良いことだ」…×　そのような記述はない。　ウ.「会議の最後に言われた冗談は，私たちを緊張させることがある」…×　「会議の最後に言われた冗談」に関する記述はない。　エ.「幼い子どもたちは，たくさんの新しいことに驚くので，たくさん笑う」…○　第10段落第２，３文に一致する。　オ.「大人はストレスを感じるとき，笑わない」…×　第10段落最後から２文目参照。逆である。

3〔長文読解総合―説明文〕

≪全訳≫❶北アメリカ東部のオオカバマダラは，昆虫の世界で最も驚くべき旅をする。毎年，この小さな生き物は，メキシコ中部にある冬の生息地まで3000マイル(4800キロ)もの旅をするのだ。それはいかにしてそんなに遠くへ飛ぶことができるのか。そして，その長く危険な旅の目的は何か。科学者たちはいまだに説明できない。❷長年，メキシコの人々はこのオレンジと黒の蝶《ちょう》が毎年冬にどこから来るのかと不思議に思っていた。そして1937年，ある科学者が最初の羽のつけ札を数匹の蝶につけた。次の20年間，彼はオオカバマダラにつけ札をつけて追跡した。ある蝶がカナダのオンタリオ州から旅を始めていることを，彼は発見した。４か月後，1870マイルを移動して，この蝶はメキシコに到着した。❸この蝶の旅の長さは，謎のほんの一部である。もう１つの驚くべきことは，この蝶がいつもメキシコ中部の同じ場所に戻ってくることだ。実は，北アメリカ東部全域のオオカバマダラが，メキシコのほんの10程度の場所で冬を過ごす。これらの場所は全て，互いに300平方マイル圏内にあるのだ。この場所がいかに蝶で混雑しているか想像できるだろう。❹オオカバマダラはどうやって同じ場所への帰り道を見つけるのか。これは興味深い質問だ，というのも４世代に一度しか南へ旅をしないからだ。言い換えれば，今年メキシコへ旅をする蝶は，去年メキシコへの旅をした蝶の孫の孫である。❺毎年，オオカバマダラの家族は４世代が生まれる。家族の各世代は非常に異なる一生を送る。オオカバマダラの第１世代は４月下旬に南部で生まれる。第１世代はゆっくりと北へ移動し，繁殖し，そして死ぬ。北への移動中に，さらに2つの世代が生まれ，繁殖し，そして死ぬ。これらの各世代の蝶は，2～5週間しか生きない。
6秋に，蝶の第4世代が生まれる。親と比べると，この世代は長生きする。この世代は約8か月間生きるのだ。この世代の蝶は，祖父母の祖父母の冬の生息地に向かって驚くべき旅をする。蝶はそこで冬を過ごし，春に繁殖し，そして死ぬ。その子が次の周期の第1世代になる。

問1＜適語句選択＞①ある科学者が最初の羽のつけ札をつけたときを示す語句が入る。　②実験が行われた期間が入る。　③つけ札によって明らかになった，蝶がメキシコに到着するまでの期間と移動距離が入る。空所を含む部分では，ある科学者の試みとそれによってわかったことが時系列で説明される形になる。

問2＜適語(句)選択＞in fact「実際は」は前の内容を補足する場合に使われる。前文のthe same location in central Mexicoを，just a dozen places in Mexicoと具体的に言い直している。

問3＜文脈把握＞直後のbecause以下の内容をまとめればよい。‘every＋名詞の単数形’で「～ごとに」。　make a trip「旅をする」

問4＜適語(句)選択＞⑥直後に各世代の蝶の異なる一生の過ごし方が書かれている。　⑦第1～3世代の蝶の寿命が2～5週間なのに比べ，第4世代の蝶の寿命は約8か月と「長い」。

問5＜指示語＞下線部は前文のthe winter home of its great-great-grandparentsを指す。その場所は第1段落第2文や第3段落第2，3文にあるようにメキシコである。

問6＜要旨把握＞第1段落最後の3文参照。アの内容は，ここにあるHow can it fly so far？に対応している。

問7＜内容真偽＞ア.「ある科学者が何かをオオカバマダラにつけて，その蝶がどこへ行くかを調べようとした」…○　第2段落第2，3文に一致する。　イ.「オオカバマダラが冬に訪れる場所は，蝶でいっぱいだ」…○　第3段落最後の3文に一致する。　be crowded with ～「～で混雑している」≒ be full of ～「～でいっぱいだ」　ウ.「オオカバマダラの各世代は異なる場所で死ぬ」…○　第5，6段落に一致する。　エ.「春に生まれた蝶の次の世代は，次の周期の第1世代となる」…×　第6段落最後の2文参照。春に生まれた蝶が次の周期の第1世代である。　オ.「秋に生まれた世代は半年以上生きる」…○　第6段落第1～3文に一致する。

4〔書き換え―適語補充〕

⑴「私は再びオーストラリアを訪れたい」　‘hope (that)＋主語＋動詞...’ ≒ hope to ～「～することを望む」

⑵「彼は家を出るときにさよならを言わなかった」→「彼はさよならも言わずに家を出た」　without ～ing「～しないで」

⑶「彼と彼の母が病気になって3日がたつ」→「彼と彼の母は3日間ずっと病気だ」　上は‘It has been〔is〕＋期間＋since＋主語＋動詞...’「～から〈期間〉がたつ」の形。これは‘主語＋have/has＋過去分詞...＋for＋期間’で同じ意味を表せる。

⑷「昨年，私たちのクラスでケンジより多くの本を読んだ人はいなかった」→「昨年，私たちのクラスでケンジが最も多くの本を読んだ」　上は比較級，下は最上級を使った文。他にKenji read more books than any other student in our class last year. やNobody in our class read as〔so〕many books as Kenji last year. などでも同様の意味を表せる。

5〔整序結合〕

⑴まず「私は男性の名前を思い出せない」をI can't remember the name of the manとする。「男性」を修飾する「トモミの隣に座っている」は，sitting next to Tomomiとまとめ，the manの後ろに置き，the man sitting next to Tomomiとする。これは，現在分詞sittingで始まる語句が前の名詞the manを後ろから修飾する‘名詞＋現在分詞＋その他の語句’の形。 next to ～「～の隣に」 I can't remember the name of the man sitting next to Tomomi.

⑵‘It is ～ for … to —’「…が〔…にとって〕—することは～だ」という形式主語の文をつくる。「仕事の効率化を図るために」は「仕事を効率的にするために」と読み換えて‘make＋目的語＋形容詞’「～を…(の状態)にする」の形と‘目的’を表すto不定詞の副詞的用法を組み合わせて表す。 It is necessary for us to use this system to make work effective.

⑶「私の姉が朝に作ったパンケーキ」はThe pancake my sister cooked in the morning,「今日食べた最後の食事」はthe last food I had todayとそれぞれ表すことができる(いずれも目的格の関係代名詞が省略された‘名詞＋主語＋動詞...’の形)。これをisでつなぐ。 The pancake my sister cooked in the morning is the last food I had today.

⑷「～すればいいのになあ」という‘現在の事実に反する願望’は，‘I wish＋主語＋(助)動詞の過去形...’の形で表せる(仮定法過去)。「あそこにいる生徒たち」はthe students over there。attend「～に出席〔参列〕する」 I wish the students over there could attend the festival.

2024年度／明治大学付属八王子高等学校

数学解答

1 (1) $\dfrac{10x^2-6y^2}{15}$　(2) $\dfrac{6y^2}{5x}$

(3) $(x-3y-8)(x-3y+2)$　(4) $\dfrac{9}{2}$

(5) $x=\dfrac{3}{2}$，2　(6) $\sqrt{33}$

2 (1) 22個　(2) 4通り　(3) 2

(4) $\dfrac{1}{2}$　(5) $6\sqrt{6}$　(6) $\dfrac{11}{2}$

(7) 44°　(8) 8

3 (1) 4冊…0人　5冊…1人
6冊…1人

(2) 5月…A　6月…D

4 (1) 5　(2) 15

5 (1) $\left(t,\ \dfrac{1}{2}t^2+2t\right)$

(2) $-4+4\sqrt{2}\leqq t\leqq 2+2\sqrt{5}$

1〔独立小問集合題〕

(1)＜式の計算＞与式 $=\dfrac{5x(2x+3y)-3y(5x+2y)}{15}=\dfrac{10x^2+15xy-15xy-6y^2}{15}=\dfrac{10x^2-6y^2}{15}$

(2)＜式の計算＞与式 $=-\dfrac{x^2y^3}{12}\div\dfrac{125}{216}x^6y^6\times(-27x^3y^3)\times\dfrac{25}{81}y^2=-\dfrac{x^2y^3}{12}\times\dfrac{216}{125x^6y^6}\times(-27x^3y^3)\times\dfrac{25y^2}{81}=$ $\dfrac{x^2y^3\times216\times27x^3y^3\times25y^2}{12\times125x^6y^6\times81}=\dfrac{6y^2}{5x}$

(3)＜式の計算―因数分解＞与式 $=(x-3y)^2-6(x-3y)-16$ として，$x-3y=A$ とおくと，与式 $=A^2-6A-16=(A-8)(A+2)$ となる。A をもとに戻して，与式 $=(x-3y-8)(x-3y+2)$ である。

(4)＜数の計算＞与式 $=\dfrac{1}{2}(4x^2-4xy+y^2)=\dfrac{1}{2}\{(2x)^2-2\times2x\times y+y^2\}=\dfrac{1}{2}(2x-y)^2$ となる。$2x-y=2(3+\sqrt{2})-(3+2\sqrt{2})=6+2\sqrt{2}-3-2\sqrt{2}=3$ だから，与式 $=\dfrac{1}{2}\times3^2=\dfrac{1}{2}\times9=\dfrac{9}{2}$ である。

(5)＜二次方程式＞$2x^2-3x+2x-3=8x^2-10x-12x+15$，$-6x^2+21x-18=0$，$2x^2-7x+6=0$ として，解の公式より，$x=\dfrac{-(-7)\pm\sqrt{(-7)^2-4\times2\times6}}{2\times2}=\dfrac{7\pm\sqrt{1}}{4}=\dfrac{7\pm1}{4}$ となる。よって，$x=\dfrac{7-1}{4}=\dfrac{3}{2}$，$x=\dfrac{7+1}{4}=2$ である。

(6)＜数の計算＞$x-y=5$……①，$xy=2$……②とする。①より，$x=y+5$……①′　①′を②に代入して，$(y+5)\times y=2$，$y^2+5y-2=0$　$\therefore y=\dfrac{-5\pm\sqrt{5^2-4\times1\times(-2)}}{2\times1}=\dfrac{-5\pm\sqrt{33}}{2}$　$y>0$ だから，$y=\dfrac{-5+\sqrt{33}}{2}$ である。このとき，①′より，$x=\dfrac{-5+\sqrt{33}}{2}+5$，$x=\dfrac{5+\sqrt{33}}{2}$ となり，$x>0$ だから，適する。よって，$x+y=\dfrac{5+\sqrt{33}}{2}+\dfrac{-5+\sqrt{33}}{2}=\sqrt{33}$ となる。

≪別解≫①より，$(x-y)^2=5^2$，$x^2-2xy+y^2=25$ となるから，これに②を代入すると，$x^2-2\times2+y^2=25$ より，$x^2+y^2=29$……③となる。また，$(x+y)^2=x^2+2xy+y^2$ より，$(x+y)^2=(x^2+y^2)+2xy$ となるから，これに②，③を代入すると，$(x+y)^2=29+2\times2$，$(x+y)^2=33$，$x+y=\pm\sqrt{33}$ となる。$x>0$，$y>0$ より，$x+y>0$ だから，$x+y=\sqrt{33}$ である。

2〔独立小問集合題〕

(1)＜数の性質＞$(-13)^2=169$，$(-12)^2=144$，$12^2=144$，$13^2=169$ だから，$x^2-150\leqq0$ を満たす整数 x は -12 以上12以下の整数である。このうち，$x<10$ であるものは，-12 以上9以下の整数である。よって，$x^2-150\leqq0$，$x<10$ を同時に満たす整数 x は，$x=-12$，-11，-10，……，7，8，9の22個ある。

(2)＜場合の数＞取り出した3枚のカードに書かれている数字の和は，最小で $1+3+4=8$，最大で $4+7+8=19$ だから，3枚のカードの数字の和が3の倍数になるとき，考えられる和は，9，12，15，18

である。和が9になることはない。和が12になるのは(1, 3, 8), (1, 4, 7), 和が15になるのは(3, 4, 8), 和が18になるのは(3, 7, 8)だから, 2+1+1=4(通り)ある。

(3)＜関数—$\boldsymbol{a}$ の値＞関数 $y=\frac{1}{3}x^2$ で, $x=a$ のとき $y=\frac{1}{3}a^2$, $x=a+4$ のとき $y=\frac{1}{3}\times(a+4)^2=\frac{1}{3}(a^2+8a+16)=\frac{1}{3}a^2+\frac{8}{3}a+\frac{16}{3}$ だから, x の値が a から $a+4$ まで増加したときの変化の割合は, $\left\{\left(\frac{1}{3}a^2+\frac{8}{3}a+\frac{16}{3}\right)-\frac{1}{3}a^2\right\}\div\{(a+4)-a\}=\left(\frac{8}{3}a+\frac{16}{3}\right)\div4=\frac{2}{3}a+\frac{4}{3}$ と表せる。これが $\frac{8}{3}$ であるから, $\frac{2}{3}a+\frac{4}{3}=\frac{8}{3}$ が成り立ち, $\frac{2}{3}a=\frac{4}{3}$, $a=2$ となる。

(4)＜二次方程式—解の利用＞二次方程式 $x^2-4ax+4a-1=0$ を, 解の公式を用いて解くと, $x=\frac{-(-4a)\pm\sqrt{(-4a)^2-4\times1\times(4a-1)}}{2\times1}=\frac{4a\pm\sqrt{16a^2-16a+4}}{2}$ となる。この解が1つになるとき, 根号の中の値が0となるから, $16a^2-16a+4=0$ が成り立つ。これより, $4a^2-4a+1=0$, $(2a)^2-2\times2a\times1+1^2=0$, $(2a-1)^2=0$ $\therefore a=\frac{1}{2}$

≪別解≫二次方程式 $x^2-4ax+4a-1=0$ のただ1つの解を $x=p$ とすると, この二次方程式は, $(x-p)^2=0$ と表せる。左辺を展開すると, $x^2-2px+p^2=0$ となるので, $-4a=-2p$……①, $4a-1=p^2$……②が成り立つ。①より, $p=2a$ となるから, これを②に代入して, $4a-1=(2a)^2$, $4a^2-4a+1=0$, $(2a-1)^2=0$ $\therefore a=\frac{1}{2}$

(5)＜平面図形—面積＞右図1のように, 三角形の3つの頂点をA, B, Cとし, 点Aから辺BCに垂線AHを引く。BH=x とおくと, △ABHで三平方の定理より, $AH^2=AB^2-BH^2=5^2-x^2=25-x^2$ と表せる。また, HC=BC−BH=$6-x$ だから, △AHCで, $AH^2=AC^2-HC^2=7^2-(6-x)^2=-x^2+12x+13$ となる。よって, $25-x^2=-x^2+12x+13$ が成り立ち, $12x=12$, $x=1$ となるから, $AH=\sqrt{25-x^2}=\sqrt{25-1^2}=\sqrt{24}=2\sqrt{6}$ である。これより, $\triangle ABC=\frac{1}{2}\times6\times2\sqrt{6}=6\sqrt{6}$ となる。

図1

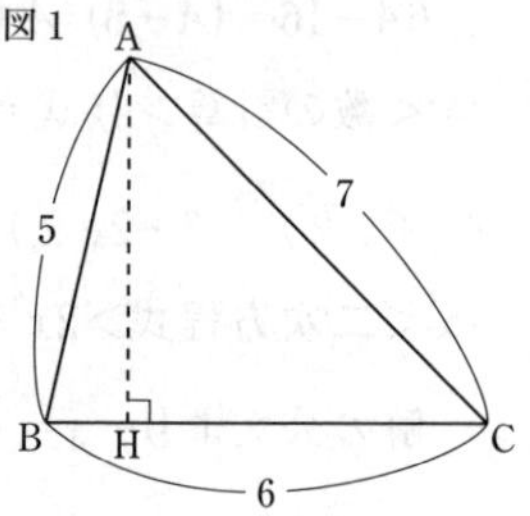

(6)＜平面図形—長さ＞右図2で, 線分ACが∠BADの二等分線より, ∠BAC=∠CADであり, $\overset{\frown}{CD}$ に対する円周角より, ∠EBC=∠CADだから, ∠BAC=∠EBCである。また, ∠ACB=∠BCEである。よって, △ABCと△BECで2組の角がそれぞれ等しく, △ABC∽△BECだから, AC：BC=CB：CEであり, AC：6=6：5が成り立つ。これより, AC×5=6×6, AC=$\frac{36}{5}$ となるので, AE=AC−CE=$\frac{36}{5}-5=\frac{11}{5}$ である。次に, ∠EBC=∠EAD, ∠BEC=∠AEDだから, △BEC∽△AEDである。よって, BE：AE=CE：DEだから, BE：$\frac{11}{5}$=5：2が成り立ち, BE×2=$\frac{11}{5}\times5$, BE=$\frac{11}{2}$ となる。

図2

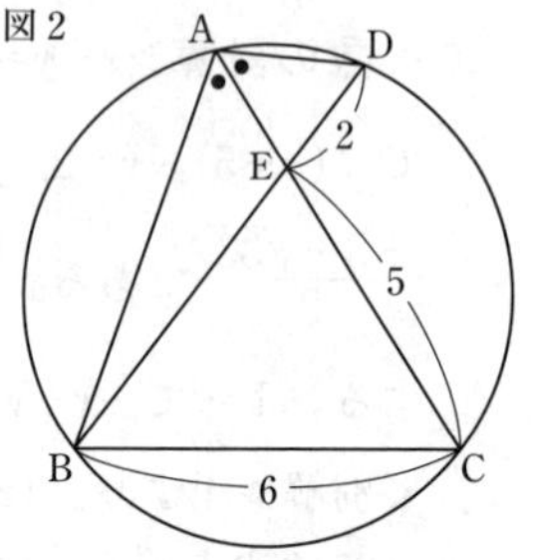

(7)＜平面図形—角度＞右図3で, 線分BCを直径とする半円の中心をOとして, 点Oと点Dを結ぶ。$\overset{\frown}{BD}$ に対する円周角と中心角の関係より, ∠BOD=2∠BCD=2×23°=46°である。また, 線分AEは点Dで線分BCを直径とする半円の $\overset{\frown}{BC}$ と接しているから, ∠ADO=90°である。よって, △AODで, ∠BAE=180°−∠BOD−∠ADO=180°−46°−90°=44°となる。

図3

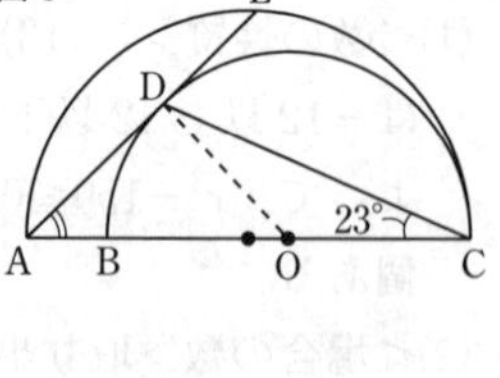

⑻＜空間図形—長さ＞右図4で，線分MNの中点をLとし，2点E，Lを結び，点Aと点Cを結ぶと，図形の対称性から，点Lは線分AC上の点，線分GPは4点A，E，G，Cを通る平面上の線分となる。このとき，4点A，E，G，Cを通る平面は，右下図5のようになる。図5で，△EALと△GPEにおいて，∠EAL＝∠GPE＝90°であり，AC∥EGより，∠ALE＝∠PEGだから，△EAL∽△GPEである。よって，EA：GP＝EL：GEである。図4で，△AMNは直角二等辺三角形だから，△AMLも直角二等辺三角形となる。$\mathrm{MN}=\sqrt{2}\mathrm{AM}=\sqrt{2}\times\frac{1}{2}\mathrm{AB}=\sqrt{2}\times\frac{1}{2}\times6=3\sqrt{2}$ より，$\mathrm{AL}=\mathrm{ML}=\frac{1}{2}\mathrm{MN}=\frac{1}{2}\times3\sqrt{2}=\frac{3\sqrt{2}}{2}$ となり，△EALで三平方の定理より，$\mathrm{EL}=\sqrt{\mathrm{EA}^2+\mathrm{AL}^2}=\sqrt{6^2+\left(\frac{3\sqrt{2}}{2}\right)^2}=\sqrt{\frac{162}{4}}=\frac{9\sqrt{2}}{2}$ となる。また，図4で，△EFGは直角二等辺三角形だから，$\mathrm{GE}=\sqrt{2}\mathrm{EF}=\sqrt{2}\times6=6\sqrt{2}$ である。したがって，$6:\mathrm{GP}=\frac{9\sqrt{2}}{2}:6\sqrt{2}$ が成り立つので，$\mathrm{GP}\times\frac{9\sqrt{2}}{2}=6\times6\sqrt{2}$，GP＝8となる。

図4

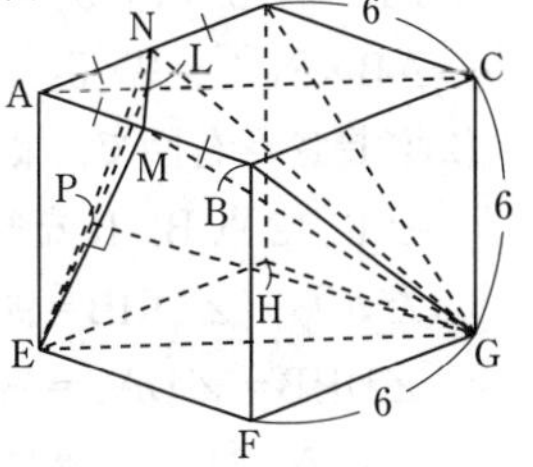

図5

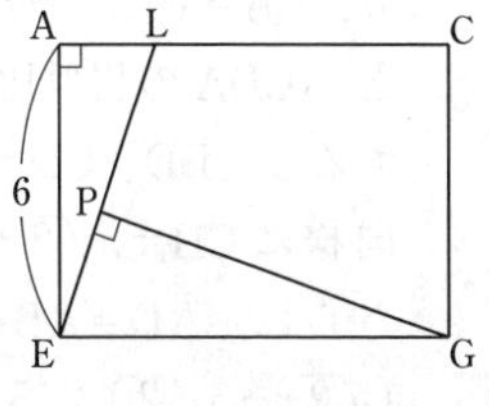

3〔データの活用—ヒストグラム〕

≪基本方針の決定≫⑴　6月の，4冊，5冊，6冊を借りた本の冊数の合計を求める。

⑴＜人数＞5月と6月の借りた本の総数は同じであり，5月の借りた本の総数は1×1＋2×2＋3×6＋4×4＋5×2＋6×2＋7×2＋8×1＝83(冊)だから，6月の借りた本の総数も83冊となる。6月の4冊，5冊，6冊を除いた借りた本の冊数の合計は1×2＋2×4＋3×6＋7×4＋8×2＝72(冊)なので，4冊，5冊，6冊を借りた本の冊数の合計は83－72＝11(冊)となる。また，人数の合計は20人だから，4冊，5冊，6冊を借りた人数の合計は20－(2＋4＋6＋4＋2)＝2(人)である。よって，11＝5＋6＝4×0＋5×1＋6×1より，4冊借りた人は0人，5冊借りた人は1人，6冊借りた人は1人となる。

⑵＜箱ひげ図＞5月の借りた本の冊数の最小値は1冊，最大値は8冊である。人数の合計は20人だから，中央値は，小さい方から10番目と11番目の平均となる。また，第1四分位数は小さい方10人の中央値だから，小さい方から5番目と6番目の平均となり，第3四分位数は大きい方10人の中央値だから，小さい方から15番目と16番目の平均となる。2冊以下が1＋2＝3(人)，3冊以下が3＋6＝9(人)だから，5番目と6番目はともに3冊であり，第1四分位数は3冊である。4冊以下が9＋4＝13(人)だから，10番目と11番目はともに4冊であり，中央値は4冊である。5冊以下が13＋2＝15(人)，6冊以下が15＋2＝17(人)より，15番目は5冊，16番目は6冊だから，第3四分位数は(5＋6)÷2＝5.5(冊)である。以上より，5月の箱ひげ図はAとなる。次に，6月の借りた本の最小値は1冊，最大値は8冊である。5月と同様に考えて，1冊以下が2人，2冊以下が2＋4＝6(人)より，5番目と6番目はともに2冊だから，第1四分位数は2冊となる。3冊以下が6＋6＝12(人)だから，10番目と11番目はともに3冊であり，中央値は3冊となる。6冊以下が12＋0＋1＋1＝14(人)，7冊以下が14＋4＝18(人)より，15番目と16番目はともに7冊だから，第3四分位数は7冊となる。以上より，6月の箱ひげ図はDである。

4〔平面図形—三角形と円〕

≪基本方針の決定≫三角形の相似を利用する。

⑴＜長さ＞次ページの図で，△ABCと△FECにおいて，線分BCが円Oの直径より，∠BAC＝90°であり，∠EFC＝90°だから，∠BAC＝∠EFC＝90°となる。また，∠ACB＝∠FCE(共通)なので，2組の角がそれぞれ等しく，△ABC∽△FECとなる。よって，AB：FE＝CB：CEである。CB＝CE＋

$EB=2\sqrt{3}+3\sqrt{3}=5\sqrt{3}$ だから，$AB:2=5\sqrt{3}:2\sqrt{3}$ が成り立ち，$AB\times 2\sqrt{3}=2\times 5\sqrt{3}$ より，$AB=5$ となる。

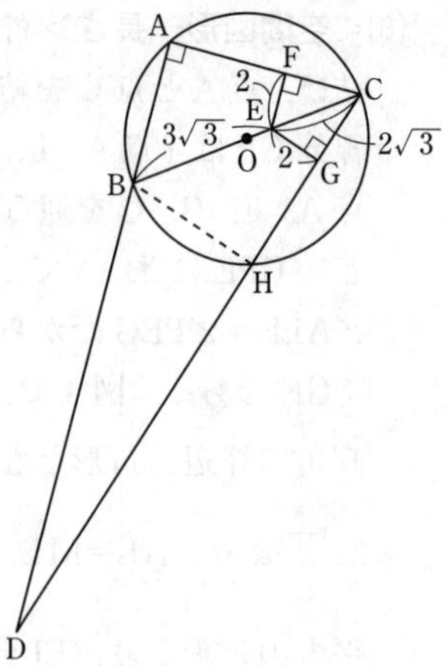

(2)＜長さ＞右図で，線分 CD と円 O の交点のうち点 C と異なる点を H とし，2 点 B，H を結ぶと，線分 BC が円 O の直径より，$\angle BHC=90^\circ$ だから，$\angle DHB=90^\circ$ となる。よって，△BDH と △CDA において，$\angle DHB=\angle DAC=90^\circ$，$\angle BDH=\angle CDA$（共通）より，△BDH∽△CDA となる。(1)と同様にして，$BH=5$ となり，△ABC で三平方の定理より，$CA=\sqrt{CB^2-AB^2}=\sqrt{(5\sqrt{3})^2-5^2}=\sqrt{50}=5\sqrt{2}$ だから，△BDH と △CDA の相似比は $BH:CA=5:5\sqrt{2}=1:\sqrt{2}$ である。$BD=x$ とすると，$BD:CD=1:\sqrt{2}$ より，$CD=\sqrt{2}BD=\sqrt{2}x$ となる。CA と同様に $CH=5\sqrt{2}$ となるから，$HD=CD-CH=\sqrt{2}x-5\sqrt{2}$ である。さらに，$AD=AB+BD=5+x$ となるから，$HD:AD=1:\sqrt{2}$ より，$(\sqrt{2}x-5\sqrt{2}):(5+x)=1:\sqrt{2}$ が成り立つ。これを解くと，$(\sqrt{2}x-5\sqrt{2})\times\sqrt{2}=(5+x)\times 1$ より，$2x-10=5+x$，$x=15$ となるので，$BD=15$ である。

5 〔関数—関数 $y=ax^2$ と一次関数のグラフ〕

≪基本方針の決定≫(2)　t の値が最小となるときと最大になるときに，直線 $y=-2x+8$ が通る頂点を考える。

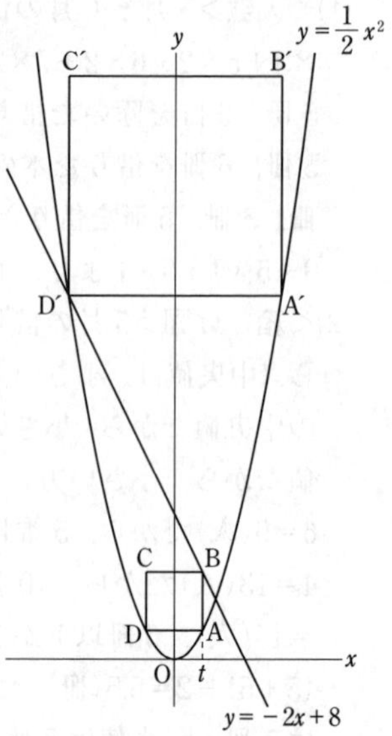

(1)＜座標＞右図で，点 A は関数 $y=\frac{1}{2}x^2$ のグラフ上にあり，x 座標は t だから，$y=\frac{1}{2}t^2$ となり，$A\left(t,\ \frac{1}{2}t^2\right)$ となる。また，2 点 A，D は関数 $y=\frac{1}{2}x^2$ のグラフ上にあり，線分 AD は x 軸に平行だから，2 点 A，D は y 軸について対称である。よって，点 A の x 座標が t より，点 D の x 座標は $-t$ だから，$AD=t-(-t)=2t$ である。四角形 ABCD は正方形だから，辺 AB は y 軸に平行となり，$AB=AD=2t$ である。したがって，点 B の x 座標は t，y 座標は $\frac{1}{2}t^2+2t$ となるから，$B\left(t,\ \frac{1}{2}t^2+2t\right)$ と表せる。

(2)＜t の値の範囲＞右図において，正方形 ABCD が直線 $y=-2x+8$ と交わるときで，点 A の x 座標 t が最も小さくなるのは，点 B が直線 $y=-2x+8$ 上にあるときである。(1)より，$B\left(t,\ \frac{1}{2}t^2+2t\right)$ と表せるので，$\frac{1}{2}t^2+2t=-2t+8$，$t^2+8t-16=0$ となり，$t=\frac{-8\pm\sqrt{8^2-4\times 1\times(-16)}}{2\times 1}=\frac{-8\pm\sqrt{128}}{2}=\frac{-8\pm 8\sqrt{2}}{2}=-4\pm 4\sqrt{2}$ となる。$t>0$ だから，$t=-4+4\sqrt{2}$ である。次に，正方形 ABCD が直線 $y=-2x+8$ と交わるときで，点 A の x 座標 t が最も大きくなるのは，正方形 ABCD が正方形 A′B′C′D′ のようになり，点 D′ が関数 $y=\frac{1}{2}x^2$ のグラフと直線 $y=-2x+8$ の交点と一致するときである。$A'\left(t,\ \frac{1}{2}t^2\right)$ と表せ，2 点 A′，D′ は y 軸について対称だから，$D'\left(-t,\ \frac{1}{2}t^2\right)$ と表せる。点 D′ が直線 $y=-2x+8$ 上にあるから，$\frac{1}{2}t^2=-2\times(-t)+8$，$t^2-4t-16=0$ となり，$t=\frac{-(-4)\pm\sqrt{(-4)^2-4\times 1\times(-16)}}{2\times 1}=\frac{4\pm\sqrt{80}}{2}=\frac{4\pm 4\sqrt{5}}{2}=2\pm 2\sqrt{5}$ となる。$t>0$ だから，$t=2+2\sqrt{5}$ である。以上より，求める t の値の範囲は，$-4+4\sqrt{2}\leqq t\leqq 2+2\sqrt{5}$ となる。

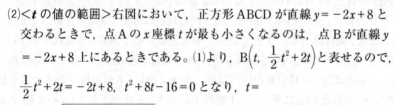

2024年度／明治大学付属八王子高等学校

国語解答

一　問一　エ

問二　ア　変わりなく〔同じように〕

イ　肩書き

問三　〆切中，櫂　　問四　イ

問五　瞳子さんの中心

問六　愚痴っぽく

問七　1　がんばっている櫂

2　お母さんが心配だから

問八　好きなこと

問九　1…エ　2　ぽっかりと

問十　①　変哲　③　繕　④　即座

⑦　はんこ　⑫　じちょう

二　問一　ウ　　問二　規則や規律

問三　場や空気を重んじる

問四　全体で同じ　　問五　ア

問六　ア　迷惑　イ　村落共同体

問七　調和と規律〔大切なのは〕

問八　ア　自己主張　イ　沈黙

問九　個の感情や

問十　集団化が暴走した［こと］

問十一　③　発祥　⑧　滞在　⑨　微妙

④　まぎ　⑬　くし

一〔小説の読解〕出典：凪良ゆう『汝，星のごとく』。

問一＜文章内容＞新人の櫂は，漫画の連載を抱えて毎日忙しく過ごしており，「わたし」は，漫画の連載が「がんばっているのに打ち切りになるかもしれない」ことを心配している。しかし一方では，櫂が「それほど楽しい思いをしていない」ことや，櫂の「浮気の心配をしなくていい」ことにほっとしてもいて，「わたし」は，櫂の「成功を純粋に願っていない」のである。

問二＜文章内容＞「わたし」は，佐々木さんから会社でお茶を飲むときは「周りにも声をかけてあげてほしい」と言われたが，「そう声をかけるのは女子社員だけだ」と気づいた。その後，「わたし」は，女性社員には「男性社員と変わりなく仕事をして」いても，給料や「名刺の肩書き」，昇進において，男性社員との間に差があることを知った。

問三＜文章内容＞お母さんは，櫂の「プロの漫画家」という仕事を「儲かる華やかな仕事」だと思っている。しかし，実際は，櫂たちはとても忙しく，〆切のときは，日々の食事もままならないうえに，がんばっていても連載が「打ち切りになるかもしれない」ような，不安定な状況にある。

問四＜心情＞瞳子さんは，島で「『人でなし』と呼ばれて」いるが，「収入がある」ので，「男の人に頼らなくても」自由でいられる。しかし，お母さんは，経済力がないために「誰かに依存」するしかないことから，「余計惨めに」なっている。「わたし」は，二人の姿を見て，たとえ『人でなし』と呼ばれても，自立して生きられる方が「マシ」だと思っているのである。

問五＜文章内容＞「わたし」は，お母さんの体調や経済状況に不安があり，島を出て好きに生きることができずにいる。一方，瞳子さんは，教室代について「もらえないではなく，もらわない」と言いきるなど，「瞳子さんの中心は瞳子さん自身」である。瞳子さんは，他の誰でもなく，どんなときでも「瞳子さん自身」の考えで行動し，プロの刺繍作家になったのである。

問六＜文章内容＞瞳子さんは，「誰かに依存」することなく，「自由でいられる」ため，声も口調も「軽やか」で，「押しつけがましさ」がない。しかし，お母さんは，離婚が決まったことが原因で体調を崩し，かつての朗らかさもなくなり，「愚痴っぽくていつも不機嫌」で家にこもっている。

問七＜文章内容＞「わたし」が漫画家として上京する櫂と離れて「島に残って」就職したのは，「お母さんが心配だから」である(…２)。しかし，本当は東京に行って「がんばっている櫂を近くで支えたい」と思っている(…１)。

問八＜文章内容＞瞳子さんは，「わたし」に「本当に良い子」だと言った。しかし，それは褒め言葉ではない。その言葉は，いつも時間に追われて，職場やお母さんのことで心をすり減らし，自分の「好きなこと」をできずに諦めている「わたし」の様子を，表している。

問九．１＜心情＞「わたし」は，本当は東京で「がんばっている櫂を近くで支えたい」と思っていたが，「お母さんが心配だから」島に残った。しかし，お母さんに「復調の兆しはなく」て，「ありがとうの一言」も言ってもらえない。仕事も，「男性社員と同等」の評価をしてもらえることはない。そのことに，「わたし」は，空虚感を抱いているのである。　２＜表現＞「わたし」は，お母さんのことや仕事について，いくらがんばっても報われないことにむなしさを感じている。「わたし」は，その心の中の「ぽっかりと空いた虚ろな部分」を埋めていくように，刺繍することに「のめり込むようになった」のである。

問十＜漢字＞①「変哲」は，普通と違っていて，変わっていること。　③「繕う」は，体裁を考えて，態度や服装を整える，という意味。　④「即座」は，すぐにその場で，という意味。　⑦「判子」は，印鑑のこと。　⑫「自嘲」は，自分で自分を軽蔑すること。

二〔論説文の読解―文化人類学的分野―日本人〕出典：森達也『集団に流されず個人として生きるには』。

≪本文の概要≫集団で生きることは，人間の本能に近い。しかし，日本人は，世界の中でも特に集団性が強い。その理由の一つに，稲作が挙げられる。稲作では，誰かが規律を破ったら，村全体が大きな損失を受けることもある。そのため，日本社会では調和と規律正しさが美徳とされ，日本人は，全体で同じ動きをしようとする。だが，同じように稲作をしている他国と比べても，場や空気を重んじる傾向は，日本が突出して強い。その集団性の強さは，恩恵をもたらすこともあるが，強い同調圧力も生み出す。我々は，同調圧力を受ける一人であると同時に，無意識に同調圧力をかける一人になっている。だから，国や会社に従属しすぎてしまうと，日本人は場の空気を読んで，個人の感情や意見を抑え込むことになる。そのまま集団化が進みすぎてしまうと，やがて暴走し，戦争や虐殺などの大きな悲劇を起こしてしまう。だからこそ我々は，歴史を学び，集団の過ちとメカニズムを知り，教訓をしっかり身に刻むべきである。

問一＜文章内容＞日本人は，「場や空気を重んじる傾向」や「集団性」が強い。そのため，日本人は，「みんなで同じように」行動しようとするというイメージで世界から見られている。

問二＜文章内容＞マスゲームは，多人数が全員で，規則正しく「同じように」動き，「全員で調和する」集団演技である。そして，「マス」の語源であるドイツ語を話すドイツ人は，「規則や規律を重んじる国民性」を持っている。

問三＜文章内容＞日本では，「多くの人の目」からの圧力がとても強い。そのため，「調和と規律正しさが美徳」とされていて，人々は「全体で同じ動きをしようとする傾向」が強い。つまり，日本人は，「場や空気を重んじる傾向」が強いのである。

問四＜文章内容＞日本人は，集団性が強く，みんなで同じように動こうとする意識が強い。「トイレに行かない？」と相手を誘うのは，一緒に同じように動こうという意味であり，日本人の「全体で同じ動きをしようとする傾向」の表れである。

問五＜指示語＞相手をトイレに誘うのは，「ある意味で社交辞令」であるが，「彼女」には，クラスメートたちがその「社交辞令」によって，相手が自分と同じ集団に属しており，皆で一緒に「同じように動く」仲間であるかどうかを確かめているのが，わからないのである。

問六＜文章内容＞稲作では，全員が規律正しい行動をしないと，村全体が「被害を被る」こともある。だから，日本では，強い同調圧力で集団の規律を守る「村落共同体的メンタリティが形成」されてきたのであり，日本人には，「世間」や「空気」に逆らうことは難しいのである。

問七＜文章内容＞日本は，「場や空気を重んじる傾向」が強く，「調和と規律正しさが美徳」とされる社会である。だから，日本人は，「多くの人の目」や「空気」を意味する「世間」からの強い圧力に「逆らうことは難しい」のである。このような日本の文化は，フィンランドの文化とは違うため，フィンランドから来た女性には，スキャンダルを起こした人が「世間や空気に謝っているのだ」という説明は「まったく意味不明」だったのである。

問八＜文章内容＞日本人は，「勤勉で集団力が強い」ため，国や会社に不満があったとしても，自分の「感情や意見」を抑え込んで「自己主張」せずに，黙ってしまう。すると，その「沈黙」は，周囲の人により強い同調圧力を与えて，「自分も沈黙しなくてはならない」という「空気」をつくり出すのである。

問九＜文章内容＞人は，「組織や共同体に帰属しなければ生きていけない」が，「帰属の度合いが強すぎ」て，国や会社に「身をささげて」尽くすようになれば，「個の感情や意見を抑えこむこと」につながってしまう。それは，「個人の生きかた」という点から考えれば，「絶対に良いことではない」のである。

問十＜文章内容＞「戦争や虐殺」も含めた大きな悲劇のほとんどは，「とても強い同調圧力」で個人の「感情や意見を抑えこむこと」によって，「集団化が暴走した」結果，起きるのである。

問十一＜漢字＞③「発祥」は，物事が初めてそこに起こること。　⑧「滞在」は，よその土地に行って，ある期間とどまること。　⑨「微妙」は，細かい点に重要な意味や問題があって，簡単には言い表せないこと。　④「紛れる」は，他のものと入りまじって，区別しにくくなる，という意味。　⑬「駆使」は，自由自在に使いこなすこと。

Memo

2024年度 明治大学付属八王子高等学校(推薦)

【英　語】（30分）〈満点：100点〉

1　次の英文を読み，後の問いに答えなさい。＊印の語(句)には注が付いています。

When people talk about the western world, they usually mean countries in North and South America, Europe, and a few others such as Australia. The western world does not usually mean African or Asian countries. Sometimes it includes Russia, but sometimes it doesn't. *Strangely, (　①　). So where does this idea of a "western world" come from?

【ア】 People first started thinking about the east and the west at the end of *the Roman Empire. Between the years 200 *CE and 500 CE, some important events happened. First, the Roman Empire became *Christian. 【イ】 Soon after, it was *divided into two pieces: the Western Roman Empire and the Eastern Roman Empire. 【ウ】

The Western Empire did not ②last very long. It soon divided again into even smaller pieces. These became the western European countries we know today: Germany, France, England, Spain, and so on. Although these countries often went to war with each other, they also saw themselves as similar to each other—and as ③(d　　) from all the countries to the east.

④To Europeans, "west" came to mean "us," and "east" became everyone else. That is why the "Middle East" became the Asian countries east of Greece and south of Russia, and the "Far East" were the countries from India to Japan. To Europeans, all of these countries were "the east," even though they are quite different from each other.

Later, when European countries started *taking over other lands around the world, they brought western culture with them. This is why ⑤countries such as Canada, Brazil, South Africa, and Australia are included as part of the western world. It's not because they are to the west, but because they share western ideas and culture. That is also why countries that didn't get taken over *completely, like India or China, are not western countries today.

When we talk about western countries now, we sometimes mean how much they follow western ideas. (　⑥　), some say that Japan is partly "*westernized" because it follows western ideas about government and business.

（注）＊strangely　不思議なことに　＊the Roman Empire　ローマ帝国　＊CE　西暦
＊Christian　キリスト教の　＊divide　～を分割する，分かれる
＊take over　～を占領する，～を奪う　＊completely　完全に　＊westernized　西洋化した

問１　(①)に当てはまる最も適切なものを１つ選び，記号で答えなさい。

ア　"western" countries mean only European countries and the USA
イ　"western" countries are not always to the west
ウ　Europeans thought of the idea of a "western world"
エ　no one agrees with the idea of a "western world" now

問２　本文からは以下の１文が抜けている。本文中に挿入する場合，最も適切な箇所はどこか。文中の【ア】~【ウ】の中から１つ選び，記号で答えなさい。

This was the first time "east" and "west" were *separated.　＊separate　～を分ける

問３　下線部②の単語の本文中における意味として最も適切なものを１つ選び，記号で答えなさい。

ア　間に合う　　イ　続く　　ウ　最後の　　エ　この前の

問４　下線部③に入るべき，与えられた文字で始まる英単語を答えなさい。

問５　本文において下線部④の文が表す内容として最も適切なものを１つ選び，記号で答えなさい。

ア　ヨーロッパの人々にとって，「西」は我々を，「東」は全員を表す。

イ　ヨーロッパの人々にとって，「西」は自分達の土地を，「東」は皆で共有する土地を表す。

ウ　ヨーロッパの人々にとって，自分達は世界地図の「西」に位置し，アジアの国々は「東」に位置することを表す。

エ　ヨーロッパの人々にとって，「西」は自分達を，「東」は自分達以外の人々を表す。

問６　下線部⑤の理由の説明となるように，次の(　)に当てはまる日本語を，（Ａ）は７～10字，（Ｂ）は２字で答えなさい。

それらの国が(　Ａ　)を(　Ｂ　)しているから。

問７　(⑥)に当てはまる語句として最も適切なものを１つ選び，記号で答えなさい。

ア　However　　イ　On the other hand　　ウ　For example　　エ　After all

問８　本文の内容と一致する文を次から１つ選び，記号で答えなさい。

ア　People started to have the idea of “the west and the east” more than 1500 years ago.

イ　The Western Roman Empire was divided into some countries, and then they started to fight with other eastern countries.

ウ　When European people visited other countries around the world, they often brought western items as gifts.

エ　China and India didn’t become western countries because they took over European countries.

オ　Some people say Japan can belong to the western world because it follows all things of the western world.

2　日本語の意味を表すように，(　)に適切な語を入れなさい。

(1)　もっと一生懸命勉強しなさい，さもないと学校生活を楽しめないよ。

Study (　　　), (　　　) you will not enjoy your school life.

(2)　今，外で走りたい気分だ。

I feel (　　　) (　　　) outside now.

(3)　ケンは昨日，私が宿題をするのを手伝ってくれた。

Ken (　　　) (　　　) (　　　) my homework yesterday.

(4)　あなただけでなく彼女もまた毎週末に朝食を作らなければならない。

Not only (　　　) but also (　　　) (　　　) to make breakfast on weekends.

(5)　リボンがついている帽子は僕の妹のものだ。

The hat (　　　) the ribbon is my (　　　).

3 次の各組の英文がほぼ同じ意味になるように，(　)に適切な語を入れなさい。

(1) I like that baseball player very much.
I (　　) a great (　　) of that baseball player.

(2) I always remember my school days when I hear this song.
This song always (　　) me (　　) my school days.

(3) My daughter has never been to foreign countries.
My daughter has never been (　　).

(4) The watch was so expensive that I was not able to buy it.
The watch was (　　) expensive (　　) (　　) to buy.

(5) Can we get this chocolate at the supermarket ?
(　　) this chocolate (　　) at the supermarket ?

4 次の各文の下線部には，誤りが１つある。その記号と正しい語(句)を答えなさい。

(1) They ア got off at the nearest station to the museum イ at four ウ on the afternoon. Then they walked エ for twenty minutes to the museum.

(2) "Please wait here ア by three o'clock. I イ have lost my umbrella, so I have to buy a new ウ one."
"I see. I'm very sorry to hear エ that."

(3) "Tell me ア why you were late for school."
"I had to look イ after my sister because she had a cold. I bought something ウ hot to drink エ to her."

(4) ア Most of the rooms イ in this hotel ウ must clean up because エ they are too dirty.

(5) That product ア costs twice as イ much as it ウ was when I went on a trip エ to London six years ago.

5 日本語の意味を表すように，(　)内の語(句)を並べかえなさい。ただし，文頭にくる語も小文字になっているので，大文字に変えて答えること。

(1) その母親は，戦死した３人の子ども達のことを決して忘れなかった。
(children / forgot / her / in / killed / never / the / the war / three / mother).

(2) 自分のレストランがどこにあるのかケイコは地図を書いて教えてくれた。
Keiko (a map / drew me / her / me / restaurant / show / to / was / where).

(3) 私が毎日とっている新聞によると，来週は暖かいそうだ。
(I / says / every / the newspaper / will / warm / that / which / day / be / it / take) next week.

【数　学】（30分）〈満点：100点〉

1　次の問いに答えなさい。

(1)　$\dfrac{6x-y}{6}-\dfrac{3x-4y}{4}-x+2y$ を計算しなさい。

(2)　$(-2a^2b)^3\times\left(\dfrac{1}{2}abc\right)^2\times\dfrac{3a}{bc}$ を計算しなさい。

(3)　x^3+x^2+2x+2 を因数分解しなさい。

(4)　$(\sqrt{2}-\sqrt{12})(\sqrt{18}+\sqrt{48})-(\sqrt{2}-\sqrt{3})^2$ を計算しなさい。

(5)　２次方程式 $(x-4)^2=-3(x^2-4)$ を解きなさい。

2　次の問いに答えなさい。

(1)　$\sqrt{\dfrac{45n}{7}}$ が整数になるような自然数 n のうち，３番目に小さいものを求めなさい。

(2)　男子４人，女子２人の中から３人を選ぶとき，女子が少なくとも１人選ばれる選び方は何通りありますか。

(3)　２次関数 $y=ax^2$ で，x の変域が $-2\leqq x\leqq 4$ のとき，y の変域は $-8\leqq y\leqq 0$ です。a の値を求めなさい。

(4)　下の図のように，$\angle C=\angle D=90^\circ$ の四角形ABCDに半径６の円が内接しています。BC＝15のとき，四角形ABCDの面積を求めなさい。

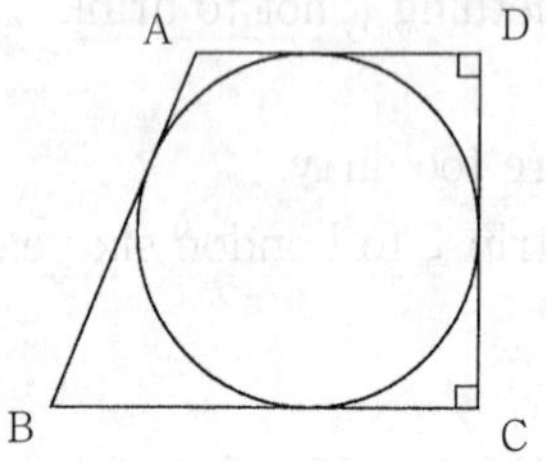

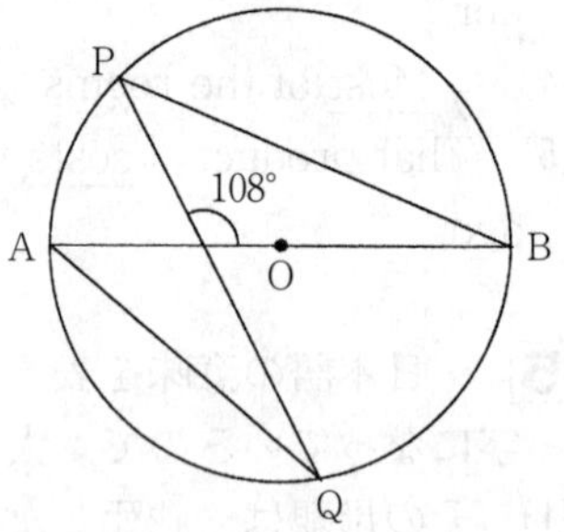

(5)　右の図のように，線分ABを直径とする円Oの円周上に２点P，Qがあり，PQ＝PBです。∠BAQの大きさを求めなさい。

3　右の図のように，３点A$(-2,\ 2)$，B$(6,\ 18)$，C$(3,\ 0)$ があります。直線AOと直線BCの交点をDとします。このとき，次の問いに答えなさい。

(1)　点Bを通り，△ABDの面積を２等分する直線の式を求めなさい。

(2)　辺AD上に点Eをとります。△ABEと四角形OABCの面積が等しくなるような点Eの座標を求めなさい。

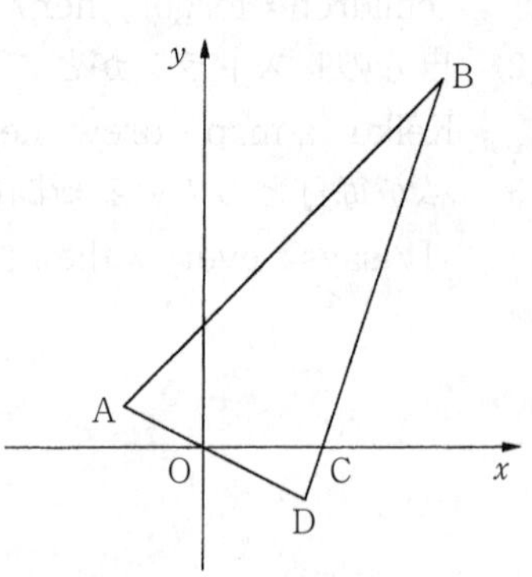

パターナリズムな行動基準を［ア］できず、目先のミッションの［イ］に追われる大人たち。

問七、――⑪「そんなことではうまくいかない」とありますが、この理由を説明した次の文の空欄にあてはまる言葉を文中からアは七字、イは三字で抜き出して答えなさい。

本来、［ア］であるはずのコロナ禍への対応を既存の行動基準によって［イ］して考えようとするから。

問八、――⑫「『変わらないもの』に着目するのがおすすめです」とありますが、この理由を説明した次の文の空欄にあてはまる言葉を文中からア・イそれぞれ三字で抜き出して答えなさい。

価値観は［ア］なものであると知ることができ、それが他者の価値観の［イ］を認めることにつながるから。

問九、――⑬「マジそれな！」とありますが、こうした体験を説明した次の文の空欄にあてはまる言葉を文中からアは三字、イは五字で抜き出して答えなさい。

人間の［ア］な傾向を作品の中に発見し、そういうものが［イ］と実感した体験。

問十、この文章を次の小見出しに従って三つの段落に分けた場合、第二段落・第三段落はどこから始まりますか。文中からそれぞれ最初の五字を抜き出して答えなさい。

第一段落：新しい時代の価値観としての「ワンチャン」
第二段落：「ワンチャン」の注意するべき点
第三段落：価値観の変化に希望を見出すために

問十一、――①「潜め」、⑩「酷似」の漢字の読みを答え、――④「タンポ」、⑧「カンキ」、⑭「タイキョク」のカタカナを漢字に改めなさい。

とはないということです。そして、そういう「変わらないもの」が腑《ふ》に落ちたとき、その反対の「変わるもの」「変わりやすいもの」が、いかにも流動的なものとして目に飛び込んでくるようになるはずです。

人間が「変わらないもの」だとすれば、ある時代の人間たちが抱く特有の「価値観」は、その⑭タイキョクにある「変わりやすいもの」だと言えます。だから、「ワンチャン」がいまの価値観の一面を表しているとすれば、その言葉のリアルな息遣いは、そのうち耳を澄ましても聞こえなくなるでしょう。

このように「変わらないもの」を探りながら、同時に自分の価値観を客観的に捉えることで、ようやくパターナリズムな行動基準をキャンセルし、自由に生きる手がかりを得ることができます。そして、価値観は変わるものだと深く知ることで初めて、自分の価値観を絶対視することなく、他者の価値観を「それもありですね」と味わうことができます。多様性を知ることは、価値観を捉え直すことからしか始まりませんし、それは価値観の可変性に希望を見出すことでもあります。

（鳥羽和久「君は君の人生の主役になれ」による。一部表記・体裁を改めた）

注1　この場合、資本主義社会において経済は止《や》むことなく成長し続けるはずで、それを持続させることが社会的善であると考える傾向を指す。

注2　干渉や押しつけ。この場合、大人が良かれと思って本人の意思を問うことなく子どもにおせっかいを企てること。

注3　ガチャは、カプセルに入ったおもちゃの自動販売機。親ガチャは、親の学歴や経済力などが子どもの家庭環境や学習環境ひいては人生に対する影響力が大きいにも関わらず子どもは親を選べないことをガチャに例えたもの。子どもの立場から「親は自分では選べない」「どういう境遇に生まれるかは全くの運任せ」と述べる表現。

注4　『吾輩は猫である』は一九〇六（明治三九）年刊行。『源氏物語』は一一世紀前半（平安時代）、『国家』は紀元前四世紀の作品。

問一、――②「『ワンチャン』にもそれなりの実態があります」とありますが、この実態を説明した次の文の空欄にあてはまる言葉を文中からア・イそれぞれ十三字で探し、最初の五字を抜き出して答えなさい。

［　ア　］の普及によって、［　イ　］ことができる状況。

問二、――③「大人たちの多くが眉をひそめます」とありますが、この理由を説明した次の文の空欄にあてはまる言葉を文中からアは六字、イは三字で抜き出して答えなさい。

［　ア　］を持つ大人たちは、努力せず成功を収めようとする［　イ　］を持つ若者の価値観に感心しないから。

問三、――⑤「大人の設定」とありますが、これに**ふさわしくない**ものを次から一つ選び、記号で答えなさい。

ア　「生まれ」の偶然性を考慮しない平等主義
イ　自由に動くことを許さないと感じさせる行動基準
ウ　足場が不安定で明るい展望が抱けない生き方
エ　努力が足りないから敗者なのだという見方

問四、――⑥「『ワンチャン』ってダメじゃん」とありますが、この理由を説明した次の文の空欄にあてはまる言葉を文中から十七字で探し、最初の五字を抜き出して答えなさい。

デフォルトで、［　　］を抱けるという要素を含んでいるから。

問五、――⑦「いまの大人にはない別の感覚」とありますが、この感覚を説明した次の文の空欄にあてはまる言葉を文中から十六字で探し、最初の五字を抜き出して答えなさい。

［　　］手ごたえ。

問六、――⑨「キレ続ける大人たち」とありますが、これを説明した次の文の空欄にあてはまる言葉を文中からアは五字、イは三字で抜き出して答えなさい。

ワンチャンの手触りには確かに面白いものがあると私は思っています。ワンチャンを実感として知ってるあなたたちは、⑦いまの大人にはない別の感覚を手にしているのですから。

現在のゲームの主流である仮想世界を自由に動き回るオープンワールドゲームは、空間がプレイヤーの行為を先回りすることを注意深く避けます。パターナリズムを排したその空間にあるのは、新たな行為を⑧カンキする手がかりのみです。バイオームやモブ（マインクラフト）といった手がかりを通して行為と行為がつながり、やがてそれらが関係性を深め、今度はその関係から新たな機能が生じるゲームの世界では、ミッション（使命）のクリアよりも世界そのものの成熟が求められます。

世界の成熟とはつまり、その世界の中で新たな「文化」が醸成され育まれることです。私は、オープンワールドに文化の雛形《ひながた》を発見したとき、いまの子どもたちはこんなに面白いものに夢中になってるんだ、こんなリアルな形で文化が育つ手ごたえを味わっているのかと、驚かずにはいられませんでした。

（中略）

でも、リアルな現実世界ではなかなかそうはいきません。なぜなら、手がかりを掴《つか》もうとする前に、あらゆる行動基準によってがんじがらめになってしまうからです。自由に動こうと思っても、周りがそれを許さない（と感じる）。その結果、どうしても与えられたミッションをクリアするようにしか生きることができなくなってしまいます。

だから、現実世界で「自由」を手に入れるためには、現実の中でいかにパターナリズムな行動基準をキャンセルできるかがカギになります。

この意味で、二〇二〇年以降のコロナ禍における大人たちは（反面教師的な意味で）良い教材になりました。疫禍というのは、研究者を除く一般の人たちにとっては、ウイルスとの戦いというよりは、「わからない」ことにいかに対峙《たいじ》するかという戦いです。そんな中で、多くの大人たちは、わからないことをさもわかったことのように単純化して語ることを好みました。そして、すぐに誰かに模範解答を求め、その相手が解答を間違えると、皆で責め立てることを繰り返したのです。

我先にと正解を求める大人たちは、政府に対して、ワクチンやロックダウンといった個人の生命の自由にダイレクトにかかわる政策を次々に要求します。個人がじかに国家に連結されることに違和感を覚えることなく、個人が国家の掟《おきて》に依存を強めることを警戒することもなく、ただひたすらに政策の遅延と効率の悪さに⑨キレ続ける大人たちの姿は、経済効率優先であらゆる無駄を排した政策を推し進めてきた新自由主義者たちの姿と⑩酷似していました。それはまさに目先だけを追うパターナリズムであり、⑪そんなことではうまくいかないことをコロナ禍の経緯自体が雄弁にものがたっているのにもかかわらず、それに気づこうとしなかったのです。

コロナ禍の前と後とでは時代が大きく変化する。だからそれに備えないと……。わかったつもりの大人たちはそんなことを言い続けていましたが、変化に備えようとしてもパターナリズムに埋没するだけですから、そんなときこそむしろ⑫「変わらないもの」に着目するのがおすすめです。

つい先日、（注4）『吾輩は猫である』（夏目漱石）を読んだ高二の子が、「これいまの話じゃね？　というのがたくさん書かれていることに驚いた」と言っていました。漱石は百余年前の作品で文学史の中では新しい方ですから、もっと古い作品、例えば『源氏物語』（紫式部）でも『国家』（プラトン）でもいいのですが、こういう「古典」と言われる本には、⑬マジそれな！　というエピソードがちょっと信じられないくらいの質と量で書かれていて、そういうちょっと普遍的な人間のクセみたいなものを若いときに文学の中で発見するのは、とても大事というか、他の知識では補えないものです。

こうした文学の中で私たちが学ぶことができるのは、濃淡はあるにせよ人間は時代が変わっても全体としてみれば大きく変化するこ

例えば、学校には悪《あ》しき平等主義があります。それは、生徒全員をできるだけ同じに見ようとする思想です。同じに見ることで生徒間の公平性を④タンポできると信じている先生たちがいるんですね。クラス全員に同じ宿題を出すのも、「がんばれば誰でも成果は出る」と皆に檄《げき》を飛ばすのも、「スタートラインはみんな同じ」という考えに基づいているわけです。実際のところは、そのほうが相対的な評価をつける管理者（先生）にとって都合がいいからそうしているだけだと思うのですが、公平性という言い訳があるから、それがさも正しいことのようにまかり通っているんです。

でも、これは端的に言って間違いです。しかも、敗者（勉強ができない人、貧困な人など）は努力が足りないから敗者なのだという偏った見方（いわゆる自己責任論）を招きかねない悪質な嘘です。実際には、それぞれ向き不向きがあるし、習得するのにかかる手間も時間も人によって違います。さらに、「生まれ」という偶然性が、努力以前にその人の人生をいかに左右するかということは、いまや「（注3）親ガチャ」という一言で言い表されるほど周知のことになっています。

そんな時代に生きているみんなは、偶然性を「ワンチャン」の一言でみずからの味方に変え、それと戯《たわむ》れることで⑤大人の設定を揺さぶり、嘘を暴《あば》いてしまいます。「誰でもがんばれば成果が出る」よりも「オレでもワンチャンいけるんじゃね」のほうが、リアリティがあるし希望もある。大人の嘘よりずっと響きがよくて、頼もしい感じがします。

でも、人って他人の嘘には敏感だけど、自分の嘘、つまり自分がデフォルト（初期設定）で設定した嘘には簡単に騙《だま》されるって知ってましたか？　大人は自分の嘘にすっかり気づかなくなっているけど、それはみんなも同じで、「ワンチャン」にもすでに嘘が混じり始めてるからそれに気づかないと取り返しがつかないことになるかもしれません。

ワンチャンのマズいところは、デフォルトでガチャ的発想を含んでしまっているところです。みんなはゲームの中で、アタリのあるガチャに慣れてるかもしれないけど、ガチャって実は中身が入ってなくても、つまりすべてが外れでも成立するんです。要するに、ガチャの本質はすべてがハズレかもしれないという可能性を隠蔽できること、きっとアタリがあるだろうという幻想に浸れることなんです。偶然性という装置に対して恣意的（思いつくまま）に希望という色を加えているんですね。

ワンチャンも同じ原理で成り立っています。ワンチャンはワンチャンス（one chance）ですから、そう言ってるかぎり一つくらいアタリがあると信じることできますよね。でもそのガチャの中身があるって誰が決めたんですか？　アタリが一つも入ってなかったらあなたはどうしますか？

親ガチャだってそうですよ。親ガチャって「もっといい親のもとで生まれたら、私の人生違ったのに」という嘆きですよね。でも、そういう嘆きはボードレールの「どこだっていい！　どこだっていいんだ！　この世界の外でありさえすれば！」という有名な言葉を引くまでもなく、あらゆる国のあらゆる人たちが抱いてきた幻想なんです。わたしはここではない別の場所に行きさえすれば、ワンチャン人生が良くなるに違いない。もしかしてあなたもそう思っていませんか。

でも、残念ながら親にアタリはないんですよ。知ってましたか？確かに、圧倒的にダメな親がいるのは事実です。でも、それぞれの環境に違いはあるにせよ、アタリがあるなんて幻想ですから。まさか、金持ちの親に当たればアタリだと思ってますか。そんなわけないじゃないですか。親子の関係はお金があればいい、というような簡単なものではないんです。あなたがずっと幻想に浸ったままでいることはあなたの自由ですが、ガチャって慰み物だから、使いすぎには注意してくださいね。

こんなふうにネガティブなことを書き連ねると、⑥「ワンチャン」ってダメじゃんみたいになってしまいますが、そうじゃなくて、

二〇二四年度　明治大学付属八王子高等学校（推薦）

【国　語】（三〇分）〈満点：一〇〇点〉

〈注意〉字数には、句読点も記号も一字として数えます。

次の文章を読んで、あとの各問いに答えなさい。なお、文中の言葉の下の〔　〕の中はその言葉の意味とする。

日ごろ接している子どもたちが「ワンチャン」という言葉を急に使い始めたのは二〇一三年ごろのことでしょうか。すぐに廃れるかなと思っていたら、それどころかいまや誰もが使っていて、日常語として定着した感さえあります。

先月の国文法の授業のときに「ワンチャンって副詞ですか？」と中二の生徒から質問されて、「名詞として使うことや、「ワンチャンある」の形で動詞として使うこともあるけど、確かに副詞の用法がいちばん多いね」という話になりました。授業後、その子と「ワンチャン辞書にも載ってるかもね」と言いながらいっしょに調べてみたら、すでに二〇一九年版の『大辞林』（三省堂）には「ワンチャン」が確かに掲載されていました。

「ワンチャン」の用法については、もとは「一縷《いちる》の望み」くらいの意味だったのが、そのうち「もしかしたら」「たぶん（いける）」のような意味で使われるようになって、いまや「別に」くらいの軽い意味でも使われています。「今日の夕飯、カレーでもいいけど、ワンチャンうどんでもいいよ」みたいな感じです。使用が広まっていくうちに、最初の頃にあった露骨な下品さが身を①潜め、その代わりに図々しさは増したなと感じます。

この言葉が若い人たちの間に広まったのにはきっと理由があります。それは、いまが「偶然性の時代」だからです。グローバル資本主義の現在、私たちの足場はいままでになく不安定です。(注1)成長神話はすっかり過去の遺物で、将来に対して明るい展望を抱くことが難しくなっています。じゃあ、このやり場のない射幸心〔まぐれ当たりによる利益を願う気持ち〕をいったいどうしたらいいの？　そんな時代のリアリティの中で、「ワンチャン」という言葉が若い人たちの間で囁《ささや》かれ始めたのです。

かつての成長神話に経済成長という実質が伴っていたのと同じように、②「ワンチャン」にもそれなりの実態があります。現代は自分の能力をマネタイズ〔収益を得ること〕できる経路がかつてないほど増えていて、例えば、うちの教室でもつい先日、中三のMくんがウェブデザインのコンクールで数十万円の賞金をゲットしたばかりだし（すごいね！）、他にもユーチューバーとして収益化に成功して、親からもらう小遣いよりも多い月収を得ている高校生もいます。つまり、誰もがワンチャン狙える時代になったというわけです。

このような、生まれた土地や環境、年齢や性別に関係なく、誰にでもチャンスがある状況をもたらしたのは、間違いなくデジタル化とインターネットの普及です。パソコンとネット環境さえ整えば、これまでハンディだと考えられていたことを飛び越えて、自分で自由に可能性を広げることができるなんてすごい時代だと思います。

昨今の「小中学生がなりたい職業」のアンケート（新聞社主催）では、たびたびユーチューバーが首位になって、その結果を見た③大人たちの多くが眉をひそめます。でも、努力に加えて恵まれた環境や才能が必要な医者やパイロットに比べると、ユーチューバーは誰でもワンチャン成功する可能性があるんですから、子どもにとってこれほど「夢がある」職業はないだろうと思うのです。

誤解を恐れずに言えば、「ワンチャン」は新しい時代の価値観です。つまり、新しい時代の子どもたちは、意図しないうちに大人の嘘《うそ》に反発しているんでしょう。そして、旧来の価値観を押しつけようとする大人に抵抗しているのでしょう。「ワンチャン」は大人の(注2)パターナリズムに対するレジスタンス〔抵抗〕になりえるんです。

2024年度／明治大学付属八王子高等学校(推薦)

英語解答

1 問1 イ　問2 ウ　問3 イ
問4 different　問5 エ
問6 A 西洋の考えや文化　B 共有
問7 ウ　問8 ア

2 (1) harder or　(2) like running
(3) helped me with〔do〕
(4) you, she has
(5) with, sister's

3 (1) am, fan　(2) reminds, of
(3) abroad〔overseas〕
(4) too, for me　(5) Is, sold

4 (1) 記号…ウ
正しい語(句)…in the afternoon
(2) 記号…ア
正しい語(句)…until〔till〕
(3) 記号…エ　正しい語(句)…for
(4) 記号…ウ
正しい語(句)…must be cleaned
(5) 記号…ウ　正しい語(句)…did

5 (1) The mother never forgot her three children killed in the war
(2) drew me a map to show me where her restaurant was
(3) The newspaper which I take every day says that it will be warm

数学解答

1 (1) $\frac{-9x+34y}{12}$　(2) $-6a^9b^4c$
(3) $(x^2+2)(x+1)$　(4) -23
(5) $x=1$

2 (1) 315　(2) 16通り　(3) $-\frac{1}{2}$
(4) 150　(5) 48°

3 (1) $y=\frac{16}{5}x-\frac{6}{5}$　(2) $\left(\frac{9}{4},\ -\frac{9}{4}\right)$

国語解答

問一 ア デジタル化　イ 自分で自由
問二 ア 旧来の価値観　イ 射幸心
問三 ウ　問四 きっとアタ
問五 新たな「文
問六 ア キャンセル　イ クリア
問七 ア わからないこと　イ 単純化
問八 ア 流動的　イ 多様性
問九 ア 普遍的　イ 腑に落ちた
問十 第二段落 でも，人っ
第三段落 こんなふう
問十一 ① ひそ　⑩ こくじ　④ 担保
⑧ 喚起　⑭ 対極

Memo

Memo

2023年度 明治大学付属中野八王子高等学校

【英　語】（50分）〈満点：100点〉

1　リスニング問題　〈編集部注：放送文は未公表につき掲載してありません。〉

放送の指示に従って答えなさい。

問１

Q１. How soon will the concert start ?

A. At 5:30.　　B. In two hours.

C. About 6:00.　　D. About 7:00.

Q２. Why do they change the meeting time from 7:00 to 6:45 ?

A. Because they have to get tickets.

B. Because their work will finish late.

C. Because there won't be enough seats in the park.

D. Because they may be late for the concert.

問２　（この放送文はAndyが友達のEmmaに宛てて送ったＥメールです。）

Q１. How many bedrooms does his aunt's house have ?

A. Three.　　B. Five.　　C. Six.　　D. Seven.

Q２. What is his aunt doing now ?

A. She is enjoying jogging.

B. She is reading a book in the living room.

C. She is cooking in the kitchen.

D. She is staying with his family.

2　次の英文を読み，後の問いに答えなさい。＊印の語(句)には注が付いています。

Saving money can be difficult. There are many things in our life which we need to pay for : ①(　　　　). There are also things which we don't need but which we may enjoy having ― for example, a nice car or a music system. How can we balance these needs and ＊wants to save money ? Some ideas which may help are below.

First, consider buying second hand. Instead of buying new clothes, computers, and things for your house, ＊see if you can find some nice ②second-hand things that have already been used. 【A】 Often second-hand things are almost as good as new, but they are much cheaper.

Second, visit the ③(　　) instead of buying books or movies. Books and movies can be cheap, but we usually only use them once. 【B】 After that, they can just sit in our houses doing nothing. So next time, instead of going to a store, go to the ③(　　). You can find lots of good books and movies there ― sometimes even computer games. After you finish one, you can just return it and get another one.

Third, when you go shopping, ＊avoid expensive products. Products with well-known names, such as Armani and Nike, usually cost more than other products that sometimes are just as good. 【C】 With the money you save, you can probably buy some of the products with well-known names that you want.

Fourth, always make a shopping list and *stick to it. Before you go into a store, write a list of everything you need to get. 【D】 This way, it will be easier to avoid buying things you do not need.

Finally, find new ways to enjoy your free time. Some people spend too much money on the weekends because they want to have fun after a busy week. 【E】 However, if you plan ahead before you are tired at the end of the week, you can plan ④some free activities such as bicycle riding or going to a park with some friends. This is not only cheaper, but it may also be more fun.

（注） ＊wants 欲しいもの　＊see if～ ～かどうか確かめる
＊avoid ～を避ける　＊stick to～ ～を守る

問１ 空所①に当てはまる語句として最も適切なものを１つ選び，記号で答えなさい。

ア money, idea, friend, etc
イ book, movie, theater, etc
ウ food, housing, clothing, etc
エ system, computer, engineering, etc

問２ 下線部②の意味を日本語で５字以内で答えなさい。

問３ 空所③に共通して当てはまる“l《エル》”で始まる英単語を答えなさい。

問４ 下線部④の例として適切でないものを１つ選び，記号で答えなさい。

ア reading a book under a tree
イ enjoying yoga at home
ウ buying a new pair of Nike shoes
エ climbing a mountain with some friends

問５ 本文には以下の英文が抜けている。この文が本来入る位置はどこか。本文中の【A】～【E】から１つ選び，記号で答えなさい。

Always look for good products, not only at the name.

問６ 本文のタイトルとして最も適切なものを１つ選び，記号で答えなさい。

ア Enjoy Shopping
イ Saving Money
ウ Enjoying Your Free Time
エ Go to the Park, and Have Fun

問７ 本文の内容と一致する文を次から１つ選び，記号で答えなさい。

ア We cannot live without buying a music system.
イ Some books are too expensive for us to get.
ウ Buying Armani products can make people rich and famous.
エ You must not spend money if you want to save money.
オ Before you go shopping, you should decide what to buy.
カ It is a nice idea to spend a lot of money only on weekends.

3 次の英文を読み，後の問いに答えなさい。＊印の語(句)には注が付いています。

There is a very long list of rules for the New York City subway. Don't put your feet on a seat, don't carry open cups of coffee or soda, don't take more than one seat, don't ride while you are *drunk . . . Those are just a few of the rules. There are hundreds more.

With this many rules, why is it still so *unpleasant to ride the subway ?

Some people think that the problem is that no one *enforces the rules. There aren't enough subway police, and ①the ones we have are too busy catching people who don't pay. Other passengers sometimes try to enforce rules. But you can't *rely on ②them because New Yorkers have unwritten rules of *etiquette against talking to strangers and making eye contact with strangers. How can you tell someone to take her shopping bags off the seat and throw away her Coke without talking to her or looking at her? It is difficult.

There are other New Yorkers who think that the subway is unpleasant because there are not enough rules. One rider wrote a letter to **The New York Times* which suggested a few more subway rules. ③Here (are / like / of / see / she / some / that / the rules / to / would):

・Don't lean on the poles. You *prevent other people from holding on. They can fall down.
・Cover your mouth and nose when you sneeze or cough. Other riders don't want to catch your cold.
・If your MetroCard doesn't work after three tries, ask a subway *employee for help. Don't block the entrance.
・Give your seat to *elderly passengers or to parents with small children.

Of course, anyone who knows the subway probably agrees that those are great ideas for rules. But polite people already do all of those things. If those unwritten rules of etiquette are written down, will the rude people *be more likely to follow them? Will anyone enforce them? It doesn't *make sense to make more rules that no one will enforce.

The real problem is that we are forgetting how to be nice to each other. It is ④embarrassing that we need a rule to tell us to give our seat to the elderly passengers. Nobody should need to be *reminded to do that.

I say we should stop talking about the rules and try to remember our manners. Let's be nice to each other not because the police officer might tell us to get off, but because it is the right thing to do. Then New York City would be more *civilized — both above ground and ⑤below.

（注） ＊drunk　酔っぱらった　＊unpleasant　不快な　＊enforce　～を強制する
＊rely on～　～を頼りにする　＊etiquette　礼儀作法，エチケット
＊*The New York Times*　ニューヨーク・タイムズ紙（新聞の名称）
＊prevent A from ～ing　Aが～することを阻止する　＊employee　従業員
＊elderly　年配の　＊be more likely to～　より～しそうである
＊make sense　意味をなす　＊remind 人 to～　人に～することを思い出させる
＊civilized　洗練された

問１　下線部①の意味として最も適切なものを１つ選び，記号で答えなさい。
ア　規則が多すぎて，人々は注意を払わない。
イ　私達は規則を守るのに忙しすぎて，規則を守らない人々を捕まえられない。
ウ　警察は規則を守らない人々を捕まえるのに忙しすぎる。
エ　警察は運賃を払わない人々を捕まえるのに忙しすぎる。

問２　下線部②が指す語（句）を本文中から抜き出して答えなさい。

問３　下線部③が「ここに彼女が見たいと思うルールのいくつかがある」という意味になるように（　）内の語（句）を並べかえなさい。

問４　下線部④の意味として最も適切なものを１つ選び，記号で答えなさい。
ア　当たり前だ　　イ　恥ずかしい　　ウ　望ましい　　エ　不可欠だ

問５　下線部⑤を次のように言いかえるとき，（　）に入る語を本文中から抜き出して，１語で答えな

さい。

below = on the (　　)

問6　以下の文は本文の内容を要約したものです。空所ア～エに与えられた文字から始まる適語を答えなさい。

It is not pleasant to ride the subway in New York City because there are people who don't ア(f　　) the rules.　It is true that some subway passengers are rude, but others are イ(p　　).　The most important thing is *not* to enforce rules, *but* to remember how to be ウ(n　　) to others.　A long list of rules for the New York City subway is not originally エ(n　　).

4　次の各組の英文がほぼ同じ意味になるように，(　)に適切な語を入れなさい。

(1) It has been ten years since I saw her last.
　　I saw her last (　　)(　　)(　　).

(2) I can't wait for the trip to Mexico.
　　I am really (　　)(　　)(　　) the trip to Mexico.

(3) What do people in this country call this food ?
　　What (　　) this food (　　) in this country ?

(4) I don't know the owner of this house.
　　I don't know (　　) house (　　)(　　).

5　日本語の意味をあらわすように次の語(句)を並べかえたとき，(A)(B)(C)に入る語(句)を語群から選び，記号で答えなさい。〈ただし，文頭に来る語(句)の最初の文字も小文字になっています。〉

(1) 列車に乗って旅をしている人が必ずしも彼らの旅を楽しんでいるわけではない。

(　　)(A)(　　)(　　)(B)(　　)(C)(　　)(　　)(　　).

ア always　イ are　ウ enjoying　エ not　オ on
カ people　キ the train　ク their　ケ traveling　コ trip

(2) あなたがその本を買うのにいくらかかるのか私に教えてください。

(　　)(　　)(A)(　　)(　　)(B)(　　)(　　)(C)(　　)(　　).

ア buy　イ how　ウ me　エ money
オ much　カ need　キ please　ク tell
ケ the book　コ to　サ you

(3) その生徒はとても騒がしかったので，先生は彼を静かにさせるために母親に電話しなければならなかった。

The student (　　)(A)(　　)(　　)(B)(　　)(　　)(　　)(　　)(　　)(C).

ア call　イ him　ウ his mother　エ his teacher
オ quiet　カ noisy　キ make　ク to
ケ was　コ that　サ so　シ had to

(4) 彼女があなたに話してくれたことは真実ではないと思う。

(　　)(A)(　　)(　　)(　　)(B)(　　)(　　)(C)(　　).

ア I　イ don't　ウ is　エ she　オ the story
カ think　キ told　ク true　ケ which　コ you

【数　学】（50分）〈満点：100点〉

1　次の問いに答えなさい。

(1)　$\dfrac{3x-5y}{2}-6\left(\dfrac{x-2y}{3}-\dfrac{-x+y}{4}\right)$を計算しなさい。

(2)　$x=-2$，$y=7$のとき，$\left(\dfrac{3}{2}x^2y\right)^3\div(-6x^4y^3)^2\times(-24x^5y^4)$の値を求めなさい。

(3)　$(a-2b)^2-(a-1)-(2b-1)^2$を因数分解しなさい。

(4)　$\sqrt{16}(\sqrt{34}\div\sqrt{2})+\sqrt{68}-\sqrt{153}$を計算しなさい。

(5)　2次方程式$(x+9)^2=169$を解きなさい。

(6)　$x-2$の絶対値が4より小さいとき，整数xの値をすべて求めなさい。

2　次の問いに答えなさい。

(1)　$\sqrt{2023n}$が整数となるようなもっとも小さい自然数nの値を求めなさい。

(2)　A，B，C，D，Eの5人から少なくとも2人選ぶとき，選び方は何通りありますか。

(3)　2つの直線$y=-x+2$と$y=ax+1$の交点が放物線$y=x^2$上にあります。このとき，aの値をすべて求めなさい。

(4)　x^2の係数が3で，2つの解が-4と7である2次方程式を答えなさい。

(5)　下の図1において，FGの長さを求めなさい。

図1

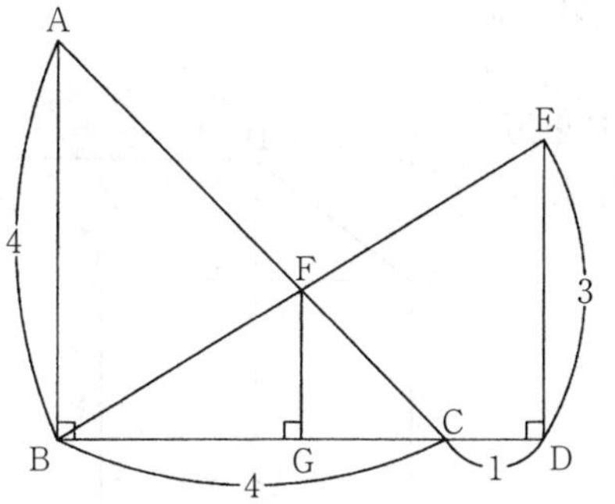

図2

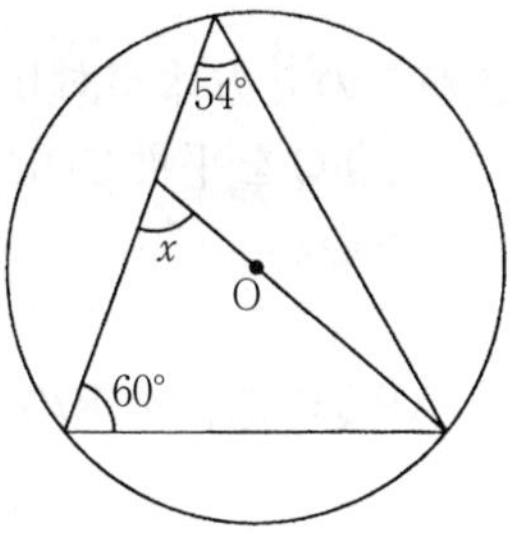

(6)　上の図2において，$\angle x$の大きさを求めなさい。ただし，点Oは円の中心です。

(7)　下の図3において，∠ADC＝∠AEB＝90°，BF＝CF，∠CBE＝41°，∠BCD＝22°のとき，∠DFEの大きさを求めなさい。

図3

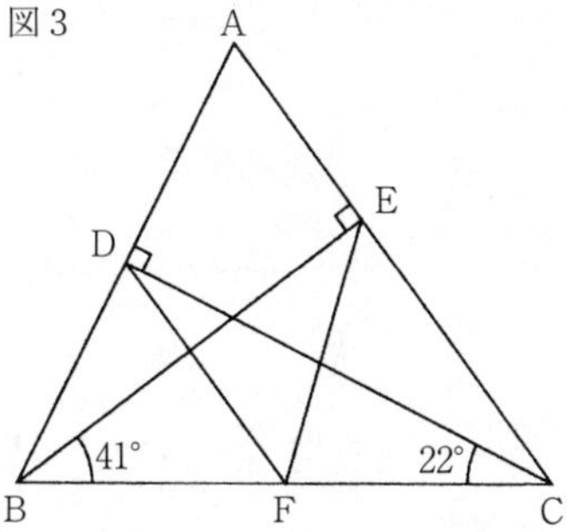

図4

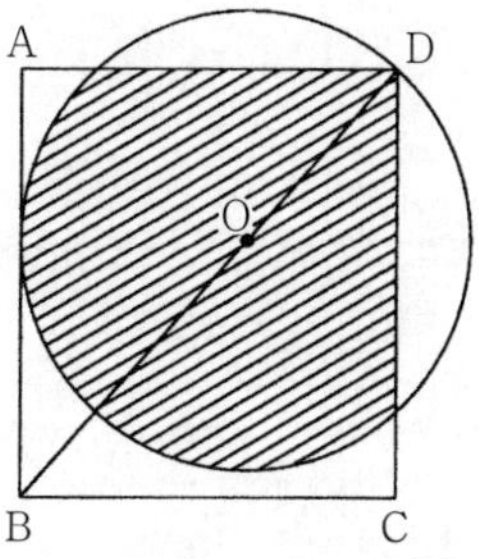

(8)　上の図4のように，BC＝10cmの長方形ABCDの対角線BD上の点Oを中心とする半径6cmの円があります。円Oは頂点Dを通り，辺ABに接しています。このとき，斜線部分の面積を求めなさい。

3　右の資料は，８人の生徒が１年間に読んだ本の冊数です。このとき，次の問いに答えなさい。

			(冊)
34	63	56	52
60	41	50	48

(1)　この資料から，平均値と中央値を求めなさい。

(2)　この資料の中に１つだけ値に誤りがありました。正しい値で計算すると，平均値は51冊，中央値は52冊でした。このとき，次の［　］に当てはまる値を答えなさい。
『誤っている値は［　あ　］であり，正しい値に直すと［　い　］になります。』

4　右の図のように，放物線$y=\frac{1}{8}x^2$と直線 l が２点A，Bで交わっています。AとBの x 座標がそれぞれ－４と８であり，直線 l と y 軸との交点をCとします。点Cを通って直線 l に垂直な直線をmとするとき，次の問いに答えなさい。

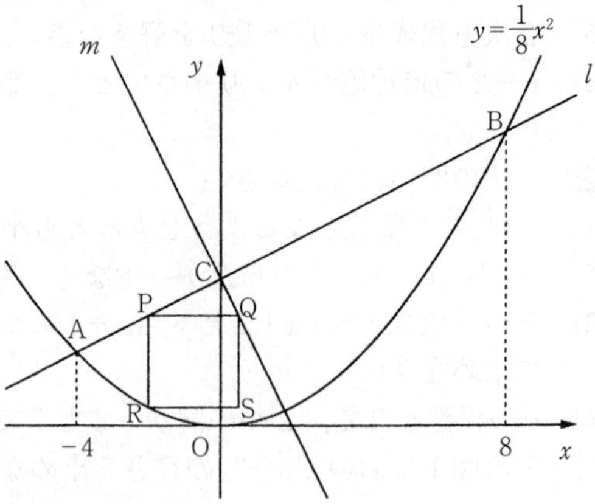

(1)　直線mの式を求めなさい。

(2)　線分AC上に点Pをとり，点Pを通って x 軸に平行な直線と直線mとの交点をQ，点Pを通って y 軸に平行な直線と放物線との交点をRとして，正方形PRSQをつくります。このとき，点Sの座標を求めなさい。

5　右の図のように，１辺の長さが５の立方体があり，点Pを辺BF上にBP＝２となるようにとり，点Qを平面CDEF上にとります。このとき，次の問いに答えなさい。

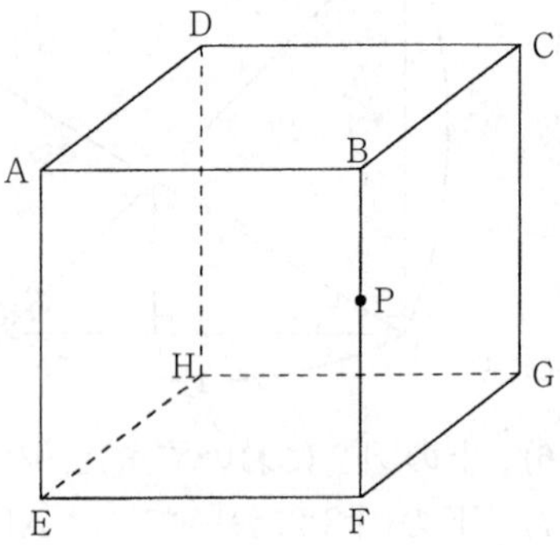

(1)　AQ＋QPの最小値を求めなさい。

(2)　AQ＋QPが最小となるとき，△APQの面積を求めなさい。

これを説明した次の文の空欄にあてはまる言葉を文中から九字で抜き出して答えなさい。

［　　　　　］を大切にしている共同体。

問七、――⑪「牧歌的な郷愁」とありますが、ここでいう郷愁とはどのようなものを指していますか。文中から三十一字で探し、最初の五字を抜き出して答えなさい。

問八、――⑫「市場関係や契約関係に還元しえない要素」とありますが、この具体例として最もふさわしいものを次から選び、記号で答えなさい。

ア　自分の仕事が早めに終わったときに、同僚の作業を手伝おうとする思いやり

イ　社長に高く評価してもらおうと、進んで仕事を引き受けようとする積極的な姿勢

ウ　熱心に研究を進め、他社より環境性能に優れた製品を開発しようとする努力

エ　商品を購入してもらいやすくするために、従来よりも内容量を増やすという工夫

問九、――⑭「ナショナリズムと結びついたイデオロギーとしてのコミュニティ」とありますが、これを説明したものとして**ふさわしくない**ものを次から一つ選び、記号で答えなさい。

ア　政治的な思惑のもとに国家によって推奨され、人々が一体感を共有するものとして形成される存在

イ　行政機構の一部として組み込まれ、そこに属さなければならないと人々に思わせるような存在

ウ　マスコミなどによって大きく取り上げられることで、人々に自然と賛同されるようになる存在

エ　ヴァーチャルなコミュニケーションが中心となり、人々につながりの意義を問い直すような存在

問十、本文の内容の説明として最もふさわしいものを次から選び、記号で答えなさい。

ア　コミュニティが現代の人々の生活に浸透している状況を指摘したうえで、実際の事例を挙げながらそれを非難している

イ　コミュニティという考え方が見直されてきた経緯とそのあり方への懸念を、具体例を示しながら解説している

ウ　コミュニティがどのように生まれ、現代社会においてはどうあるべきかを、先行研究を引用しながら提案している

エ　コミュニティの範囲が拡大している現状を概説したうえで、コロナ禍での人と人とのつながり方を具体的に示している

問十一、――③「コチョウ」、⑤「メイロウ」のカタカナを漢字に改め、――⑥「遮断」、⑨「声高」、⑬「単一」の漢字の読みを答えなさい。

イ　人と人とのつながりの大切さや居心地のよさが強調されているような言葉だから

ウ　大きな災害や事件が起きた際にはその大切さが必ず見直される考え方だから

エ　個人を束縛する考えなのに現代の人々に受け入れられることも多い言葉だから

問二、――②「メディアでは『お隣さんの大切さ』が垂れ流されています」とありますが、このような述べ方をする筆者の意図を説明したものとして最もふさわしいものを次から選び、記号で答えなさい。

ア　「コミュニティ」をはじめとした、人との付き合いを表す言葉を過剰に評価するメディアを批判的にとらえている

イ　「コミュニティ」のような近所との密な付き合いの魅力を都市部にアピールしていくことの難しさを強調している

ウ　都市における高齢者の孤独死や近隣の無関心を、近所付き合いの見直しによって解消していくべきだと訴えている

エ　過剰に宣伝される近所付き合いという考え方は前近代的なものであるとして現代で取り入れることを非難している

問三、――④「実態からはかけ離れたものでしょう」とありますが、ここで考えられる「実態」として**ふさわしくない**ものを次から一つ選び、記号で答えなさい。

ア　すべてを受け入れるような温かみがあるとはいえないが、一方でよそ者を厳しく拒むような強い排他性もない

イ　訪れた人々を温かく受け入れるようなにぎわいはなく、実際には職を求める若者が都市に流出し、過疎化が進んでいる

ウ　コンビニなどの商店がない地域であっても、道路や通信などの生活基盤は整えられており、日常生活に困ることは少ない

エ　高齢化や人口減少が進む一方で、都市から戻ろうとする定年退職後の人々が流入し、新たな「村」が作られている

問四、――⑦「都会に住む者のエゴかもしれません」とありますが、この説明として最もふさわしいものを次から選び、記号で答えなさい。

ア　高くそびえる防潮堤を景観の破壊だと決め付けるのは、それが実際には美しい自然を守るために作られたという背景を理解していないということ

イ　都市の人々は美しい自然の景観が損なわれることを惜しんでいるが、そうした防潮堤を建設したのは、他ならぬ都市の資本であるということ

ウ　美しい海への眺めをさえぎる防潮堤の存在を非難するのは、津波を防がなければならないというその地域が抱える問題を考えていないということ

エ　かえって多くの人の命を奪ってしまった防潮堤の存在を、大津波が起こってから都市の人々が批判しはじめるのは、結果論に過ぎないということ

問五、――⑧「東北は政治利用されてきたようにみえます」とありますが、この説明として最もふさわしいものを次から選び、記号で答えなさい。

ア　「絆」や「お隣さんの大切さ」などの言葉を東北復興のために使いながら、次第にそれらが大都市の孤独や格差を補うために用いられるようになったということ

イ　東日本大震災の被害から立ち直ろうと「結」や「絆」を合い言葉に努力する姿を日本人の手本のように政府が宣伝し、日本中に忍耐を強制したということ

ウ　マスコミを通じて大々的に行ったコミュニティ復権のキャンペーンを、コロナ禍に苦しむ人々の新しいコミュニケーションのあるべき姿として強制したということ

エ　震災に苦しむ東北の人々が力を合わせて復興に励んでいる状況に比べれば、都市部の生活は居心地のよいものであると人々に刷り込もうとしたということ

問六、――⑩「そこで求められてきたコミュニティ」とありますが、

近代という時代には、市場という合理性のなかに人々が巻き込まれ、人と人との関係がモノとモノとの関係に置き換えられていきます。合理性と効率性が尊ばれ、人間関係は契約関係に取り込まれていくのです。人間の能力は数値化され、人間の価値は貨幣で計られます。市場化した世界が支配するなかで、牧歌的な世界への憧れがコミュニティへの願望を生み出してきました。しかしコミュニティと呼ばれる種々の中間集団が行政機構の末端に組み込まれ、そしてマスコミなどによって賛美されるときに、集団への帰属意識は暗黙の強制のなかに取り込まれていきます。しばしば「空気を読む」といったような言葉が使われ、無言の強制が日常生活のなかに浸透してくるのです。コミュニティという言葉には、つねにそうしたあやうさがつきまとってきました。

人間と人間の関係が、すべて合理的・効率的な原理のなかで形成されるわけではなく、契約関係で結ばれるわけでもありません。政治や経済のシステムにがっちりと組み込まれているとはいえ、人々のあいだには⑫市場関係や契約関係に還元しえない要素があり、さまざまな営みには、権力の介入しえないようなある種の共同性が働く余地が残されてきました。もちろんそれが、国家とは別の次元であるとか、自立した市民社会である、と言いたいのではありません。

市場経済が隅々まで浸透し、政治権力が日常生活の奥深く浸透したとしても、経済や政治の論理にもとづく秩序や統治に回収されえない余白があり、人々のさまざまな関係性をもたらす共同性というのは残されています。あるいはそういった共同性をたえず希求し、生み出していかなければならないでしょう。そこにこそ、コミュニティを再考する意味はあります。

コロナ禍が叫ばれるいまコミュニティを再考するのであれば、その多義性・多様性と複数性こそ考慮しなくてはなりません。多義性・多様性とは、コミュニティなるものは固定的・静態的ではありえず、地域的な差異をもち、時代とともに変化してきたということです。複数性とは、人々は⑬単一のコミュニティに帰属してきたのではなく、複数のコミュニティに属してきたということであり、さらに現代においてはそうしたコミュニティの範囲は容易に国境をも越えるということです。

コロナ禍において感染対策として主張されてきた「ソーシャル・ディスタンス（social distancing）」は、まさに人と人との直接的なつながりや近接性にかかわるものであり、またワークフロムホームの普及などによって、インターネット上でのヴァーチャルな（実体を伴わない）コミュニケーションが推奨されるようになりました。こうしたコロナ禍におけるコミュニケーションのあり方は、ふたたびコミュニティの意味あるいは条件を問いなおすことになるでしょう。

また、多義性・多様性をもち、複数性を有するものであったとしても、コミュニティなるものが国家によって叫ばれるときには、しばしばナショナルな（国家的な）想像の共同体が想起されることになります。コロナ禍のなかで、国家はコミュニティの議論のなかでふたたび特別な地位を占めつつあります。

グローバリゼーションの時代といわれるいま、コミュニティの復権で想起されるのはあの郷愁をそそる景観かもしれません。他方でそこに立ち現れるのは、⑭ナショナリズムと結びついたイデオロギー（政治的・社会的な考え方、立場）としてのコミュニティです。このナショナリズムと郷愁をかき立てる故郷とのズレが美しい自然や絆といった言葉によって巧みに利用されたとき、コミュニティという語はますます曖昧であやういものになっていきます。

（伊豫谷登士翁《いよたにとしお》「グローバリゼーション――移動から現代を読みとく」による。一部表記・体裁を改めた）

問一、――①「これらの言葉には魔法のような響きがあります」とありますが、その理由として最もふさわしいものを次から選び、記号で答えなさい。

ア　高齢化や人口減少が進む現代社会では前近代的と批判されがちな言葉だから

に退職後は都会から田舎に戻るといった人生のサイクルはなくなり、いわゆる「村」といわれるものは再生産されなくなって久しくなりました。

豊かな自然が残されているがゆえに、そして過疎であるがゆえに、迷惑施設であるゴミ処理場や原発などがつくられ、さらに放射性廃棄物の貯蔵施設や基地負担が強いられることになります。ＮＩＭＢＹ（Not in my backyard〔自らの居住地域には建てないでほしい〕）という言葉があるように、こうした人口減少による過疎化が引き起こす問題は海外でも共通したものです。たとえ公害をまき散らす工場や施設であったとしても、誘致しなければ地元の経済は成り立ちません。ムラ政治といわれる不⑤メイロウな決定過程、権益や利権政治もまた根強く残されています。しかし、中央の政治によって、周辺がさらに周辺化された地域を生み出し、都市の負を引き受けることによってしか、村は存続しえないのでしょうか。

初めて訪れた地であっても、この美しい自然をどのようにすれば守れるのかとか、この自然を壊してはならないと思うものです。ある思想家が比喩として、豊かさとは一人あたりの木の本数で表すことができる、と言ったことがあります。自然とは、癒しといったような単なる安らぎではなく、人間の生を保障する不可欠な環境だからです。ましてや自分の生まれた地であるならば、その地への愛着はそこにある自然とともに、同じ時間を過ごした人々と共有される記憶として、強く意識されることでしょう。

北東北の三陸海岸も豊かな自然が残る地方の一つです。あの東北を襲った大地震の前のことですが、岩手県の盛岡から宮古、そして三陸海岸沿いの道を北上する旅に出かけました。木々の切れ目から現れる海岸線の美しさに圧倒されるとともに、その美しさは人間が生きていくうえでの厳しさでもあり、過疎が進んでいるだろうと想像されました。人を寄せ付けない切り立った断崖が海岸線に沿って連なり、突きだした半島の付け根には、わずかばかりの平坦《へいたん》になった入り江があり、小さな漁村が散在しています。もちろん、こうした漁村は、豊かな自然に恵まれており、決して所得水準が低いわけではありません。

宮古から北上し、田老という拓《ひら》けた地区に迷い込んだとき、入り口の大きな鉄の扉とその先に見えた万里の長城にも擬せられた防潮堤に恐怖すら覚えました。入り口の碑には、ここは津波に繰り返し襲われた地であり、高くそびえるコンクリートの城壁は、その津波への防御である、と書かれていました。美しい海から⑥遮断された景観を批判するのは、自然を破壊されたくはないという⑦都会に住む者のエゴかもしれません。しかしその防潮堤も、今回の大津波では、逆に多くの命を奪うことになったと聞きます。

東北だけでなく、あらゆる地域の過疎は急速に進み、いわゆる観光地と呼ばれるところを除いては、地方の都市においてさえも商店街に人影はまばらです。３・11は、東北地方における人口流出と高齢化を数十年単位で早めました。復興というかけ声も、注目されているあいだはよいにせよ、関心が薄れるにしたがって、巨額の資金が投入された人工物は廃墟《はいきょ》となります。

３・11以降、「絆《きずな》」があたかも魔法の言葉のように流された時期がありました。マスコミを通じて大々的に行われたコミュニティ願望のキャンペーンは、東北ではなく、孤独や格差がより深刻である大都市に向けられていきました。この意味においても、⑧東北は政治利用されてきたようにみえます。コミュニティの復権が⑨声高に叫ばれてきたものの、⑩そこで求められてきたコミュニティとは何だったのでしょうか。そもそもそうしたコミュニティは存在したのでしょうか。

コミュニティという言葉で表現される範囲は、学校や企業などを含めて、人と人との結びつきのさまざまなあり方にまで拡《ひろ》がっています。しかしその語は、心地よい響きとともにつねに曖昧さを伴ってきました。近代という時代は農村社会の解体の歴史であり、農村から都市への移動の物語でした。その解体こそが、コミュニティを⑪牧歌的な郷愁の世界へと誘ってきたのです。

がわかります。それが最も明確に表れている連続する二文を探し、最初の五字を抜き出して答えなさい。

問八、――⑬「わからないことだらけだよ、この世界は」とありますが、ここで「僕」が藤巻先生の言葉を思い返した理由として最もふさわしいものを次から選び、記号で答えなさい。

ア　気象も人間も、そのすべてを理解しようとすることはとても難しいという点で共通していると思ったから

イ　気象と同じで注意深く観察をしなければわからないという人間の難しさをおそろしいと感じたから

ウ　気象が人間を振り回す強い力を持っているように、人間も大きな問題を引き起こす力を持っているとわかったから

エ　気象が人間の力ではコントロールできないように、人間もコントロールの難しい存在であることを実感したから

問九、本文の内容の説明として最もふさわしいものを次から選び、記号で答えなさい。

ア　「僕」の心情描写を丁寧に行うことで、和也へと藤巻先生へとでは「僕」の向き合い方が全く違っていることを表している

イ　比喩を多く用いて複雑な心情をわかりやすく描写することで、藤巻先生と「僕」の関係の変化を鮮やかに表現している

ウ　「僕」の視点から藤巻先生や和也の言動を詳細に描くことで、「僕」が二人に親しみや共感を持っていることを表している

エ　短い台詞《せりふ》を並べることで、藤巻先生の無口な人柄や、和也と向き合っている時の「僕」の焦《あせ》りをありのままに描いている

問十、――①「罵られた」、⑤「和やか」の漢字の読みを答え、――②「シンガイ」、⑪「タンネン」、⑫「フオン」のカタカナを漢字に改めなさい。

二　次の文章を読んで、後の問いに答えなさい。なお、文中の言葉の下にある〔　〕の中はその言葉の意味とする。

「ふるさと」や「故郷」、あるいは「共同体」、そして「コミュニティ」。①これらの言葉には魔法のような響きがあります。二〇一一年の東日本大地震と福島原発事故のあと、東北の村に古くからあったとされる「結(ゆい)」が再発見され、町内会のような近所付き合いが見直されてもいるようです。都市における高齢者の孤独死は近隣の無関心によるものだとされ、②メディアでは「お隣さんの大切さ」が垂れ流されています。

かつてはこうした共同体＝コミュニティというのは、個人を束縛する前近代的な軛《くびき》〔牛馬に車を引かせる道具。転じて自由を制限するもののたとえ〕として批判され、否定すべき対象とされることもありました。それが現代においては、人々の集団のあり方として関心を集めているのです。著しい格差の拡大をもたらした市場経済や、漂流する個人化した社会。コミュニティは、これら現代が抱えるさまざまな問題に対処する有力な処方箋《しょほうせん》として取り上げられ、時代のフロンティア〔新しい分野・領域などを切り開くもの〕として再登場してきました。

故郷という語は、ときにすべてを受け入れる居心地のよさや無条件の安らぎがあるかのような錯覚を与えます。また他方では、暗黙の慣習や決まりが支配し、よそ者を寄せつけない排他的な地域のようにも映ります。しかし、これらはともにしばしば③コチョウして語られてきた像であり、④実態からはかけ離れたものでしょう。農村といわれる地域の多くは、いまでは道路の整備や通信の発達によって、物理的な意味での生活基盤は著しく改善されてきました。コンビニなどもない「限界集落」とみなされてきたところでも、日常生活にそれほどの不便はないという議論もあります。それでも職を求める若者は次々と都市へと出ていき、高齢化が急速に進み、人口減少が大きな問題になっています。かつてのように、墓を守るため

り涼しい。虫がさかんに鳴いている。

ゆるやかな放物線を描いて、火花が地面に降り注ぐ。軽やかにはじける光を神妙に見つめる父と息子の横顔は、よく似ている。

（瀧《たき》羽《わ》麻子《あさこ》『博士の長靴』による。一部表記・体裁を改めた）

問一、――③「背伸びして調子に乗っているだけの、世間知らずで無力な子どもにすぎなかった」とありますが、これまで「僕」は自分のことを母にとってどのような存在だと考えていましたか。それを表している連続する二文を探し、最初の五字を抜き出して答えなさい。

問二、――④「和也がいぶかしげに眉根を寄せた」とありますが、この時の和也の心情として最もふさわしいものを次から選び、記号で答えなさい。

ア　父たちの研究が成果をあげられないことへのいらだちを感じている

イ　人間にはコントロールできない気象の力の強大さに圧倒されている

ウ　天気の研究に没頭し、自分を構ってくれない父に不満を抱いている

エ　対策の難しい気象を研究する父たちの気持ちを理解できないでいる

問三、――⑥「和也はまんざらでもなさそうに立ちあがった」とありますが、この時の和也の心情がわかる表情を、たとえを用いて表している一文を探し、最初の五字を抜き出して答えなさい。

問四、――⑦「僕は胸をなでおろした。たぶん奥さんも、それに和也も」とありますが、その理由を説明した次の文の空欄にあてはまる言葉を二十七字で探し、最初の五字を抜き出して答えなさい。

藤巻先生が［　　　　］ことに気づいたと思ったから。

問五、――⑧「少なからず責任を感じたからだ」とありますが、「僕」はどのようなことに「責任」を感じているのですか。その説明として最もふさわしいものを次から選び、記号で答えなさい。

ア　和也のスケッチブックに興味を示すことなく藤巻先生との会話に熱中したせいで、和也が怒って立ち去ってしまったこと

イ　自分が不用意にも気象の話題を持ち出したせいで、藤巻先生が和也の絵を見せてもらうという約束を忘れてしまったこと

ウ　藤巻先生と自分とで専門的な話をしすぎたせいで、奥さんや和也を会話から外してしまい、二人を困らせてしまったこと

エ　藤巻先生に突き放されて部屋を出ていってしまった和也を引き止めることができず、親子の仲を悪くさせてしまったこと

問六、――⑨「妙に落ち着かない気分になっていた」とありますが、その理由として最もふさわしいものを次から選び、記号で答えなさい。

ア　父に認めてもらえないことに悩む和也の姿が、自分では母の力になれないことを痛感したかつての「僕」自身と重なって見えたから

イ　絵をほめてもらいたい和也の気持ちを理解せず、自分のことしか考えていない藤巻先生の姿が、勝手だった自分の父に重なったから

ウ　自分を認めてくれない周囲に反発しようともがく和也の姿が、母の助けになろうとがむしゃらであった過去の自分を思い出させたから

エ　和也の絵を見ようともしない藤巻先生の姿が、家族を支えようと考える自分の覚悟を理解してくれなかった母に似ていると感じたから

問七、――⑩「どうせ、おれはばかだから。……おれにはちっともわかんない」とありますが、

1　そう言いながら和也が父を慕っているとわかる同じ動作についての描写を含む表現が、和也の幼い頃と現在で文中に一回ずつ出てきます。それぞれ一文で探し、最初の五字を抜き出して答えなさい。

2　本文全体を読むと、藤巻先生もまた和也を信頼していること

「でも、おれも先生みたいに頭がよかったら、違ったのかな」
「え？」
「親父があんなに楽しそうにしてるの、はじめて見たよ。いつも家ではたいくつなんだろうね。おれたちじゃ話し相手になれないもんね」
うつむいた和也を、僕はまじまじと見た。⑨妙に落ち着かない気分になっていた。胸の内側をひっかかれたような。むずがゆいような、ちりちりと痛むような。
唐突に、思い出す。
状況はまったく違うが、僕もかつて打ちのめされたのだった。自分の親が、これまで見せたこともない顔をしているのを目《ま》のあたりにして。母に恋人を紹介されたとき、僕は和也と同じ十五歳だった。こんなに幸せそうな母をはじめて見た、と思った。
「⑩どうせ、おれはばかだから。親父にはついていけないよ。さっきの話じゃないけど、なにを考えてるんだか、おれにはちっともわかんない」
僕は小さく息を吸って、口を開いた。
「僕にもわからないよ。きみのお父さんが、なにを考えているのか」
和也が探るように目をすがめた。僕は机に放り出されたスケッチブックを手にとった。
「僕が家庭教師を頼まれたとき、なんて言われたと思う？」
和也は答えない。身じろぎもしない。
「学校の成績をそう気にすることもないんじゃないか、ってお父さんはおっしゃった。得意なことを好きにやらせるほうが、本人のためになるだろうってね」
色あせた表紙をめくってみる。ページ全体が青いクレヨンで⑪タンネンに塗りつぶされている。白いさざ波のような模様は、巻積雲《けんせきうん》だろう。
「よく覚えてるよ。意外だったから」

次のページも、そのまた次も、空の絵だった。一枚ごとに、空の色も雲のかたちも違う。確かに力作ぞろいだ。
「藤巻先生はとても熱心な研究者だ。もしも僕だったら、息子も自分と同じように、学問の道に進ませようとするだろうね。本人が望もうが、望むまいが」
僕は手をとめた。開いたページには、今の季節におなじみのもくもくと⑫フオンにふくらんだ積雲が、繊細な陰翳《いんえい》までつけて描かれている。
「わからないひとだよ、きみのお父さんは」
⑬わからないことだらけだよ、この世界は――まさに先ほど先生自身が口にした言葉を、僕は思い返していた。
だからこそ、おもしろい。
僕と和也が和室に戻ると、先生は庭に下りていた。どこからかホースをひっぱってきて、足もとのバケツに水をためている。
奥さんが玄関から靴を持ってきてくれて、僕たち三人も庭に出た。縁側に、手持ち花火が数十本も、ずらりと横一列に並べてある。長いものから短いものへときれいに背の順になっていて、誰がやったか一目瞭然だ。色とりどりの花火に、目移りしてしまう。
どれにしようか迷っていたら、先生が横からすいと腕を伸ばした。向かって左端の、最も長い四本をすばやくつかみ、皆に一本ずつ手渡す。
「花火奉行なんだ」
和也が僕に耳打ちした。
花火を配り終えた先生はいそいそと庭の真ん中まで歩いていって、手もとに残った一本に火をつけた。先端から、青い炎が勢いよく噴き出す。和也も父親を追って隣に並んだ。ぱちぱちと燃えさかる花火の先に、慎重な手つきで自分の花火を近づける。火が移り、光と音が倍になる。
僕と奥さんも火をもらった。四本の花火で、真っ暗だった庭がほのかに明るんでいる。昼間はあんなに暑かったのに、夜風はめっき

て言って。親ばかかもしれないですけど、けっこうな力作で……そうだ、先生にも見ていただいたら？」
「親ばかだって。子どもの落書きだもん」
照れくさげに首を振った和也の横から、藤巻先生も口添えした。
「いや、わたしもひさしぶりに見たいね。あれはなかなかたいしたものだよ」
「へえ、お父さんがほめてくれるなんて、珍しいこともあるもんだね」
冗談めかしてまぜ返しつつ、⑥和也はまんざらでもなさそうに立ちあがった。
「あれ、どこにしまったっけ？」
「あなたの部屋じゃない？　納戸《なんど》か、書斎の押し入れかもね」
奥さんも後ろからついていき、僕は先生とふたりで和室に残された。
「先週貸していただいた本、もうじき読み終わりそうです。週明けにでもお返しします」
なにげなく切り出したところ、先生は目を輝かせた。
「あの超音波風速温度計は、実に画期的な発明だね」
超音波風速温度計のもたらした貢献について、活用事例について、今後検討すべき改良点について、堰《せき》を切ったように語り出す。
お絵描き帳が見あたらなかったのか、和也たちはなかなか帰ってこなかった。その間に、先生の話は加速度をつけて盛りあがった。ようやく戻ってきたふたりが和室の入口で顔を見あわせているのを、僕は視界の端にとらえた。自分から水を向けた手前、話の腰を折るのもためらわれ、どうしたものかと弱っていると、スケッチブックを小脇に抱えた和也がこちらへずんずん近づいてきた。
「お父さん」
うん、と先生はおざなりな生返事をしたきり、見向きもしない。
「例の、南西諸島の海上観測でも役に立ったらしい。船体の揺れによる影響をどこまで補正できるかが課題だな」
「ねえ、あなた」
奥さんも困惑顔で呼びかけた。
と、先生がはっとしたように口をつぐんだ。⑦僕は胸をなでおろした。たぶん奥さんも、それに和也も。
「ああ、スミ。悪いが、紙と鉛筆を持ってきてくれるかい」
先生は言った。和也が踵《きびす》を返し、無言で部屋を出ていった。
おろおろしている奥さんにかわって、自室にひっこんでしまった和也を呼びにいく役目を僕が引き受けたのは、⑧少なからず責任を感じたからだ。
父親に絵をほめられたときに和也が浮かべた表情を、僕は見逃していなかった。雲間から一条の光が差すような、笑顔だった。いつだって陽気で快活で、いっそ軽薄な感じさえする子だけれど、あんな笑みははじめて見た。
「花火をしよう」
ドアを開けた和也に、僕は言った。
「おれはいい。先生がつきあってあげれば？　そのほうが親父《おやじ》も喜ぶんじゃない？」
和也はけだるげに首を振った。険しい目つきも、ふてくされたような皮肉っぽい口ぶりも、ふだんの和也らしくない。僕は部屋に入り、後ろ手にドアを閉めた。
「まあ、そうかっかするなよ」
藤巻先生に悪気はない。話に夢中になって、他のことをつかのま忘れてしまっていただけで、息子を傷つけるつもりはさらさらなかったに違いない。「様子を見てきます」と僕が席を立ったときも、なにが起きたのか腑《ふ》に落ちない様子できょとんとしていた。
「別にしてない」
和也は投げやりに言い捨てる。
「昔から知ってるもの。あのひとは、おれのことなんか興味がない」
腕組みして壁にもたれ、暗い目つきで僕を見据えた。

確かに、彼に比べて僕は圧倒的に若かった。あまりにも若すぎた。熱弁をふるう彼の隣で慎《つつ》ましく目をふせている母を、僕は盗み見た。恋人に全幅の信頼を置いているのが見てとれた。寄り添うでもなく、見つめあうでもなく、それでもふたりの間に流れる親密な空気が僕にもはっきりと感じとれた。

　不意に、ばからしくなった。僕は母の片腕になったつもりだった。母に頼られているとばかり思いこんでいたのに、そうではなかったのかもしれない。自分と家族を守ってくれるおとなの男を、母はすでに見つけたのだ。僕は③背伸びして調子に乗っているだけの、世間知らずで無力な子どもにすぎなかった。

（中略）

　その後、「僕」は大学三年生になり、気象の専門家である藤巻《ふじまき》先生の研究室に所属しながら、彼の息子である中学三年生の和也《かずや》の家庭教師をすることになった。八月のある日、「僕」は藤巻先生の家で夕食をごちそうになった。

「ねえ、お父さんたちは天気の研究をしてるんでしょ」

　和也が箸を置き、父親と僕を見比べた。

「被害が出ないように防げないわけ？」

「それは難しい」

　藤巻先生は即座に答えた。

「気象は人間の力ではコントロールできない。雨や風を弱めることはできないし、雷も竜巻もとめられない」

「じゃあ、なんのために研究してるの？」

　④和也がいぶかしげに眉根を寄せた。

「知りたいからだよ。気象のしくみを」

「知っても、どうにもできないのに？」

「どうにもできなくても、知りたい」

「もちろん、まったく役に立たないわけじゃないですしね」

　僕は見かねて口を挟んだ。

「天気を正確に予測できれば、前もって手を打てるから。家の窓や屋根を補強するように呼びかけたり、住民を避難させたり」

「だけど、家は流されちゃうんだよね？」

「まあでも、命が助かるのが一番じゃないの」

　奥さんもとりなしてくれたが、和也はまだ釈然としない様子で首をすくめている。

「やっぱり、おれにはよくわかんないや」

「わからないことだらけだよ、この世界は」

　先生がひとりごとのように言った。

「だからこそ、おもしろい」

　一時はどうなることかとはらはらしたけれど、それ以降は和也が父親につっかかることもなく、食事は⑤和やかに進んだ。鰻《うなぎ》をたいらげた後、デザートには西瓜《すいか》が出た。

　話していたのは主に、奥さんと和也だった。僕の学生生活についていくつか質問を受け、和也が幼かった時分の思い出話も聞いた。

　中でも印象的だったのは、絵の話である。

　朝起きたらまず空を観察するというのが、藤巻先生の長年の日課だという。晴れていれば庭に出て、雨の日には窓越しに、とっくりと眺める。そんな父親の姿に、幼い和也はおおいに好奇心をくすぐられたらしい。よちよち歩きで追いかけていっては、並んで空を見上げていたそうだ。熱視線の先に、なにかとてつもなくおもしろいものが浮かんでいるはずだと思ったのだろう。

「お父さんのまねをして、こう腰に手をあてて、あごをそらしてね。今にも後ろにひっくり返りそうで、見ているわたしはひやひやしちゃって」

　奥さんは身ぶりをまじえて説明した。本人は覚えていないようで、首をかしげている。

「それで、後で空の絵を描くんですよ。お父さんに見せるんだ、っ

二〇二三年度 明治大学付属中野八王子高等学校

【国語】（五〇分）〈満点：一〇〇点〉

〈注意〉字数には、句読点も記号も一字として数えます。

一 次の文章を読んで、後の問いに答えなさい。

僕が中学一年生の冬に、父がいなくなった。

動揺も心配もしなかった。父の不在によって助かることはあっても、困ることはただのひとつも思いつかない。かつて疫病神《やくびょうがみ》と①罵られた僕は、もはやその意味を正確に理解していた。それは当の父にこそふさわしい言葉だった。たとえもう二度と会えなくても、悲しくもさびしくもない。幼い弟たちも、似たりよったりの淡白な反応だった。

母もまた、取り乱すそぶりは見せなかった。ただ、疲れた表情でぼんやりしていることは時折あった。仮にも一家の主――主らしい貢献とは無縁だったとはいえ――を失い、女ひとりで家を守らざるをえなくなって、やはり心細かったのかもしれない。

母の力になろう、と僕は気をひきしめた。新聞配達に加えて家事もこなし、進んで弟たちの面倒を見た。僕はもう庇護《ひご》されるべき子どもではない。相棒として、ひとりの男として、母を助けるのだ。その意気ごみは母にも伝わったらしく、なにかあれば相談を持ちかけてくれるようになった。上の弟がけんかして友達にけがをさせたときは、そろって先方まで謝罪に出向いた。下の弟が風邪をこじらせて肺炎になったときには、医者にかかるための金策を練った。どうにか難局を切り抜けるたび、昇《のぼる》のおかげで本当に助かったわ、と母は言った。義務教育を終えしだい就職しようと僕が考えたのは、自然ななりゆきだった。もったいないと中三のクラス担任はしきりに残念がったが、意志は変わらなかった。

卒業まであと半年をきり、「やっぱり高校に行きなさい」と母が突然言い出したときには、仰天した。僕の知らないところで、担任教師の説得を受けていたそうだ。優秀なお子さんですから、と再三繰り返され、親として心が揺らいだ。

母にとって、長男以外に意見を聞ける相手は、ひとりしかいなかった。

「高校に行かせてあげるべきだ」

と彼は即答した。そのひとことが母の背中を押した。

母に恋人ができたことに、鈍い僕はまるで気づいていなかった。

彼にひきあわされた、その日まで。

「きみのお母さんと、結婚を前提におつきあいさせてもらっています」

彼は僕に深々と頭を下げた。母の勤める工場で技師として働いているという。くっきりした目鼻立ちの、見上げるような大男で、みごとに日焼けしていた。一見強面《こわもて》だけれど、笑うと目尻が下がってひとなつこい印象になる。線が細くて神経質な感じの父とは、体格も顔だちも雰囲気も、なにからなにまで似ていなかった。

そして、父なら絶対に言わないことを彼は言った。

「家のことは心配しないで、昇くん自身の将来を考えて下さい。お母さんと弟さんたちは、おれに任せてほしい。絶対に悪いようにはしない。約束します」

もちろん、僕は納得がいかなかった。いきなり現れたよその男に、家族の問題に口出しされるのは②シンガイだったし、彼が本当に信頼できるのかもわからない。誠実そうに見えてもゆだんはできない。悪人はえてして、善人よりも善人らしい顔で近づいてくるものだ。ところが彼も譲らなかった。丁寧に、論理的に、進学すべき理由を並べてみせた。今の世の中、学歴があるほうが就職には有利だ。賃金にも差がつく。しかも、きみはとても頭脳明晰《めいせき》だと聞いている。せっかくの才能を伸ばし、活《い》かすことが、一番の親孝行になる。

「昇くんはまだ若い。将来、高校に行っておいてよかったと思う日が必ず来る」

2023年度／明治大学付属中野八王子高等学校

英語解答

1 問1　Q1…B　Q2…C
　問2　Q1…B　Q2…C

2 問1　ウ　問2　(例)中古品
　問3　library　問4　ウ　問5　C
　問6　イ　問7　オ

3 問1　エ
　問2　Other passengers
　問3　are some of the rules that she would like to see
　問4　イ　問5　subway
　問6　ア　follow　イ　polite
　ウ　nice
　エ　necessary〔needed〕

4 (1)　ten years ago
　(2)　looking forward to
　(3)　is, called　(4)　whose, this is

5 (1)　A…ケ　B…イ　C…ア
　(2)　A…ウ　B…エ　C…コ
　(3)　A…サ　B…エ　C…オ
　(4)　A…イ　B…エ　C…ウ

1〔放送問題〕放送文未公表

2〔長文読解総合─説明文〕

≪全訳≫❶お金をためるのは難しいことがある。私たちの生活には，お金を払う必要があるものがたくさんある。食事，住居，服などだ。また，必要ではないが，持っていると楽しめるものもある。例えば，すてきな車や音楽システムなどだ。どうやって，こうした必要なものと欲しいもののバランスをとって，お金をためられるだろうか。役に立つかもしれないいくつかの案を，以下に示す。❷第一に，中古品を買うことを考えよう。新しい服やパソコン，家のものを買う代わりに，すでに使われている中古の良いものが見つかるかどうか確かめるのだ。中古品はほぼ新品同然のことも多いが，ずっと安い。❸第二に，本や映画にお金を払う代わりに，図書館を訪れよう。本や映画は安いこともあるが，私たちはたいてい1回しか利用しない。結局，家の中で何もせずに残るだけなのだ。そこで次回，お店に行く代わりに，図書館に行くといい。そこでたくさんのいい本や映画，ときにはコンピューターゲームさえ見つかる。1つ使い終わったら，返却して次のを借りられるのだ。❹第三に，買い物に行くときは，高い商品は避けよう。アルマーニやナイキのような有名な名前のついた商品は，たいていはそれと全く同じくらい良いこともある他の商品よりも高い。C名前を見るだけでなく，常に良い商品を探すのだ。ためたお金で，有名な名前のついたあなたの欲しい商品は買えるだろう。❺第四に，常に買い物リストをつくって，それを守ろう。お店に入る前に，買う必要のあるもの全ての一覧表を書くといい。こうすることで，必要のないものを買うことをもっと簡単に避けられるようになる。❻最後に，自由時間を楽しむ新しい方法を見つけよう。忙しい1週間の後で楽しみたいから，週末にお金を使いすぎてしまう人がいる。しかし，週末に疲れてしまう前にあらかじめ計画を立てていれば，自転車に乗ったり，友人と公園に行ったりといった，お金のかからない活動を計画できる。この方が安いだけでなく，より楽しいものであるかもしれない。

問1＜適語句選択＞直前のコロン(：)に注目。コロンは，「つまり，すなわち」の意味で，直前の内容を言い換えたり，具体的に説明したりする場合に用いられる。コロンの前で述べられているのは，生活必需品に当たる内容であり，それを言い換えているものを選ぶ。

問２＜語句解釈＞直後の関係代名詞節で「すでに使われている」と説明されている。 second-hand「中古の」≒used

問３＜適語補充＞最初の空所直後に instead of buying books or movies, ２つ目の空所前に instead of going to a store とあることから，本や映画にお金を払ったり，お店に行ったりする代わりに行く場所が入る。２つ目の空所の後の記述からは，そこは本や映画を見終わった後，返却する場所であることがわかる。 instead of ～「～の代わりに，～ではなく」

問４＜語句解釈＞この free は「無料の」という意味。直後の such as ～「～のような」以下はその具体例になっている。ウは buy があるので無料ではない。

問５＜適所選択＞脱文は「名前を見るだけでなく，常に良い商品を探しなさい」といった意味。第４段落に有名ブランドの商品の話があり，空所Ｃの前では，有名ブランドの物でなくても同じくらいいい商品があると述べている。脱文はその流れに沿った内容である。

問６＜表題選択＞冒頭の１文でテーマが示され，その後の段落でそのための方法が紹介されている。save money「お金をためる」

問７＜内容真偽＞ア.「私たちは音楽システムを買わずには生きていけない」…× 第１段落第３文参照。音楽システムはなくてはならないものではない。 イ.「高すぎて私たちには買えない本がある」…× そのような記述はない。 ウ.「アルマーニの商品を買うと，人々は豊かで有名になることがある」…× そのような記述はない。 エ.「お金をためたいなら，お金を使ってはならない」…× そのような記述はない。 オ.「買い物に行く前に，何を買うか決めるべきだ」…○ 第５段落第２文に一致する。 カ.「週末にだけお金をたくさん使うのは，良い考えだ」…× 第６段落第２文参照。週末にお金を使いすぎる人がいるとは述べているが，それが「良い考え」とは言っていない。

３〔長文読解総合―説明文〕

≪全訳≫❶ニューヨーク市の地下鉄には，とても長い規則の一覧表がある。座席に足を乗せてはいけない，コーヒーやソーダの蓋のないカップを持ち歩いてはいけない，複数の座席を取ってはいけない，酔っぱらっているときに乗ってはいけない…。これらは規則のほんの一部だ。さらに数百はある。❷これだけ多くの規則があるのに，地下鉄に乗るのはなぜ今でも非常に不快なのだろうか。❸問題は規則を強制する人がいないことだ，と考える人もいる。地下鉄の警察は十分ではなく，そこにいる警察は運賃を払わない人を捕まえるのに忙しすぎる。ときには他の乗客が規則を強制しようとすることがある。しかし，彼らを頼りにすることはできない，なぜなら，ニューヨークの人たちには，知らない人に話しかけたり，知らない人と目を合わせたりしてはいけないという，礼儀作法の不文律があるからだ。話しかけたり目を合わせたりすることなく，買い物袋を座席から降ろしたり，コーラを捨てるように伝えられるだろうか。これは難しい。❹十分な規則がないから地下鉄は不快なのだ，と考えているニューヨークの人たちもいる。ある乗客は，地下鉄の規則をもういくつか増やす提案をした手紙をニューヨークタイムズ紙に書いた。②以下が，彼女が望んでいるいくつかの規則である。／・電車のポールに寄りかかってはいけない。他の人がつかまることを妨げることになる。彼らが転んでしまう可能性がある。／・くしゃみやせきをするときは，口と鼻を覆う。他の乗客は風邪をうつされたくない。／・メトロカードを３回試してもだめな場合は，地下鉄の従業員に助けを求める。入り口をふさいではいけない。／・年配の乗客や小さな子ども連れの親に席を譲る。**5**もちろん，地下鉄を知っている人は誰でも，これらが規則としてすばらしい案だと同意するだろう。しかし，礼儀正しい人たちは，この全てをすでに行っている。もし，こうした礼儀作法の不文律が書かれたら，無礼な人たちはよりそれに従うようになるだろうか。誰かがそれを強制するようになるだろうか。誰も強制しない規則を増やすことは，意味をなさない。**6**本当の問題は，私たちがお互いに対して親切にする方法を忘れていることだ。私たちに年配の乗客に席を譲るように命じる規則が必要なのは，恥ずかしいことだ。誰もそうするように思い出させられる必要があるべきではない。**7**私が言っているのは，私たちは規則について話すのをやめて，マナーを思い出すようにすべきだということだ。警官が私たちに降りろと言うかもしれないからではなく，それがやるべき正しいことなのだから，お互いに親切にしよう。そうすれば，ニューヨーク市は地上と地下の両方で，もっと洗練されるだろう。

問1＜英文解釈＞the ones は subway police を指している(police は複数扱い)。be busy (in) ～ing で「～するのに忙しい」という意味。　pay「支払いをする」

問2＜指示語＞them なので前に出ている複数名詞でここに当てはめて意味が通るものを探す。直後の because 以下の内容から，前文の Other passengers が該当する。

問3＜整序結合＞「ここに～がある」は Here is/are ～で表せるので，Here are～とし，‘～’に入る「ルールのいくつか」を some of the rules とする(some of the ～「～のうちのいくつか」の形)。残りは that を目的格の関係代名詞として使って rules を先行詞とする関係代名詞節をつくればよい。　would like to ～「～したい」　Here are some of the rules that she would like to see:

問4＜語句解釈＞下線部を含む文は‘It is ～ that＋主語＋動詞...’「…することは～だ」の形の形式主語構文。高齢者に席を譲ることをわざわざ規則化することについての筆者の考えである。embarrassing「(人を)恥ずかしがらせるような，困惑させるような」

問5＜語句解釈＞above「～の上の〔に，で〕」⇔ below「～の下の〔に，で〕」という関係で，below の後に重複となる ground が省略されていることを読み取る。本文は地下鉄のマナーについての話であることから below (ground)「地面の下で」とは，on the subway「地下鉄で」という意味だと考えられる。

問6＜要約文完成＞≪全訳≫ニューヨーク市の地下鉄に乗るのが不快なのは，規則にア従わない人がいるからだ。確かに地下鉄の乗客には無礼な人もいるが，イ礼儀正しい人もいる。一番大切なことは，規則を強制することではなく，どうやって他の人にウ親切にするかを思い出すことだ。ニューヨーク市の地下鉄の長い規則の一覧表は，もともと(必ずしも)エ必要ではないのだ。

＜解説＞ア．第5段落第3文参照。　follow rules「規則に従う，規則を守る」　イ．第5段落第2文参照。　polite「礼儀正しい」⇔ rude「無礼な」　ウ．第6段落第1文および第7段落第2文参照。　be nice to ～「～に親切にする」≒be kind to ～　エ．第6，7段落の内容から，筆者は規則ではなく，互いに親切にすることが大切だと述べている。細かな規則など本来は必要ないと言いたいのである。not necessary は「必ずしも必要ない」という部分否定の表現。

4〔書き換え─適語補充〕

(1)「私が彼女を最後に見てから10年たった」→「私は10年前に彼女を最後に見た」　上は，‘It has been〔is〕＋期間＋since＋主語＋動詞...’「～から〈期間〉がたつ」の形(現在完了の‘継続’用法)。これを下は過去形の文で書き換える。～ ago「～前に」

(2)「私はメキシコへの旅行を待ちきれない」→「私はメキシコへの旅行をとても楽しみにしている」 can't wait for ～「～を待ちきれない」≒look forward to ～「～を楽しみに待つ」 am の後なので，現在進行形で looking にすること。

(3)「この国の人たちは，この食べ物を何と呼んでいますか」→「この国では，この食べ物は何と呼ばれていますか」 'call＋*A*＋*B*'「*A*を*B*と呼ぶ」を受け身形にすると'*A*＋be動詞＋called＋*B*'の形になる。ここは'*B*'が疑問詞 What になって前に出た疑問文の形である。

(4)「私はこの家の持ち主を知らない」→「私はこれが誰の家か知らない」 owner は「持ち主，所有者」という意味。下の文では所有格の疑問詞 whose を使って間接疑問の形に書き換える。

5〔整序結合〕

(1)「列車に乗って旅をしている人」は People traveling on the train とまとまる。これは名詞 People を現在分詞 traveling で始まる語句が後ろから修飾する'名詞＋現在分詞＋その他の語句'の形。「必ずしも～なわけではない」は not always ～で表す(部分否定)。 People traveling on the train are not always enjoying their trip.

(2)「～してください」は'Please＋動詞の原形'で始まる命令文にする。「～なのか私に教えて」は'tell＋人＋物事'「〈人〉に〈物事〉を教える」の形にする。'物事'に該当する「あなたがその本を買うのにいくらかかるのか」は語群から「その本を買うためにあなたがどれくらいのお金を必要とするか」と読み換えて'疑問詞＋主語＋動詞…'の間接疑問で表す。'疑問詞'は how much money. Please tell me how much money you need to buy the book.

(3)「とても～なので…」とあるので'so ～ that …'という表現を中心に文を組み立てる。「母親に電話しなければならなかった」は had to call his mother であり，「彼を静かにさせるために」は to不定詞の副詞的用法(「～するために」)と，'make＋目的語＋形容詞'「～を…(の状態)にする」を組み合わせて表す。 The student was so noisy that his teacher had to call his mother to make him quiet.

(4)日本語の「～ではないと思う」は，英語では通例「～だとは思わない」の形で表すので，I don't think で始める。「彼女があなたに話してくれたこと」は「こと」に the story を使い，これを修飾する関係代名詞節をつくる。which を目的格の関係代名詞として使い which she told you とする。the story which she told you は，'tell＋人＋物事'「〈人〉に〈物事〉を話す」の'物事'に当たる the story が，先行詞として前に出た形。 I don't think the story which she told you is true.

2023年度／明治大学付属中野八王子高等学校

数学解答

1 (1) $-2x+3y$　(2) 126
(3) $(a-1)(a-4b)$　(4) $3\sqrt{17}$
(5) $x=-22,\ 4$
(6) $-1,\ 0,\ 1,\ 2,\ 3,\ 4,\ 5$

2 (1) 7　(2) 26通り　(3) $-\frac{3}{2},\ 0$
(4) $3x^2-9x-84=0$　(5) $\frac{3}{2}$
(6) $84°$　(7) $54°$
(8) $18\pi+16\sqrt{5}\ \mathrm{cm}^2$

3 (1) **平均値…50.5冊　中央値…51冊**
(2) ㋐…48　㋑…52

4 (1) $y=-2x+4$　(2) $\left(\frac{1}{2},\ \frac{1}{2}\right)$

5 (1) $\sqrt{59}$　(2) $\frac{45\sqrt{6}}{16}$

1〔独立小問集合題〕

(1)**＜式の計算＞**与式 $=\frac{3x-5y}{2}-6\times\frac{4(x-2y)-3(-x+y)}{12}=\frac{3x-5y}{2}-\frac{4x-8y+3x-3y}{2}=\frac{3x-5y}{2}-\frac{7x-11y}{2}=\frac{3x-5y-(7x-11y)}{2}=\frac{3x-5y-7x+11y}{2}=\frac{-4x+6y}{2}=-2x+3y$

(2)**＜数の計算＞**与式 $=\frac{27}{8}x^6y^3\div36x^8y^6\times(-24x^5y^4)=\frac{27x^6y^3}{8}\times\frac{1}{36x^8y^6}\times(-24x^5y^4)=-\frac{27x^6y^3\times1\times24x^5y^4}{8\times36x^8y^6}=-\frac{9}{4}x^3y$ となるので，これに $x=-2$，$y=7$ を代入して，与式 $=-\frac{9}{4}\times(-2)^3\times7=-\frac{9}{4}\times(-8)\times7=126$ である。

(3)**＜式の計算―因数分解＞**与式 $=a^2-4ab+4b^2-a+1-(4b^2-4b+1)=a^2-4ab+4b^2-a+1-4b^2+4b-1=a^2-4ab-a+4b=a(a-4b)-(a-4b)$ として，$a-4b=A$ とおくと，与式 $=aA-A=(a-1)A=(a-1)(a-4b)$ となる。

(4)**＜数の計算＞**与式 $=\sqrt{4^2}\times\sqrt{34\div2}+\sqrt{2^2\times17}-\sqrt{3^2\times17}=4\sqrt{17}+2\sqrt{17}-3\sqrt{17}=3\sqrt{17}$

(5)**＜二次方程式＞**$x+9=\pm13$，$x=-9\pm13$ となるので，$x=-9-13=-22$，$x=-9+13=4$ より，$x=-22$，4 である。

(6)**＜数の性質＞**x が整数より，$x-2$ は整数である。これより，$x-2$ の絶対値が4より小さいとき，$x-2=-3,\ -2,\ -1,\ 0,\ 1,\ 2,\ 3$ だから，$x=-1,\ 0,\ 1,\ 2,\ 3,\ 4,\ 5$ である。

2〔独立小問集合題〕

(1)**＜数の性質＞**$\sqrt{2023n}=\sqrt{7\times17^2\times n}$ だから，これが整数となる最も小さい自然数 n は，$7\times17^2\times n=7^2\times17^2$ となる n である。よって，$n=7$ である。

(2)**＜場合の数＞**A，B，C，D，Eの5人の中から少なくとも2人を選ぶとき，選ぶ人数は，2人，3人，4人，5人である。2人を選ぶ場合，AとB，AとC，AとD，AとE，BとC，BとD，BとE，CとD，CとE，DとEの10通りある。3人を選ぶ場合，2人を選ぶ場合で選ばれなかった3人を選べばよいから，2人を選ぶ場合と同様で10通りある。4人を選ぶ場合，選ばれないのは1人だから，選ばれない1人がA，B，C，D，Eの5通りより，4人の選び方は5通りある。5人を選ぶ場合は1通りである。以上より，求める選び方は，$10+10+5+1=26$(通り)ある。

(3)**＜関数―傾き＞**2直線 $y=-x+2$，$y=ax+1$ の交点が放物線 $y=x^2$ 上にあるので，直線 $y=ax+1$ は，放物線 $y=x^2$ と直線 $y=-x+2$ の交点を通る。次ページの図1のように，放物線 $y=x^2$ と直線 $y=-x+2$ は2点で交わるので，その交点を，x 座標が小さい方からA，Bとする。この2式より，$x^2=-x+2$，$x^2+x-2=0$，$(x+2)(x-1)=0$ となり，$x=-2,\ 1$ となるので，点Aの x 座標は -2，点

Bのx座標は1である。$y=(-2)^2=4$, $y=1^2=1$だから，A$(-2,\ 4)$, B$(1,\ 1)$である。直線$y=ax+1$が点Aを通るとき，$4=a\times(-2)+1$より，$2a=-3$, $a=-\frac{3}{2}$となる。点Bを通るとき，$1=a\times1+1$より，$a=0$となる。よって，$a=-\frac{3}{2}$, 0である。

図1

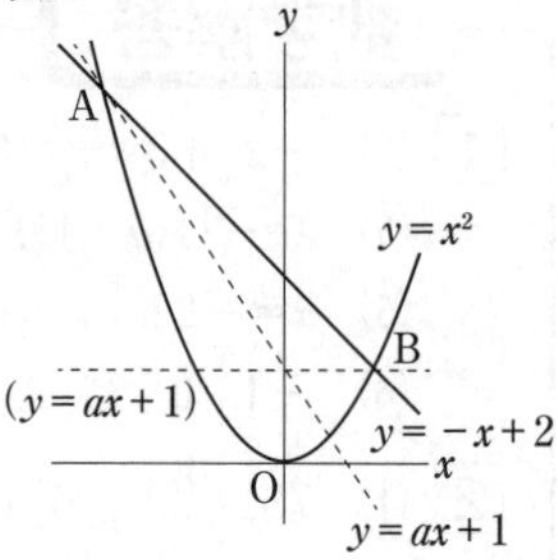

(4)**<二次方程式─解の利用>**2つの解が$x=-4$, 7である二次方程式は，$(x+4)(x-7)=0$である。左辺を展開して，$x^2-3x-28=0$となる。求める方程式はx^2の係数が3なので，両辺を3倍して，$3x^2-9x-84=0$である。

(5)**<平面図形─長さ>**右図2で，FG$=x$とする。∠FBG=∠EBD，∠FGB=∠EDB=90°より，△BFG∽△BEDだから，FG：ED=BG：BDである。また，∠ABC=90°，AB=BC=4より，△ABCは直角二等辺三角形だから，∠FCG=45°である。∠FGC=90°なので，△FGCも直角二等辺三角形であり，GC=FG$=x$，BG=BC−GC$=4-x$となる。さらに，BD=4+1=5である。よって，$x:3=(4-x):5$が成り立ち，$x\times5=3(4-x)$，$5x=12-3x$，$8x=12$，$x=\frac{3}{2}$となるので，FG$=\frac{3}{2}$である。

図2

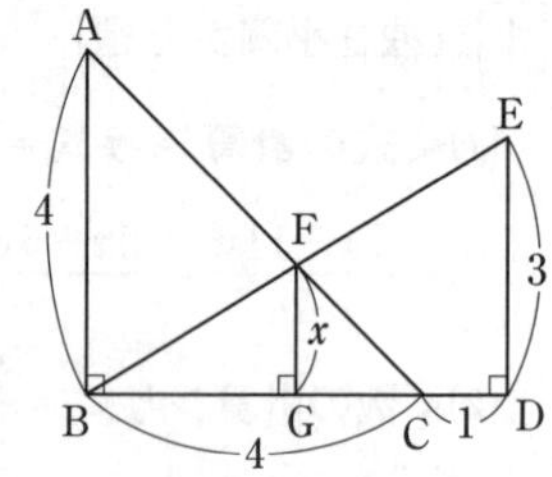

(6)**<平面図形─角度>**右図3のように，4点A，B，C，Dを定め，CDの延長と円Oの周との交点をEとし，点Bと点Eを結ぶ。$\overset{\frown}{BC}$に対する円周角より，∠BED=∠BAC=54°である。また，線分CEは円Oの直径だから，∠EBC=90°であり，∠EBD=∠EBC−∠ABC=90°−60°=30°となる。よって，△EBDで内角と外角の関係より，$\angle x$=∠BED+∠EBD=54°+30°=84°となる。

図3

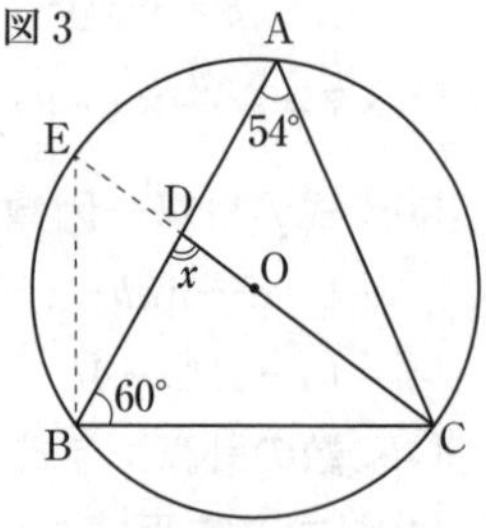

(7)**<平面図形─角度>**右図4で，∠ADC=∠AEB=90°より，∠BDC=∠BEC=90°だから，2点D，Eは線分BCを直径とする円の周上にある。また，BF=CFだから，点Fはこの円の中心となる。$\overset{\frown}{BD}$，$\overset{\frown}{CE}$に対する円周角と中心角の関係より，∠BFD=2∠BCD=2×22°=44°，∠CFE=2∠CBE=2×41°=82°となるから，∠DFE=180°−∠BFD−∠CFE=180°−44°−82°=54°である。

図4

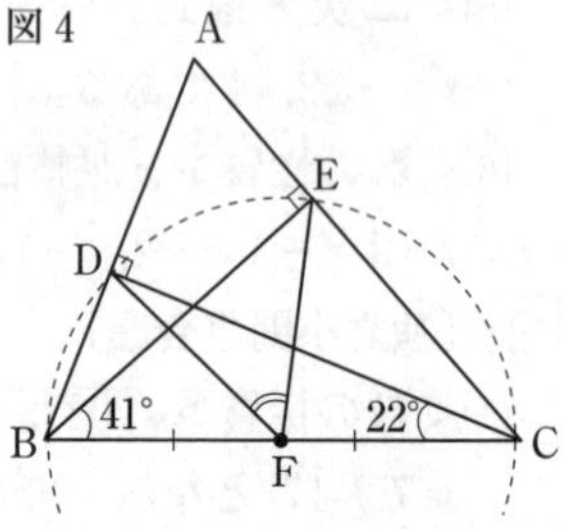

(8)**<平面図形─面積>**右下図5で，円Oの周と辺AD，辺CDの交点をそれぞれE，Fとすると，∠EDF=90°より，線分EFは円Oの直径となる。よって，斜線部分の面積は，線分EFを直径とする半円と△EDFの面積の和として求められる。OE=6より，線分EFを直径とする半円の面積は，$\pi\times6^2\times\frac{1}{2}=18\pi$である。次に，点Oを通り辺BCに平行な直線と辺AB，辺CDの交点をそれぞれG，Hとすると，四角形GBCHは長方形となるので，GH=BC=10である。GH⊥ABより，点Gは円Oと辺ABの接点と一致するから，OG=6であり，OH=GH−OG=10−6=4となる。また，∠EDF=∠OHF=90°，∠EFD=∠OFHより，△EDF∽△OHFとなるから，ED：OH=EF：OF=2：1であり，ED=2OH=2×4=8である。EF=2OE=2×6=12だから，△EDFで三平方の定理より，DF$=\sqrt{\mathrm{EF}^2-\mathrm{ED}^2}=\sqrt{12^2-8^2}=\sqrt{80}=4\sqrt{5}$となり，

図5

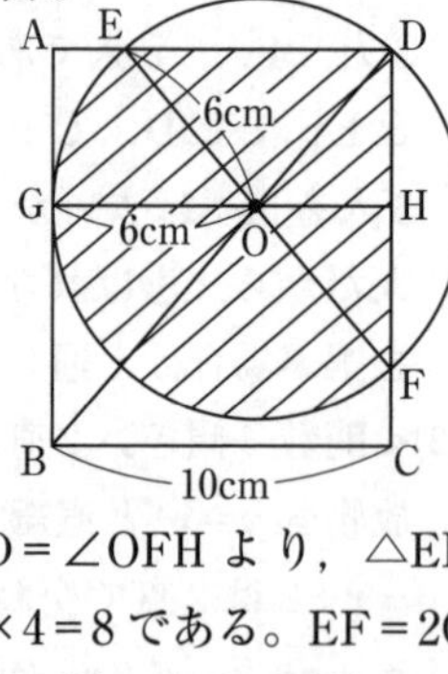

$\triangle EDF=\frac{1}{2}\times ED\times DF=\frac{1}{2}\times 8\times 4\sqrt{5}=16\sqrt{5}$ である。以上より，斜線部分の面積は，$18\pi+16\sqrt{5}$ cm^2 となる。

3 〔データの活用〕

(1)＜**平均値, 中央値**＞資料より，平均値は，$(34+63+56+52+60+41+50+48)\div 8=404\div 8=50.5$(冊)となる。また，8人の読んだ本の冊数だから，中央値は，読んだ本の冊数を小さい順に並べたときの4番目の値と5番目の値の平均となる。読んだ本の冊数は，小さい順に，34，41，48，50，52，56，60，63となり，4番目は50冊，5番目は52冊だから，中央値は$(50+52)\div 2=51$(冊)となる。

(2)＜**誤っている値, 正しい値**＞資料における8人の読んだ本の冊数の合計は，(1)より，404冊である。誤っている値を正しい値にすると平均値は51冊になるので，冊数の合計は $51\times 8=408$(冊)である。よって，冊数の合計が $408-404=4$(冊)増えているので，正しい値は誤っている値より4大きい。中央値が52冊になるので，小さい方から4番目の値と5番目の値の平均が52冊となる。資料では，52冊未満が4人いて，小さい方から5番目が52冊だから，52冊未満のうちの1人が4冊増えて52冊になると，4番目と5番目がともに52冊となり，中央値も52冊となる。このようになるのは，$48+4=52$ より，48冊を52冊にしたときである。また，52冊が誤っているとすると，正しい冊数は $52+4=56$(冊)であり，このとき，4番目が50冊，5番目が56冊より，中央値は$(50+56)\div 2=53$(冊)であり，適さない。以上より，誤っている値は48，正しい値は52となる。

4 〔関数—関数 $y=ax^2$ と一次関数のグラフ〕

(1)＜**直線の式**＞右図で，点Aを通り x 軸に平行な直線と y 軸，直線 m との交点をそれぞれD，Eとする。2点A，Bは放物線 $y=\frac{1}{8}x^2$ 上にあり，x 座標がそれぞれ-4，8だから，$y=\frac{1}{8}\times(-4)^2=2$，$y=\frac{1}{8}\times 8^2=8$ となり，$A(-4,\ 2)$，$B(8,\ 8)$である。これより，直線 l の傾きは $\frac{8-2}{8-(-4)}=\frac{1}{2}$ だから，$\frac{CD}{AD}=\frac{1}{2}$ である。$A(-4,\ 2)$ より，$AD=4$ だから，$\frac{CD}{4}=\frac{1}{2}$ が成り立ち，$CD=2$ となる。よって，点Cの y 座標は $2+2=4$ となるので，$C(0,\ 4)$であり，直線 m の切片は4である。次に，$\angle CDE=\angle ADC=90^\circ$ である。また，$\triangle CDE$ で，$\angle CED=180^\circ-90^\circ-\angle DCE=90^\circ-\angle DCE$ であり，$\angle ACE=90^\circ$ より，$\angle ACD=90^\circ-\angle DCE$ だから，$\angle CED=\angle ACD$ となる。したがって，$\triangle CDE\backsim\triangle ADC$ となるので，$\frac{ED}{CD}=\frac{CD}{AD}=\frac{1}{2}$ となる。$CD=2$ より，$ED=1$ だから，直線 m の傾きは $-\frac{CD}{ED}=-\frac{2}{1}=-2$ となる。以上より，直線 m の式は $y=-2x+4$ である。

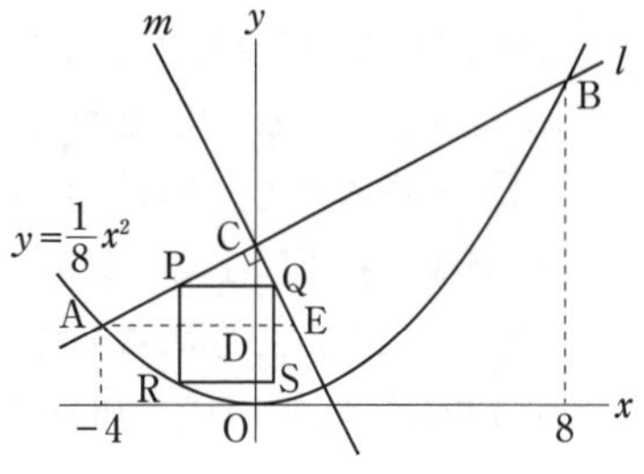

(2)＜**座標**＞右上図で，点Pの x 座標を t とする。(1)より，点Pは直線 $y=\frac{1}{2}x+4$ 上にあるので，$y=\frac{1}{2}t+4$ となり，$P\left(t,\ \frac{1}{2}t+4\right)$ となる。PQ は x 軸に平行なので，点Qの y 座標は $\frac{1}{2}t+4$ である。(1)より，点Qは直線 $y=-2x+4$ 上にあるので，$\frac{1}{2}t+4=-2x+4$ より，$2x=-\frac{1}{2}t$，$x=-\frac{1}{4}t$ となり，$Q\left(-\frac{1}{4}t,\ \frac{1}{2}t+4\right)$ となる。よって，$PQ=-\frac{1}{4}t-t=-\frac{5}{4}t$ と表せる。また，PR は y 軸に平行だから，点Rの x 座標は t である。点Rは放物線 $y=\frac{1}{8}x^2$ 上にあるので，$y=\frac{1}{8}t^2$ より，$R\Big(t,$

$\left.\frac{1}{8}t^2\right)$となり，PR$=\frac{1}{2}t+4-\frac{1}{8}t^2$と表せる。したがって，四角形PRSQが正方形より，PQ＝PR だから，$-\frac{5}{4}t=\frac{1}{2}t+4-\frac{1}{8}t^2$が成り立ち，これを解くと，$t^2-14t-32=0$，$(t+2)(t-16)=0$より，$t=-2$，16となる。$-4\leqq t\leqq 0$だから，$t=-2$であり，点Qの$x$座標は$-\frac{1}{4}t=-\frac{1}{4}\times(-2)=\frac{1}{2}$，点Rの$y$座標は$\frac{1}{8}t^2=\frac{1}{8}\times(-2)^2=\frac{1}{2}$となる。QSは$y$軸に平行，RSは$x$軸に平行であることより，点Sの$x$座標は$\frac{1}{2}$，$y$座標は$\frac{1}{2}$となるから，$\mathrm{S}\left(\frac{1}{2},\ \frac{1}{2}\right)$である。

5 〔空間図形—立方体〕

⑴＜長さの和の最小値＞右図1で，線分AHと線分DEの交点をIとすると，四角形AEHDが正方形より，AI＝HI，AH⊥DEである。また，CD⊥〔面AEHD〕だから，〔平面CDEF〕⊥〔面AEHD〕である。よって，平面CDEFは，線分AHの中点Iで線分AHと垂直に交わる。点Qは平面CDEF上にあるので，AQ＝HQとなる。これより，AQ＋QP＝HQ＋QPとなるから，AQ＋QPが最小になるとき，HQ＋QPも最小になる。このようになるのは，3点H，Q，Pが一直線上に並ぶときなので，点Qは線分HPと平面CDEFの交点であり，AQ＋QPの最小値は線分HPの長さとなる。2点F，Hを結ぶと，△EFHは直角二等辺三角形だから，FH$=\sqrt{2}$EF$=\sqrt{2}\times5=5\sqrt{2}$となる。また，BF⊥〔面EFGH〕より，∠PFH＝90°であり，FP＝BF－BP＝5－2＝3である。したがって，△FHPで三平方の定理より，HP$=\sqrt{\mathrm{FH}^2+\mathrm{FP}^2}=\sqrt{(5\sqrt{2})^2+3^2}=\sqrt{59}$となるので，AQ＋QPの最小値は$\sqrt{59}$である。

図1

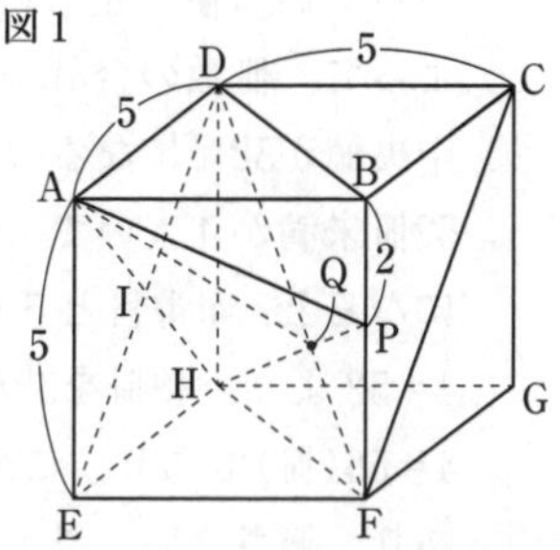

⑵＜面積＞右上図1で，線分HPは平面BDHFに含まれるので，点Qは平面BDHF上にある。平面CDEF上の点でもあるので，点Qは線分HPと線分DFの交点となる。DH∥BFより，△DHQ∽△FPQだから，HQ：PQ＝DH：FP＝5：3である。これより，△AHQ：△APQ＝HQ：PQ＝5：3だから，△APQ$=\frac{3}{5+3}$△AHP$=\frac{3}{8}$△AHPである。⑴より，HP$=\sqrt{59}$，AH＝FH$=5\sqrt{2}$であり，△ABPで三平方の定理より，AP$=\sqrt{\mathrm{AB}^2+\mathrm{BP}^2}=\sqrt{5^2+2^2}=\sqrt{29}$だから，△AHPは右図2のようになる。図2で，点PからAHに垂線PJを引き，AJ$=x$とする。△APJで三平方の定理より，PJ^2＝AP^2－AJ$^2=(\sqrt{29})^2-x^2=29-x^2$となる。JH＝AH－AJ$=5\sqrt{2}-x$だから，△HPJで三平方の定理より，PJ^2＝HP^2－JH$^2=(\sqrt{59})^2-(5\sqrt{2}-x)^2=-x^2+10\sqrt{2}x+9$となる。よって，$29-x^2=-x^2+10\sqrt{2}x+9$が成り立ち，$10\sqrt{2}x=20$，$x=\sqrt{2}$となる。これより，PJ$=\sqrt{29-x^2}=\sqrt{29-(\sqrt{2})^2}=\sqrt{27}=3\sqrt{3}$となるので，△AHP$=\frac{1}{2}\times$AH$\times$PJ$=\frac{1}{2}\times5\sqrt{2}\times3\sqrt{3}=\frac{15\sqrt{6}}{2}$である。したがって，△APQ$=\frac{3}{8}\times\frac{15\sqrt{6}}{2}=\frac{45\sqrt{6}}{16}$となる。

図2

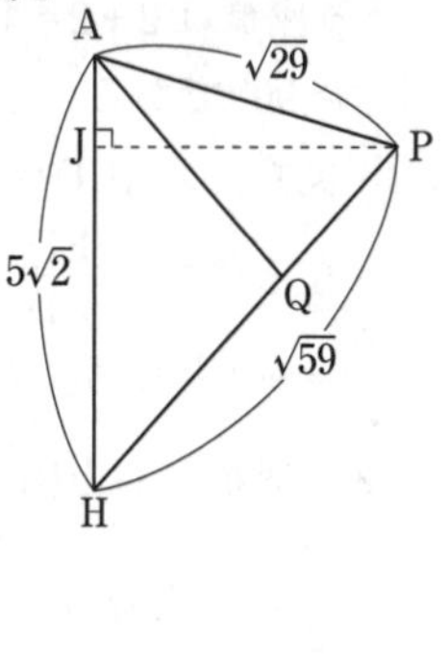

2023年度／明治大学付属中野八王子高等学校

国語解答

一　問一　僕はもう庇〔僕は母の片〕
問二　エ　問三　雲間から一
問四　話に夢中に　問五　イ
問六　ア
問七　1　幼い頃　よちよち歩
現在　和也も父親
2　学校の成績〔「学校の成〕
問八　ア　問九　ウ
問十　①　ののし　⑤　なご　②　心外
⑪　丹念　⑫　不穏

二　問一　イ　問二　ア　問三　エ
問四　ウ　問五　ア
問六　人と人との結びつき
問七　そこにある　問八　ア
問九　エ　問十　イ
問十一　③　誇張　⑤　明朗
⑥　しゃだん　⑨　こわだか
⑬　たんいつ

一〔小説の読解〕出典；瀧羽麻子『博士の長靴』。

問一＜文章内容＞父親がいなくなった後，「僕」は，自分は「もう庇護されるべき子どもではない～母を助ける」存在なのだと意気込んでいた。母の恋人が現れるまで，「僕」は「母の片腕になったつもり」で「母に頼られている」存在だとばかり思っていた。

問二＜心情＞「いぶかしげ」は，不審そうに思うさま。和也は，「気象は人間の力ではコントロールできない」から被害が出ないように防ぐのは「難しい」と藤巻先生に言われて，藤巻先生たちが「なんのため」に「天気の研究」をしているのか，疑問に思ったのである。

問三＜表現＞藤巻先生に「絵をほめられた」とき，和也は「雲間から一条の光が差すような，笑顔」をして，スケッチブックを取りに行った。

問四＜文章内容＞藤巻先生は，和也がスケッチブックを持ってきたことに気をとめることなく，「話に夢中」になっていた。奥さんが呼びかけると，藤巻先生が「はっとしたように」口をつぐんだので，「僕」も奥さんも和也も，藤巻先生が和也の空の絵のことを「つかのま忘れてしまっていた」ことに気づいたと思った。

問五＜文章内容＞「僕」が藤巻先生に借りた本について「なにげなく切り出した」ために，藤巻先生は本の話に「夢中」になって和也の絵のことを忘れてしまい，和也は「自室にひっこんで」しまった。「僕」は，自分が本の話をしたために，藤巻先生が和也を「傷つける」結果になったと責任を感じたのである。

問六＜文章内容＞「楽しそうに」している父の様子を「はじめて」見たと言ってうつむく和也の姿に，「僕」は，母に恋人を紹介されたときのことを思い出し，「幸せそうな母をはじめて」見て，「打ちのめされた」かつての自分と和也が重なって見えたのである。

問七＜表現＞1．幼い頃の和也は，空を観察する父を「よちよち歩きで追いかけていっては，並んで空を見上げて」いた。現在の和也も，花火をする父を「追って隣に」並び，花火をしている。
2．藤巻先生は，和也の将来について，「学校の成績をそう気にすることもない」し，和也の「得意なことを好きにやらせるほうが，本人のためになるだろう」と，和也を信用して本人の意志に任せようと考えていた。

問八＜文章内容＞被害を防ぐのは難しくても気象の仕組みを知りたいと言う藤巻先生のことを，わからないと言う和也に対し，藤巻先生は「わからないことだらけだよ，この世界は」と言った。「僕」もまた，何を考えているのか全くわからず「親父にはついていけない」と言う和也に対し，「わからないひとだよ，きみのお父さんは」と言いながら，人が考えていることも気象も，この世界のことは「わからないことだらけ」で，理解するのは難しいとしみじみと感じたのである。

問九＜表現＞物語は「僕」の視点から語られている。そして，夕食時の出来事について，藤巻先生や和也の様子や言葉がていねいに描かれることで，「僕」が，この世界はわからないことだらけで「だからこそ，おもしろい」という藤巻先生の考えに共感していることや，父の「話し相手」にもなれないと悩む和也にかつての自分を重ねていることなどが，読者に伝わりやすくなっている。

問十＜漢字＞①音読みは「罵倒」などの「バ」。　⑤ほかの訓読みは「なご(む)」「やわ(らぐ)」「やわ(らげる)」。音読みは「平和」などの「ワ」。　②「心外」は，思いがけない出来事に対して，腹立たしく感じたり残念に思ったりすること。　⑪「丹念」は，心を込めてていねいに行うこと。　⑫「不穏」は，おだやかでないこと。

二〔**論説文の読解―社会学的分野―現代社会**〕出典：伊豫谷登士翁『グローバリゼーション――移動から現代を読みとく』

≪本文の概要≫共同体＝コミュニティが現代において見直され，人々の集団のあり方として関心を集めている。コミュニティは，現代が抱えるさまざまな問題の処方箋として取り上げられ，時代のフロンティアとして再登場してきた。故郷という語は，居心地のよさや安らぎがあるという錯覚を与える一方で，暗黙の慣習などが支配する排他的な地域のようにも映る。3・11以降，「絆」が魔法の言葉のように流された時期があった。コミュニティの復権がマスコミを通じて叫ばれたが，そこで求められたコミュニティとは何だったのだろうか。市場化した世界が支配する近代において，牧歌的な世界へのあこがれが，コミュニティへの願望を生み出してきた。しかし，コミュニティという言葉には，集団への帰属意識による無言の強制が日常生活の中に浸透してくるという危うさがつきまとってきた。人々のさまざまな関係性をもたらす共同性をたえず希求し生み出していくところに，コミュニティを再考する意味がある。コロナ禍でコミュニティを再考するのであれば，コミュニティの多義性・多様性と複数性を考慮しなければならない。ただし，コミュニティなるものが国家によって叫ばれるとき，しばしばナショナリズムと結びついた共同体が想起されることになる。ナショナリズムと郷愁をかき立てる故郷とのズレが，絆などの言葉によって巧みに利用されたとき，コミュニティという語は，ますます曖昧で危ういものになる。

問一＜文章内容＞故郷という語は，「すべてを受け入れる居心地のよさや無条件の安らぎ」があるかのような錯覚を与え，コミュニティという言葉は，「人と人との結びつきのさまざまなあり方」をも表すようになり，「心地よい響き」を伴って，誇張されて語られてきた。

問二＜表現＞筆者は，「都市における高齢者の孤独死は近隣の無関心によるものだ」として，メディアが「お隣さんの大切さ」を無責任に訴えているととらえているのである。「垂れ流す」は，必要な処理や対応をせずにそのまま流す，という意味。

問三＜文章内容＞「すべてを受け入れる居心地のよさや無条件の安らぎがあるかのような錯覚」を与える一方で，「排他的な地域」のようにも映る「故郷という語」の像は，誇張された「実態からはかけ離れたもの」である(ア…○)。農村といわれる地域の多くは，「道路の整備や通信の発達」によって生活基盤は改善され，「限界集落」とされるところでも「日常生活にそれほどの不便は」ない(ウ…○)。それでも若者が都市で就職して，「高齢化」と「人口減少」が大きな問題になっており(イ…○)，「退職後は都会から田舎に戻る」といった人生サイクルがなくなったため，いわゆる「村」といわれるものは，久しく再生産されなくなった(エ…×)。

問四＜文章内容＞防波堤の入り口の碑には，「ここは津波に繰り返し襲われた地」で，「城壁は，その津波への防御である」と書かれていた。防波堤によって美しい海が「遮断された」と批判するのは，その地域の津波に対する問題についての，都会に住む者の思慮不足だといえる。

問五＜文章内容＞3・11以降，東北の村に古くからあったとされる「結」が再発見され，「絆」や「コミュニティの復権」が叫ばれた。しかし，「コミュニティ願望のキャンペーンは，東北ではなく，孤独や格差がより深刻である大都市に」向けられていった。

問六＜文章内容＞3・11以降，「絆」がメディアによって「あたかも魔法の言葉」のように流された。そこでは，コミュニティにおける「人と人との結びつき」が求められたのである。

問七＜文章内容＞「郷愁」は，異郷にいて，故郷を懐かしむ気持ちのこと。近代は「農村社会の解体の歴史」であり，その「解体」によって，コミュニティや故郷への愛着は，「そこにある自然とともに，同じ時間を過ごした人々と共有される記憶」として強く意識される。

問八＜文章内容＞人と人との関係は，「すべて合理的・効率的な原理のなかで形成されるわけではなく，契約関係で結ばれるわけでも」ない。早くに仕事が終わったときに同僚を手伝おうとする「思いやり」は，「合理的・効率的な」ものではなく，「人々のさまざまな関係性をもたらす共同性」のはたらきによるものであり，「市場関係や契約関係に還元しえない要素」といえる。

問九＜文章内容＞コミュニティが，メディアを通して「国家によって叫ばれるときには，しばしばナショナルな想像の共同体が想起される」のである。言い換えれば，国家によってあり方が示されたコミュニティや，そのあり方を「マスコミなどによって賛美される」コミュニティは，国の政治的・社会的な考え方が含まれたコミュニティである(ア・ウ…○)。また，国の行政事務を行う「行政機構」の一部として組み込まれるコミュニティも，国の政治的・社会的な考え方が含まれたコミュニティといえる(イ…○)。現代は「ヴァーチャルなコミュニケーションが推奨されるように」なったので，コミュニティが変化していくことや，その範囲は容易に国境を越えるということをふまえ，コミュニティの意味や条件を問い直す必要が出てきたのである(エ…×)。

問十＜要旨＞二〇一一年の東日本大震災の後，「お隣さんの大切さ」や「コミュニティの復権」がメディアによって叫ばれているが，コニュニティという語は「牧歌的な郷愁の世界」へ誘う一方で，コミュニティが行政機関に組み込まれるときには，人々を「集団への帰属意識」によって「暗黙の強制」に取り込むという危うさがつきまとっている。「美しい自然や絆」という言葉を用いながら，国家によってコミュニティが叫ばれるときには，コミュニティがナショナリズムに結びつき，コミュニティという語は「ますます曖昧であやういもの」になっていくことが，東日本大震災後やコロナ禍における社会の様子などを挙げながら，説明されている。

問十一＜漢字＞③「誇張」は，実際よりも大げさに表現すること。　⑤「明朗」は，内容がはっきりしていて，うそやごまかしがないこと。　⑥「遮断」は，流れなどをさえぎって止めること。　⑨「声高」は，声の調子が高く大きい様子。　⑬「単一」は，ただ一つであること。

Memo

2023年度 明治大学付属中野八王子高等学校(推薦)

【英　語】（30分）〈満点：100点〉

1　次の英文を読み，後の問に答えなさい。＊印の語(句)には注が付いています。

Today, ①currency is a ＊mixture of coins and paper money, (②) it was not always that way. Before people had metal coins and paper ＊bills, they used a lot of ＊unusual things for money. In one part of the world, for example, people used sharks' teeth for money. In some places, ＊brightly-colored feathers and rare seashells were used. People in one area even used the hair from elephants' tails for money.

No one knows ＊for sure when people started using metal (③) for money. The oldest (③) are over 2,500 years old, so we know that people used (③) a very long time ago. At first, people used precious metals, such as gold and silver, to make (③). They ＊stamped the shape of a person or animal on each one to ＊indicate its ＊value.

In the thirteenth century, people in China used ＊iron coins for their currency. These coins were not ＊worth very much, and people had to use many of them to buy things. Because it was ＊inconvenient to carry so many of these coins, the government started making paper ＊receipts. People took these receipts to banks and ＊traded them for coins. This was the first example of paper money.

Today, most countries use a mixture of coins and paper bills for their currency. In the United States, the paper bills are all the same size and ＊used to be the same color. For example, the $1 bill is the same size and color as the $100 bill. In many other countries, the bills have different sizes and colors. The smaller bills are worth less money. So people can recognize the value of their money more easily. Because of this, American bills now use different colors too, but they are still all the same size.

In 2002, twelve European countries started using a ＊completely new currency, called the (④). Many Europeans miss their old currencies, but now it is easier to move money from one country to another. Here are a few more ＊fascinating facts about the very interesting history of money.

・Feathers were the lightest money ever used. People on the Pacific island of Santa Cruz used them.
・Stones were the (⑤) money ever used. People on the Pacific island of Yap used them. Some weighed over 500＊pounds!
・The smallest money ever used was in Greece. The coins were made of metal, but they were smaller than an apple ＊seed.

（注）mixture　混合　　bill　紙幣　　unusual　珍しい
brightly-colored　色鮮やかな　　for sure　確実に　　stamp　刻印する
indicate　示す　　value　価値　　iron　鉄製の　　worth　価値がある
inconvenient　不便な　　receipt　受領書　　trade　交換する
used to be　以前は～であった　　completely　全く　　fascinating　魅力的な
pound　ポンド(重さの単位)　　seed　種

問1　下線部①の単語の本文中における意味として最も適切なものを1つ選び，記号で答えなさい。
ア　流行　　イ　財産　　ウ　流通　　エ　通貨　　オ　経済

問2　(②)に当てはまる語として最も適切なものを1つ選び，記号で答えなさい。

ア　and　イ　but　ウ　or　エ　so　オ　for

問3　(③)に共通して当てはまる最も適切な語を本文中から1語で抜き出しなさい。

問4　紙幣の始まりの例とされる話について，本文の内容と一致するものを**全て**選び，記号で答えなさい。

ア　硬貨に使用する素材が不足してしまった。
イ　大量の硬貨の持ち運びが不便だった。
ウ　支払いを証明する受領書を民間企業が発行した。
エ　人々は銀行に硬貨を持ち込み，受領書と引き換えた。

問5　(④)に当てはまる語の表記として最も適切なものを1つ選び，記号で答えなさい。

ア　¥　イ　$　ウ　€　エ　₩

問6　(⑤)に当てはまる最も適切な英単語を答えなさい。

問7　以下の文について内容の古い順に並べ，記号で答えなさい。

ア　People in some parts of the world used rare seashells for money.
イ　A dozen countries began to use the same money system.
ウ　People began to use money made of metal.

問8　本文の内容に沿って，以下の(　　)に当てはまる7字以内の日本語を答えなさい。

アメリカ以外の多くの国では，紙幣を見分けやすくするために(　　　　)紙幣を使用している。

2　日本語の意味を表すように，(　　)に適切な語を入れなさい。

(1)　あなたのおばあさんは今までに沖縄に行ったことがありますか。
(　　) your grandmother ever (　　)(　　) Okinawa ?

(2)　1年の12番目の月は12月です。
The (　　) month of the year is (　　).

(3)　皿洗いは彼がすべきです。
The dishes (　　)(　　)(　　) by him.

(4)　もしスマートフォンを持っていれば，今お母さんに電話できるのに。
If I (　　) a smartphone, I (　　)(　　) my mother now.

(5)　駅に着いたら私に知らせてください。
Let (　　)(　　) when you arrive at the station.

3　次の各組の英文がほぼ同じ意味になるように，(　　)に適切な語を入れなさい。

(1)　He teaches English to me.
　　He is (　　) English (　　).

(2)　This room doesn't have any windows.
　　There are (　　) windows (　　) this room.

(3)　When he went home, he stopped by the famous coffee shop.
　　(　　) his (　　) home, he stopped by the famous coffee shop.

(4)　You must be brave when you try something new.
　　(　　)(　　) shy when you try something new.

(5) { That man kindly carried my bag to my house.
(　　)(　　) kind of that man (　　) carry my bag to my house.

4 次の各文の下線部には，誤りが１つあります。その記号と正しい語(句)を答えなさい。

(1) Sam ア went to bed very イ late last night, but he had to ウ get up very エ fast this morning.

(2) I ア would like to stay イ at home and enjoy ウ watching a movie if it エ will rain tomorrow.

(3) The boys ア dance on the stage now イ are my classmates. I hope they ウ will be a famous エ group in the future.

(4) I visited many stores to buy a book ア written by him and イ finally found ウ the one I エ was looking.

(5) Both Ken and Taka ア was at the theater, and they asked イ me to come. But I didn't know ウ how to エ get there.

5 日本語の意味を表すように，(　)内の語(句)を並べかえなさい。ただし，文頭にくる語も小文字になっているので，大文字に変えて答えること。

(1) 手遅れになる前に，我々はその少女を救うためにあらゆる手を尽くさなければならない。
We (before / everything / do / is / it / must / save / the girl / to / too) late.

(2) 幸せそうに見えるその女の子の顔を見て，私は幸せになった。
(me / who / of / happy / happy / made / the girl / looked / the face).

(3) 夢と希望に満ち溢れた目をした子供たちが，公園中を走り回っていた。
(were / children / dreams and hopes / their eyes / filled / running / with / with) around the park.

【数　学】（30分）〈満点：100点〉

1 次の問いに答えなさい。

(1) $\dfrac{x+3y}{3}-\dfrac{5x-4y}{6}-\dfrac{y-x}{4}$ を計算しなさい。

(2) $x^7y^8\div\left(-\dfrac{y^2}{3x}\right)^2\div(-2x^3y)^3$ を計算しなさい。

(3) $ab-3b+5a-15$ を因数分解しなさい。

(4) $(\sqrt{3}-\sqrt{2})^2+\sqrt{24}$ を計算しなさい。

(5) 2次方程式 $(2x-1)(x+1)=-2(x-2)^2-(x-17)$ を解きなさい。

2 次の問いに答えなさい。

(1) 関数 $y=ax^2$ について，x の値が2から4まで増加するときの変化の割合が関数 $y=-4x+3$ の変化の割合に等しいです。x の変域が $-2\leqq x\leqq 6$ のとき，関数 $y=ax^2$ の y の変域を求めなさい。

(2) 下の図において，点Dは辺BCの中点とします。このとき，x の値を求めなさい。

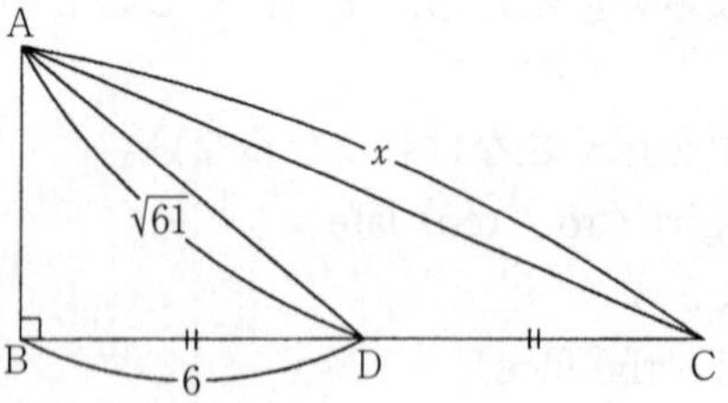

(3) 右の図において，円Oの半径を5cmとし，点A，B，C，Dは円周上にあるとします。このとき，点Aを含まない方の弧CDの長さを求めなさい。

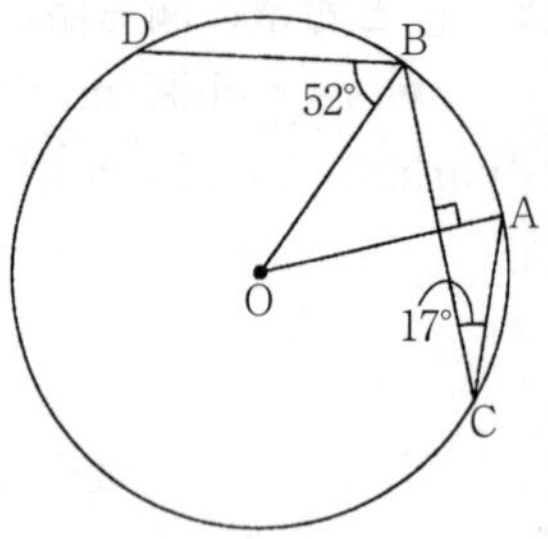

(4) 100円硬貨と50円硬貨が2枚ずつあります。この4枚の硬貨を同時に投げるとき，表が出た硬貨の合計金額が100円以上200円以下となる確率を求めなさい。

(5) 等式 $\dfrac{1}{a}=\dfrac{1}{b}+\dfrac{1}{c}$ を c について解きなさい。ただし，a，b，c はそれぞれ異なる正の数とします。

3 右の図において，点Aと点Bの座標はそれぞれ (2, 0) と (4, 7) であり，2点C，Dは y 軸上の点です。このとき，次の問いに答えなさい。

(1) 三角形ABCの周の長さがもっとも短くなるとき，点Cの座標を求めなさい。

(2) 点Cの y 座標は点Dの y 座標より2だけ大きいです。四角形ABCDの周の長さがもっとも短くなるとき，点Cの座標を求めなさい。

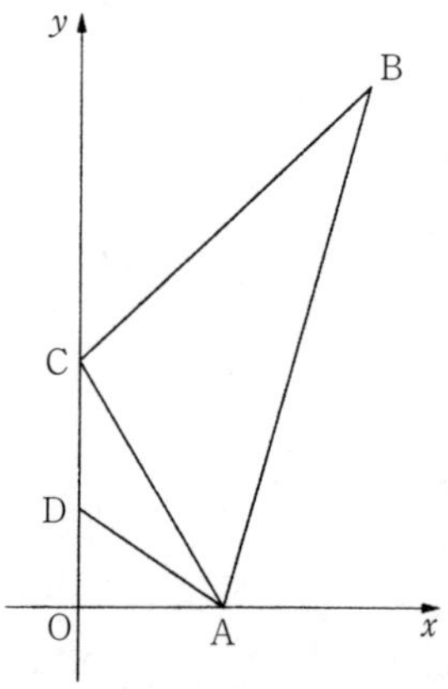

問七、――⑫「十分な知識があってこそ、『目の前の患者を診る』という新しい経験に、適切に対応できる」とありますが、これと同じ状況の例として最もふさわしいものを次から選び、記号で答えなさい。

ア　工場の責任者が生産効率を上げることを目的として、製造工程を見直す

イ　投資家が企業や業界の経済状況を分析して、今後の株価予想を立てる

ウ　教員が研修会に参加することで、新しい時代にふさわしい教育を学ぶ

エ　電気工事士が仕事の幅を広げるために、勉強して新たな資格を取得する

問八、――⑬「何のことはない」とありますが、この言葉を用いることで筆者が強く伝えようとしていることは何ですか。この説明として最もふさわしいものを次から選び、記号で答えなさい。

ア　体力や経験を重視する仕事であっても勉強をおろそかにするのは危険なことである

イ　体力勝負の仕事についても勉強が必要になる社会となったのは興味深いことである

ウ　勉強せずとも仕事はできるというのは今の社会では批判されてしまう考え方である

エ　どんな仕事でも勉強をしなければならないのは今の社会では当たり前のことである

問九、――⑭「二つの意味でその後の人生に役立つ」とありますが、それぞれどのように役立つのですか。その答えにあたる言葉を文中から三十字と三十三字で探し、最初の五字を抜き出して答えなさい。

問十、本文の内容に関する説明として最もふさわしいものを次から選び、記号で答えなさい。

ア　学校で知識を学ぶことの意義について、デューイの言葉や自らの体験を紹介しながら解説している

イ　知識と経験を併せて活用していくことの難しさについて、デューイの言葉を用いて考察している

ウ　知識と経験では得られるものが全く違うということを、デューイの言葉を引用しながら検証している

エ　学校で勉強をすることの必要性を確認したうえで、経験を重視するデューイの言葉を批判している

問十一、――①「トウタツ」、②「ソエン」、⑩「ナゾ」のカタカナを漢字に改め、――⑤「宰相」、⑧「偏って」の漢字の読みを答えなさい。

ついて理解を深めたくなって、『イスラーム帝国のジハード』という本を読みました。面白かった。高校のときに世界史を教えてくださった横山先生の顔を思い浮かべて感謝しました。

もう一つは、何年間も学校で勉強していくうちに、自分にとってまったく新しいことを学ぶ際の「学び方」が身についていく部分があるということです。私は中学・高校時代、自分なりの「学び方」の工夫を器用にあみ出しました。そのテーマに関する急所の概念や説明をまず理解し、覚えること。自分でポイントを図や表にしてわかりやすくして覚えること。新しく学んだもの同士を相互に結びつけて全体の構図を理解していくこと、……。こうしたことは、私が高校生のときに勉強していたやり方ですが、それを今でも新しいトピックを学ぶときに実践しています。

（広田《ひろた》照幸《てるゆき》「学校はなぜ退屈でなぜ大切なのか」による。一部表記・体裁を改めた）

問一、——③「そんな昔のこと、どうでもいいじゃないか」とありますが、そのように思う子どもたちに対して筆者が最も明確に答えを示している形式段落を探し、最初の七字を抜き出して答えなさい。

問二、——④「学校の知の意義」とありますが、「経験」という観点から意義を説明した次の文の空欄にあてはまる言葉を文中から十字で抜き出して答えなさい。

全く新しい事態にある問題に直面した場合には、□が必要になるため、学校で勉強することが求められる。

問三、——⑥「愚かな人は自分が経験したところから学ぶ」とありますが、なぜ「経験」から学ぶことが「愚か」なのですか。その理由を説明した次の文の空欄にあてはまる言葉を文中から八字で抜き出して答えなさい。

□性質を持つ経験から学ぶことでは、すべての問題には対処できないから。

問四、——⑦「身近で経験できる範囲の外側にある問題や、全く新しい事態にある問題について、考えたり、それに取り組んだりしようとする」とありますが、「商売をやっていく」場合はどのようにすることですか。文中の言葉を用いて十五字以内で答えなさい。

問五、——⑨「学校の知は『世界の縮図』なのですから」とありますが、筆者がこのように述べる理由として最もふさわしいものを次から選び、記号で答えなさい。

ア　学校では知識を得ることができるだけでなく、実験や研究を通して貴重な経験をすることもできるから

イ　学校は世界中の有名な教育学者の研究に基づく教育を通して、人生に必要なことを教えてくれるから

ウ　学校では自分が経験のできない幅広い知識を、文字の情報を通しててっとり早く教授してくれるから

エ　学校の知は子どもたちにとってつまらないものに感じられるが、社会に出たときに有用なものとなるから

問六、——⑪「同じ活動がもつことのできる意味の豊かさ」とありますが、その具体例として最もふさわしいものを次から選び、記号で答えなさい。

ア　環境問題に取り組む研究者の講演を聴きに行ったとき、日常生活でごみを減らすための具体的な方法をいくつか教わったので、帰宅してからすぐに実践した

イ　環境問題に取り組む研究者の講演を聴きに行ったが、気候変動に関する具体的なデータを示されたことで、地球がいかに危機的な状況であるかを知ることができた

ウ　環境問題に取り組む研究者の講演を聴きに行ったとき、帰り際に感想を伝えたところ、研究を進めるうえでの苦労などの裏話を引き出すことができた

エ　環境問題に取り組む研究者の講演を聴きに行ったが、微生物の活用について学んでいる自分からすると、紹介された研究成果には問題があるように思った

違います。同じものを見ても質の異なる経験になる。知識があるかないかで経験の質が違うのです。

デューイが言っている知識と経験の話でもう一つなるほどと思うのは、まだ経験していないもの、これから何が起きるかといったことを考えるために、既存の知識が必要だ、と述べているくだりです。

デューイはそれをこういうふうに書いています。「知識の内容は、すでに起こったこと、終了し、またそれゆえに解決され、確実であると考えられているものなのであるが、知識の関係する先は未来すなわち前途なのである。というのは、知識は、今なお進行中のことや、これから行なわれようとしていることを、理解したり、それに意味を与えたりする手段を提供するからである」。私はここを読んで、「ああ、なるほど」と思いましたね。

デューイが挙げている例は医者の例です。目の前の患者の症状、頭が痛いとか喉が痛いとか、既往症が何かとか、こういうのを全部総合して考えると、これはこういう病気でこれからこうなるから、そうすると投与すべき薬はこれだとか、そういうふうに考えます。そのことをデューイは、「直面する未知の事物を解釈し、部分的に明らかな事実をそれと関連して思い当たる諸現象で補充し、それらの事実の起こり得る未来を予見し、それによって計画を立てる」と述べています。⑫十分な知識があってこそ、「目の前の患者を診る」という新しい経験に、適切に対応できるわけです。

同じように、われわれは、世の中のあれこれについての知識を持っていて、それを使って、現状を認識し、未来に向けた判断をするのです。知識は常に過去のものです。過去についての知識を組み合わせて現状を分析し、未来に向けていろいろなことをする。これが知識の活用の本質です。そうすると、学校の知というのは、そういう意味で意義がとてもよく分かるわけです。無味乾燥に見えるけれども、世界がどうなっているかという知識をみんなが勉強して、それを使って目の前の現実を解釈して、新しい事態への対応（新たな経験）に活《い》かしていけるわけです。

「経験重視、体力勝負の仕事」というのがありますね。でも、そこでも、今の社会は大きな変化が生じています。面白い研究があるので紹介します。筒井美紀さんという法政大学の先生が、高校を卒業した若者の現業職のキャリアについて研究をしました。高校を卒業して、土木建築の現業の職種、穴掘りとか土管つなぎとか、そういう仕事に入った若者たちはその後どうなるのかということを研究しました。面白いのは、彼らはしばらくすると勉強しないといけなくなるんだというのです。いろいろな技術系の資格があるので、いろいろな資格を取っていきます。そのためには資格試験を受けないといけないというのです。

たとえば、安全管理の責任者になるために、安全管理系の資格を取ったりします。そのためには、危険な薬品とかがちゃんと理解できないといけないから、結局、化学の知識が必要になったりします。作業責任者になるためには、法令を読みこなして理解したり、書類を作成したりするスキルが必要になったりします。だから、「高校までの勉強は要らない、体力が勝負だ」とか言っていても、しばらくすると、⑬何のことはない、高校までの知識を総動員して勉強しないといけなくなったりするのです。

若いうちに学校で、しっかりとたくさんの知識を身につけておくことは、⑭二つの意味でその後の人生に役立つと思います。

一つは、その知識を基盤にして、さらに新しい知識を得ることが可能になるということです。地球温暖化問題とか、脱炭素化技術とか、イスラム原理主義とか、何か気になったものがあると、本を買って読んだりウェブで検索したりして、自分で調べて勉強することができます。そのときには、テーマによって異なりますが、化学や物理、世界史など、高校までに学んだことの知識があるからこそ、理解が容易だったり興味を持てると思うことがたくさんあります。

私はつい最近、生命の歴史を学びたくなって、『生命40億年全史』という本を買って読みました。面白かった。生物を高校のときに学んでおいたのが役に立ちました。その少し後、イスラム世界に

で起きている再開発計画について、商店街のみんなで対応を考えましょう」という話になったら、商売の経験だけでは対応できません。再開発計画の書類を手に入れて目を通したり、法令を調べたり、みんなで議論をしたりすることが必要になります。それには、経験で身につけた日々の商売の知識やノウハウとは異なる種類の知が必要になるのです。日々の経験を超えた知、です。

あるいは、会社に入ってどこかの営業所に配属されて、一生懸命に頑張っていたけれど、突然、「東南アジアに行って、工場を造る責任者をやれ」とか言われた場合を考えてみてください。田舎町での営業のノウハウでは対応できません。そこでも、今まで経験で身につけたことのない知が必要になります。

ジョン・デューイという非常に有名な教育哲学者が『民主主義と教育』（岩波文庫、松野安男訳）という本の中で、次のように書いています。「経験の材料は、本来、変わりやすく、当てにならない。それは、不安定であるから、無秩序なのである。経験を信頼する人は、自分が何に頼っているのかを知らない。なぜなら、それは、人ごとに、また、日ごとに変わり、そして言うまでもなく国ごとにも変わるからである」。ある人が経験するものは、たまたまそれであって、偶然的で特殊的なものなのです。

それどころか、個人の経験というのは、狭く⑧偏っていたりもします。デューイは、次のように述べています。「経験からは、信念の基準は出てこない。なぜなら、多種多様な地方的慣習からもわかるように、あらゆる相容《あいい》れない信念を誘発するのが、まさに経験の本性そのものだからである」。

つまり、経験は大事だけれども、それはどうしても狭い限定されたものでしかありません。しかも、経験から学ぶというときに、経験の幅を少しずつ拡《ひろ》げていくのには結構時間がかかります。少しずつ経験を拡げたり、何度も失敗したりするためには、人の人生はあまりにも時間が限られています。

むしろ、文字による情報を通して、ほかの人の成功や失敗がどうだったのかとか、ほかの人の経験がどうなのかということを学ぶのが、てっとり早く「自分の経験」の狭さを脱する道です。そこでは、単に文字の読み書きができるというだけでなく、学校で学ぶ社会科や理科、外国語や数学の知識などが役に立つはずです。何せ、⑨学校の知は「世界の縮図」なのですから。

二つ目に話したいのは、知識があるかないかで経験の質は違うということです。「知識か経験か」という二項対立ではなくて、そもそも経験の質は、知識があるかないかで異なっているのです。

ここでも再びデューイの議論を紹介します。一つ目は、十分な知識があれば、深い意味を持つ経験ができる、ということです。デューイは、同じように望遠鏡で夜の星を見ている天文学者と小さな少年との違いを例に挙げて論じています。望遠鏡で見えている星は同じです。だけれども、そこから読み取るものは全然違うということです。望遠鏡を覗《のぞ》いている小さな少年は、「赤く光る星がきれいだなあ」と思うかもしれません。しかし、同じ星を同じような望遠鏡で見ている天文学者は、「この光の色は、星の温度や現在の状況を伝えている。この星の色をどう考えればいいんだ」ということを考えながら星を見たりするでしょう。そこから、宇宙の⑩ナゾが解明できるかもしれません。「単なる物質的なものとしての活動と、その⑪同じ活動がもつことのできる意味の豊かさとの間の相違ほど著しいものはない」とデューイは述べています。

これは私たちもよくあることです。たとえば、海外旅行でどこか歴史的な建造物を見に行くという話になったときに、歴史を知っているか知らないかで興味の持ち方や見方が全然違います。歴史を知らない人は、「大きいな」とか、「古いな」とか、「壊れかけているな」とか、「人がいっぱいいるな」とか、そんなことを思いながら建物内を歩いています。それに対して、歴史を知っていて、なぜこの建物がこういう形で残っているか知っている人は、「あの物語に出てきたあの建物だ！」とか、「この柱は何やら様式で、何やら王が趣味で造らせたんだ」とか、そういうふうに楽しみ方がまったく

二〇二三年度

明治大学付属中野八王子高等学校（推薦）

【国語】〈三〇分〉〈満点：一〇〇点〉

〈注意〉字数には、句読点も記号も一字として数えます。

次の文章を読んで、後の問いに答えなさい。

学校知はより広い世界への通路だというお話をしました。しかしながら、このような学校知の性格は、子どもにとってのなじみにくさの源泉でもあります。「経験によっては子どもが①トウタツし難《がた》い部分」が学校で教えられているとすると、しかも言葉や記号を通して教えられるとすると、子どもたちの日常の経験とは②ソエンなものが教えられていることになるからです。

中学校では、「水酸化バリウムと硫酸を混ぜる実験」とかが出てきますが、水酸化バリウムも硫酸も、普段まったく見たこともない物質です。中学生だった私は「なんだこれ？」と思いました。硫酸バリウムなんか身近な所にはありません。ないけれども、化学の法則を知るためにそんなものを勉強します。「ヒッタイトが鉄器を使用し始めた」とか習っても、「③そんな昔のこと、どうでもいいじゃないか」と思う子どもがいてもおかしくはないですよね。毎日毎日、身近な経験とは無縁な新しい知識を、小学校に入ったときからほとんどの子どもは高校を卒業するまで十二年間も勉強させられるわけですから、子どもたちは大変です。

「勉強がつまらない」というふうに映る子どもたちに対して、教育の世界では、いろいろ苦労や工夫を繰り返してきています。日常的な事例を素材にしてみたり、学んだことを日常経験とむすびつけて事項を理解させようとする工夫もあります。また、むしろ何かをまず経験させて、その中から学習すべき本質的な事項を探し出して学習に役立てていこうとする考え方もあります。「学校のそばの川で、自然観察をしてみよう」とか。

職業教育のように、未来の職業上の「経験」を先取りして教えようとする教育もあります。「これを知っておくと、〇〇になったときに仕事で使うんだ」と。さらには、「受験が終わるまで、何も考えるな！」などと、進学や就職をエサにして、勉強に取り組ませるやり方もあります。受験の合格や資格の取得という、「目に見える有用性」のみを掲げるということです。ただし、どういうやり方を採用しても、さまざまな問題がつきまといます。

いずれにせよ、多くの子どもたちに「勉強がつまらない」というふうに映るのは、学校の知の本質です。つまらないと思った人は多いと思いますが、学校はそういうものです。身近な日常経験とは切り離されたものを教わっているので仕方がありません。

少し違う角度から④学校の知の意義を話しましょう。一つ目は、経験は狭いし、経験し続けるだけでこの世の中のいろいろなことを学べるほど人生は長くない、ということです。

十九世紀ドイツの「鉄血⑤宰相」と言われたオットー・フォン・ビスマルクが、「愚者は経験から学ぶ、賢者は歴史から学ぶ」と言ったと言われています。正確には少し違うようですが、なかなか味わいのある言葉です。

⑥愚かな人は自分が経験したところから学ぶ。賢者はほかの人の経験、すなわち、歴史の中の誰かの成功や誰かの失敗、そういうものから学んで、自分の目の前のことに生かしていく。そういう意味の言葉です。

身近な問題を日常的にこなすためには、多くの場合、自分の経験だけで大丈夫かもしれません。しかし、⑦身近で経験できる範囲の外側にある問題や、全く新しい事態にある問題について、考えたり、それに取り組んだりしようとすると、身近なこれまでの自分の経験だけではどうにもなりません。

たとえば、何年も商売をやっていくと、商売のこつを覚えたりお客さんとの関係ができたりします。難しい言葉も文字式も、社会も理科も、そこには不要です。しかし、ある日、「今、自分たちの市

英語解答

1 問1　エ　　問2　イ　　問3　coins

問4　イ　　問5　ウ

問6　heaviest　　問7　ア→ウ→イ

問8　異なる大きさの

2 (1)　Has, been〔gone〕 to

(2)　twelfth, December

(3)　should〔must〕 be washed〔done〕

(4)　had, could call　　(5)　me know

3 (1)　my, teacher　　(2)　no, in

(3)　On, way　　(4)　Don't be

(5)　It was, to

4 (1)　記号…エ　正しい語(句)…early

(2)　記号…エ

正しい語(句)…rains〔is rainy〕

(3)　記号…ア

正しい語(句)…dancing〔who are dancing〕

(4)　記号…エ

正しい語(句)…was looking for

(5)　記号…ア　正しい語(句)…were

5 (1)　must do everything to save the girl before it is too

(2)　The face of the girl who looked happy made me happy

(3)　Children with their eyes filled with dreams and hopes were running

数学解答

1 (1)　$\dfrac{-3x+17y}{12}$　　(2)　$-\dfrac{9}{8}y$

(3)　$(a-3)(b+5)$　　(4)　5

(5)　$x=\dfrac{5}{2},\ -1$

2 (1)　$-24 \leqq y \leqq 0$　　(2)　13

(3)　6π cm　　(4)　$\dfrac{5}{8}$

(5)　$c=\dfrac{ab}{b-a}$

3 (1)　$\left(0,\ \dfrac{7}{3}\right)$　　(2)　$\left(0,\ \dfrac{11}{3}\right)$

国語解答

問一　同じように，わ

問二　日々の経験を超えた知

問三　偶然的で特殊的な

問四　再開発計画への対応を考えること

問五　ウ　　問六　エ　　問七　イ

問八　エ　　問九　その知識を／自分にとっ

問十　ア

問十一　①　到達　②　疎遠　⑩　謎

⑤　さいしょう　⑧　かたよ

Memo

Memo

2022年度 明治大学付属中野八王子高等学校

【英　語】（50分）〈満点：100点〉

1 リスニング問題　〈編集部注：放送文は未公表につき掲載してありません。〉

放送の指示に従って答えなさい。

問1

Q 1. Where are they now?

A. At a bank.　B. At a restaurant.

C. At a downtown area.　D. At an information desk.

Q 2. What does the man want to do?

A. He wants to go downtown to change some money.

B. He wants to go to a bank and eat at a restaurant.

C. He wants the woman to change some money.

D. He wants the woman to go downtown with him.

問2

Q 1. How does the man go to work?

A. Walk.　B. Take a bus.

C. Take a train.　D. Drive his car.

Q 2. What does he do in the evening?

A. Take a walk.　B. Take a shower.

C. Take a language class.　D. Have dinner with his friend.

2 次の英文を読み，後の問いに答えなさい。＊印の語(句)には注が付いています。

Ray Charles was a very important American singer and musician. During his long career, he made many great records and won many awards. For example, he received 12 Grammy Awards because other musicians respected his work. Ray Charles had a great career *in spite of serious problems in his life.

Ray had a very difficult *childhood. He grew up in Florida during *the Great Depression, a very hard time in the 1930s. Many Americans had no jobs then, and many people were poor. Ray's family was especially poor. Ray said, "①Even *compared to other blacks . . . we were on the bottom of the *ladder looking up at everyone else. Nothing below us except the ground." During his early years, he had many other problems, too. For example, his father was absent most of the time. Then, when Ray was five years old, he saw his younger brother *drown. Soon after that, Ray began to *go blind, and by the age of seven, he could not see anything at all.

Ray had to learn how to live with his *disability. His mother helped him live by himself. For example, she taught him how to become independent by finding things and doing things for himself. When he was seven, Ray went to live at a school for the *deaf and blind. Ray learned to read and *compose music in *Braille at this school and to play *a variety of musical instruments.

Soon music became the most important thing in Ray's life. His blindness made him very *aware of sounds. Because he could not see, he listened more carefully than other people. He loved all kinds of music, and he often stayed up late at night listening to the radio. He felt a need for music. He once said, "I was born with music inside me. It was necessary for me, like ②(　　　　　)." Ray's career in music began early, and it was not easy. When he was 15 years old, his mother died. Ray then decided to leave school. He began playing the piano for small bands, and he traveled all over Florida. ③Because life was hard for a young blind man, Ray had to be smart to survive. For example, he often asked people to pay him with one-dollar *bills. That way, he could count all the money and no one could *take advantage of him.

At age 16, Ray made a good career decision and moved to Seattle, Washington. There he met another *talented young musician named Quincy Jones. Jones taught Ray how to write and arrange music. Ray later played in nightclubs in Seattle, and he began to create his own kind of music. It was a mix of gospel music and *the blues. People called it *soul music*. Many people liked it, so they bought Ray's records. His audiences grew larger and larger, and he became a *celebrity. During the 1950s and '60s, he recorded many hit songs and became rich.

The last years of Ray's life were some of the best of his career. Ray's music from the 1950s and '60s became popular again in the 1990s. Young people started listening to his earlier songs. Other musicians *admired him, and ④many asked for the chance to work with him.

Ray Charles, who died in 2004, had a big influence on American music in spite of a serious disability. Many people today continue to enjoy and respect his work.

（注）＊in spite of ～　～にもかかわらず　＊childhood　子どもの頃　＊the Great Depression　世界恐慌
＊compared to ～　～と比較して　＊ladder　はしご　＊drown　溺死する
＊go blind　盲目になる　＊disability　身体障がい　＊deaf　耳の聞こえない
＊compose　～を作曲する　＊Braille　(ブライユ式)点字　＊a variety of ～　いろいろな～
＊aware　意識している　＊bill　紙幣　＊take advantage of ～　～を利用する
＊talented　才能のある　＊the blues　ブルース音楽　＊celebrity　有名人
＊admire　～をほめる

問１　下線部①でRayが意味していることはどれか。次から１つ選び，記号で答えなさい。
ア　私の家族は他の黒人の手伝いしかできなかった。
イ　私の家族よりもひどい生活をしている黒人はたくさんいた。
ウ　私の家族ははしごの上から地面に落ちたように生活が急変した。
エ　私の家族は他の黒人と比較しても最底辺の暮らしだった。

問２　空所②に入る語句はどれか。次から１つ選び，記号で答えなさい。
ア　respect and admire　　イ　money and music
ウ　rich and poor　　エ　food and water

問３　下線部③について，Rayが生きていくためにしたことを具体的に答えなさい。また，その理由も答えなさい。

問４　下線部④のmanyの後に省略されている語を本文から１語で抜き出して答えなさい。

問５　以下のア～エの出来事を起こった順に並べかえなさい。
ア　Ray was respected by other musicians and requested to work together.
イ　Ray became unable to see anything.
ウ　Ray started to learn how to create music at school.

エ　A young skillful musician taught Ray the way to compose music.

問 6　本文の内容と一致する文を次から 2 つ選び，記号で答えなさい。

ア　Though he was very poor, Ray was able to live a happy life.

イ　Ray gave up living by himself because of his disability.

ウ　Ray listened to sounds more carefully because of his blindness.

エ　Thanks to Quincy Jones, Ray decided to move to Seattle, Washington.

オ　Ray became famous as soon as he started his career as a musician.

カ　Ray had a big influence on American music, and received 12 Grammy Awards.

3　次の英文を読み，後の問いに答えなさい。＊印の語(句)には注が付いています。

Memory is an important part of learning. It is also important in everyday life. With practice, most people can have an excellent memory. You just need to learn some simple methods.

The first method is ①*visualization*. When you visualize something, you make a picture of it in your mind. To help you remember, think of a really strange picture. For example, you are in a large *parking garage. You park your car on *level C in space number five. ②(parked / remember / to / you / you / want / where / do), so you close your eyes and imagine your car in that space on that level. Will you remember that ? Probably not. Now *instead, imagine five cats inside the car. The cats are for level C. The five is for the number of the space. Because ③that picture is so strange, you will probably remember it.

The second method is useful when you need to remember a list of things *in order. For example, imagine that you need to do a lot of things after work. They are all in different parts of town. You need to be at the dentist's office in an hour, so you don't have much time. You need to go to these places in this order : post office, supermarket, bank, and dentist's office. To remember, imagine the first letter of each place. Put the letters in the correct order. In this example, the letters are *p* (post office), *s* (supermarket), *b* (bank), and *d* (dentist). Then make a sentence with words that start with those letters, in that order. For example, your sentence might be : ④(　　　　　). Then memorize it. Like the visualization method, this method works best if the sentence is a little ⑤(　　　).

There are more than just two memory methods. You can find others online. Go to a *search engine *such as Google, and do a search for "memory methods." Now, can you remember that parking garage from the beginning of the reading ? Can you remember where the car is ? The one with the five cats in it ? And what about Paul Smith ? Do you remember him ? You see — memory methods really work. The next time you need to remember something, try one of ⑥them.

(注)　＊parking garage　駐車場　　＊level　階　　＊instead　その代わりに

＊in order　順番に　　＊search engine　検索エンジン　　＊such as ～　～のような

問 1　下線部①の *visualization* とは何をすることか。下記の空所に入る日本語を，指定された文字数で答えなさい。

(　10字以上20字以内　)こと。

問 2　下線部②の与えられた語を並べかえて意味の通る英文を作りなさい。文頭の語は大文字で始めること。ただし，不要な語が 1 語含まれています。

問３　下線部③について説明した下記の空所に入る日本語を，それぞれ指定された文字数で答えなさい。

（ ５字以内 ）が（ ３字以内 ）にいる光景。

問４　空所④に入る文として最も適切なものを次から１つ選び，記号で答えなさい。

ア　Paul Smith buys dogs

イ　A dentist likes Paul Smith

ウ　Paul Smith doesn't go to bank

エ　Post officers call Paul Smith a dentist

問５　空所⑤に入るものとして最も適切な語を本文から１語で抜き出しなさい。

問６　下線部⑥が指す内容を本文から２語で抜き出しなさい。

問７　本文の内容と一致する文を次から１つ選び，記号で答えなさい。

ア　It is important for you to learn some simple memory methods every day.

イ　To remember something is very difficult and if you don't have a good memory, it is not useful to learn memory methods.

ウ　It is true that some people keep their cats in their parking garage.

エ　When you try to remember a list of things in order, it is good to imagine yourself doing the things in order.

オ　When you need to finish many things quickly, it's better to try some easy things first.

カ　If you do some different things in order, the second method will be helpful.

4　次の各組の英文がほぼ同じ意味になるように，（　）に適切な語を入れなさい。

(1) My father goes to work by car.
My father (　　) to work.

(2) He worked very hard, and he made a lot of money.
He made a lot of money (　　)(　　) very hard.

(3) She lost her bag and still can't find it.
She (　　)(　　) her bag.

(4) It started to snow, but they continued to play soccer.
It started to snow, but they didn't (　　)(　　) soccer.

5　日本語の意味をあらわすように次の語(句)を並べかえたとき，(A)(B)(C)に入る語(句)を語群から選び，記号で答えなさい。〈ただし，文頭に来る語(句)の最初の文字も小文字になっています。〉

(1)　あなたの兄はこの箱の中の何冊の本を読み終わったのですか。

(　　)(　　)(A)(B)(　　)(　　)(C)(　　)(　　)(　　)?

ア　books　イ　box　ウ　brother　エ　has　オ　how

カ　in　キ　many　ク　read　ケ　this　コ　your

(2)　そのパーティーに招待された人たちの大半は政治家だった。

(A)(　　)(　　)(B)(　　)(C)(　　)(　　).

ア　the party　イ　the people　ウ　were　エ　invited

オ　most　カ　to　キ　politicians　ク　of

(3)　その海は冷たすぎて，私たちは泳げなかった。

(　　)(　　)(　　)(A)(　　)(　　)(B)(　　)(　　)(C).

ア　cold　　イ　for　　ウ　in　　エ　sea　　オ　swim

カ　the　　キ　to　　ク　too　　ケ　us　　コ　was

(4)　私が昨日訪れた公園の中には大きな像がありました。

(　　)(　　)(A)(　　)(　　)(B)(　　)(　　)(C).

ア　a big statue　　イ　had　　ウ　in　　エ　I　　オ　it

カ　the park　　キ　visited　　ク　which　　ケ　yesterday

【数　学】（50分）〈満点：100点〉

1　次の問いに答えなさい。

(1)　$15x^2\left(\frac{2}{5}x-\frac{1}{3}y\right)-8x^2\left(\frac{1}{2}x+\frac{3}{4}y\right)$ を計算しなさい。

(2)　$(-\sqrt{1.8}\div\sqrt{10}+\sqrt{6}\times\sqrt{3})\div\frac{\sqrt{2}}{10}$ を計算しなさい。

(3)　$x^2+6xy+9y^2-3x-9y-4$ を因数分解しなさい。

(4)　連立方程式 $\begin{cases}\sqrt{2}x-y=\sqrt{3}\\ \sqrt{3}x+\sqrt{6}y=1\end{cases}$ を解きなさい。

(5)　最大公約数が3で，和が27になる2つの自然数の組は何組ありますか。

(6)　$x+y=\sqrt{5}$，$x-y=\sqrt{3}$ のとき，$\frac{x^2+y^2}{xy}$ の値を求めなさい。

2　次の問いに答えなさい。

(1)　$\sqrt{9+9a}$ の整数部分が9になる自然数 a をすべて求めなさい。

(2)　3個のさいころを同時に投げるとき，出た目の数の和が13となる確率を求めなさい。

(3)　y は x に反比例し，$x=2$ のとき $y=a+3$，$x=-3$ のとき $y=2a$ です。このとき，a の値を求めなさい。

(4)　右の図1のように，A$(-6,\ 0)$，C$(8,\ 7)$をとり，四角形ABCDが平行四辺形となるように点Bを y 軸上，点Dを放物線 $y=\frac{1}{2}x^2$ 上にとります。このとき，点Bの座標を求めなさい。

図1

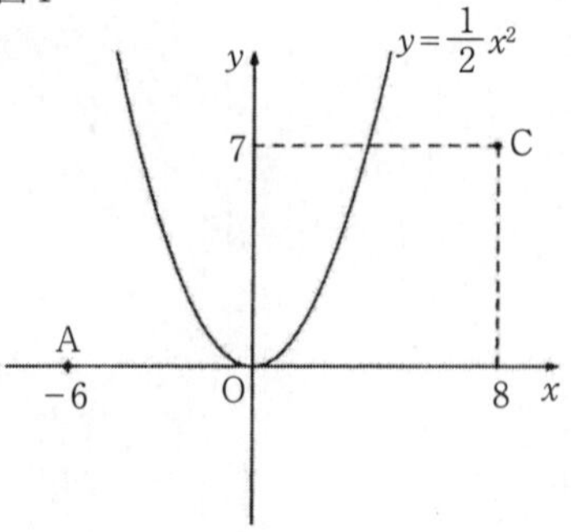

(5)　縦，横，高さが4 cm，5 cm，7 cmの直方体のすべての頂点を通る球の表面積を求めなさい。

(6)　下の図2のように，1辺の長さが12の正三角形ABCにおいて，辺BC上にBD＝8，DC＝4となる点Dを，辺AC上にAB∥DEとなる点Eをとります。△ADEの面積を求めなさい。

(7)　下の図3において，点Cは円と直線DCの接点であり，$\overset{\frown}{\mathrm{AB}}:\overset{\frown}{\mathrm{BC}}=3:1$ のとき，∠ADCの大きさを求めなさい。ただし，$\overset{\frown}{\mathrm{AB}}$ は点Cを含まない弧，$\overset{\frown}{\mathrm{BC}}$ は点Aを含まない弧とします。

図2

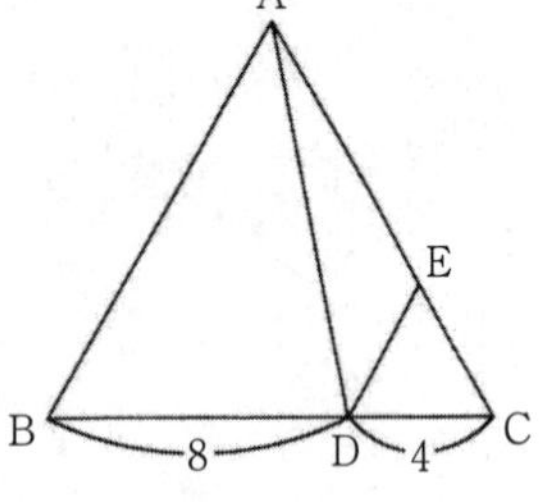

図3

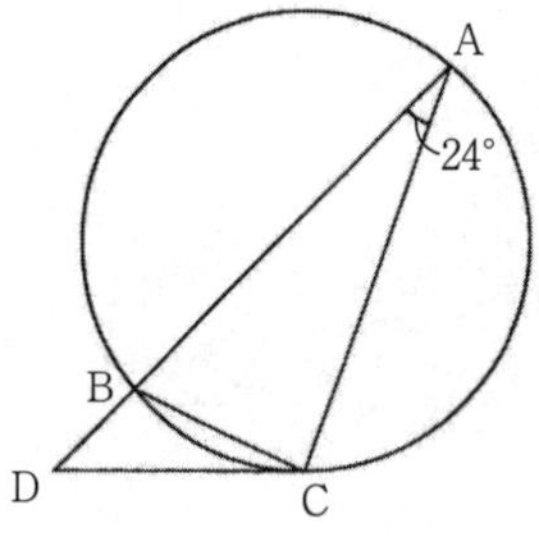

図4

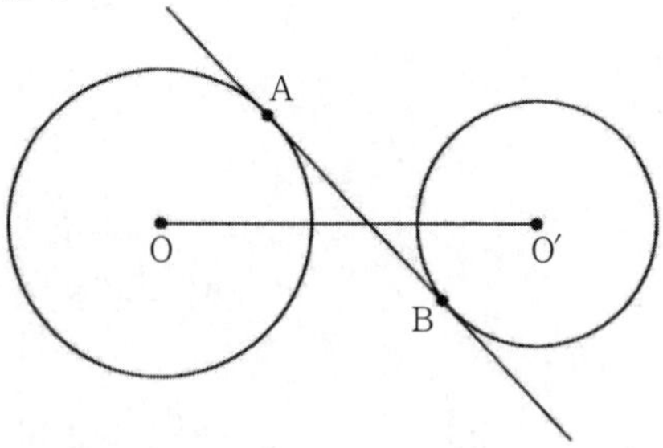

(8)　上の図4のように，2つの円O，O′において，共通な接線ABがあります。OO′＝12，AB＝10，OとO′の半径の比が3：2であるとき，Oの半径を求めなさい。

3　A，B，Cと書かれた3つの箱と，袋の中にA，B，C，Dと書かれた4つの玉があります。袋の中から玉を3つ選び，3つの箱に玉を1つずつ入れます。

(1)　箱と同じ文字が書かれた玉が入っている箱が1つになるように入れる方法は何通りありますか。

(2)　3つの箱に箱の文字と異なる文字の玉を入れる方法は何通りありますか。

4　下の図のように，AD＝3 cm，CD＝4 cmの直方体ABCD-EFGHを平面DPFQで切ると，$\angle$PFE＝60°，$\angle$QFG＝30°となるとき，次の問いに答えなさい。

(1)　平行四辺形DPFQの対角線PQの長さを求めなさい。

(2)　平行四辺形DPFQの面積を求めなさい。

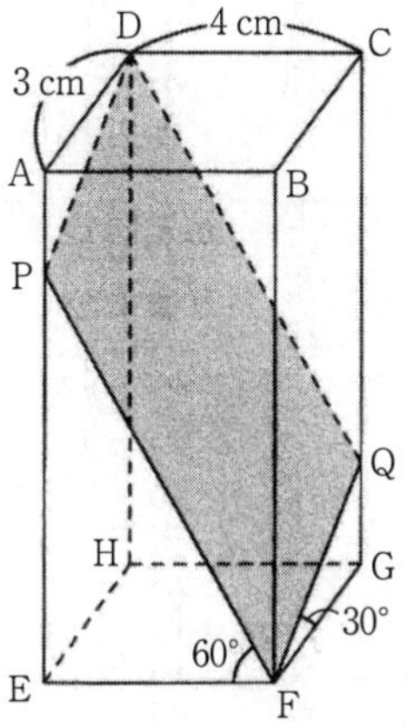

5　右の図のように，中心がy軸上にあり，原点で接する円O′，O″があります。直線$y=3x$と直線$y=-\frac{1}{3}x$が2つの円と交わる点O以外の点をA，B，C，Dとし，直線CDとx軸の交点を点Eとします。直線CDと円O′は接し，OC＝9，OD＝3のとき，次の問いに答えなさい。

(1)　EO：EO″をもっとも簡単な整数の比で表しなさい。

(2)　△ACDの面積を求めなさい。

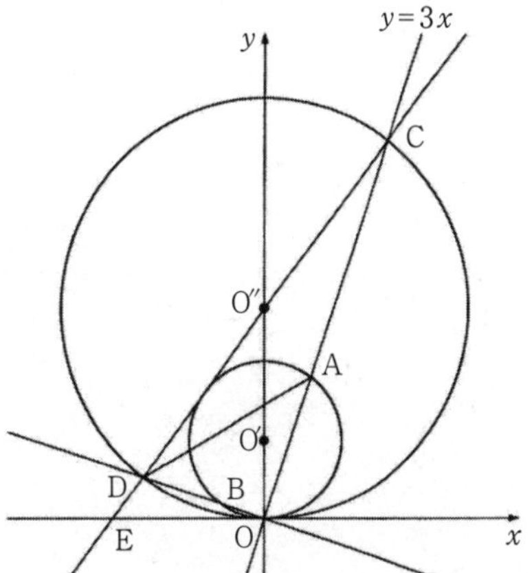

議論が、開発か環境かという［ア］的な選択にとらわれず、［イ］的に進むようになったから。

問七、――⑫「社会的な課題解決を事業成長に結びつけていく」とありますが、この具体例として**ふさわしくない**ものを次から一つ選び、記号で答えなさい。

ア　東京都が奥多摩の水源を管理し、工場で使用する大量の水を確保する

イ　洋上風力発電の技術や部品を開発し、火力発電への依存度を低下させる

ウ　長い期間使用できるように製品の性能を高め、購買意欲をかきたてる

エ　電気や水素で動く自動車を開発し、国際競争力のある製品に変えていく

問八、――⑬「コモンズという言葉がふさわしい」とありますが、この理由にあたる一文を文中から探し、最初の五字を抜き出して答えなさい。

問九、――⑭「司馬遼太郎氏」の主張が紹介されている理由として最もふさわしいものを次から選び、記号で答えなさい。

ア　私的所有権が守られている日本において、そうした権利を政府に戻した方がよいと主張するため

イ　日本においても、空間軸で持続可能性を考え、土地を有効利用するべきだという主張を強めるため

ウ　筆者とは対照的な主張をあえて取り上げることで、コモンズの意義をいっそう強調するため

エ　土地の有効利用について最後まで主張し続けていた司馬遼太郎氏のひたむきさを強調するため

問十、本文の内容の説明として最もふさわしいものを次から選び、記号で答えなさい。

ア　まずコモンズにおける深刻な利害対立の構造について説明した上で、オストロムの研究によってそれが解決され、幅広い社会活動においてもコモンズの仕組みが利用されていった経緯をいくつもの例とともに解説している

イ　まずコモンズという概念の限界と可能性について明らかにした上で、オストロムの研究によるコモンズの新たな持続の方法を解説するとともに、土地空間の価値を高める上で、コモンズを増やしていくことの必要性を検証している

ウ　まずコモンズのあり方とその可能性についてのオストロムの研究を解説した上で、昨今の世界における課題解決の仕組みとの類似点を明示するとともに、これからの社会システムの構築にコモンズの考えが有用であることを指摘している

エ　まずコモンズの維持において自主的な統治が必要であると考えたオストロムの研究を紹介した上で、インターネットの利用や土地空間の運用においても、明確なルールの構築と違反者への厳しい対処が必須であると主張している

問十一、――①「シントウ」、⑪「チョウリュウ」のカタカナを漢字に改め、――⑥「醸成」、⑦「示唆」、⑧「享受」の漢字の読みを答えなさい。

しっかり次の世代につなげていくという「持続可能性」の概念を多くの人々が共有することは大変重要なことだ。それと同時に、わたしは空間軸（地域軸）の視点で持続可能性を考えていくことが重要だと考えている。今我々が住んでいる地球上の土地空間を、どうやってより公平に、有効に限られた資源として使っていくのかという視点でこれからの社会システムを創りあげていく、そのための有効で適切な概念がコモンズであると考えている。そのために、新たな地域社会のパラダイム（規範）としてコモンズを提起していきたいと考えている。もともと、持続可能性という言葉が広く使われるようになった契機は、一九八七年の国際連合の「環境と開発に関する世界委員会（ブルントラント委員会）」の報告書であるが、その表題は「Our Common Future（我ら共有の未来）」である。共有の未来に向けて、空間的に共有していく思想を伝えるためには、⑬コモンズという言葉がふさわしいように思える。

歴史小説家である⑭司馬遼太郎氏が、晩年に強く主張していたのは、日本の国のかたちを一番ゆがめているのは土地の所有制度だということであった。日本は土地の私的所有権が強く守られている。土地がいったんある人や、ある企業のものになると、土地利用制度の硬直性から非常に排他的に使われ、思い切ったまちづくりや地域の活性化プロジェクトを進めていく上で、大きな障害となる事例は多い。

所有者がいたからといって、それはその人だけのものなのか。その土地が持っている地球の一部としての空間の有効利用というもの、所有と利用の機動的な調整というものを、公とわたし、あるいは新しい公共というような、そういう視点で考えていこう、と司馬遼太郎が最後に発し続けたメッセージの意味は重い。これからは、排他性をやわらげながら、土地、空間の持っている価値を高めていく仕組み、政策の構築が求められており、そこにコモンズの意義もあると思われる。

（小磯修二「地方の論理」による。一部表記・体裁を改めた）

問一、――②「コモンズにとっての悲劇」とありますが、この説明として最もふさわしいものを次から選び、記号で答えなさい。

ア　市場原理にまかせていたために、かかわったすべての人が損をしてしまったという悲劇

イ　共有地におけるルールやマナーが守られず、モラルが崩壊してしまったという悲劇

ウ　環境問題や公害問題が引き起こされ、コモンズが批判にさらされてしまったという悲劇

エ　コモンズという言葉自体は広まったものの、否定的な印象を持たれてしまったという悲劇

問二、――③「具体的な条件を示した」とありますが、この条件をまとめた次の文の空欄ア・イにあてはまる言葉をそれぞれ文中から、アとイともに二字で抜き出して答えなさい。

地域の特性と［　ア　］した守るべきルールを作り、その違反者には［　イ　］を加えるという条件。

問三、――④「自主管理にとって必要な協力行動」とありますが、これを実現するためにはどのようなことが有効かをまとめた次の文の空欄ア・イにあてはまる言葉をそれぞれ文中から、アは八字、イは六字で抜き出して答えなさい。

コモンズを持続させていくために［　ア　］を持ち、それを阻むものを［　イ　］こと。

問四、――⑤「人々の利己的動機に基づく行動」とありますが、この具体例をこれより前の文中から二十字で探し、最初の五字を抜き出して答えなさい。

問五、――⑨「曲線や下降線もある」とは、どのようなことを表していますか。文中から十一字で探し、最初の五字を抜き出して答えなさい。

問六、――⑩「革命的ともいえる転機であった」とありますが、この理由をまとめた次の文の空欄ア・イにあてはまる言葉をそれぞれ文中から、アは四字、イは二字で抜き出して答えなさい。

は、コモンズの利用者が相互に啓発し合い、学びながら長期にわたってコモンズを管理する知恵を⑥醸成させていく可能性を⑦示唆するものであった。彼女の研究は、政府による規制や市場原理に委ねることなく、地域の人々の自主的な管理によりコモンズの存続が可能であることを示している。地域の人々が自分たちの力を合わせれば、自主的に成長していけるという、自信とやる気を与えてくれたことの意義は大きい。

彼女は、コモンズが長期に持続していく条件として、「コモンズの利用ルールと地域条件との調和」、「ルール違反者に対する段階的制裁」を挙げている。人間が利害対立を克服して協力を実現していくためには、地域の特性に応じた自ら守るべきルールを構築していくこと、そこにはルール違反者への制裁も伴うことなどを示したのである。

それは、地域におけるビジョン（未来像）としての将来計画と、それを実現するための規制計画に置き換えられる。長期的なビジョンを明確に持ち、その目標に沿って、それを阻《はば》むものは排斥していくという、強力な政策手段を持つことによって、コモンズとしての政策がより一層強いものになっていくのだ。

彼女の考え方がノーベル経済学賞の評価につながった要因の一つに、インターネットの普及があるといわれている。インターネットは、みんなが共通に利用できるシステムであり、モノや情報を所有する時代から、互いに利用し合う時代への変化を支えるソフトなインフラ（生活や産業を支える基盤）となってきた。情報通信技術の進展は、単体の排他的利用から、複数体による重層的な利用により資源の持つ価値を総体的に高めていく流れを着実に加速しているといえる。

「人類共通の資源である地球は有限」ということが共通認識となって議論されるようになったのは、ここ四〇年ぐらいのことだろう。最初の大きな転機は、一九七〇年代前半の「オイルショック」であった。それまであふれるばかりの石油を使って文明生活を⑧享受していたのが、実は石油は限られた資源なのだということを強く認識させられた出来事であった。それ以降、成長には限界があることを前提にした議論が展開される。ローマクラブ（スイスの民間組織）の「成長の限界」というレポートが注目されるのもこの頃だ。ローマクラブが用いた経済予測モデルの手法であるシステム・ダイナミックスは、それまでの右肩上がりの直線的なトレンド（傾向）式の予測モデルではなく、⑨曲線や下降線もある「限りある地球資源」を前提とした柔軟な発想でつくられているモデルであった。

それから二〇年以上が経過して、九〇年代に入って地球温暖化が大きな問題として議論されるようになった。当時、「コモンズとしての地球」という言葉が使われるようになった。わたしにとって、一九九二年のリオデジャネイロで開催された地球サミットは大きな転換点であった。それまで開発と環境を対立概念としてとらえてきた政策論議が、「持続可能な開発（サステイナブル・デベロップメント）」という概念で、同じ土俵で議論できるような状況になったことは、⑩革命的ともいえる転機であった。それまで「開発か環境か」で不毛なエネルギーを費やすことが多かった議論が、「持続可能な開発」というコンセプト（概念）を共有することで発展的に進むようになったことの意義は極めて大きい。

さらに、二〇一五年九月の国連サミットで持続可能な開発を進めていくための具体的な目標（ＳＤＧｓ）が採択されたことはさらに大きな前進だ。持続可能な世界を実現するために、具体的に一七のゴールと一六九のターゲットを示し、それを世界の国々が共有して、共通の目標に向かって協調して取り組む⑪チョウリュウが生まれてきた。特に、世界が求める変化を「見える化」したことで、民間企業においても⑫社会的な課題解決を事業成長に結びつけていく機運が高まってきたことの意義は大きい。これは難しい環境問題や貧困問題などが、市場メカニズムによって解決される可能性が出てきたともいえる動きだ。

このように、社会活動や経済活動において、限られた地球資源を

二　次の文章を読んで、後の問いに答えなさい。なお、文中の言葉の下にある〔　〕の中はその言葉の意味とする。

ここでは共生の思想を社会システムとして具体的なかたちにしていくためには、「コモンズ」という概念が有効であることを、いくつかの視点から考察していく。コモンズは、わが国では「入会《いりあい》」を目的とする共有地を指す言葉で用いられているが、欧米では公園などのオープンスペースの意味合いで幅広く使われている。使われる国や主体によってその定義は異なるが、共通しているのは排他的でなく共同で利用できるという特性である。

コモンズといえば、ハーディンの「コモンズの悲劇」という言葉がよく引用される。イギリスの放牧地を例に取り、共用の放牧地にだれでも牛を放牧することができると、ただで草を食べさせられるわけだから、みんな一頭でも多くそこに放牧しようとする。その結果、たくさんの人が多くの牛をそこに放牧してしまうがゆえに、草がなくなって、放牧された牛たちは死んでいく――という悲劇を紹介したものだ。「コモンズの悲劇」は経済学でよく使われるが、ハーディンは経済学者ではなく生物学者で、一九六八年に、『サイエンス』という雑誌に発表されたものだ。これは人間というのは、みんなが全員の将来のことを考えて行動するのではなく、自分のエゴ、自分に都合のいいように行動していくものだから、市場原理に任せておくと、そのような共有地は悲劇をもたらす、という考え方である。特に一九六八年は公害問題が巻き起こっていた時であり、ハーディンのこの考え方は、環境問題や公害問題が出てきた状況を説明するために大変分かりやすく、広まっていった。しかし、一方でこの悲観的なストーリーのイメージから、コモンズに対して否定的なイメージが①シントウしていったともいえる。皮肉な表現をすれば、これこそ「②コモンズにとっての悲劇」であったかもしれない。

しかし、ハーディンの提起した悲観的なコモンズ論とは異なる視点でコモンズ論を提起した学者が現れた。二〇〇九年にノーベル経済学賞を受賞した、エリノア・オストロムである。彼女はアメリカの政治学者で、女性初のノーベル経済学賞受賞者でもある。彼女の業績は、コモンズのガバナンス〔統治〕に関する研究で、自主的な取り決めによる政治的意思決定の構造解明に取り組み、自主的な統治によるコモンズが成立することを立証したのである。彼女が研究対象としたコモンズは、世界中の水資源、漁業資源、森林資源などを地元地域の人々が管理するというものである。それらの資源の利用については、近年深刻な利害対立が発生し、諸地域においてさまざまな問題が発生してきている。彼女は、その解決に向けて、これまでのような「政府か」「市場か」、という二者択一的な選択ではなく、第三の解決の道として、コモンズの当事者が自主的に適切なルールを決めて、自主的に統治できる〔セルフガバナンスの〕可能性があることを、実証的に、また理論的に示したのだ。

彼女は、世界中の数多くのコモンズの事例を丹念に調べ上げ、コモンズの自主的統治が長期的に存続していく③具体的な条件を示した。さらに、実証的に得られた知見を積み上げて、ゲーム理論〔最適な行動選択を科学する理論〕を使って、特に④自主管理にとって必要な協力行動について、その可能性を分析している。彼女の研究は、共有資源としてのコモンズという仕組みを社会のなかに広めていくことが社会の発展にとって非常に重要なテーマであるという考え方に支えられている。コモンズの利用を市場原理に任せるか、あるいは国家が管理するかという対立図式で、不毛な議論が続いている状況に対して、共有資源をきっちり管理していくためには、利害の対立を超えた協力関係の構築により自主的に管理していける第三の道があることを示したのである。

また、共有資源の管理という切り口で、地方の多様な創意工夫から生まれた仕組みに高い評価を与えたことは、地方が主体的に資源管理に向けて動いていく上での理論的な支柱にもなった。

「コモンズの悲劇」を生み出すのは、⑤人々の利己的動機に基づく行動である。しかし、エリノア・オストロムが調べた数多くの事例

批評する人もいる。推しを恋愛的に好きで作品には興味がない人、そういった感情はないが推しにリプライ〔返信〕を送るなど積極的に触れ合う人、逆に作品だけが好きでスキャンダルなどに一切興味を示さない人、お金を使うことに集中する人、ファン同士の交流が好きな人。

あたしのスタンス〔立場〕は作品も人もまるごと解釈し続けることだった。⑬推しの見る世界を見たかった。

（宇佐見りん「推し、燃ゆ」による。一部表記・体裁を改めた）

問一、――③「部屋を探し、荒らし回ったのが朝の六時で、見つからないまま逃げるように寝て、昼に起きた」とありますが、この状態を説明した次の文の空欄にあてはまる言葉を文中から九字で抜き出して答えなさい。

［　　　　］ことができずに、意思と肉体が途切れた状態。

問二、――⑤「柔らかさを取り戻し始めた心臓」とありますが、これと対照的な状態を表した言葉を文中から七字で抜き出して答えなさい。

問三、――⑥「子どもらしくない視線の冷たさに武者震いのようなものが背筋を走った」とありますが、これと対照的な気持ちを表している一文を文中から探し、最初の五字を抜き出して答えなさい。

問四、――⑧「重さを背負って大人になることを、つらいと思ってもいいのだと、誰かに強く言われている気がする」とありますが、

1 この「重さ」について表現した言葉を文中から二十二字で探し、最初の五字を抜き出して答えなさい。

2 「重さを背負って」いることをたとえを用いて表現している一文を文中から探し、最初の五字を抜き出して答えなさい。

問五、――⑨「強固な芯が体のなかを一本つらぬいていて、なんとかなる、と思う」とありますが、「強固な芯」を言い換えた次の文の空欄にあてはまる言葉を文中から五字で抜き出して答えなさい。

［　　　　］ことへの決意。

問六、――⑩「そういうもの」が指し示している内容にあたる言葉をこれより後の文中から五字で抜き出して答えなさい。

問七、――⑪「あの返答は意図的なものだろう」とありますが、このような返答をした「推し」の心情を「あたし」が推測したものとして最もふさわしいものを次から選び、記号で答えなさい。

ア 自らも好きではない言葉をあえて用いることで、リポーターに少しでも不快感を示そうとする気持ち

イ ファンクラブの会報を読むようなファンにだけ自分の思いが分かってくれればよいというあきらめた気持ち

ウ リポーターの質問が図星をつくようなものばかりで、あいまいな言葉でしか答えられないほど焦る気持ち

エ 自分に非がないにもかかわらず、多くの人々に責め立てられたことに疲れ、投げやりになっている気持ち

問八、――⑬「推しの見る世界を見たかった」とありますが、具体的にどのようにすることですか。「〜こと」につながるように、文中から十一字で探し、最初の五字を抜き出して答えなさい。

問九、本文の内容の説明として最もふさわしいものを次から選び、記号で答えなさい。

ア 「あたし」にとっての推しへの印象が彼の事件をきっかけに変化していく様子を、丁寧な内面描写で表現している

イ 推しが事件を起こす前と起こした後での「あたし」の変化を「あたし」の心情に焦点を当てながら描いている

ウ 出会った頃から事件を起こすまでの「あたし」の推しとのかかわりと、彼に対する思いの深さを詳しく述べている

エ 人によってさまざまな推しへの姿勢がある中で、「あたし」の思いが最も強いという考えを繰り返し主張している

問十、――①「フチ」、②「ムダ」、⑦「ラレツ」のカタカナを漢字に改め、――④「粗い」、⑫「閲覧」の漢字の読みを答えなさい。

の鳴る靴は、着地するたびに空気が抜け高く鳴いた。飛べると思っていたわけではない。それでも音と音のあいだが僅かずつ長くなり、いつか何も聞こえなくなることをあのときあたしはどこかで待ち続けていた。着地するまでのあいだだけ体に軽さがやどり、その軽さはテレビの前で下着にワイシャツだけ羽織った十六歳のあたしにもやどっていた。

上野《うえの》真《ま》幸《ゆき》。揺すり動かされるように手にとったパッケージには丸いフォント〈字体〉でそう書かれていて、検索をかけるとテレビで何度か見かけたことのある顔が出てきた。そうかこの人が、と思う。若葉を抜けてきた風が、この頃遅れがちだった体内時計の螺子《ねじ》を巻き直して、あたしは動き出す。体操着は見つからなかったけど⑨強固な芯が体のなかを一本つらぬいていて、なんとかなる、と思う。

上野真幸くんはアイドルグループ「まざま座」のメンバーとして活躍しているという。現在の宣材写真を見ると、十二歳だった男の子は頬が落ち、落ち着いた雰囲気のある青年になっている。ライブを観た。映画を観た。テレビ番組を観た。声も体格も違っていたけど、ふとした瞬間に見せる眼球の底から何かを睨《にら》むような目つきは幼い頃と変わっていなかった。その目を見るとき、あたしは、何かを睨みつけることを思い出す。自分自身の奥底から正とも負ともつかない莫大《ばくだい》なエネルギーが噴き上がるのを感じ、生きるということを思い出す。

昼の一時に出た映像でも推しは⑩そういうものを覗《のぞ》かせた。水泳の授業を終えて濡れたタオルを肩にかけている生徒らから塩素のにおいがただよう。昼休憩の教室に、椅子を引く音や廊下を小走りにゆく音が立つ。あたしは前から二列目の席で耳にイヤホンを挿した。不完全な沈黙に、自分の内側が張りつめるのを感じた。

映像は推しが事務所から出てきたところから始まっていた。フラッシュに晒《さら》された推しは、疲弊して見えた。「お話よろしいでしょうか」とマイクが差し出される。「はい」「ファンの女性に手を上げた？」「はい」「なぜそんなことになったのでしょう」、返事なのか相槌《あいづち》なのか判別のつかないほど淡々としていた調子が、わずかに狂った。

「当事者間で解決すべきことと思っています。ご心配、ご迷惑をおかけして申し訳ありません」「相手方への謝罪は？」「しています」「今後の活動はどうなさるのでしょうか」「わかりません。事務所やメンバーとも話し合っているところです」車に乗りかけた推しの背中に「反省しているんですか」と怒鳴るようなリポーターの声が掛かる。振り向いた目が、一瞬、強烈な感情を見せたように思った。しかしすぐに「まあ」と言った。

機材や人を黒い車体に映り込ませて車が去る。〈何この態度〉〈反省して戻ってきてほしい！　真幸くんいつまでも待ってるよ〉〈自分が悪いのにああいうところで不機嫌になるあたりね〉〈不器用だなあ。ちゃんと説明すればいいのに〉〈ライブも何度も行ったけど金輪際見ません。被害女性に文句言ってるお花畑信者は正気？〉ファンのものであろう発言でにぎわっているコメント欄の一番上に〈DV〈近しい関係にある人への暴力行為をする〉顔だと思う人グッドボタン↓↓↓〉がのぼってきている。

観終えてからまた戻し、ルーズリーフにやりとりを書き起こす。推しは「まあ」「一応」「とりあえず」という言葉は好きじゃないとファンクラブの会報で答えていたから、⑪あの返答は意図的なものだろう。ラジオ、テレビ、あらゆる推しの発言を聞き取り書きつけたものは、二十冊を超えるファイルに綴《と》じられて部屋に堆積している。CDやDVDや写真集は保存用と鑑賞用と貸出用に常に三つ買う。放送された番組はダビング〈複製〉して何度も観返す。溜まった言葉や行動は、すべて推しという人を解釈するためにあった。解釈したものを記録してブログとして公開するうち、⑫閲覧が増え、お気に入りやコメントが増え、〈あかりさんのブログのファンです〉と更新を待つ人すら現れた。

アイドルとのかかわり方は十人十色で、推しのすべての行動を信奉する人もいれば、善し悪しがわからないとファンとは言えないと

変わらない。掘り起こした部屋は部屋そのものがバイト先の定食屋の洗い場のようで、手のつけようがない。

　ベッドの下をあさると、埃《ほこり》にまみれた緑色のＤＶＤが出てきた。子どもの頃に観《み》たピーターパンの舞台のＤＶＤ。プレイヤーに吸い込ませると、カラーのタイトル映像が無事に映し出された。傷がついているのか、時折線が入る。

　真っ先に感じたのは痛みだった。めり込むような一瞬の鋭い痛みと、それから突き飛ばされたときに感じる衝撃にも似た痛み。窓枠に手をかけた少年が部屋に忍び込み、ショートブーツを履いた足先をぷらんと部屋のなかで泳がせたとき、彼の小さく尖《とが》った靴の先があたしの心臓に食い込んで、無造作に蹴り上げた。この痛みを覚えている、と思う。高校一年生の頃のあたしにとって、痛みはすでに長い時間をかけて自分の肉になじみ、うずまっていて、時折思い出したように痺《しび》れるだけの存在になっていたはずだった。それが、転んだだけで涙が自然に染み出していた四歳の頃のように、痛む。一点の痛覚からぱっと放散するように肉体が感覚を取り戻してゆき、④粗い映像に色と光がほとばしって世界が鮮明になる。緑色の小さな体が女の子の横たわるベッドへふわりと駆け寄り、肩をちょんと叩《たた》く。揺すぶる。ねえ、と、愛らしく澄んだ声が突き抜けて、ピーターパンだ、と思った。まぎれもなく、あの日あたしの頭上を飛んだ男の子だった。

　ピーターパンは生意気そうな目を爛々《らんらん》と輝かせ、毎回、勢いをつけて訴えかけるようにせりふを叫ぶ。どのせりふも同じように発音する。一本調子で動きも大げさだったけど、息を吸い、ひたすら声を出すということに精いっぱいな姿が、あたしに同じように息を吸わせ、荒く吐き出させる。あたしは彼と一体化しようとしている自分に気づいた。彼が駆け回るとあたしの運動不足の生白い腿が内側から痙攣《けいれん》する。影が犬に噛《か》みちぎられてしまった、と泣く彼を見て、伝染した悲しみごと抱きとめてあげたくなる。⑤柔らかさを取り戻し始めた心臓は重く血流を押し出し、波打ち、熱をめぐらせた。外に発散することのできない熱は握りしめた手や折りたたんだ太腿に溜《た》まる。彼がむやみに細い剣を振り回し、追いつめられ、その脇腹を相手の武器がかすめるたびにひやりと臓器に刃をあてられたような気分がする。彼が船の先端で船長を海に叩き落として顔を上げたとき、その⑥子どもらしくない視線の冷たさに武者震いのようなものが背筋を走った。うええ、と間の抜けた独り言が出る。やばい、えぐい、とわざと頭の中で言葉にした。たしかにこの子なら船長の左手を切り落としてワニに食べさせるな、なんて思う。やばい、えぐいと、家に誰もいないのをいいことに声に出した。調子に乗って「ネバーランド行きたいな」と言ってみると、うっかり本気になりかけた。

　ピーターパンは劇中何度も、大人になんかなりたくない、と言う。冒険に出るときにも、冒険から帰ってウェンディたちをうちへ連れ戻すときにも言う。あたしは何かを叩き割られるみたいに、それを自分の一番深い場所で聞いた。昔から何気なく耳でなぞっていた言葉の⑦ラレツが新しく組み替えられる。大人になんかなりたくないよ。ネバーランドに行こうよ。鼻の先に熱が集まった。あたしのための言葉だと思った。共鳴した喉が細く鳴る。目頭にも熱が溜まる。少年の赤い口から吐き出される言葉は、あたしの喉から同じ言葉を引きずり出そうとした。言葉のかわりに涙があふれた。⑧重さを背負って大人になることを、つらいと思ってもいいのだと、誰かに強く言われている気がする。同じものを抱える誰かの人影が、彼の小さな体を介して立ちのぼる。あたしは彼と繋《つな》がり、彼の向こうにいる、少なくない数の人間と繋がっていた。

　ピーターパンが舞台を蹴り、浮き上がった彼の両手から金粉がこぼれ落ちる。四歳だったあたしが舞台を実際に観たあと、地面を蹴って飛び跳ねていた感覚が戻る。そこは祖父母の家のガレージで、夏になると生い茂ったどくだみの、鼻を刺激する独特のにおいがたちこめている。売店で買ってもらった金色の「妖精の粉」を体にふりまき、三度、四度、跳ねる。幼い頃どこへ行くにも履かされた底

二〇二二年度 明治大学付属中野八王子高等学校

【国語】（五〇分）〈満点：一〇〇点〉

〈注意〉字数には、句読点も記号も一字として数えます。

一　次の文章を読んで、後の問いに答えなさい。なお、文中の言葉の下にある〔　〕の中はその言葉の意味とする。

リュックサックを、この前推し〔応援する一番お気に入りの対象〕のライブに行ったままの状態で持ってきてしまった。学校で使えるものは感想をメモする用のルーズリーフとペンくらいだったので、古典を見せてもらい数学を借り、水着もないので水泳の授業はプール横に立った。

　入ってしまえば気にならないのに、タイルの上を流れてくる水はどこかぬるついている気がする。垢《あか》や日焼け止めなどではなく、もっと抽象的な、肉、のようなものが水に溶け出している。水は見学者の足許《あしもと》にまで打ち寄せた。もうひとりの見学者は隣のクラスの子だった。彼女は、夏の制服の上に薄手の白い長袖パーカーを着て、プールの①フチぎりぎりまで行ってビート板を配っている。水を撥《は》ね上げるたび素足がどぎつい白さを放つ。

　濡《ぬ》れて黒っぽくなった水着の群れは、やっぱりぬるついて見えた。銀の手すりやざらざらした黄色いふちに手をかけ上がってくるのが、重たそうな体を滑らせてステージに這《は》い上がる水族館のショーのアシカやイルカやシャチを思わせる。あたしが重ねて持っているビート板をありがとねと言いながら次々に持っていく女の子たちの頬や二の腕から水が滴《したた》り落ち、かわいた淡い色合いのビート板に濃い染《し》みをつくる。肉体は重い。水を撥ね上げる脚も、月ごとに膜が剝《は》がれ落ちる子宮も重い。先生のなかでもずばぬけて若い京子《きょうこ》ちゃんは、両腕を脚に見立ててこすり合わせながら、太腿《ふともも》から動かすのだと教えた。たまに足先だけばたつかせる子いるけどさ、②ムダに疲れるだけだからねあんなの。

　保健の授業を担当しているのも京子ちゃんだった。あっけらかんとした声で卵子とか海綿体とか言うおかげで気まずくはなかったけど、勝手に与えられた動物としての役割みたいなものが重くのし掛かった。

　寝起きするだけでシーツに皺《しわ》が寄るように、生きているだけで皺寄せがくる。誰かとしゃべるために顔の肉を持ち上げ、垢が出るから風呂に入り、伸びるから爪を切る。最低限を成し遂げるために力を振り絞っても足りたことはなかった。いつも、最低限に達する前に意思と肉体が途切れる。

　保健室で病院の受診を勧められ、ふたつほど診断名がついた。薬を飲んだら気分が悪くなり、何度も予約をばっくれるうちに、病院に足を運ぶのさえ億劫《おっくう》になった。肉体の重さについた名前はあたしを一度は楽にしたけど、さらにそこにもたれ、ぶら下がるようになった自分を感じてもいた。推しを推すときだけあたしは重さから逃れられる。

　人生で一番最初の記憶は真下から見上げた緑色の姿で、十二歳だった推しはそのときピーターパンを演じていた。あたしは四歳だった。ワイヤーにつるされた推しが頭の上を飛んで行った瞬間から人生が始まったと言ってもいい。

　とはいえ推し始めたのはそれからずいぶんあとのことで、高校に上がったばかりだったあたしは五月にある体育祭の予行練習を休み、タオルケットから手脚をはみ出させていた。長いこと切っていない足の爪にかさついた疲労が引っ掛かる。外から聞こえるキャッチボールの音がかすかに耳を打つ。音が聞こえるたびに意識が一・五センチずつ浮き上がる。

　予行練習にそなえて二日前に洗濯しておいたはずの体操着が、なかった。ワイシャツ姿のまま③部屋を探し、荒らし回ったのが朝の六時で、見つからないまま逃げるように寝て、昼に起きた。現実は

2022年度／明治大学付属中野八王子高等学校

英語解答

1 問1 Q1…D Q2…B
問2 Q1…C Q2…C

2 問1 エ 問2 エ
問3 したこと…(例)お金を全て1ドル札で受け取った。
理由…(例)他の人に(目の見えないことを)利用されないため。／お金をごまかされないため。
問4 musicians〔people〕
問5 イ→ウ→エ→ア 問6 ウ，カ

3 問1 (例)心の中に画像を思い浮かべる
問2 You want to remember where you parked
問3 5匹の猫，車(の中)
問4 ア 問5 strange
問6 memory methods 問7 カ

4 (1) drives (2) by〔after〕working
(3) has lost (4) stop playing

5 (1) A…ア B…カ C…エ
(2) A…オ B…エ C…ア
(3) A…ク B…ケ C…ウ
(4) A…エ B…イ C…オ

1〔放送問題〕放送文未公表

2〔長文読解総合―伝記〕

≪全訳≫❶レイ・チャールズは，非常に重要なアメリカの歌手兼ミュージシャンだった。彼は長いキャリアの中で，多くのすばらしいレコードをつくり，多くの賞を受賞した。例えば，彼はグラミー賞を12回受賞した。その理由は，他のミュージシャンたちが彼の作品を尊敬していたからだ。レイ・チャールズは，人生における大変な問題にもかかわらず，すばらしいキャリアを築いた。❷レイは非常に大変な子ども時代を過ごした。彼は，世界恐慌という1930年代の非常に困難な時代に，フロリダで育った。当時，多くのアメリカ人には仕事がなく，多くの人が貧しかった。レイの家族は特に貧しかった。レイはこう言っていた。「他の黒人と比較しても，私たちははしごの一番下で，他のみんなを見上げていた。私たちの下には，地面以外に何もなかった」　レイは幼少期に，他にも多くの問題を抱えていた。例えば，彼の父はほとんど家にいなかった。それから，レイは5歳のとき，弟が溺死するのを目《ま》の当《あ》たりにした。その後まもなく，レイは目が見えなくなり始め，7歳までには全く何も見えなくなった。❸レイは自分の障がいとともに生きる方法を学ばなければならなかった。母は彼が1人で生きていくのを手伝った。例えば，自分自身のために物を見つけたり，物事をしたりすることによって自立する方法を彼に教えた。レイは7歳のとき，耳や目が不自由な人たちの学校に通った。レイはこの学校で点字による読書や作曲を学んだり，いろいろな楽器の演奏を学んだりした。❹まもなく，音楽はレイの人生で最も重要なものになった。彼は盲目だったことで，音をとても意識するようになった。彼は目が見えなかったので，他の人たちよりも注意深く聴いていたのだ。あらゆる音楽が大好きで，よく夜遅くまでラジオを聴いた。彼は音楽の必要性を感じていた。かつて彼はこう言っていた。「私は自分の中に音楽を持って生まれてきた。音楽は私にとって必要だった。食べ物や水のようにね」　レイの音楽のキャリアは早くから始まり，簡単なものではなかった。彼が15歳のとき，母が亡くなった。そのとき，レイは学校をやめる決心をした。彼は小さなバンドのためにピアノを弾き始め，フロリダ中を旅した。生活が盲目の若者には厳しいものだったので，レイは生き延びるために賢くなる必要があった。例えば，彼は多くの場合，人々に１ドル紙幣で支払ってもらうように頼んだ。そうすれば，彼はお金を全部数えられ，誰も彼を利用できなかったからだ。❺16歳のとき，レイはキャリアのうえで良い決断をし，ワシントン州シアトルに引っ越した。そこで，クインシー・ジョーンズというもう１人の才能ある若いミュージシャンに出会った。ジョーンズはレイに作曲と編曲の方法を教えた。レイはその後，シアトルのナイトクラブで演奏し，自分自身の音楽をつくり始めた。それはゴスペル音楽とブルースを融合したものだった。人々はそれをソウル・ミュージックと呼んだ。多くの人がそれを好んだので，レイのレコードを買った。観客はどんどん増え，彼は有名人になった。1950〜60年代には，彼は多くのヒット曲を録音し，金持ちになった。❻レイの人生の晩年は，彼のキャリアの頂点の一部だった。1950〜60年代のレイの音楽が1990年代に再び人気になったのだ。若者たちが彼の初期の曲を聴き始めた。他のミュージシャンも彼を賞賛し，多くのミュージシャン〔人〕が彼と一緒に仕事をする機会を求めた。❼レイ・チャールズは2004年に亡くなったが，深刻な障がいにもかかわらず，アメリカの音楽に大きな影響を与えた。今日でも多くの人が彼の作品を楽しみ，尊敬の念を抱き続けている。

問１＜英文解釈＞compared to 〜は注にあるとおり「〜と比較して」という意味なので，Even compared to other blacks は「他の黒人と比較しても」となる。even は「〜でさえ」。on the bottom of the ladder「はしごの一番下」は，社会的に最下層であることを示す比喩である。

問２＜適語句選択＞主語の It は music を受けている。直前の like は「〜のように」を表す前置詞。食べ物と水は necessary「必要な」ものの代表例である。

問３＜文脈把握＞直後の For example「例えば」以下の２文が下線部③の具体例とその理由になっているので，この内容をまとめればよい。'ask＋人＋to 〜'で「〈人〉に〜するように頼む」。(in) that way は「そのような方法で，そうすれば」という意味。

問４＜英文解釈＞彼(＝レイ)と一緒に仕事をする機会を求めたのは，直前に Other musicians とあることから，多くの musician だと考えられる。また，many や all，some，any などは，単独で代名詞としてはたらき，〜 people「〜な人々」，〜 things「〜なもの」のいずれかの意味を表す。ここでは文の意味から people「人々」が省略されていると考えることもできる。

問５＜要旨把握＞イ．「レイは何も見えなくなった」(第２段落最終文)→ウ．「レイは学校で作曲の方法を学び始めた」(第３段落最終文)→エ．「若い能力あるミュージシャンが，レイに作曲の方法を教えてくれた」(第５段落第２，３文)→ア．「レイは他のミュージシャンたちに尊敬され，一緒に仕事をするよう求められた」(第６段落最終文)

問６＜内容真偽＞ア．「レイはとても貧しかったが，幸せな生活を送れた」…×　第２段落参照。　イ．「レイは，障がいのために一人で生活していくのを諦めた」…×　第３段落参照。母のサポートを受けながら，独立して生きていくすべを学んでいった。　ウ．「レイは目が見えなかったので，音をいっそう注意深く聴いた」…○　第４段落第２，３文に一致する。　エ．「クインシー・ジョーンズのおかげで，レイはワシントン州シアトルに引っ越す決心をした」…×　第５段落第１，２文参照。引っ越してからジョーンズに出会った。　オ．「レイはミュージシャンとしてのキャリアをスタートするとすぐに，有名になった」…×　第４段落後半参照。最初の頃は楽ではなかった。　カ．「レイはアメリカの音楽に大きな影響を与え，グラミー賞を12回受賞した」…○　第１段落第３文および第７段落第１文に一致する。

3〔長文読解総合―説明文〕

≪全訳≫❶記憶力は学習の重要な一部である。それは，日常生活でも重要だ。練習すれば，ほとんどの人がすばらしい記憶力を手に入れられる。必要なのはいくつかの簡単な方法を学ぶことだけだ。❷第1の方法は視覚化だ。人は何かを視覚化するとき，心の中にそのイメージをつくっている。記憶しやくするために，とても奇妙なイメージを思い浮かべるといい。例えば，あなたは大きな駐車場にいるとする。車をC階の5番スペースに駐車する。②あなたは駐車した場所を記憶したいので，目を閉じて，車がその階のそのスペースにあることを思い浮かべる。あなたはそれを記憶するだろうか。おそらく記憶しないだろう。では，その代わりに，5匹の猫が車の中にいることを思い浮かべてみてほしい。猫はC階を表す。5匹はそのスペースの番号だ。そのイメージはとても奇妙なので，あなたはおそらくそれを記憶するだろう。❸第2の方法は，物事のリストを順番に記憶する必要があるときに役立つ。例えば，あなたが仕事の後，多くのことをする必要があると想像してみてほしい。その全てが町の違う場所にある。あなたは1時間後に歯医者に行く必要があるので，あまり時間がない。郵便局，スーパー，銀行，歯医者にこの順番で行く必要がある。記憶するには，それぞれの場所の最初の文字を思い浮かべるといい。その文字を正しい順番に並べるのだ。この例では，文字は，p(post office「郵便局」)，s(supermarket「スーパー」)，b(bank「銀行」)，d(dentist「歯医者」)だ。次に，これらの文字から始まる単語を，この順番で使って文をつくる。例えば，こんな文になるかもしれない。④Paul Smith buys dogs.「ポール・スミスは犬を買う」。そして，それを記憶するのだ。視覚化する方法のように，この方法も文が少し奇妙な場合に最も効果がある。❹記憶法は2つだけではない。他の方法もインターネットで見つけられる。グーグルのような検索エンジンに行き，「記憶法」と検索しよう。さて，あなたは本文冒頭のあの駐車場を記憶できただろうか。車の場所を記憶できただろうか。5匹の猫が乗っている車は？　そして，ポール・スミスは？　彼を記憶しただろうか。おわかりのとおり，記憶法は本当に効果があるのだ。今度何かを記憶する必要があるときに，これらの1つを試してみるといい。

問1＜要旨把握＞直後の文の後半がvisualizationの具体的な説明になっている。ここでのpictureは「像，イメージ」という意味。　visualize「～を視覚化する」　visualization「視覚化」

問2＜整序結合＞前後の内容と語群から，「車をとめた場所を覚えたい」といった意味になると推測できる。want to ～「～したい」を用いてyou want to rememberとまとめ，rememberの目的語を‘疑問詞＋主語＋動詞’の語順の間接疑問にまとめる。不要語はdo。

問3＜指示語＞前に出ている内容から，ここに当てはめて意味が通るものを探す。「5匹の猫が車(の中)にいる光景」はso strangeといえる。

問4＜適文選択＞前の2文参照。行くべき4つの場所の頭文字であるp，s，b，dで始まる単語を，in that order「その順番で」使っている文を選べばよい。

問5＜適語補充＞空所を含む文のworkは「うまくいく，効く」という意味。Like the visualization methodとあることから，visualization methodについて書かれている第2段落を見ると，think of a really strange picture(第3文)，Because that picture is so strange, you will probably remember it.(最終文)とあり，strangeであるほど効果があることが読み取れる。

問6＜指示語＞themなので前に出ている複数名詞を探す。前に出ている複数名詞でここに当てはめて意味が通るのはmemory methodsである。

問７＜内容真偽＞ア．「毎日，簡単な記憶法を学ぶことは重要だ」…×　このような記述はない。　イ．「何かを記憶するのはとても難しく，良い記憶力を持たない場合，記憶法を学ぶことは役立たない」…×　第１段落第３，４文参照。単純な記憶法を知って練習すれば記憶力は向上する。　ウ．「猫を駐車場で飼っている人がいるというのは本当だ」…×　猫と車はイメージである。　エ．「物事のリストを順番に記憶しようとするとき，自分がその物事を順番にやっているのを思い浮かべるのが良い」…×　第３段落参照。頭文字を使った文をつくることを勧めている。　オ．「多くのことを早く終わらせる必要があるとき，簡単なことを最初に試す方が良い」…×　このような記述はない。　カ．「いろいろなことを順番にする場合，第２の方法が役立つだろう」…○　第３段落に一致する。

4〔書き換え―適語補充〕

(1)「私の父は車で仕事に行く」　go to ～ by car≒drive to ～「車で～に行く」　*cf.* go to ～ by (air)plane≒fly to ～「飛行機で～に行く」

(2)「彼はとても一生懸命働き，大金を稼いだ」→「彼はとても一生懸命働くことによって〔働いた後で〕大金を稼いだ」　‘前置詞＋動名詞(～ing)’の形を使って書き換える。

(3)「彼女はカバンをなくし，まだそれを見つけられていない」→「彼女はカバンをなくしてしまった」　‘完了・結果’を表す現在完了(‘have/has＋過去分詞’)にすればよい。

(4)「雪が降り始めたが，彼らはサッカーをやり続けた」→「雪が降り始めたが，彼らはサッカーをやめなかった」　continue to ～「～し続ける」　stop ～ing「～することをやめる」

5〔整序結合〕

(1)「何冊の本」は How many books で，続けてこれを修飾する in this box「この箱の中の」を置く。残りは，現在完了の疑問文(‘have/has＋主語＋過去分詞’)を続ける。　How many books in this box has your brother read?

(2)「～の大半」は most of the ～で表せる。「そのパーティーに招待された人たち」は‘名詞＋過去分詞＋その他の語句’の形で the people invited to the party とまとめる。　Most of the people invited to the party were politicians.

(3)‘too ～ for … to ―’「…が―するには～すぎる，～すぎて…は―できない」の形を使う。swim in の目的語が文の主語 The sea になっている形。　The sea was too cold for us to swim in.

(4)「私が昨日訪れた公園」は which を目的格の関係代名詞として使って The park which I visited yesterday とまとめる。「～の中には…があった」は「…を～の中に持っていた」と考え，‘had … in ～’で表す。　The park which I visited yesterday had a big statue in it.

2022年度／明治大学付属中野八王子高等学校

数学解答

1 (1) $2x^3-11x^2y$　(2) 27

(3) $(x+3y-4)(x+3y+1)$

(4) $x=\dfrac{3\sqrt{6}+\sqrt{3}}{9}$，$y=\dfrac{\sqrt{6}-3\sqrt{3}}{9}$

(5) 3組　(6) 8

2 (1) 8，9，10　(2) $\dfrac{7}{72}$　(3) $-\dfrac{3}{4}$

(4) (0，5)　(5) $90\pi\,\mathrm{cm}^2$

(6) $8\sqrt{3}$　(7) 60°　(8) $\dfrac{6\sqrt{11}}{5}$

3 (1) 9通り　(2) 11通り

4 (1) $2\sqrt{13}\,\mathrm{cm}$　(2) $4\sqrt{39}\,\mathrm{cm}^2$

5 (1) 3：5　(2) $\dfrac{135}{16}$

1〔独立小問集合題〕

(1)＜式の計算＞与式$=6x^3-5x^2y-4x^3-6x^2y=2x^3-11x^2y$

(2)＜数の計算＞与式$=\left(-\sqrt{\dfrac{18}{10}}\times\dfrac{1}{\sqrt{10}}+\sqrt{6\times3}\right)\times\dfrac{10}{\sqrt{2}}=\left(-\dfrac{\sqrt{18}}{10}+\sqrt{3^2\times2}\right)\times\dfrac{10}{\sqrt{2}}=\left(-\dfrac{\sqrt{3^2\times2}}{10}+3\sqrt{2}\right)\times\dfrac{10}{\sqrt{2}}=\left(-\dfrac{3\sqrt{2}}{10}+\dfrac{30\sqrt{2}}{10}\right)\times\dfrac{10}{\sqrt{2}}=\dfrac{27\sqrt{2}}{10}\times\dfrac{10}{\sqrt{2}}=27$

(3)＜式の計算―因数分解＞与式$=(x+3y)^2-3(x+3y)-4$として，$x+3y=A$とおくと，与式$=A^2-3A-4=(A-4)(A+1)$となる。Aをもとに戻して，与式$=(x+3y-4)(x+3y+1)$である。

(4)＜連立方程式＞$\sqrt{2}x-y=\sqrt{3}$……①，$\sqrt{3}x+\sqrt{6}y=1$……②とする。①×$\sqrt{6}$より，$2\sqrt{3}x-\sqrt{6}y=3\sqrt{2}$……①′　①′＋②より，$2\sqrt{3}x+\sqrt{3}x=3\sqrt{2}+1$，$3\sqrt{3}x=3\sqrt{2}+1$，$x=\dfrac{3\sqrt{2}+1}{3\sqrt{3}}$，$x=\dfrac{(3\sqrt{2}+1)\times\sqrt{3}}{3\sqrt{3}\times\sqrt{3}}$　∴$x=\dfrac{3\sqrt{6}+\sqrt{3}}{9}$　これを①に代入して，$\sqrt{2}\times\dfrac{3\sqrt{6}+\sqrt{3}}{9}-y=\sqrt{3}$，$\dfrac{6\sqrt{3}+\sqrt{6}}{9}-y=\sqrt{3}$，$-y=\sqrt{3}-\dfrac{6\sqrt{3}+\sqrt{6}}{9}$，$-y=\dfrac{3\sqrt{3}-\sqrt{6}}{9}$　∴$y=\dfrac{\sqrt{6}-3\sqrt{3}}{9}$

(5)＜数の性質＞最大公約数が3だから，2つの自然数はともに3の倍数である。2つの自然数の和が27なので，考えられる2つの自然数の組は，3と24，6と21，9と18，12と15である。3と24の最大公約数は3，6と21の最大公約数は3，9と18の最大公約数は9，12と15の最大公約数は3だから，適する自然数の組は，3と24，6と21，12と15であり，3組ある。

(6)＜数の計算＞$x+y=\sqrt{5}$……①，$x-y=\sqrt{3}$……②とする。①より，$(x+y)^2=(\sqrt{5})^2$，$x^2+2xy+y^2=5$……③　②より，$(x-y)^2=(\sqrt{3})^2$，$x^2-2xy+y^2=3$……④　③＋④より，$x^2+y^2+x^2+y^2=5+3$，$2x^2+2y^2=8$，$x^2+y^2=4$となり，③－④より，$2xy-(-2xy)=5-3$，$4xy=2$，$xy=\dfrac{1}{2}$となるので，$\dfrac{x^2+y^2}{xy}=(x^2+y^2)\div xy=4\div\dfrac{1}{2}=4\times2=8$である。

≪別解≫x，yの値を求めると，①＋②より，$x+x=\sqrt{5}+\sqrt{3}$，$2x=\sqrt{5}+\sqrt{3}$，$x=\dfrac{\sqrt{5}+\sqrt{3}}{2}$となり，①－②より，$y-(-y)=\sqrt{5}-\sqrt{3}$，$2y=\sqrt{5}-\sqrt{3}$，$y=\dfrac{\sqrt{5}-\sqrt{3}}{2}$となる。これより，$x^2+y^2=\left(\dfrac{\sqrt{5}+\sqrt{3}}{2}\right)^2+\left(\dfrac{\sqrt{5}-\sqrt{3}}{2}\right)^2=\dfrac{5+2\sqrt{15}+3}{4}+\dfrac{5-2\sqrt{15}+3}{4}=\dfrac{16}{4}=4$，$xy=\dfrac{\sqrt{5}+\sqrt{3}}{2}\times\dfrac{\sqrt{5}-\sqrt{3}}{2}=\dfrac{5-3}{4}=\dfrac{2}{4}=\dfrac{1}{2}$だから，$\dfrac{x^2+y^2}{xy}=(x^2+y^2)\div xy=4\div\dfrac{1}{2}=4\times2=8$となる。

2〔独立小問集合題〕

(1)＜数の性質＞$\sqrt{9+9a}$の整数部分が9より，$9\leqq\sqrt{9+9a}<10$である。これより，$\sqrt{81}\leqq\sqrt{9+9a}<$

$\sqrt{100}$，$81 \leqq 9+9a<100$，$81 \leqq 9(1+a)<100$ となる。a が自然数より，$1+a$ は1より大きい自然数であり，$9\times9=81$，$9\times10=90$，$9\times11=99$，$9\times12=108$ だから，$1+a=9$，10，11 である。よって，求める自然数 a は，$a=8$，9，10 である。

(2)**＜確率―さいころ＞**3個のさいころをA，B，Cとする。3個のさいころA，B，Cを同時に投げるとき，目の出方は全部で $6\times6\times6=216$（通り）ある。このうち，出た目の数の和が13となるのは，出た3つの目が，1と6と6，2と5と6，3と4と6，3と5と5，4と4と5のときである。1と6と6のとき，(A，B，C)=(1，6，6)，(6，1，6)，(6，6，1)の3通りあり，3と5と5，4と4と5のときも同様に3通りずつある。2と5と6のとき，(A，B，C)=(2，5，6)，(2，6，5)，(5，2，6)，(5，6，2)，(6，2，5)，(6，5，2)の6通りあり，3と4と6のときも同様に6通りある。よって，出た目の数の和が13となる場合は $3\times3+6\times2=21$（通り）あるから，求める確率は $\frac{21}{216}=\frac{7}{72}$ である。

(3)**＜関数―a の値＞**y は x に反比例するので，比例定数を k として，$y=\frac{k}{x}$ と表せる。$x=2$ のとき $y=a+3$ だから，$a+3=\frac{k}{2}$ が成り立ち，$2a-k=-6$……①となる。また，$x=-3$ のとき $y=2a$ だから，$2a=\frac{k}{-3}$ が成り立ち，$k=-6a$……②となる。②を①に代入すると，$2a-(-6a)=-6$，$8a=-6$，$a=-\frac{3}{4}$ となる。

(4)**＜関数―座標＞**右図1で，点Dを通り x 軸に平行な直線と点Cを通り y 軸に平行な直線の交点をPとする。四角形ABCDが平行四辺形より，AB=DC，AB∥DCだから，△ABO≡△DCPとなる。A(−6，0)だから，DP=AO=0−(−6)=6であり，C(8，7)だから，点Dの x 座標は $8-6=2$ である。点Dは放物線 $y=\frac{1}{2}x^2$ 上にあるので，$y=\frac{1}{2}\times2^2=2$ より，D(2，2)となる。2点C，Dの y 座標より，BO=CP=7−2=5となるから，B(0，5)である。

図1

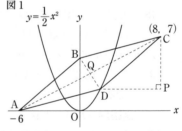

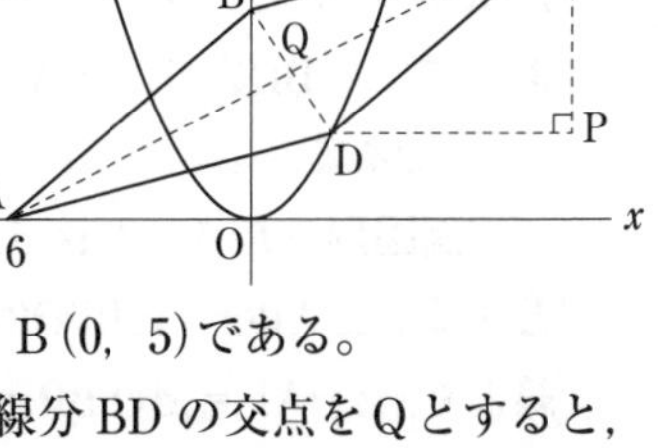

≪別解≫図1で，四角形ABCDは平行四辺形だから，線分ACと線分BDの交点をQとすると，点Qは線分AC，線分BDの中点となる。A(−6，0)，C(8，7)だから，点Qの x 座標は $\frac{-6+8}{2}=1$，y 座標は $\frac{0+7}{2}=\frac{7}{2}$ となり，$\mathrm{Q}\left(1,\ \frac{7}{2}\right)$ である。点Bの x 座標は0なので，点Dの x 座標を d とすると，点Qの x 座標について，$\frac{0+d}{2}=1$ が成り立ち，$d=2$ となる。点Dは放物線 $y=\frac{1}{2}x^2$ 上にあるので，$y=\frac{1}{2}\times2^2=2$ より，D(2，2)となる。また，点Bの y 座標を b とすると，点Qの y 座標について，$\frac{b+2}{2}=\frac{7}{2}$ が成り立ち，$b=5$ となる。よって，B(0，5)である。

(5)**＜空間図形―面積＞**右図2のように，直方体の8個の頂点をA～Hと定め，直方体ABCD-EFGHの対角線AG，BH，CE，DFの交点をOとすると，AG=BH=CE=DFであり，点Oは対角線AG，BH，CE，DFの中点となるので，OA=OB=OC=OD=OE=OF=OG=OHとなる。よって，直方体ABCD−EFGHの全ての頂点を通る球の中心

図2

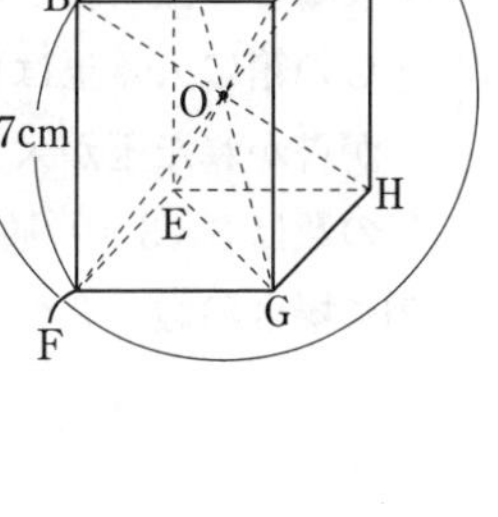

は点Oであり，線分OAの長さが球Oの半径となる。△EFGで三平方の定理より，$EG^2=EF^2+FG^2=4^2+5^2=41$ である。∠AEG＝90°だから，△AEGで三平方の定理より，$AG=\sqrt{AE^2+EG^2}=\sqrt{7^2+41}=\sqrt{90}=3\sqrt{10}$ となり，球Oの半径は $OA=\frac{1}{2}AG=\frac{1}{2}\times3\sqrt{10}=\frac{3\sqrt{10}}{2}$ となる。これより，球Oの表面積は，$4\pi\times\left(\frac{3\sqrt{10}}{2}\right)^2=90\pi$ (cm²) である。

(6)**＜平面図形―面積＞**右図3で，△ABCが正三角形より，∠ABC＝∠DCE＝60°であり，AB∥EDより，∠EDC＝∠ABC＝60°だから，△EDCは正三角形となる。よって，EC＝DC＝4となり，AE＝AC－EC＝12－4＝8となる。また，点DからECに垂線DHを引くと，△DCHは3辺の比が $1:2:\sqrt{3}$ の直角三角形となるから，$DH=\frac{\sqrt{3}}{2}DC=\frac{\sqrt{3}}{2}\times4=2\sqrt{3}$ となる。したがって，$\triangle ADE=\frac{1}{2}\times AE\times DH=\frac{1}{2}\times8\times2\sqrt{3}=8\sqrt{3}$ である。

図3

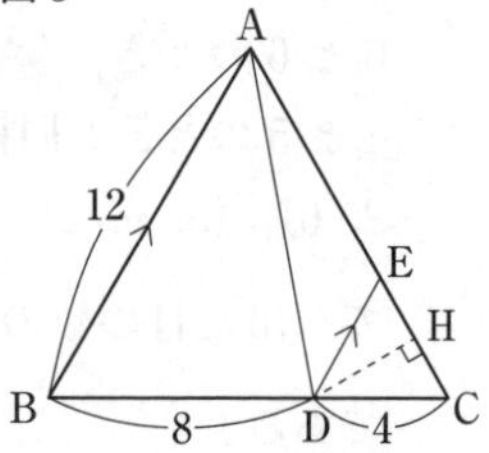

(7)**＜平面図形―角度＞**右図4で，$\overset{\frown}{AB}:\overset{\frown}{BC}=3:1$ より，∠ACB：∠BAC＝3：1だから，∠ACB＝3∠BAC＝3×24°＝72°である。これより，△ABCで内角と外角の関係より，∠DBC＝∠BAC＋∠ACB＝24°＋72°＝96°である。また，円の中心をOとし，点Oと2点B，Cを結ぶと，$\overset{\frown}{BC}$ に対する円周角と中心角の関係より，∠BOC＝2∠BAC＝2×24°＝48°となる。△OBCはOB＝OCの二等辺三角形だから，∠OCB＝(180°－∠BOC)÷2＝(180°－48°)÷2＝66°となる。直線DCは円Oの接線より，∠OCD＝90°だから，∠BCD＝∠OCD－∠OCB＝90°－66°＝24°となる。よって，△BDCで，∠ADC＝180°－∠DBC－∠BCD＝180°－96°－24°＝60°である。

図4

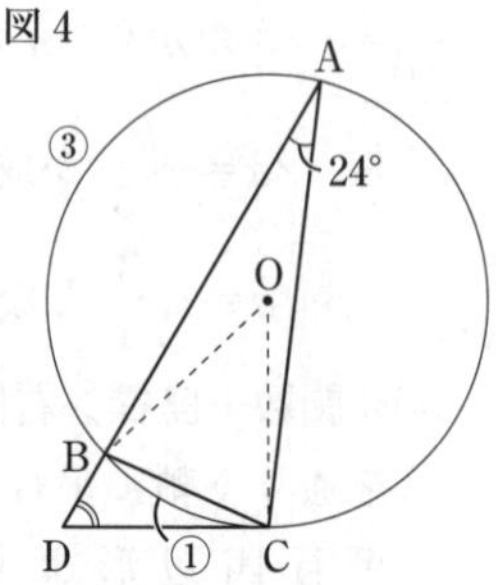

(8)**＜平面図形―長さ＞**右図5で，線分OO′と直線ABの交点をPとする。∠APO＝∠BPO′であり，直線ABが円O，円O′の接線より，∠OAP＝∠O′BP＝90°だから，△OAP∽△O′BPである。これより，OP：O′P＝AP：BP＝OA：O′Bとなる。円Oと円O′の半径の比が3：2より，OA：O′B＝3：2だから，OP：O′P＝AP：BP＝3：2となる。よって，$OP=\frac{3}{3+2}OO'=\frac{3}{5}\times12=\frac{36}{5}$，$AP=\frac{3}{3+2}AB=\frac{3}{5}\times10=6$ となるので，△OAPで三平方の定理より，円Oの半径は，$OA=\sqrt{OP^2-AP^2}=\sqrt{\left(\frac{36}{5}\right)^2-6^2}=\sqrt{\frac{396}{25}}=\frac{6\sqrt{11}}{5}$ となる。

図5

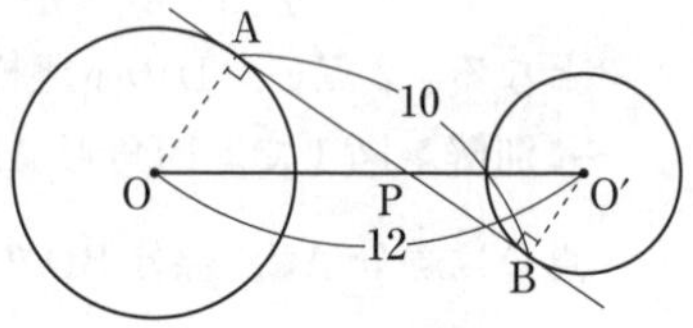

3　〔データの活用―場合の数―箱と玉〕

≪基本方針の決定≫場合分けをして考える。

(1)**＜場合の数＞**箱と同じ文字が書かれた玉が入っている箱が1つになるのは，その箱がAのとき，B，Cの箱に入る玉は(Bの箱，Cの箱)＝(C，B)，(C，D)，(D，B)の3通りある。箱と同じ文字が書かれた玉が入っている箱がBのとき，Cのときも同様にそれぞれ3通りあるから，求める場合の数は3×3＝9(通り)ある。

(2)**＜場合の数＞**3つの箱に箱の文字と異なる文字の玉が入るのは，Aの箱にBの玉が入るとき，B，

Cの箱に入る玉は(Bの箱，Cの箱)＝(A，D)，(C，A)，(C，D)，(D，A)の4通りある。Aの箱にCの玉が入るときも同様に4通りある。Aの箱にDの玉が入るとき，B，Cの箱に入る玉は(Bの箱，Cの箱)＝(A，B)，(C，A)，(C，B)の3通りある。よって，求める場合の数は$4+4+3=11$(通り)ある。

4　〔空間図形―直方体〕

≪基本方針の決定≫(1)　点Qから辺AEに垂線を引いてできる直角三角形に着目する。　(2)　線分PFを底辺としたときの高さを考える。

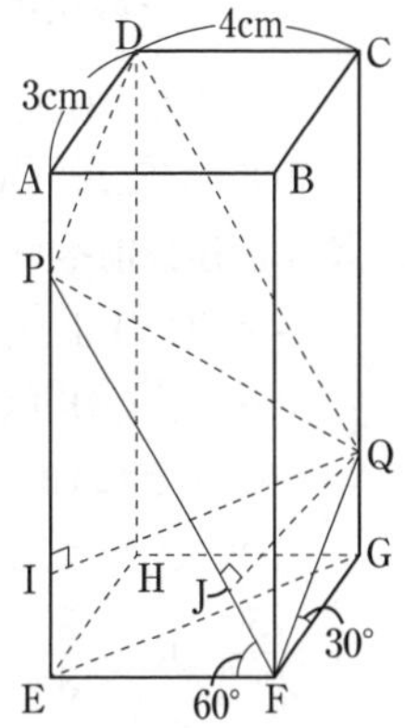

(1)＜**長さ―三平方の定理**＞右図で，点Eと点Gを結び，点Qから辺AEに垂線QIを引く。$\angle EFG=90^\circ$だから，△EFGで三平方の定理より，$EG^2=EF^2+FG^2=4^2+3^2=25$となる。四角形QIEGは長方形なので，QI＝EGより，$QI^2=EG^2=25$である。また，$\angle PFE=60^\circ$，$\angle QFG=30^\circ$より，△PEF，△QFGは3辺の比が$1:2:\sqrt{3}$の直角三角形だから，$PE=\sqrt{3}EF=\sqrt{3}\times4=4\sqrt{3}$，$QG=\frac{1}{\sqrt{3}}FG=\frac{1}{\sqrt{3}}\times3=\sqrt{3}$である。$IE=QG=\sqrt{3}$となるので，$PI=PE-IE=4\sqrt{3}-\sqrt{3}=3\sqrt{3}$となる。よって，△PIQで三平方の定理より，$PQ=\sqrt{PI^2+QI^2}=\sqrt{(3\sqrt{3})^2+25}=\sqrt{52}=2\sqrt{13}$(cm)である。

(2)＜**面積―三平方の定理**＞右図で，(1)より，△PEF，△QFGは3辺の比が$1:2:\sqrt{3}$の直角三角形だから，$PF=2EF=2\times4=8$，$QF=2QG=2\sqrt{3}$である。点Qから線分PFに垂線QJを引き，$PJ=x$とすると，$JF=PF-PJ=8-x$となる。△QPJ，△QJFで三平方の定理より，$QJ^2=PQ^2-PJ^2=(2\sqrt{13})^2-x^2$，$QJ^2=QF^2-JF^2=(2\sqrt{3})^2-(8-x)^2$となるので，$(2\sqrt{13})^2-x^2=(2\sqrt{3})^2-(8-x)^2$が成り立つ。これより，$52-x^2=12-64+16x-x^2$，$-16x=-104$，$x=\frac{13}{2}$となる。よって，$QJ=\sqrt{(2\sqrt{13})^2-x^2}=\sqrt{(2\sqrt{13})^2-\left(\frac{13}{2}\right)^2}=\sqrt{\frac{39}{4}}=\frac{\sqrt{39}}{2}$となるので，$\square DPFQ=PF\times QJ=8\times\frac{\sqrt{39}}{2}=4\sqrt{39}$ (cm²)である。

5　〔関数―一次関数のグラフ〕

≪基本方針の決定≫(1)　$\angle COD=90^\circ$であることに気づきたい。　(2)　線分OAと線分ACの長さの比を考える。

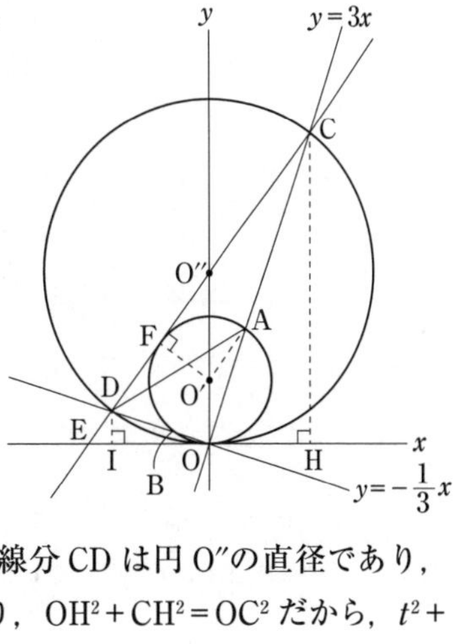

(1)＜**長さの比**＞右図で，2点C，Dからx軸に垂線CH，DIを引く。直線OC，ODの式がそれぞれ$y=3x$，$y=-\frac{1}{3}x$より，直線OC，ODの傾きはそれぞれ3，$-\frac{1}{3}$だから，$OH:CH=1:3$，$OI:DI=3:1$である。これより，$OH=t$，$CH=3t$，$OI=3s$，$DI=s$とおける。$OH:DI=t:s$，$CH:OI=3t:3s=t:s$より，$OH:DI=CH:OI$となるので，△COH∽△ODIである。よって，$\angle OCH=\angle DOI$だから，$\angle COH+\angle DOI=\angle COH+\angle OCH$であり，△COHで，$\angle COH+\angle OCH=180^\circ-\angle CHO=180^\circ-90^\circ=90^\circ$となるから，$\angle COH+\angle DOI=90^\circ$である。したがって，$\angle COD=180^\circ-(\angle COH+\angle DOI)=180^\circ-90^\circ=90^\circ$となるので，線分CDは円O″の直径であり，点O″は線分CDの中点となる。次に，△COHで三平方の定理より，$OH^2+CH^2=OC^2$だから，t^2+

$(3t)^2=9^2$ が成り立ち，$10t^2=81$，$t^2=\dfrac{81}{10}$，$t=\pm\dfrac{9\sqrt{10}}{10}$ となる。$t>0$ だから，$\mathrm{OH}=t=\dfrac{9\sqrt{10}}{10}$ となり，$\mathrm{CH}=3t=3\times\dfrac{9\sqrt{10}}{10}=\dfrac{27\sqrt{10}}{10}$ より，$\mathrm{C}\left(\dfrac{9\sqrt{10}}{10},\ \dfrac{27\sqrt{10}}{10}\right)$ である。同様に考えて，△ODI で三平方の定理より，$(3s)^2+s^2=3^2$ が成り立ち，$10s^2=9$，$s^2=\dfrac{9}{10}$，$s=\pm\dfrac{3\sqrt{10}}{10}$ となる。$s>0$ だから，$\mathrm{DI}=s=\dfrac{3\sqrt{10}}{10}$ となり，$\mathrm{OI}=3s=3\times\dfrac{3\sqrt{10}}{10}=\dfrac{9\sqrt{10}}{10}$ より，$\mathrm{D}\left(-\dfrac{9\sqrt{10}}{10},\ \dfrac{3\sqrt{10}}{10}\right)$ である。よって，2点C，Dの座標より，直線CDの傾きは，$\left(\dfrac{27\sqrt{10}}{10}-\dfrac{3\sqrt{10}}{10}\right)\div\left\{\dfrac{9\sqrt{10}}{10}-\left(-\dfrac{9\sqrt{10}}{10}\right)\right\}=\dfrac{4}{3}$ となる。これより，$\mathrm{EO}:\mathrm{OO''}=3:4$ だから，$\mathrm{EO}=3u$，$\mathrm{OO''}=4u$ とおくと，△O″OE で三平方の定理より，$\mathrm{EO''}=\sqrt{\mathrm{EO}^2+\mathrm{OO''}^2}=\sqrt{(3u)^2+(4u)^2}=\sqrt{25u^2}=5u$ となり，$\mathrm{EO}:\mathrm{EO''}=3u:5u=3:5$ である。

(2)＜**面積**＞前ページの図で，円O′と直線CDの接点をFとすると，$\angle\mathrm{O''FO'}=\angle\mathrm{O''OE}=90^\circ$，$\angle\mathrm{O'O''F}=\angle\mathrm{EO''O}$ より，$\triangle\mathrm{O''FO'}\backsim\triangle\mathrm{O''OE}$ となる。(1)より $\mathrm{EO}:\mathrm{EO''}=3:5$ だから，$\mathrm{O'F}:\mathrm{O'O''}=3:5$ であり，$\mathrm{OO'}:\mathrm{O'O''}=\mathrm{O'F}:\mathrm{O'O''}=3:5$ となる。また，点O′と点Aを結ぶと，△O′OA，△O″OC がそれぞれ $\mathrm{OO'}=\mathrm{O'A}$，$\mathrm{OO''}=\mathrm{O''C}$ の二等辺三角形であり，$\angle\mathrm{O'OA}=\angle\mathrm{O''OC}$ だから，$\angle\mathrm{OO'A}=\angle\mathrm{OO''C}$ となる。これより，$\mathrm{O'A}/\!/\mathrm{O''C}$ だから，$\mathrm{OA}:\mathrm{AC}=\mathrm{OO'}:\mathrm{O'O''}=3:5$ となり，$\mathrm{AC}=\dfrac{5}{3+5}\mathrm{OC}=\dfrac{5}{8}\times9=\dfrac{45}{8}$ である。よって，$\triangle\mathrm{ACD}=\dfrac{1}{2}\times\mathrm{AC}\times\mathrm{OD}=\dfrac{1}{2}\times\dfrac{45}{8}\times3=\dfrac{135}{16}$ となる。

＝読者へのメッセージ＝

関数 $y=ax^2$ のグラフは放物線です。放物線は，英語でパラボラ（parabola）といいます。パラボラアンテナは放物線の形を利用してつくられています。

2022年度／明治大学付属中野八王子高等学校

国語解答

一 問一 最低限を成し遂げる
　問二 かさついた疲労
　問三 影が犬に噛
　問四 1 勝手に与え 2 寝起きする
　問五 推しを推す　問六 強烈な感情
　問七 ア　問八 推しという
　問九 ウ
　問十 ① 縁 ② 無駄 ⑦ 羅列
　　④ あら ⑫ えつらん

二 問一 エ　問二 ア 調和 イ 制裁
　問三 ア 長期的なビジョン
　　イ 排斥していく
　問四 みんな一頭　問五 成長には限
　問六 ア 二者択一 イ 発展
　問七 ア　問八 今我々が住
　問九 イ　問十 ウ
　問十一 ① 浸透 ⑪ 潮流
　　⑥ じょうせい ⑦ しさ
　　⑧ きょうじゅ

一〔小説の読解〕出典；宇佐見りん『推し，燃ゆ』。

問一＜文章内容＞「あたし」は，体育祭の予行練習に出るために体操着を探したが，そうした学校生活を送るうえでの「最低限を成し遂げる」ための力すら足りずに体がついていかず，結局，休んでしまった。

問二＜文章内容＞「あたし」が推しの映像を見たとき「真っ先に感じたのは痛み」であり，それまで「かさついた疲労」を感じていた自分の「肉体が感覚を取り戻して」いくのを感じた。

問三＜心情＞推しがピーターパンとして船長を海に叩き落とした場面では，「あたし」は推しの子どもらしくない冷たい視線に「武者震いのようなもの」を覚えたが，自分の影が犬にかみちぎられたと泣くシーンでは，推しの幼さに「悲しみごと抱きとめてあげたくなる」と感じた。

問四＜表現＞1．「あたし」は，保健の授業を通して，大人になることを「勝手に与えられた動物としての役割みたいなもの」として重荷に感じていた。　2．「あたし」は，「寝起きするだけでシーツに皺が寄る」ように，日々生活していくことにさえ「重さ」を感じていて，しかもその「重さ」に抵抗することができずにいた。

問五＜表現＞上野真幸というアイドルを応援しようとするときだけ，「あたし」は生きていく中で感じる「重さから逃れられ」て，「なんとかなる」と思えたのである。

問六＜指示語＞スキャンダルに対して問いつめるリポーターに淡々と答える推しが一瞬見せた，「強烈な感情」のようなものは，推しが幼い頃から「ふとした瞬間に見せる眼球の底から何かを睨むような目つき」をしたときにのぞかせるものと同じだと，「あたし」は感じた。

問七＜心情＞以前に「まあ」という言葉を好まないと答えていた推しが，あえてこの言葉を使ったのは，推しがリポーターへの不満をあらわにしたのだと，「あたし」は解釈した。

問八＜文章内容＞「あたし」は，推しの全てを知りたいと思っており，推しの出演作や発言などを何度も見て「溜まった言葉や行動」から，推しがどういう人物なのか，何を考えているのかを「解釈する」ことに努めていた。

問九＜表現＞「あたし」が四歳の頃に推しと出会ってから，彼を推すことに熱中するようになるまでを回想することで，推しが「あたし」にとってどれほど特別な存在であるかを示し，推しの全てを記録し，解釈しようとしている現在では，たとえ彼が事件を起こしたとしても「あたし」の解釈しようという熱意は変わらないことが描かれている。

問十＜漢字＞①音読みは「縁側」などの「エン」。　②「無駄」は，役に立たないこと。　⑦「羅列」は，ずらりと並べること。　④「粗い」は，細かでないさま。　⑫「閲覧」は，書物などの内容を調べながら読むこと。

二〔**論説文の読解―政治・経済学的分野―社会**〕出典；小磯修二『地方の論理』「共生の思想―独占と排除を超えて」。

≪本文の概要≫共生の思想を社会システムとして具体的なかたちにしていくうえで，「コモンズ」という概念は有効である。コモンズというと，市場原理に任せておくと共同で利用できる空間は破壊されてしまうという「コモンズの悲劇」が有名である。しかし，アメリカの政治学者であるエリノア・オストロムは，コモンズの統治に関する研究で，資源利用に関する利害対立の解決に向けて，当事者が自主的に適切なルールを決めて，自主的に統治できる可能性があることを，実証的に，また理論的に示している。ところで，「人類共通の資源である地球は有限」ということが共通認識となったのは，ここ四〇年ぐらいのことである。それからは，開発と環境のどちらを優先すべきかという点にばかり目が向けられていたが，一九九二年の地球サミットで，限りある資源に対し「持続可能な開発」を目指すことで，ようやく根本的な問題の解決に向けて前進的な議論が始まったのである。社会活動や経済活動において，地球上の土地空間を，どうやってより公平に，有効に限られた資源として使っていくかという視点で社会システムをつくりあげていくには，コモンズの概念が必要である。

問一＜文章内容＞「コモンズ」という言葉は，本来「排他的でなく共同で利用できる」空間を指すが，生物学者であるハーディンが環境問題や公害問題が出てきた状況を説明するために「コモンズの悲劇」という表現を用いたために，経済学の分野ではコモンズ自体が否定的なものとしてとらえられるようになってしまったのである。

問二＜文章内容＞エリノア・オストロムは，コモンズが長期に持続していくためには，「地域の特性に応じた自ら守るべきルール」を決め，ルールを守れない者に対しては制裁を加えるなどして，自主的に管理する体制が必要であると唱えた。

問三＜文章内容＞共有資源としてのコモンズという仕組みを継続していくには，地域における長期的な将来計画を明確にし，その目標が阻まれないよう，ルール違反者などをコモンズから排斥していくといった強力な政策手段を持つことが求められる。

問四＜文章内容＞コモンズの「共同で利用できるという特性」を，それぞれが，自分の利益を最大化するように解釈したために「一頭でも多く」放牧しようとして，牧草地に草がなくなり，結果として多くの牛が死ぬという悲劇が生まれたのである。

問五＜表現＞オイルショック以降，「成長には限界があることを前提にした議論が展開される」ようになった。直線的に成長しない，「『限りある地球資源』を前提とした」ローマクラブの経済予測モデルによるレポートが注目されたのも，同じ頃である。

問六＜文章内容＞リオデジャネイロで開催された地球サミットでは，それまでの，開発か環境のどちらか一方を選ぶことを議論する考え方ではなく，「持続可能な開発」という概念を共有することで，問題の根本的な解決に向けて論議が前進するようになった。

問七＜文章内容＞より商品価値の高い製品をつくることで利益を得ようとする市場のメカニズムがはたらくために，企業はさまざまな開発を行うが，「洋上風力発電」や「電気や水素で動く自動車」を開発したり，「長い期間使用できるように製品の性能を高め」たりすることは，環境問題の解決につながっているといえる(イ・ウ・エ…○)。一方，水源の管理は環境問題において重要な課題ではあるが，工場への水の供給を考えるだけでは，課題の解決に向かっているとはいえない(ア…×)。

問八＜文章内容＞「共有の未来」に向けて，限られた資源を多くの人が公平に有効に使っていく社会システムをつくりあげるためには，長期的な将来計画に基づいて自らルールを構築していくというコモンズの自主的統治の方法が，役に立つと考えられる。

問九＜文章内容＞司馬遼太郎は，日本では「土地がいったんある人や，ある企業のものになる」と「非常に排他的に使われ」ていることを指摘した。この指摘は，「土地空間を，どうやってより公平に，有効に限られた資源として使っていくのかという視点」とつながるものがある。

問十＜要旨＞共生の思想を社会システムに取り入れるための「コモンズ」という概念を，オストロムの研究を通して紹介し，さらに昨今議論されている「持続可能な開発」を実現させる面でも，「共有の未来に向けて，空間的に共有していく思想」として「コモンズ」の概念が有用であることを説いている。

問十一＜漢字＞①「浸透」は，ここでは思想・雰囲気などがしだいに広い範囲に行きわたること。⑪「潮流」は，ここでは時代の傾向のこと。　⑥「醸成」は，徐々につくり出すこと。　⑦「示唆」は，ほのめかすこと。　⑧「享受」は，受け入れて楽しむこと。

＝読者へのメッセージ＝

『ピーターパン』は，イギリス，アメリカ，日本など各国でミュージカルとして上演されていて，その歴史も70年近くあります。主人公であるピーターパンは少年ですが，女性が演じることが多いようです。

Memo

2022年度 明治大学付属中野八王子高等学校(推薦)

【英　語】（30分）〈満点：100点〉

1　次の英文を読み，後の問に答えなさい。＊印の語(句)には注が付いています。

What did your parents do to celebrate when you were born? Of course, you cannot remember, but maybe they have photos from a ceremony of some kind. People usually have ceremonies to mark important events. Weddings are a perfect (①). Getting married is an important event, and ②so is having a baby. In most cultures, there are traditional ceremonies and other ways to celebrate a new child.

When a baby is born, it is an exciting time for the parents. They usually want to tell their neighbors the good news. Proud parents in the United States often do this by ③decorating their front door with balloons. Pink balloons mean the baby is a girl. Blue ones are for boys. Gifts of baby clothes are often pink or blue, too.

In most parts of the world, there are *religious or cultural ceremonies for new babies. In Mexico, many parents dress up their babies and take them to church. In some African cultures, the family plants a tree. Ceremonies often take place when babies are a *particular number of days old. In China and Korea, this happens on the baby's 100th day.

New babies everywhere have one thing *in common: they all need names. Some parents choose a name before the child is born. Others wait until afterwards. Parents in some cultures think it is unlucky, even dangerous, to choose a name too soon. For their own protection, Chinese babies may get just a milk name at first. They may not get their real name until they are a month old or more.

Choosing a baby's name is not always left *up to the parents. Sometimes the name depends on cultural traditions. Here are the rules for naming a baby in Somalia:

・The first name is up to the parents.
・The middle name is the first name of the father.
・The last name is the first name of the father's father.

So Nasra Suleiman Ali is actually "Nasra, daughter of Suleiman, granddaughter of Ali."

It is common for parents of new babies to receive gifts, such as baby clothes, flowers, or money. Gifts, money, celebrations — all these things are wonderful. But what do most new parents really need? More sleep!

（注） religious　宗教的な　　particular　特定の　　in common　共通して
up to ～　～の責任で，義務で，次第で

問１　(①)に当てはまる語として最も適切なものを１つ選び，記号で答えなさい。
ア　dream　　イ　goal　　ウ　example　　エ　place　　オ　word

問２　下線部②の内容を表している英語を１つ選び，記号で答えなさい。
ア　getting married means having a baby
イ　having a baby is not a very important event
ウ　having a baby is also an important event
エ　getting married with a baby is so important

問3　下線部③を行う理由を，以下の空欄A・Bに当てはまるように指定の文字数で答えなさい。
（A：5字以内）に（B：20字以内）から。

問4　以下はあるソマリア人家族の家系図である。本文中に書かれている文化的ルールに基づいて，父のフルネームを答えなさい。

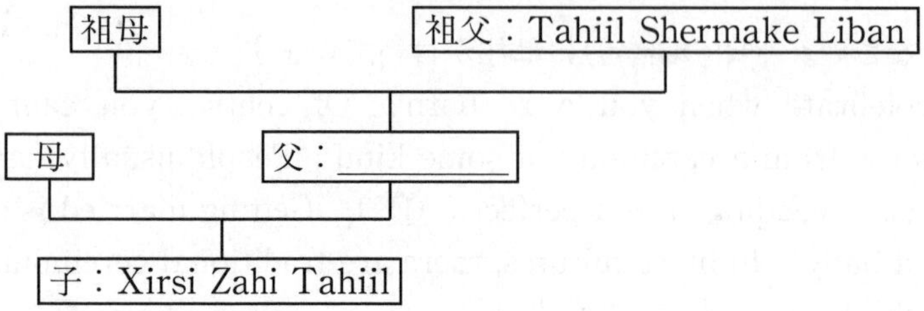

問5　以下の内容を表している英語を本文中から抜き出しなさい。
a name given to Chinese babies before they get their real name

問6　この話のタイトルとして最も適切なものを1つ選び，記号で答えなさい。
ア　Celebrating a New Baby
イ　Cultural Differences in Color for a New Baby
ウ　How Parents Name a New Baby
エ　Wonderful Gifts for New Parents

問7　本文の内容を表すものとして最も適切な英文をア～キから2つ選び，記号で答えなさい。
ア　Most of us usually remember what kind of ceremony was held when we were born.
イ　New parents often give blue or pink clothes as gifts to their neighbors in the U.S.
ウ　In Mexico, many parents wear a ceremonial dress and go to church to wish their baby happiness.
エ　In Africa, people celebrate the birth of a child by decorating a tree.
オ　In some Asian countries, parents have a ceremony when their child becomes 100 months old.
カ　It is common in every culture that all babies get their names.
キ　Most new parents may want more sleep than wonderful gifts.

2　日本語の意味を表すように，（　）に適切な語を入れなさい。

(1)　ここからそのスーパーマーケットまでどのくらいの距離がありますか。
(　　) (　　) is (　　) from here to the supermarket?

(2)　「おそろいのTシャツを買おうよ！」―「やめておこうよ。」
“Let’s buy the same T-shirts!” — “(　　), (　　) not.”

(3)　彼女は今朝からずっと頭痛がしています。
She has (　　) (　　) (　　) since this morning.

(4)　彼の車の調子が悪い。
Something is (　　) (　　) his car.

(5)　その猫を世話するのは難しい。
The cat is difficult (　　) (　　) (　　).

3　次の各組の英文がほぼ同じ意味になるように，（　）に適切な語を入れなさい。

(1) My father was a careful speaker of English.
　　My father (　　) English (　　).

(2) I want a car which has four doors.
　　I want a car (　　) four doors.

(3) All the students in my class love singing songs.
　　Every (　　) in my class (　　) singing songs.

(4) I have never met the girl standing by the door.
　　The girl standing by the door is a (　　) to me.

(5) If you read this book, you will learn about the plant.
　　This book will (　　) (　　) to learn about the plant.

4　次の各文の下線部には，誤りが１つあります。その記号と正しい語(句)を答えなさい。

(1) Have you ever ア seen the picture イ drawn by him?　I like ウ it's エ colors!

(2) This is one of ア the most shocked イ stories I ウ have ever エ read.

(3) Reiko ア took piano lessons イ three times ウ the week when she エ was a high school student.

(4) Do you know ア who have イ the most Instagram ウ followers エ in the world?

(5) ア It snowed イ heavily yesterday, so there ウ are a lot of snow エ left on the roof of my house now.

5　日本語の意味を表すように，（　）内の語(句)を並べかえなさい。ただし，文頭にくる語も小文字になっているので，大文字に変えて答えること。

(1) この仕事が終わったら，彼がどの国に行きたいか知っていますか。
　Do you know (after / country / finished / visit / is / he / this job / to / wants / which)?

(2) 彼は私達に，できるだけたくさんの英語の本を読むように助言した。
　(advised / as / as / to / books / could / English / he / many / read / us / we).

(3) あの店で焼かれるパンはこのあたりのどのパンより美味しいそうだ。
　I (the bread / hear / that / baked / bread / than / at that shop / better / any other / is) around here.

【数　学】（30分）〈満点：100点〉

1　次の問いに答えなさい。

(1)　$\left(-\frac{2}{3}a^2b\right)^3\div\left(-\frac{1}{3}ab^2\right)\times\left(-\frac{1}{3}ab\right)^2$ を計算しなさい。

(2)　$(1+\sqrt{3})^2-\frac{6}{\sqrt{3}}$ を計算しなさい。

(3)　$4a^2b^2+8a^2bc-12a^2c^2$ を因数分解しなさい。

(4)　2次方程式 $(2x+1)^2-2(2x+1)=255$ を解きなさい。

(5)　家から駅までかかる時間は，自転車では10分，走ると20分，歩くと30分です。自転車の速さをA，走る速さをB，歩く速さをCとするとき，$A:B:C$ をもっとも簡単な整数の比で表しなさい。

2　次の問いに答えなさい。

(1)　xの変域が $-2\leqq x\leqq 4$ のとき，2つの関数 $y=ax+b$，$y=\frac{1}{2}x^2$ のyの変域が一致します。$a>0$ のとき，bの値を求めなさい。

(2)　$\frac{1}{x}-\frac{2}{y}=3$ のとき，$\frac{3y(x+1)}{x-2y}$ の値を求めなさい。ただし，$x-2y$ は0でないものとします。

(3)　2つのさいころを同時に投げるとき，少なくとも1つは奇数の目が出る確率を求めなさい。

(4)　下の図1のように，円Oの円周上に4点A，B，C，Dをとります。AD∥BCのとき，∠DAOの大きさを求めなさい。

図1

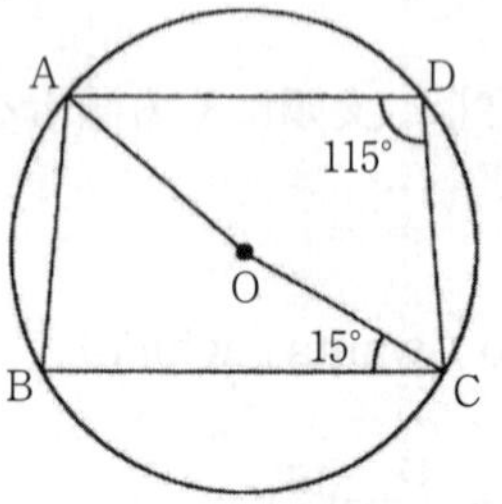

図2

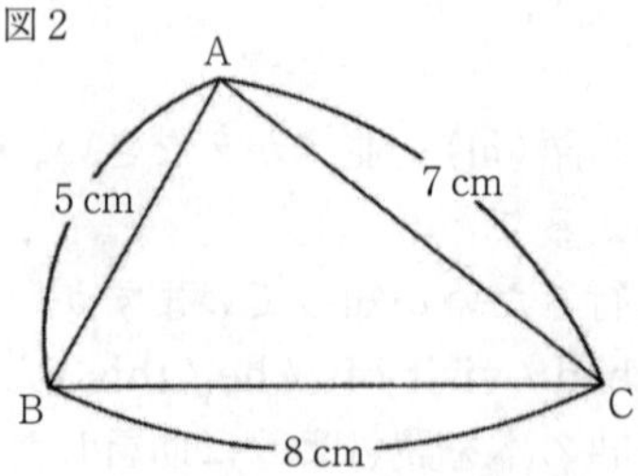

(5)　上の図2のような△ABCの面積を求めなさい。

3　曲線①は関数 $y=-\frac{6\sqrt{3}}{x}$ のグラフです。曲線①上に，x座標が負である点Pをとり，点Pからx軸，y軸に垂線を引き，座標軸との交点をそれぞれ点Q，Rとします。次の問いに答えなさい。

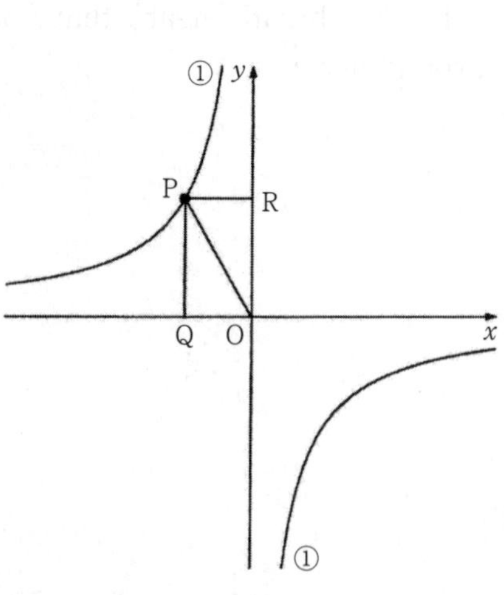

(1)　長方形ORPQの面積を求めなさい。

(2)　∠POQ＝60° のとき，点Pの座標を求めなさい。

き出して答えなさい。

問四、――⑧「外見を整え、その場その時に応じて印象操作し、自己呈示すること」とありますが、この具体例として**ふさわしくない**ものを次から一つ選び、記号で答えなさい。

ア　几帳面《きちょうめん》な性格で、爪が伸びたら気になり、すぐ切るようにしている
イ　芸術の仕事をしているので、形式ばらない服を着るようにしている
ウ　電車の中では帽子を深くかぶることで、他者への無関心を表している
エ　面接試験の前には整髪をし、良い評価が得られるように気をつけた

問五、――⑨「『ラ・ファーファ』の戦術や戦略」とありますが、これをたとえを用いて説明している一文を文中から探し、最初の五字を抜き出して答えなさい。

問六、――⑪「有効な知」とありますが、これを言い換えた言葉を、文中から八字で抜き出して答えなさい。

問七、――⑫「身体をつくりかえるチャンスはすべての人に開かれているのだろうか」とありますが、この説明として最もふさわしいものを次から選び、記号で答えなさい。

ア　身体をつくりかえるチャンスを、一部の人たちが不正に独占しているということ
イ　誰もが自由に身体をつくりかえることができる状態が、真の「普通」であるということ
ウ　すべての人にチャンスを用意するため、より積極的な宣伝が求められるということ
エ　さまざまな理由で、身体をつくりかえることができない人もいるということ

問八、――⑬「テレビを見るだけで、私はこうした疑問が際限なくわいてきます」とありますが、この理由を説明した次の文の空欄ア・イにあてはまる言葉をそれぞれ文中から、アは十一字で探し最初の五字を、イは二字で抜き出して答えなさい。

「普通」が［　ア　］を考え直す［　イ　］がついているから。

問九、――⑭「終わるとすればそれは私たちを新たな形で呪縛する『普通』となるでしょう」とありますが、この説明として最もふさわしいものを次から選び、記号で答えなさい。

ア　「普通」を人々が見直して、世の中で新たな「普通」を作り出す営みが終わったとき、差別はなくなるのだということ
イ　「普通」を疑いつくしたとしても、人々はいずれ物足りなさを感じ、新たな「普通」を作り出そうとするということ
ウ　「普通」の見直しをやめてしまうと、そこで考えが硬直し、新たな「普通」という基準を生み出してしまうということ
エ　「普通」の見直しという営みに執着しすぎてしまうと、気づかない内に新たな「普通」を自分で定めてしまうということ

問十、本文の内容の説明として最もふさわしいものを次から選び、記号で答えなさい。

ア　「普通」に縛られ「普通」を捉え直すことをためらう人々を、さまざまな考え方を示しながら勇気づけようとしている
イ　「普通」をめぐる問題の例を挙げながら、我々を取り巻く「普通」を見極め、捉え直すことの重要性を説いている
ウ　私たちを取り巻く「普通」を疑問視し、多様性が認められる社会を作っていくことの是非について問いかけている
エ　「ぽっちゃり」をはじめとした例をもとに、外見ばかり気にして思い悩んでしまうことの不必要さを指摘している

問十一、――④「シナン」、⑦「センレン」、⑩「サマタゲ」のカタカナを漢字に改め、――③「必須」、⑤「旺盛」の漢字の読みを答えなさい。

通」を切り離し、新鮮な視点で「普通」を丁寧に見直していく作業ともいえるでしょう。そして見直す過程で私自身の他者理解やものの見方を制限したり⑩サマタげている知を見つけ、それを自分にとってより⑪有効な知へと変貌させることが大切なのです。言い換えれば、人間の「ちがい」をめぐる偏狭で硬直した図式を崩し、より緩やかでそれぞれを対立させたり排除させたりしないような形で「ちがい」を認める新たな価値や図式を徐々にでも創造していく営みといえるでしょう。

具体的には、どんな方法があるでしょうか。

例えば、親しい友人が「あの子はあれやから」と決めつけた瞬間、あなたがどう考えどう反応するかが大事です。友人との関係を気まずくしたくなく、「あれやから」は間違いだとその場で指摘し話し合うのは難しいかもしれません。だとすれば、その場でなくてもいいのです。後で機会があれば、友人と穏やかに話し合うこともできると思います。でも、そのためには友人に「間違いだ」とわかってもらえるような自分なりの説明や理屈が必要です。「それは差別だよ、だから言わないほうがいいよ」と言うだけでは、友人を心底から納得させることはできないでしょう。

なぜ差別なのか。そのことを考えるために、やはり「あれだから」と決めつける背後で息づいている「普通」とは何かを見極める必要があります。でも「普通」の見直しは、一朝一夕にできることではありません。それは普段から「普通」を疑い、「普通」が提唱する価値観や生き方が本当に自分や近しい他者が生きていくうえで気持ちの良いものであるのかを考え直す〝くせ〟をつける必要があります。そして〝くせ〟が強い自分になる面白さを感じてほしいのです。

例えば最近のテレビ・コマーシャルでは、体臭を消し、華やかな香りで身体を包むことの素晴らしさがこれでもかと宣伝されています。でも本当に〝無臭〟や〝好ましい香り〟だけの日常がすばらしく、それが自然なのでしょうか。均整のとれた身体を獲得するためにさまざまな器具が宣伝され、身体を簡単に変えることができるプログラムが宣伝されています。すべての人が均整のとれた身体をした社会が、本当に生きやすい、望ましい姿でしょうか。またこうした⑫身体をつくりかえるチャンスはすべての人に開かれているのだろうかと問うてみるのです。

例えば、⑬テレビを見るだけで、私はこうした疑問が際限なくわいてきます。「普通」の見直しに終わりはないし、⑭終わるとすればそれは私たちを新たな形で呪縛する「普通」となるでしょう。でも外見を考え直す営みは、「普通」を疑い続けるという差別を考える営みにとって、もっとも入りやすい入り口であり、きっかけなのです。

（好井裕明「他者を感じる社会学」による。一部表記・体裁を改めた）

問一、——①「ぽっちゃり女子のおしゃれ応援マガジン」とありますが、この雑誌の内容を説明した次の文の空欄ア・イにあてはまる言葉をそれぞれ文中から、アは二字、イは八字で抜き出して答えなさい。

「普通」の［ア］に位置する女性に［イ］をする内容。

問二、——②「不思議な表現」とありますが、こう言える理由として最もふさわしいものを次から選び、記号で答えなさい。

ア　「普通」の中心から対象が外れていても、「普通」の中に押し留めることのできる、意味の幅の広がりのある言葉だから

イ　「普通」から外れてしまった対象をあざ笑うような否定的な意味を持たず、むしろ高く評価している言葉だから

ウ　「普通」より多めの体重の人の雰囲気を表しつつ、「普通」とは何かを捉え直すことのできる力も持つ言葉だから

エ　「普通」の中に入りたくても入ることのできない人々をあたたかく受け入れる力を持った、優しさにあふれた言葉だから

問三、——⑥「『普通』を根底から見直そう」とありますが、このことと同じ内容の言葉を文中から十八字で探し、最初の七字を抜

＊女優をめざし養成所でがんばったが挫折し、激太り。ニューヨークへ一人旅し本場の演劇と出会い、やはり「実力」が必要だとわかる。帰国し『ラ・ファーファ』を見て電流が走った、
等々。

　毎号読者モデルとして活躍している女性にインタビューし、彼女たちがこれまでどのように生きてきて、なぜ今ここにいるのか、今後どうしたいのかがわかりやすくまとめられています。それらは単なる成功談ではありません。ダイエットしリバウンド、摂食障害、いじめなど彼女たちの挫折体験や被差別体験があり、太っている自分の姿を否定していた頃の〝生きづらさ〟の告白があり、自分を否定していた自分こそが問題だと気づく瞬間が語られ、世の中の価値観に囚《とら》われていた自分を解き放ち、〝ありのまま〟の自分の姿を認め、いかに輝いて生きていけるかを模索することの意味が語られています。語り口は、けっこう軽やかで楽しいですが、語られている中身は、当事者が心底から悩み苦しんだ重く深いものです。こうした語り口が読者の心に刺さっていくと思います。

　毎号のコラムを読んでいくと、問題への覚醒、挫折、被差別、苦悩、自己否定、模索、転機、価値観の転倒、自己承認、自分らしさの追求、最後は『ラ・ファーファ』で輝く自分の追求へという〝定まった〟ストーリーがあることがわかります。でもこうしたコラムは読者に対して、かつての自分の姿を反省し、今抱えていて悩んでいる問題にどう立ち向かえるのかを助言し、今後無理することなく自分がどのように輝いて生きていけるのかの具体的なイメージを示してくれます。見事な人生相談、人生応援のコラムと言えるでしょう。そしてそこには彼女たちが悩み苦しんだ元凶である⑥「普通」を根底から見直そうというメッセージが息づいています。

　なるほど、このような「普通」の疑い方があり「普通」の見直し方があるのかと驚きます。抽象的に「普通」を批判するのではなく、「普通」がはびこるなかで、それはそれとして認めておきながら、自分たちの新たな「普通」となる価値や基準、規範を実践的につくりあげ、それを同じような人々のなかで共有し、その意義や意味を確かめながら、さらなる高みへと新たな「普通」を⑦センレンさせていく営みです。一見緩やかで穏やかな感じを受けますが、既存の「普通」の周縁にしっかりと根をはやし、着実に根を深く拡げ、「普通」から栄養を吸収しながら、「ぽっちゃり」の美と価値、「ぽっちゃり」のライフスタイルという〝実〟を大きく育てていく、したたかで、ラディカルな〔急進的な〕暮らし変革といえるのではないでしょうか。

　外見で他者を判断し、また外見で自分自身を判断してもらうことは日常では必要な営みです。だからこそ⑧外見を整え、その場その時に応じて印象操作し、自己呈示することは生きていくうえでの基本です。同時に、外見から〝適切に〟他者を判断し、他者に感応することは、とても重要であり、日常生きていくうえで回避し得ない営みなのです。

　しかし他者をかけがえのない存在として敬意を払うことなく、外見だけから〝恣意的に〔自分勝手に〕〟判断し「決めつけ」、見下し、遠ざけるという差別や排除もまた、日常頻繁に起こっている事実でもあります。

　外見による「決めつけ」を崩していくためには、どうすればいいのでしょうか。「ぽっちゃり」女性の意識改革、生き方改革を実践する⑨『ラ・ファーファ』の戦術や戦略は参考になると思います。

（中略）

　それは「普通」の呪縛から自分自身を解き放つプロセスがもつ意味を自らの腑《ふ》に落とすことです。

　「普通」の呪縛から自分自身を解き放つこと。それは私たちが「普通」からまったく離れてしまうことではありません。「普通」とはいわば空気のようなものであり、私たちはそれこそ命を終える瞬間まで付き合わざるを得ないのです。

　それは、もろもろの因習や伝統、習慣といった〝惰性〟から「普

二〇二二年度　明治大学付属中野八王子高等学校（推薦）

【国　語】（三〇分）〈満点：一〇〇点〉

〈注意〉字数には、句読点も記号も一字として数えます。

次の文章を読んで、後の問いに答えなさい。なお、文中の言葉の下にある〔　〕の中はその言葉の意味とする。

『la farfa（ラ・ファーファ）』という雑誌があります。「①ぽっちゃり女子のおしゃれ応援マガジン」で、注目したい興味深い雑誌です。私は、ゼミ〔大学の演習の授業〕の女子学生から教えてもらいました。彼女もこの雑誌の愛読者であり、ゼミには、いつも彼女らしさが伝わるようなファッションに身を包んで現れます。

「ぽっちゃり」という言葉は、誰が最初に使いだしたのかはわかりませんが、②不思議な表現だと思います。それは、肥満やデブのような「普通」から外れ、対象をあざ笑うような否定的な意味が満ちた言葉とは対照的です。「ぽっちゃり」は、その人の体重だけを直接示すのではなく、「普通」よりも多めの体重の人がいて、その人全体から醸《かも》し出される雰囲気を包み込むように表現する素敵な言葉であり、言葉の響きを耳にする私たちに、なんともあたたかくほんわかした何かを伝えます。さらに言えば、「ぽっちゃり」は「普通」から外れ、「普通」とは断ち切れた状況をあらわすのではなく、「普通」の中心にはないけれども「普通」という拡《ひろ》がりのなかで周縁に位置し、周縁から「普通」とは何かをゆっくりかつじっくりと見直すことができる力をおびた言葉だと私は思います。

ファッション、グルメ、美容・健康、エンタメ、ライフスタイルとこの雑誌には日常生活に③必須のカテゴリーをめぐる記事が掲載されていますが、私は「ミケぽちゃの壁」と「ラファモヒストリー」という連載コラムが〝すごいな〟と思いました。

「ミケぽちゃの壁」は、「ぽっちゃり女子」がスポーツやエンタメなどをどのように実際楽しめるのかをめぐる体験報告です。遊園地、マリンスポーツ、スーパー銭湯、屋内スポーツ、スキーウェア、アウトドア、ゴーカート、空中ヨガ、ボルダリング、アイススケート、フィールドアスレチック、ウェディング、東京ジョイポリス、ポールダンス、人間ドック、スケートボード、富士急ハイランド、花魁《おいらん》体験、避難器具、東京サマーランド、空中アドベンチャー、スポッチャ、等々。掲載されたテーマをあげてみました。連載はさらに続きます。

確かに巷間《ちまた》にはスポーツやエンタメ、生活情報について多くの紹介書があり楽しみ方を④シナンする情報はあふれています。しかしそれは「普通」の女性を前提とした情報であり、「ぽっちゃり」した女性がどのようにすれば最も楽しめ、エンタメ施設を最大限利用し活用できるのかについて、何も語ってくれていません。このコラムからの情報を得て、「ぽっちゃり」した女性は、彼女たちならではの体験を楽しむことができます。

「ラファモヒストリー」もまた、読者にとって貴重な体験共有であり、生き方アドバイスとなっています。例えばここで紹介された、いくつかのヒストリーです。

＊食欲が⑤旺盛で体重が増えていった小中学時代、高校生でダイエットを始め、摂食障害になる。自分がイヤでしょうがなかった時代だった。その後本当にいろいろな人がいることに気づき価値観が大きく変わる。『ラ・ファーファ』を知り読者モデルになった今、ぽっちゃり女性を輝かせたい。

＊九歳の頃に太りはじめたが、別に気にならなかった。中学で学級委員長をしているとき、クラスでのいじめをどうにもできず、先生とも対立し精神的に疲弊してしまい、不登校になってしまう。でも両親とダンスに支えられ、もっと「人間」が知りたいと思い大学進学。そこで『ラ・ファーファ』と出会ったのです。

2022年度／明治大学付属中野八王子高等学校（推薦）

英語解答

1 問1　ウ　　問2　ウ

問3　A　近所の人々

B　赤ちゃんが生まれたことを知らせたい

問4　Zahi Tahiil Shermake

問5　(a) milk name

問6　ア　　問7　カ，キ

2 (1)　How far, it　　(2)　No, let's

(3)　had a headache

(4)　wrong with　　(5)　to look after

3 (1)　spoke, carefully　　(2)　with

(3)　student, loves　　(4)　stranger

(5)　help〔allow〕 you

4 (1)　記号…ウ　正しい語(句)…its

(2)　記号…ア

正しい語(句)…the most shocking

(3)　記号…ウ　正しい語(句)…a week

(4)　記号…ア　正しい語(句)…who has

(5)　記号…ウ　正しい語(句)…is

5 (1)　which country he wants to visit after this job is finished

(2)　He advised us to read as many English books as we could

(3)　hear that the bread baked at that shop is better than any other bread

数学解答

1 (1)　$\frac{8}{81}a^7b^3$　　(2)　4

(3)　$4a^2(b+3c)(b-c)$

(4)　$x=\pm 8$　　(5)　6：3：2

2 (1)　$\frac{8}{3}$　　(2)　-2　　(3)　$\frac{3}{4}$

(4)　65°　　(5)　$10\sqrt{3}\,\mathrm{cm}^2$

3 (1)　$6\sqrt{3}$　　(2)　$(-\sqrt{6},\ 3\sqrt{2})$

国語解答

問一　ア　周縁　イ　生き方アドバイス

問二　ウ　　問三　「普通」の呪縛

問四　ア　　問五　一見緩やか

問六　新たな価値や図式　　問七　エ

問八　ア　提唱する価　イ　くせ〔習慣〕

問九　ウ　　問十　イ

問十一　④　指南　⑦　洗練　⑩　妨

③　ひっす　⑤　おうせい

Memo

2021年度 明治大学付属中野八王子高等学校

【英　語】（50分）〈満点：100点〉

1 リスニング問題　〈編集部注：放送文は未公表につき掲載してありません。〉

放送の指示に従って答えなさい。

問１　（この放送文は先生と生徒の間の会話です。）

Q 1. According to the boy, why was he late today?

A. Because his watch was broken.

B. Because his bus was crowded.

C. Because he was sick.

D. Because he was reading an interesting book.

Q 2. What will the woman say next?

A. Yes.　Show it to me now.

B. Yes.　Fix your broken watch then.

C. Yes.　Don't take the crowded bus.

D. Yes.　Go and see a doctor.

問２

Q 1. Why was Mom unhappy tonight?

A. Because Mom couldn't read the mail.

B. Because Dad and I didn't help her to look for her glasses.

C. Because Dad laughed at her.

D. Because Dad and I broke her glasses.

Q 2. Why did Dad laugh?

A. Because he found her glasses under the bed.

B. Because Mom's glasses were on the table beside her bed.

C. Because Mom finally found her glasses.

D. Because Mom was wearing her glasses.

2 次の英文を読み，後の問いに答えなさい。＊印の語(句)には注が付いています。

The Komodo dragon is not actually a "dragon," of course, but it is the largest *lizard in the world.　In addition to this, it is also a very unusual *creature in many different ways.

Very few people around the world knew anything about Komodo dragons until the 20th century. This is because they only live on a few small islands in Indonesia.　The first reports of such a creature *existing came to European ears in 1910.　In 1912, Peter Ouwens, director of an animal museum in Indonesia, wrote the first big ①paper on the Komodo dragon.　Since then, *zoologists have learned *a great deal about the life of this unusual animal.

The average fully-grown Komodo dragon is around 2 or 3 meters long!　They usually weigh about 70 kg.　They ②live off of other animals.　They will eat *a variety of things, including pigs, goats, deer and cows.　When they attack, they can run very quickly for a short time, up to 20 km/h.　They also like to eat dead animals sometimes.

③<u>One thing about Komodo dragons that is quite unusual is their teeth.</u> Their teeth have a strange shape. The edges are almost like a *saw. Meat from their food stays in their teeth. After some time, this meat in their mouths grows many diseases. (④), there are over fifty diseases living in a Komodo dragon's mouth! These diseases do not kill the Komodo dragon, but they do kill other animals. So if a Komodo dragon bites a pig and does not kill it, then it only has to wait a few days or a week for the pig to die from the diseases. Many animals, like snakes, have poison to kill other animals, but the Komodo dragon is the only animal that can use diseases as a weapon.

In the 20th century, at least twelve people died from *being bitten by a Komodo dragon. The husband of the actress Sharon Stone was bitten by a Komodo dragon at the Los Angeles Zoo in 2001. He was taken to the hospital, given medicine, and recovered soon after.

Today there are only about 6,000 Komodo dragons. In 1980, the Indonesian government made Komodo National Park to protect the dragons.

(注) ＊lizard：トカゲ　＊creature：生き物　＊exist：存在する
＊zoologist：動物学者　＊a great deal：たくさんのこと
＊a variety of ～：様々な～　＊saw：ノコギリ　＊being bitten：噛まれること

問１　下線部①とほぼ同じ意味の語として最も適切なものを１つ選び，記号で答えなさい。

ア newspaper　イ sheet　ウ report　エ letter

問２　下線部②の意味として最も適切なものを１つ選び，記号で答えなさい。

ア eat only　イ survive by eating
ウ eat not only vegetables but also　エ survive alone without helping

問３　下線部③について説明した下記の文の空所(A)(B)に入る日本語を，それぞれ１～２字で答えなさい。

コモドドラゴンの歯に付着した(A)は，口の中で多くの(B)を育て，それによって獲物を殺すことができる。

問４　空所④に入る語句として最も適切なものを１つ選び，記号で答えなさい。

ア As a result　イ For a while　ウ In addition　エ Moreover

問５　本文には以下の文が抜けている。この文が本来入る位置はどこが適切か。直前の英文の最後の語と，直後の英文の最初の語を答えなさい。〈ただし，句読点は語に含まない。〉

On the other hand, there are reports that the diseases from the dragon's mouth do not kill everyone.

問６　本文の内容と一致する文を以下の中から２つ選び，記号で答えなさい。

ア Komodo dragons have a lot in common with other animals.
イ People knew almost nothing about Komodo dragons before 20th century.
ウ Komodo dragons run a long distance to get their food.
エ Snakes can also use diseases as a weapon.
オ Now we can see wild Komodo dragons everywhere in America.
カ The purpose of Komodo National Park is to protect Komodo dragons.

3　次の英文を読み，後の問いに答えなさい。＊印の語(句)には注が付いています。

Oseola McCarty was born in 1908 in Mississippi. She lived with her grandmother, mother and aunt. They grew corn, sugar cane, peas, watermelon and potatoes. They also did laundry by hand (①) people. They washed the clothes in a big pot of boiling water in their backyard. Then they hung them outside to dry in the sun. Finally, they ironed the clothes.

Young Oseola loved going to school, but she dropped out of school when she was twelve years old. She took care of her aunt because her aunt was sick. Oseola also continued to wash and iron clothes for people. Soon Miss McCarty began to pay the water, electricity and gas *bills for her family. She paid for *groceries and other things, too. She gave money to her church, and every month, she put some money in the bank.

Miss McCarty worked for many years, because she loved working. Sometimes she got extra jobs (②) her days off. She never bought a car. She didn't spend money on *transportation. She always walked. She was ③thrifty. Finally, when Miss McCarty was eighty-six years old, she stopped working.

One day when she went to the bank, the bank officer asked her a question. ④He said, "What do you want to do with all of your money?" She was amazed. Over the years, she saved a lot of money! So she gave some money to her church, and she gave some money to her cousins. Finally, she gave some money to make her dream come true.

Her dream was to help children go to college. She wanted to help *African-American families who *couldn't afford to send their children to college. So she gave most of her money to the University of Southern Mississippi for *scholarships. Miss McCarty gave $150,000. She said, "I'm giving it away *so that the children won't have to work so hard, like I ⑤did."

A young woman named Stephanie Bullock was the first student to receive the Oseola McCarty Scholarship. One day, Stephanie visited Miss McCarty. Stephanie ran to her and said, "Thank you for helping me go to college. Thank you for the scholarship. It helped me so much." Miss McCarty smiled and felt so proud. She wants to see Stephanie and other students graduate from college.

Many people were *inspired by Miss McCarty's giving. More than 600 people gave $330,000 more to Oseola McCarty's special scholarship *fund. Many more young people now have an *opportunity to go to college, thanks (⑥) Oseola McCarty's dream.

（注） *bill：請求書　*groceries：食料雑貨類　*transportation：交通機関
*African-American：アフリカ系アメリカ人の　*couldn't afford to ～：～する余裕がなかった
*scholarship：奨学金　*so that ～：～するように　*inspire：鼓舞する
*fund：基金　*opportunity：機会

問１　空所①②⑥に入る語の組み合わせとして正しいものを１つ選び，記号で答えなさい。

ア　① for　② on　⑥ to　　イ　① to　② on　⑥ for

ウ　① by　② in　⑥ to　　エ　① for　② for　⑥ of

問２　下線部③の語の意味として最も適切なものを１つ選び，記号で答えなさい。

ア　having a lot of money and things

イ　doing things in a quiet and careful way

ウ　careful about spending money and not wasting things

エ　not having enough money to live a normal life

問３　下線部④と同じ内容を表すように，空所に適語を入れなさい。

He asked (　　) (　　) (　　) to do with all of her money.

問４　下線部⑤を具体的に３語で書き換えなさい。

問５　Oseola McCartyの夢とは具体的にどのようなものだったか。20字以上30字以内の日本語で説明しなさい。

問６　本文の内容と一致する文を以下の中から２つ選び，記号で答えなさい。

ア　Oseola gave up going to school at the age of twelve because she didn't like studying.
イ　Oseola was looked after by her aunt because of her sickness.
ウ　Oseola saved money and spent it to go to college.
エ　Oseola continued to work for about 40 years.
オ　Stephanie wrote Oseola a letter of thanks.
カ　Oseola is looking forward to seeing Stephanie graduate from college.
キ　Oseola was not the only person who gave money to help students.

4　次の各組の英文がほぼ同じ内容になるように，(　)に適切な語を入れなさい。

(1)
Please be careful when you travel alone.
I (　　) you (　　) (　　) careful when you travel alone.

(2)
Would you like to have coffee at the café there?
(　　) (　　) having coffee at the café there?

(3)
My grandfather died about 11 months ago.
My grandfather has (　　) (　　) (　　) about 11 months.

(4)
I don't know what to do now.
I don't know what (　　) (　　) do now.

5　日本語の意味を表すように次の語(句)を並べ換えたとき，(A)(B)(C)に入る語(句)を下の語群から選び，記号で答えなさい。〈ただし，文頭に来る語(句)の最初の文字も小文字になっています。〉

(1)　彼女が描いた絵が一等賞を取った。
She (　　) (　　) (A) (　　) (　　) (　　) (B) (　　) (　　) (C) (　　).
ア　by　　イ　first　　ウ　for　　エ　given　　オ　her
カ　painted　　キ　prize　　ク　the picture　　ケ　was

(2)　私達みんなが地球温暖化について話すことが重要なのだ。
(A) (　　) (　　) (　　) (　　) (B) (　　) (　　) (　　) (　　) (C) global warming.
ア　about　　イ　all　　ウ　for　　エ　important　　オ　is
カ　it　　キ　of　　ク　talk　　ケ　to　　コ　us

(3)　マイクは私達のチームでサッカーが一番上手だ。
Mike (　　) (　　) (A) (　　) (　　) (B) (　　) (　　) (C) (　　).
ア　any　　イ　better　　ウ　in　　エ　member　　オ　other
カ　our　　キ　plays　　ク　soccer　　ケ　team　　コ　than

(4)　私は友達が今朝持ってきたリンゴでパイを作っているところだった。
(　　) (　　) (A) (　　) (　　) (B) (　　) (　　) (C) (　　) (　　).
ア　a pie　　イ　brought　　ウ　friend　　エ　I　　オ　making　　カ　morning
キ　my　　ク　the apples　　ケ　this　　コ　was　　サ　with

【数　学】（50分）〈満点：100点〉

1　次の問いに答えなさい。

(1)　$4x\{5-3(x-2)\}\div\left(-\frac{2}{3}x\right)-54x^3(3-x)\div(-3x)^3$ を計算しなさい。

(2)　$\sqrt{98}+\sqrt{50}-\sqrt{\frac{8}{49}}-\sqrt{128}$ を計算しなさい。

(3)　$(a+b-c)(a-b+c)+(a-b-c)(-a-b+c)$ を展開しなさい。

(4)　$(x^2-x-3)(x^2-x-5)-3$ を因数分解しなさい。

(5)　2次方程式 $2(x-1)^2=x^2-1$ を解きなさい。

(6)　$\sqrt{34}$ の整数部分を a，小数部分を b とするとき，$\frac{a}{b^2+10b+1}$ の値を求めなさい。

2　次の問いに答えなさい。

(1)　関数 $y=-\frac{1}{2}x^2$ で，x の変域が $a\leqq x\leqq 4$ のとき，y の変域は $-8\leqq y\leqq 0$ です。a がとることのできる値の範囲を求めなさい。

(2)　x と y についての連立方程式 $\begin{cases}3x-2y=6a\\-x+3y=-3a-5\end{cases}$ の解が $2x+y=1$ を満たすとき，a の値を求めなさい。

(3)　$x=\frac{\sqrt{3}+2}{\sqrt{2}}$，$y=\frac{\sqrt{3}-2}{\sqrt{2}}$ のとき，x^2-xy+y^2 の値を求めなさい。

(4)　下の図において，$\angle x$ の大きさを求めなさい。

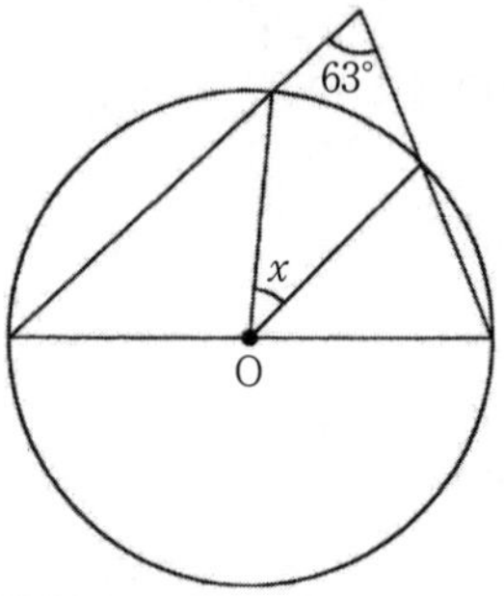

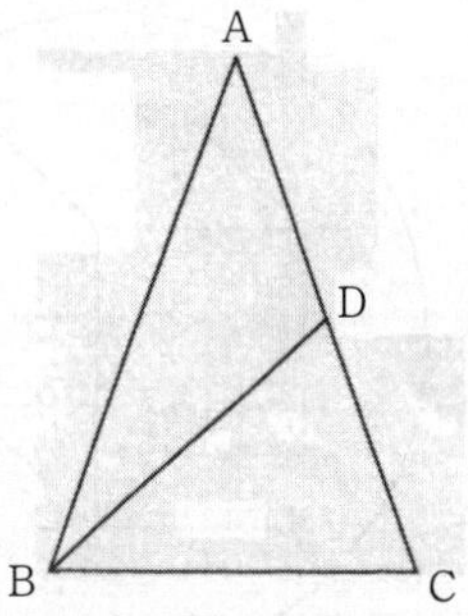

(5)　右の図は AB＝AC＝2 の二等辺三角形です。AD＝BD＝BC であるとき，CDの長さを求めなさい。

(6)　下の図のように，半径25の円Oと半径16の円O′が外接し，直線 l がこれらの円の両方に接しています。2つの円O，O′と直線 l に接する円O″の半径を求めなさい。

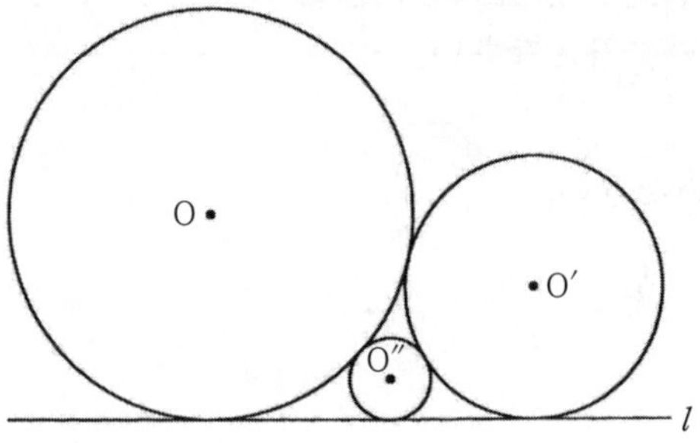

(7) 右の図1のように，底面の半径が4 cm，高さが15cmの円柱の容器に高さが13cmのところまで水が入っています。この状態から，図2のようになるまで容器を傾け，水を捨てていきました。このとき，捨てた水の量を求めなさい。

図1

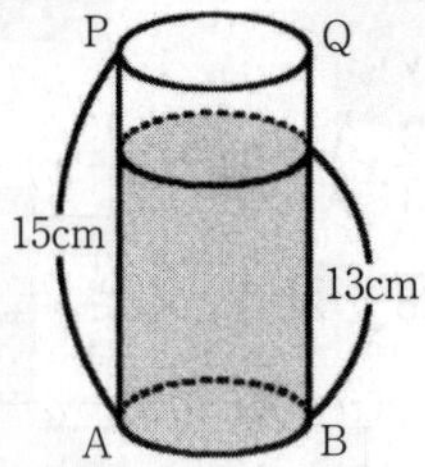

図2

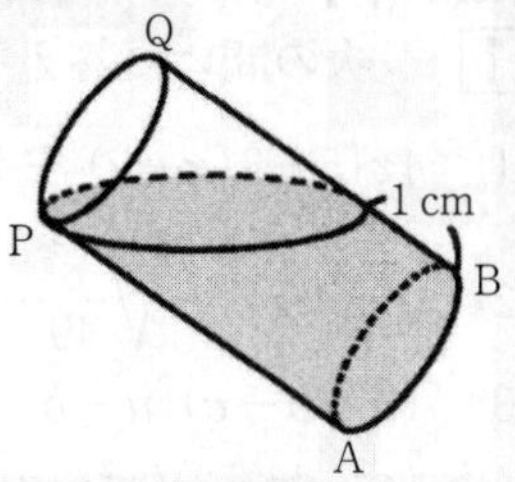

(8) 3つのさいころA，B，Cを同時に投げ，出た目の数をそれぞれa，b，cとします。このとき，2次方程式$ax^2+bx+c=0$の解が1つになる確率を求めなさい。

3 右の図のように，放物線$y=\frac{1}{4}x^2$上の2点A$(-4,\ 4)$，B$(2,\ 1)$を通る直線ABとy軸との交点をCとします。このとき，次の問いに答えなさい。

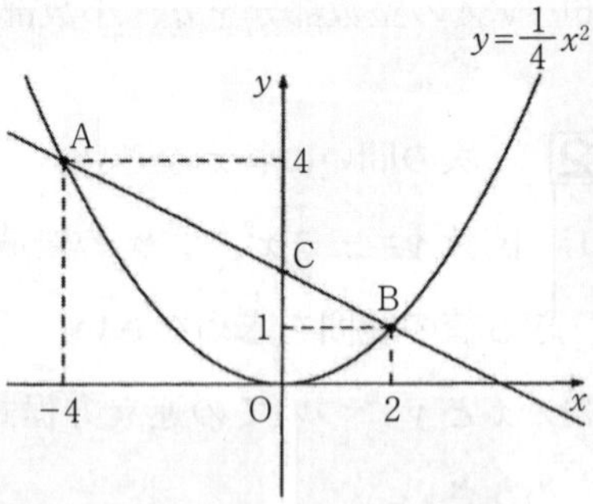

(1) 放物線上の$-4<x<0$の部分に点Pをとり，△PAB＝△OABとなるようにするとき，点Pの座標を求めなさい。

(2) (1)のとき，点Cを通り△PABの面積を2等分する直線の式を求めなさい。

4 下の図のように，半径7の球に直方体ABCD-EFGHが内接しています。AB：AD：AE＝1：2：3のとき，次の問いに答えなさい。

(1) ABの長さを求めなさい。

(2) 4点A，B，C，Dを通る平面で球を切ったとき，切り口の断面積を求めなさい。

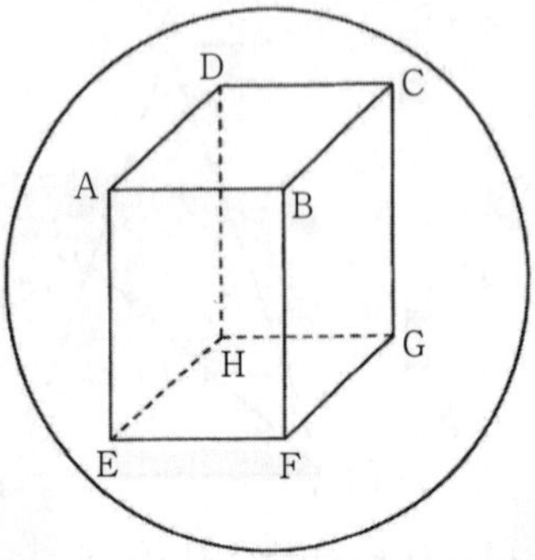

5 正の数aについて，$\langle a\rangle$はaを4倍して，小数第一位を四捨五入した整数を表します。例えば，$\langle 1.1\rangle=4$，$\langle 1.2\rangle=5$となります。このとき，次の問いに答えなさい。

(1) $\langle x^2-3x-4\rangle=4x+4$を満たす$x$を求めなさい。

(2) $\left\langle\frac{1}{12}\right\rangle+\left\langle\frac{2}{12}\right\rangle+\left\langle\frac{3}{12}\right\rangle+\left\langle\frac{4}{12}\right\rangle+\cdots+\left\langle\frac{100}{12}\right\rangle$の値を求めなさい。

現代の社会では［　ア　］が失われているが、［　イ　］関係を築くためには科学的な考え方が不可欠だから。

問七、――⑫「付和雷同する人間」と反対の意味で使われている言葉を文中から十字で抜き出して答えなさい。

問八、本文の論の進め方の説明として最もふさわしいものを次から選び、記号で答えなさい。

ア　時代が進むにつれて発展していった科学・技術がもたらしたプラス面とマイナス面をそれぞれ具体例を挙げて明らかにしたうえで、今後の科学・技術の在り方を提示している

イ　我々のまわりに当たり前に存在する科学・技術について、具体例を挙げてその問題点を分かりやすく指摘するとともに、現代社会における我々の生き方も提示している

ウ　現代社会に生きる我々が、いかに科学・技術に頼りきりになっているかを具体例を挙げて批判したうえで、この文明社会がいずれ崩壊する危険性があることも指摘している

エ　原発や薬害といった危険が身のまわりに数多く潜んでいることを警告したうえで、そうしたマイナス面を排除していくことを現代人のこれからの課題として指摘している

問九、――①「リッキャク」、⑥「ヘイガイ」のカタカナを漢字に改め、――⑧「償い」、⑨「鍛えて」、⑪「建前」の漢字の読みを答えなさい。

こるさまざまな事柄について、その原因と結果の結びつき(これを「因果関係」と言います)を科学的に考えるための訓練になるからです。私たちは、このようにして曇りのない目で社会に生起するさまざまな事柄を見、その因果関係を見通して正邪を判断する力を養っていくことができるのです。

⑩なぜ、わざわざ科学的な考え方の重要性を強調するか、には理由があります。私たちは民主主義の時代に生きており、誰もが自由に意見を述べられ、それが尊重される⑪建前になっていますが、必ずしもそのように社会が機能しなくなっている側面が見受けられるからです。私は「お任せ民主主義」と呼んでいるのですが、むずかしいことは上の人や専門家に任せ、自分はそれらの人たちが言うことに従っていれば間違いがない、という姿勢が現代人に多く見受けられるようになっているということです。自分で考え判断する姿勢が失われていると言えるのではないでしょうか。

しかし、それでは一人一人の意志や考え方や疑問点が自由に表明されることがなくなり、⑫付和雷同する人間ばかりとなって、最後には独裁的な社会になりかねません。生き生きとした知的で豊かな社会になるためには、誰もがしっかり自分の意見を表明し、他の人の言うことも聞き、互いに議論することを通して理解し合い、よりよい方向を見いだしていくというふうにならねばなりません。それが人間を互いに大事にし合う真の民主主義社会なのです。そのような社会にするためには、誰もが独立した人格の持ち主として尊重し合い、科学的に考えてお互いの意見を率直に出し合う、そんな健全な人間関係を作っていくことが大切です。その意味でも、科学的なものの見方・考え方は欠かせないのです。

(池内 了「なぜ科学を学ぶのか」による。一部表記・体裁を改めた)

問一、――②「歴史的に見ると」とありますが、

1 科学・技術が発展する大きなきっかけとなった歴史上の出来事にあたる言葉を文中から四字で抜き出して答えなさい。

2 1の出来事以降の科学・技術の発展を支えたものを二つ、文中からそれぞれ漢字二字で抜き出して答えなさい。

問二、――③「人類社会の初期の進化」とありますが、どのようなことをすることで進化してきましたか。これを説明した次の文の空欄にあてはまる言葉を文中から二十五字で探し、最初の五字を抜き出して答えなさい。

自然や周辺の動植物を［　　　］こと。

問三、――④「科学・技術は万能ではなく、限界がある」とありますが、東日本大震災で明らかになった「科学・技術の限界」を示す具体的事例を二つ、それぞれ文中から二十字と十三字で探し、最初の五字を抜き出して答えなさい。

問四、――⑤「まさに『神話』でしかなかった」とありますが、この説明として最もふさわしいものを次から選び、記号で答えなさい。

ア 科学と技術は社会を後退させてしまったということ
イ 問題が起こる可能性には目をつぶっていたということ
ウ 自然というものは人間の能力を超えていたということ
エ 実際には絶対に安全だという根拠はなかったということ

問五、――⑦「そんな被害を受けたとき、単に運が悪かったといって泣き寝入りして済ませてしまっていいものでしょうか」とありますが、

1 「泣き寝入り」しないために筆者が必要だと考えている「ものの見方・考え方」が述べられている段落をこれより前から探し、最初の五字を抜き出して答えなさい。

2 「泣き寝入り」しないために筆者は具体的に何をするべきだと述べていますか。「～すること」につながるように、文中から二十九字で探し、最初の五字を抜き出して答えなさい。

問六、――⑩「なぜ、わざわざ科学的な考え方の重要性を強調するか」とありますが、その理由を説明した次の文の空欄にあてはまる言葉をそれぞれ文中から、アは十一字、イは十字で抜き出して答えなさい。

力の専門家を非難するだけでいいのでしょうか。

というのは、言論・出版の自由がある日本においては、原発が危険な施設であって脱原発の道を歩むべきだと主張する運動が存在し、多くの本が出版され、インターネットでも情報を得ることができました。勉強しようと思えば、いつでも原発の危険性を知ることができたはずです。ところが、多くの人たちはそれらの警告には耳を貸さず、原発の「安全神話」のみを信じ込んでいたのです。そして事故が起こった後になって、「原発がそんな危険なものとは知らなかった」と言っているわけです。果たしてそれでいいのでしょうか。原発について知ろうとしないまま、ただ騙されていたと言う自分も悪かったと反省する必要があるのではないでしょうか。

人々のこのようなあり方に、現代社会の大きな落とし穴があると言えそうです。私たちは科学・技術の恩恵に慣れ過ぎて、科学・技術が必然的に持っている負の側面を考えることがなくなっているということです。その結果、何ら疑うことなく一方的な宣伝に乗せられ、簡単に騙されてしまったわけです。二度と騙されないために、私たちは科学・技術の内実を知っておかねばならないと言えるのではないでしょうか。

といっても実際のところは、あまりに勉強すべきことがあり過ぎて、すべての科学・技術の詳しい内容まで知ることができないのが実情です。しかし、物事を見たときに、何が問題であり、どこを押さえておけばよいか、どう対応すべきか、について判断する観点を身につけることはできるでしょう。科学・技術の考え方・進め方には一般的な法則というものがあり、それを体得すれば応用が可能になるからです。そして、日頃からその観点でものを見ることを心がけていればいいわけです。

さて、科学・技術の産物だけでなく、世の中に存在するすべての物事には、プラスとマイナス、正と負、善と悪、長所と短所、恩恵と⑥ヘイガイという二面性があります。光があれば必ず影が生じるように、１００％すべてプラスということはあり得ず、プラスには必ずマイナスの要素が付随しているのです。特に、科学・技術が世の中のあらゆる側面に入り込むようになっている現代社会においては、科学・技術に起因する負の側面の影響が大きくなり、場合によっては人の命に関わる事件になりかねません。それだけに、科学・技術が持つ二面性をよく理解し、プラス面は活かし、マイナス面は小さくするよう努める、そんな姿勢が科学・技術文明の時代に生きる私たちに求められていると言えるでしょう。

例えば、十分な副作用の検査を行わないまま新薬が市販され、病気が治ると信じて飲んだ人々が、かえって重篤な病気になるという事件がこれまで何度も起こりました。「薬害」です。⑦そんな被害を受けたとき、単に運が悪かったといって泣き寝入りして済ませてしまっていいものでしょうか。やはり、薬品会社を訴えて検査の実態を明らかにし、⑧償いをさせたいですね。会社を信用して薬を買って服用した自分には何の落ち度もないのですから。

その場合、薬の開発過程や毒性検査や副作用に関する実験などについて勉強し、裁判においては、会社側の落ち度を追及する必要があります。そのためには科学・技術に関する知識が不可欠で、実際には弁護士の助けを借りて、自分も学びながら実態に迫っていくということになります。「私は科学に弱いからとてもついていけない」と言っていると落ちこぼれてしまうでしょう。それでは悔しいですね。会社側の逃げ口上を見破って謝罪を勝ち取るためには、科学・技術に対する基本的な素養が必要なのです。

これは一例ですが、科学・技術が原因となる事件はいくらでも起こる可能性があるのですから、私たちは日頃から科学・技術に慣れ親しんで、「知らなかった」とか「騙された」と言わないよう、科学的な見方・考え方を⑨鍛えておくことが大切です。また、自分に関係がないときでも、科学・技術に関わる事件や事故が起こった場合に、実際に何が間違っていたか、その原因がどこにあるか、誰に責任があるか、二度と起こさないためにはどうすべきか、などを考えるクセを身につけることが大切です。そうすることは、社会に起

さらに、実の大きい植物を選んで掛け合わせて品種改良をしたり、野生動物の習性を見抜いて家畜化したり、砂や鉱石に熱を加えてガラスや鉱物を取り出したりするというような作業がなされました。これらの作業は、日々の経験を積み重ねる中で、対象の物質に手を加えることによって、自分たちにとって都合のよいものに作り変えようとする技術の試みと言えるのではないでしょうか。

世界各地に残る神話や伝説の数々には、荒唐《こうとう》無《む》稽《けい》なものが多くありますが、この世界の成り立ちや始まりについて想像して創り上げた寓話《ぐうわ》であるとともに、自然や周辺の動植物の変化を観察し書き留めて独特の解釈を加えた記録でもあり、科学の萌《ほう》芽《が》と言えなくもありません。③人類社会の初期の進化には、このような科学・技術の初歩的な援用があったのです。

やがて地下資源を積極的に利用する産業革命が導かれたのですが、そこには物質運動の力学や熱機関の効率についての科学と、資源の有効利用に関わる技術の研究が不可欠でした。そして、実際に科学・技術の重要性がはっきりと認識され、自然の改造のために科学・技術の知識を意識的に適用するようになったのは19世紀半ばです。その頃には、科学・技術の有効性を認識した国家が前面に出て予算を措置し、大学や研究所を創って科学・技術の研究・教育を組織的・系統的に行うようになりました。国家が科学・技術の最大のスポンサーとなって、インフラを整え、人材を養成するようになったわけです。同時に、企業は新製品を作り収益を確保するため、最先端の技術開発に力を入れるようになりました。このように、国ぐるみ一体となって科学・技術の発展を目指して努力するようになっている、というのが現代と言えるでしょう。

学校では科学のことを「理科」と呼んでいるのですが、科学の基礎知識を学ぶ理科は、小中高においては必須の科目になっています。科学がもたらしてくれる恩恵を受け、さらに豊かに実らせるためには、誰もが科学の基礎知識を正しく持つ必要があると考えられてきたためです。科学は基礎的な知識の上に、さまざまな応用分野が幅広く展開していく学問ですから、しっかり基礎を学んでおく必要があります。直接役に立たないように見える基本的な知識であっても、おろそかにせず、身につけることが求められるのです。科学・技術文明の時代を生きるために、誰もが学校で理科を学ぶことが現代人の常識と言えるでしょう。

それと同時に、心に留めておかねばならないことは、科学・技術が原因となった事故や事件が多く起こるようになり、必ずしも科学・技術が善とばかり言えない状況が生じていることです。つまり、科学・技術は万全ではなく、すべて良いことばかりをもたらしてくれているわけではないのです。とはいえ、私たちは科学・技術と無縁の生活を送ることができませんから、私たちは科学・技術のマイナスの面も含めて、その中身をよく知っておく必要があります。科学・技術は絶対的に正しいとか、科学・技術はまったく信用できないとかの極端な立場ではなく、良い面と悪い面をしっかりと区分けする目を持ち、良い面を伸ばし、悪い面を抑えていくようにする、そんな態度が求められているのです。つまり、④科学・技術は万能ではなく、限界があることを知ることも、科学・技術を学ぶ重要な目標と言えるでしょう。

現代の科学・技術の限界が見えた例として、２０１１年3月11日の東日本大震災が挙げられると思います。まず、大地震や大津波の発生を正確に予測できない科学の弱点が露《あら》わになりました。私たちは、科学がすべての自然現象を解明しているわけではないことを知ったのです。さらに、引き続いて起こった福島第一原子力発電所（原発）のメルトダウン事故は、現代技術の粋であるはずの原発が意外に脆《もろ》いものであることを見せつけました。現代の科学と技術が万全ではないことが明らかになったのです。多くの人々は、「原発は安全」との宣伝をすっかり信じ込んでいたのですが、それが⑤まさに「神話」でしかなかったことを思い知らされることになりました。その結果、「私たちは安全神話に騙《だま》されていた」と言うのですが、それは事実だとしても、原発を推進してきた政府や電力会社や原子

ウ　笑顔の奥にある乃衣の強さを知ることができ、密度の濃い時間を共有できたから

エ　お互いの秘密を打ち明けることによって、気になっていた乃衣とわかり合えたから

問八、――⑬「『悠太さ、そういうの、いいよ。もう時間もねえし。めんどくせえし』本音が出た」とありますが、悠太が尽互の本音と思っているもう一つの事柄を文中から十八字で探し、最初の五字を抜き出して答えなさい。

問九、――⑭「スタジオの低い天井に目を向ける。そんなはずはないのに、その上に広がる空が見える。日比谷通りでも見た空だ」とありますが、このときの気持ちを説明した次の文の空欄にあてはまる言葉を十字以内で考えて答えなさい。

今まで言われるがままだった尽互に対して［　　　　　］ことで乃衣の「わたし、上から見下ろすより、こうやって下から見上げるほうが好き。そのほうが、何か、やってやろうって気になる」という言葉を実感した気持ち。

問十、本文の特徴の説明として最もふさわしいものを次から選び、記号で答えなさい。

ア　文章から感情表現を排除し淡々と述べることによって、「ぼく」が出来事を客観的に振り返っている様子を描いている

イ　「ぼく」と乃衣のそれぞれの言動を細かく描くことで、二人の関係が運命的に変化していく様子を表現している

ウ　話し言葉のような短い文を並べることで、「ぼく」がその時に感じたり考えたりしたことをありのままに描いている

エ　登場人物一人ひとりの心情や行動を詳しく描くことで物語に深みを持たせ、読者が感情移入しやすくなっている

問十一、――②「シンイ」、⑥「ヘンサチ」、⑨「カダン」のカタカナを漢字に改め、――⑩「縫う」、⑫「遮る」の漢字の読みを答えなさい。

二　次の文章を読んで、後の問いに答えなさい。

現代は、科学・技術に①リッキャクした文明社会と言えるでしょう。科学・技術の力によって発明され開発されたさまざまな機械や装置や道具や製品によって、社会のインフラストラクチャー（略してインフラ。工場・道路・鉄道などの産業基盤や学校・病院・公園などの生活関連の公共施設）が整備され、物資の生産や輸送が効率的に行われ、安定した日常生活が営めるからです。私たちは豊かで便利な生活をおくり、病気になっても治療を受けられ、健康で文化的な生活が楽しめることを当然だと思っていられるのも、科学・技術の恩恵によっているといっても過言ではありません。科学・技術の発展こそが現代社会を支えているのです。

私は、この現代の科学・技術文明を「地下資源文明」と呼んでいます。石油や石炭や天然ガスなど地下から掘り出した化石燃料（ウランも宇宙の進化が遺した化石です）を主なエネルギー源として使い、鉄や銅やボーキサイト（アルミニウムの原料）などの地下に埋没していた金属資源から機械や車両や建物などを製作し、シリコンやゲルマニウムなど半導体と呼ばれる物質を使ってIC（集積回路）を動かしており、地下資源抜きにして現代の文明は成り立たないからです。そのような地下資源の効果的な利用法は、産業革命以来の科学や技術の研究から生まれたものです。まさに、現代は科学・技術の時代といってもよいでしょう。私たちは、科学・技術の産物を当たり前として利用していますが、多くの科学者・技術者の努力による研究・開発の蓄積があったことは言うまでもありません。

②歴史的に見ると、人類が二本足で立ち上がってから過酷な自然環境の中で生き残ってきた理由として、科学・技術が背後で支えてきたためと言えるのではないでしょうか。むろん石器や土器の製作から始まって、火の使用や植物の採集を行い、農業を開始して食糧生産の革命を引き起こすという段階までは、明確にこれが科学・技術だと意識していたわけではありません。しかし、これらの営みは科学・技術の原初的な試みであったことは確かです。

言ってしまう。

「ベースを提《さ》げてただ突っ立ってればいいっていうんなら、おれはやめるよ」

空気が一瞬にして張りつめる。

尽互が小さく舌打ちする。

⑭スタジオの低い天井に目を向ける。そんなはずはないのに、その上に広がる空が見える。日比谷通りでも見た空だ。

「悠太の案、悪くないよ」とギターの快晴が言う。「やってみようぜ、尽互」

大事なのは楽器じゃない。音楽。

ブレないのは、気分がいい。

（小野寺史宜「逆にタワー」による。一部表記・体裁を改めた）

問一、——①「カノジョ」とカタカナで表記した理由を説明した次の文の空欄にあてはまる言葉を文中から七字で抜き出して答えなさい。

単に一人の女子生徒を指し示すのではなく、男子と［　　　］女子生徒を指し示している。

問二、——③「好きって、何なんだろうね」とありますが、このときの乃衣の気持ちとして最もふさわしいものを次から選び、記号で答えなさい。

ア　自分の想いを好きな人に伝えられないことに対するじれったい気持ち

イ　好き合っていたはずの自分の両親が離婚することを整理できない気持ち

ウ　簡単に人を好きになったり付き合ったりする友だちにいらだつ気持ち

エ　両親の離婚を悠太にうまく説明できないことにとまどう気持ち

問三、——④「それ」の指し示す内容を説明した次の文の空欄にあてはまる言葉を十字以内で考えて答えなさい。

娘の名前に［　　　］こと。

問四、——⑤「優しいね、水谷くん」とありますが、乃衣がこのように述べた理由として最もふさわしいものを次から選び、記号で答えなさい。

ア　自分の身の上話につきあってくれただけでなく、両親の離婚によって変わる名字をほめてくれたことがうれしかったから

イ　自分の名前の響きが新しい名字と合わないことに悩んでいたところを、冗談で笑わそうとしてくれたのが面白かったから

ウ　両親が離婚するという状況にいる自分を、その名字と名前の関係から励まそうとしてくれた気持ちがありがたかったから

エ　自分の名字と名前にまどろっこしさを感じていたところに、前向きになるような見方を与えてくれたことに感動したから

問五、——⑦「弱いから」とありますが、「弱い」を説明した次の文の空欄にあてはまる言葉を十字以内で考えて答えなさい。

自分が受けている他者の悪い行いを周りに［　　　］ことが「弱い」ということ。

問六、——⑧「ぼくね、払えるんですよ、と店員さんに言いそうになる」とありますが、「ぼく」の気持ちの説明として最もふさわしいものを次から選び、記号で答えなさい。

ア　人におごってあげるゆとりがあることを示したい気持ち

イ　乃衣におごったという記憶を誰かと共有したい気持ち

ウ　一緒にいるかわいい女子を誰かに見てもらいたい気持ち

エ　女子におごったということを誰かに自慢したい気持ち

問七、——⑪「日比谷公園は、たぶん、ぼくの忘れられない場所になる」とありますが、「ぼく」がそう思った理由として**ふさわしくないもの**を次から一つ選び、記号で答えなさい。

ア　ぎくしゃくしていたバンド仲間と向き合うきっかけを乃衣がつくってくれたから

イ　ベースを担当することに前向きになろうとするぼくを乃衣が評価してくれたから

途端に音が薄っぺらくなるから」
「ギターが二人よりは、ベースがいたほうがいいの？」
「うん。快晴を入れた時点で、尽互がおれにベースをやらせようとするんじゃないかと思ってはいたんだよね。言ってこなかったから安心してたんだけど。結局は言ってきた。尽互の兄ちゃんが昔ベースをやっててさ。格安にするからって言うんで、その中古ベースを買うことになったよ。確かに五千円は安いんだ。お年玉貯金を下ろせばどうにかなるし。尽互は初めからそのつもりだったんだよ。全部、思いどおりになった」
「水谷くん、ほんとはギターがやりたいの？」
「そう思ってたけど。ベースも悪くないかなって、ちょっと思うようになった。地味だけどおもしろいんだよ。ギターは、派手にジャカジャーンとかやるけど、弾いてない時間も結構あるじゃん。時間というか、間かな。ベースはさ、ずっと弾きつづけるんだよね。弾きつづけて、曲を支える。曲を立たせる」
リードギターからサイドギターへ降格。さらに、サイドギターからベースへ再降格。その再降格については、乃衣に言わないつもりでいた。バレるはずはないのだ。文化祭ライヴの前に、乃衣は引っ越しちゃうんだし。ベースはやるからそのことを一学期中は誰にも言うなって、尽互に口止めもしといたし。でも、言った。言ってしまった。乃衣も、自分の秘密をぼくに明かしてくれたから。
「ギターで勝てないならベースで挑む。それは逃げじゃない。立派な勝負だよ」
そう言って、乃衣がジャスミン茶を飲む。ぼくも緑茶を飲む。ひんやりした風が吹く。カラスがカァと鳴く。
⑪日比谷公園は、たぶん、ぼくの忘れられない場所になる。
『ビーフボウル・ラヴ』の演奏が終わる。
スタジオが静かになる。音は、ギターやベースのアンプから洩《も》れる、ジー、というノイズだけ。
ふうっと息を吐き、ヴォーカルの尽互がマイクを通して言う。
「オッケー。悪くねえよ。こんなもんだろ」
九月。文化祭ライヴ前最後のスタジオ練習。借りてるのは二時間。残りは一時間。
「『ビーフボウル』、もう一回やろうよ」とぼくは尽互に言う。
そして、ドラマーの駿也とも話していたことを説明する。
うたの二番のあとのブリッジ部。ヴォーカルのバックで、ちょっと変化を加える。尽互がうたの入りを遅らせてくれれば、おもしろい効果が生まれる。今は、KAZ・MARSのオリジナルどおりに演奏した。そうしてみて、思った。もっとよくできるかもしれない。
「そうすればさ、聴いてるほうも、おっ！　と思うんじゃないかな。あれ、こんなだったっけって」
「いいよ、これまでどおりで」と尽互があっさり却下する。
「いや、でも」
「コピーはコピーだろ。むしろまちがえたのかと思われる。客はオリジナルどおりの演奏を聴きたいんだよ」
「だとしても、いじったほうが絶対にいいよ」
「よくねえよ。失礼だろ、オリジナルをいじっちゃ」
「ロックだし、つくり手はそうやっていじられたほうが」
「なしなし」と尽互はぼくを⑫遮る。⑬「悠太さ、そういうの、いいよ。もう時間もねえし。めんどくせえし」
本音が出た。オリジナルに失礼、なんてことを思う尽互ではない。
「悠太がマジなのはわかったからさ、そういうのは、あとでやって」
「あとって、いつだよ」と勝手に口が動く。
「文化祭のあとだよ」
文化祭のあと。そんなものはない。文化祭が終わったら、バンドは解散する。いや、解散はしないかもしれないが、活動は休止になる。ぼくらは受験勉強をしなければならない。そちらに専念しなければならない。高校に行ったら、またバンドをやる。でも、尽互とはやらないと思う。

にしとくから」
「いいよ、上れなくても。またこうやって歩こう」
「それもいいね」
乃衣とぼく。歩いている。思いのほか、歩ける。ちっとも疲れない。二人だからかもしれない。このままみつばまででも歩けそうな気がする。と、それはちょっと大げさ。
小学生のときにいた、みつばFC。ぼくが高尾くんにズタボロにやられたあのみつばFCで、コーチによく言われた。ノドが渇いてからじゃ遅いんだ、渇く前に水を飲めよ。クラブ自体にいい思い出はない。が、せめてその知識は活《い》かしたい。
「この先にさ、日比谷公園ていうデカい公園があるはずなんだ。そこでちょっと休もうよ」
「うん」
「自販機があるかわかんないから、コンビニで飲みものを買ってこう」
ということで、ビルの一階にあるコンビニに入る。どちらも、ペットボトルの冷たいお茶を選ぶ。ぼくは緑茶。乃衣はジャスミン茶。さすが女子。
ジャスミンて何？　とは訊かずに、ぼくは言う。
「あのさ」
「ん？」
「おごられるのはいやだろうけど、おごりたいんだよ。お茶ぐらい、おごりたい」
それを聞いて、乃衣はにっこり笑う。真顔が笑顔。その真顔以上の、笑顔だ。かわいい、と言うしかない。
「喜んでおごってもらう」
乃衣からペットボトルを受けとり、レジでお金を払う。喜んで払う。⑧ぼくね、払えるんですよ、と店員さんに言いそうになる。
コンビニを出る。ジャスミン茶を乃衣に渡す。
「ありがとう。いただきます」と言われる。こそばゆい。

少し歩くと、車道の向こう側、左方に公園が見えてくる。ビルが途切れ、木々が連なっているので、そうとわかる。
横断歩道を渡り、入っていく。日比谷公園は、広い。園内に公会堂があり、音楽堂がある。図書館があり、レストランもある。池や噴水や⑨カダンもある。テニスコートもある。みつば中央公園も広い公園だが、それよりずっと広い。東京にもこんな公園があることに驚く。
噴水が見えて日陰にもなる位置にあるベンチに並んで座り、お茶を飲む。まずはゴクゴク飲む。ぼくだけでなく、乃衣もそうする。
「あー、歩いたあとだから、うまい」
「わたしは、歩いたうえにおごってもらってるから、うまい。これだけで、来てよかったと思える」
平日の、だだっ広い公園。人は結構いる。カラスも結構いる。都会のオアシス。人にとってもカラスにとってもそうなのだな、と思う。木々のあいだを⑩縫うように風が吹く。涼しいと感じる。遠足なんかで森や林のなかを歩いたときに感じる、あの涼しさだ。
「水谷くんのライヴ、観《み》れなくて残念だな」と乃衣が言う。
観せられなくて残念、と言いたいとこだけど、言えない。言えないけど。言うつもりではなかったことを、言う。
「サイドギターどころかさ、おれ、ベースになっちゃったよ」
「え？」
「快晴がギターで、おれがベース。結局、ギターは一人でいいってことになって。というか、尽互がそう言いだして」
「ギターじゃなくなったの？」
「うん。ほら、弘樹が転校して、ベースがいなくなってたから。いたほうがいいことは確かなんだ、ベース。ドラムとベースがそろって初めて、バンドの土台ができるから」
「ベースって、低音のあれだよね？」
「そう。和音じゃなくて、単音を弾くやつ。聴いてても何をやってるかよくわかんなかったりするんだけど、いなくなるとわかるんだ。

ん」
「そうかなぁ。の、が名字にも名前にも入るって、まどろっこしくない？」
「まどろっこしくないよ。字もちがうし」
「それは、思った。字が同じじゃなくてよかったって。どっちも乃衣の乃とか野原の野とかだったら、ちょっとどうだろうって感じだもんね」
　ちょっとどうだろう、に同意するのも何なので、代わりに言う。まったくの思いつきで。
「でもお互いが好き合ってたことは、④それでわかるじゃん」
「何？」
「その名前からわかるってこと」
　乃衣がぼくを見て、首をかしげる。
「別れるなんて思ってなかったから、乃衣って名前をつけたんだよ。別れたら名字にも名前にも、の、がついちゃうな、とは考えなかったから。別れることは、まったく考えなかったから。それは、やっぱ好きだったってことだよね」
　何だそれ、と自分でも思う。何かずれてる。どんな理屈だよ。
「でもさ」と乃衣が反論する。「別れる可能性もあると思ってたから、カナじゃなく、漢字の乃衣にしたのかもよ。別れたらダブっちゃうな、と思って」
「いや、それは」
「なぁんて、冗談」
「あぁ」とまた笑う。
　今度は冗談を言った本人も笑う。
「⑤優しいね、水谷くん」
　ドキッとしつつ、言う。
「優しくは、ないよ」
　優しかったら、たぶん、もっといろいろなことに気づく。気づける。例えば、乃衣が展望台に上れないと言った時点で、何か事情があるんだな、と気づける。ここまで来て上らないのか、なんて思ったりはしない。
「その片見里ってとこに、お母さんの実家があるの？」と訊《き》いてみる。
「そう。みつばあたりとちがって、高校が多くないから、そんなには選べない。この⑥ヘンサチならここって、だいたい決まっちゃうみたい。で、通学に時間がかかる。電車の本数は少ないから」
　遊びに行くよ、と言いたいが、言えない。片見里がどこにあるのかもよく知らない。知ってても、言えないだろう。他県だから、遠いことはまちがいない。ぼくと乃衣も、そんなには近くない。
「わたしね、自分のことがいやなの」
「え？　何で？」
「⑦弱いから」
「弱い、かなぁ」
「さっきの話」
「ん？」
「痴漢の」
「あぁ。うん」
「すごくこわいなって思う。人混みとかエレベーターとかがじゃなくて。触られたときに、わたしが我慢すればすむんだって思っちゃったことが。そんなの、絶対ダメだよね。していい我慢じゃないよ」
　していい我慢。何となくわかる。悪くない言葉だ。
　乃衣が再び空を見て、言う。
「東京タワーに上れたら楽しかったろうけど。わたし、上から見下ろすより、こうやって下から見上げるほうが好き。そのほうが、何か、やってやろうって気になる」
　弱くない。強い。感心する。いや、それ以上。ちょっと感動する。
「高校は向こう。でも大学は東京のに行きたい。そうなったら、また遊んでね。そのときまでには、タワーにもツリーにも上れるよう

二〇二一年度 明治大学付属中野八王子高等学校

【国語】（五〇分）〈満点：一〇〇点〉

〈注意〉 字数には、句読点も記号も一字として数えます。

一 次の文章を読んで、後の問いに答えなさい。

> 中学三年生の悠太《ゆうた》（「ぼく」）は、クラスメイトの尽互《じんご》らとバンドを組んでいたが、快晴《かいせい》の加入によって、ギターからベースに降格になってしまう。「ぼく」はやけになって以前から気になっていた隣の席の乃衣《のい》をデートに誘い、東京タワーへと向かうが乃衣はタワーを上ることを嫌がる。そこで「ぼく」たちは東京タワー近くの日比谷通りを歩くことになり
>
> ……

歩きながら、乃衣の顔をチラッと見る。教室でいつも見ているのと同じ、横顔。でもいつもとはちがう。いつものように、笑顔に見える真顔ではあるが、やはりちがう。ともに歩いている。動きがある。揺れる。かわいいな、と思う。そう言いたくなる。言わずに、こんなことを言ってしまう。

「尽互のことが好きなのかと思ってたよ」

「どうして？」

「だって、尽互のことはみんな好きだから」

「みんなが星野くんを好きだから、わたしも星野くんを好きになるの？」

「そうじゃないけど」

「だったら青山くんのことも好きにならなきゃ。クラスはちがうけど、人気あるもんね。星野くんよりは無口でカッコいいし。ギターもうまいんでしょ？」

「うまいよ。ムチャクチャうまい。いやになるくらい、うまい」

「でも、みんなが好きだからわたしも好き、にはならないよ。自分が誰を好きになるかは、自分で決めたい」

「そう、だよね」

「まずさ、星野くんには塚田さんがいるじゃない。わたし、①カノジョがいる人を好きにはならないよ」

塚田さやかは、そもそも快晴のことが好きだった。去年の十二月に告白してもいる。快晴があっさり断った。カノジョはいらないから、というのがその理由だ。ギター以外に割く時間はないから。それが②シンイだろうとぼくは思っている。快晴は、そんなだ。何よりも音楽が大事。ブレない。

で、簡単にブレるさやかは、今年の四月から尽互と付き合っている。そちらの告白は、あっさり成功したのだ。

「③好きって、何なんだろうね」と乃衣が言う。

「ん？」

「わたしのお母さんも、初めはお父さんのこと好きだったはずなのに」

乃衣の顔を、またチラッと見る。乃衣は前を見ている。まじめな顔になっている。真顔は笑顔だから、真顔ではない。より真剣な顔になっている、ということだ。

「お父さん、もうずっと家に帰ってこなくなってた」

「あぁ。そうなんだ」と言う。そんなことしか言えない。

「それでね、離婚するの」

「そっか」

「ほんとはもういつしてもいいんだけど、わたしの一学期が終わるのを待つんだって。そしたらわたし、名字が変わる。上条じゃなくなる」

「何になるの？」

「イチノセ。お母さんの旧姓」

一ノ瀬、だそうだ。

「一ノ瀬乃衣」と言う。乃衣がではなく、ぼくが。「悪くないじゃ

2021年度／明治大学付属中野八王子高等学校

英語解答

1 問1　Q1…A　Q2…A

問2　Q1…A　Q2…D

2 問1　ウ　　問2　イ

問3　A…肉　B…病気　　問4　ア

問5　直前の語…dragon

直後の語…The

問6　イ，カ

3 問1　ア　　問2　ウ

問3　what she wanted

問4　worked so hard

問5　(貧しい)子どもたちが大学に行けるように手助けをすること。

問6　カ，キ

4 (1)　want〔ask〕，to be

(2)　How about　　(3)　been dead for

(4)　I should〔can／must〕

5 (1)　A…イ　B…ク　C…ア

(2)　A…カ　B…イ　C…ア

(3)　A…イ　B…オ　C…カ

(4)　A…オ　B…ク　C…イ

1〔放送問題〕放送文未公表

2〔長文読解総合─説明文〕

≪全訳≫❶コモドドラゴンは当然のことながら実際には「竜」ではないが，世界で最も大きなトカゲである。この他にも，コモドドラゴンはさまざまな点で非常に珍しい生き物である。❷20世紀まで，コモドドラゴンについて何か知っている人は世界にほとんどいなかった。というのもコモドドラゴンはインドネシアの小さな島のいくつかにしか生息していないからだ。そのような生き物が存在するという最初の報告がヨーロッパ人の耳に入ったのは1910年のことだ。1912年，インドネシアの動物学博物館の館主ピーター・オーウェンズはコモドドラゴンに関して初となる重要な論文を書いた。それ以来，動物学者たちはこの珍しい生き物の生態についてたくさんのことを学んできた。❸十分に成長したコモドドラゴンは，体長が平均2，3メートルにもなる。体重はたいてい70キログラムほどだ。彼らは他の動物を食べて生きている。ブタやヤギ，シカ，ウシなど，さまざまなものを食べる。攻撃するときは，少しの間非常に速く走ることができ，時速20キロメートルにも達する。死んだ動物を好んで食べることもある。❹コモドドラゴンの非常に特異なものの1つが歯である。歯が不思議な形をしているのだ。先端はまるでノコギリのようである。獲物の肉が歯の間にはさまったままになる。しばらくすると，口内のそれらの肉が多くの病気を引き起こす。その結果，コモドドラゴンの口内では50を超える病気が進行しているのだ。これらの病気でコモドドラゴンが死ぬことはないが，これにより他の動物が死ぬのだ。だからコモドドラゴンがブタにかみつくと，殺さなくても，わずか数日あるいは1週間待っていれば，ブタはそれらの病気が原因で死ぬ。ヘビのように多くの動物は，他の動物を殺すための毒を持っているが，コモドドラゴンは病気を武器として使える唯一の動物である。❺20世紀には，少なくとも12人がコモドドラゴンにかまれて命を落とした。その一方で，コモドドラゴンの口内の病気は誰でも殺すというわけではないという報告がある。女優シャロン・ストーンの夫は2001年，ロサンゼルス動物園でコモドドラゴンにかまれた。彼は病院に運び込まれ，薬を投与されて，まもなく回復した。❻今日，コモドドラゴンは約6000頭しかいない。1980年，インドネシア政府はコモドドラゴンの保護のため，コモド国立公園を設立した。

問1＜語句解釈＞このpaperを書いたのは，動物学博物館の館主であり，それ以来，動物学者らがコモドドラゴンについて多くの知識を得たとあることから判断する。このようにpaperには「論文，レポート」という意味がある。

問２＜語句解釈＞直後の文にコモドドラゴンはブタやヤギなどを食べるとあり，これがother animalsの例と考えると，他の動物を食べて生きるという意味になると判断できる。よって，イ.「食べることで生き延びる」が適切。live off (of) ～で「～を糧として生きる」という意味を表す。

問３＜要旨把握＞コモドドラゴンの歯については，同段落に述べられている。歯の間に獲物の「肉」がはさまり，そこから「病気」が発生して，その病気によってかみつかれた獲物が死んでしまう。

問４＜適語(句)選択＞直前の文との関係は，「口の中に残った肉が病気を発生させる」→「口内には50を超える病気がある」という‘結果’になっている。as a resultは「その結果(として)」という意味を表す。　for a while「しばらくの間」　in addition「さらに，そのうえ」≒moreover

問５＜適所選択＞脱落文は，コモドドラゴンの口内の病気はかまれた人にとって必ずしも致死的ではないと述べている。「一方で，反対に」の意味を表すon the other handがあることから，これと対照的な内容の文に続くと考える。第５段落第１文はコモドドラゴンによって死に至った人数について述べているが，第２文以降は，反対に，回復した例を述べているので，この第１文と第２文の間に入れると自然な流れになる。

問６＜内容真偽＞ア.「コモドドラゴンは他の動物との共通点がたくさんある」…×　第１段落最終文参照。コモドドラゴンは特異な生き物である。　イ.「20世紀以前，人々はコモドドラゴンについてほとんど何も知らなかった」…○　第２段落第１文に一致する。a fewとは違い，冠詞のつかないfewは「ない」ことに焦点を当てて，「ほとんどない」という意味を表す。　ウ.「コモドドラゴンは獲物を得るために長距離を走る」…×　第３段落最後から２文目参照。速く走れるのは短い間だけである。　エ.「ヘビもまた病気を武器とすることができる」…×　第４段落最終文参照。ヘビは病気ではなく毒を武器とする。　オ.「現在私たちはアメリカの至る所で野生のコモドドラゴンを見ることができる」…×　第２段落第２文参照。コモドドラゴンはインドネシアにしか生息していない。　カ.「コモド国立公園の目的はコモドドラゴンを保護することである」…○　最終段落最終文に一致する。

3〔長文読解総合―伝記〕

≪全訳≫❶オセオラ・マッカーティは1908年，ミシシッピ州で生まれた。彼女は祖母，母，おばと一緒に暮らしていた。彼女らはトウモロコシやサトウキビ，豆，スイカ，サツマイモを栽培していた。彼女らはまた，人々のために手洗いの洗濯屋をしていた。裏庭にある熱湯を入れた大きな鍋で服を洗っていた。そして太陽に当てて乾かすためにそれらを外につるした。仕上げにはアイロンをかけた。❷オセオラは小さい頃学校に行くのが大好きだったが，12歳のとき中途退学した。おばが病気だったので，彼女はおばの面倒をみた。オセオラは引き続き，人々のために服を洗ったりアイロンをかけたりもしていた。やがて，彼女は家族のために水道代や電気代やガス代を払い始めた。食料雑貨類やその他の物の支払いもした。彼女は教会に献金し，毎月，銀行にいくらか貯金をしていた。❸マッカーティは働くことが大好きだったので，長年働いた。休みの日には臨時の仕事をすることもあった。彼女は決して車を買わなかった。彼女は交通機関にお金を使わなかった。いつも歩いた。彼女は倹約家だった。86歳になったとき，ようやく働くのをやめた。❹ある日彼女が銀行に行くと，銀行員が彼女に質問をした。「あなたは自分の全財産で何をしたいのですか？」と彼は言った。彼女は驚いた。何十年もの間に，彼女は大金をためていたのだ。だから彼女は教会に寄付をして，いとこたちにもお金をあげた。そしてついに彼女は自分の夢を実現させるためにお金を寄付した。❺彼女の夢は子どもたちの大学進学を援助することだった。彼女は子どもを大学へ通わせる余裕がないアフリカ系アメリカ人の家族を助けたいと思っていた。だから彼女は貯金のほとんどを南ミシシッピ大学の奨学金に寄付した。マッカーティは15万ドルを寄付した。彼女は言った。「子どもたちが私みたいに必死に働かなくてもすむように，このお金を寄付します」❻ステファニー・ブロックという若い女性がオセオラ・マッカーティ奨学金を受け取った初めての学生だった。ある日，ステファニーはマッカーティのもとを訪ねた。ステファニーは彼女のもとに走り寄って言った。「大学進学を援助してくれてありがとう。この奨学金に感謝します。私にとって大きな助けとなりました」　マッカーティはほほ笑み，とても誇らしく思った。彼女はステファニーや他の学生が大学を卒業するのを見届けたいと思っている。❼多くの人がマッカーティの寄付に鼓舞された。600人を超える人々がさらに33万ドルをオセオラ・マッカーティの特別奨学基金に寄付した。オセオラ・マッカーティの夢のおかげで，現在さらに多くの若者たちが大学に通う機会を得ている。

問１＜適語選択＞①続く文より，彼女らは仕事として他人の服を洗濯していたと考えられるので，for「～のために」が入る。第２段落第３文に同様の表現がある。　② day(s) off は「休日，休み」という意味。‘日’の前につく前置詞は on。on ～’s day(s) off で「～の休みの日には」という意味を表す。　⑥ thanks to ～「～のおかげで」

問２＜語句解釈＞同段落のこれまでの記述から，彼女は必死に働く一方で，車も持たず徒歩で移動するなど，質素な生活を送っていたことがわかるので，ウ．「お金を使うことに慎重で物を無駄にしない」が適切。thrifty は「倹約的な，つましい」という意味。

問３＜書き換え―適語補充＞直接話法から間接話法への書き換え。話法の書き換え問題では，代名詞や時制の一致に気をつける。また，間接疑問になるので，語順にも注意が必要。

問４＜語句解釈＞下線部を含む部分の「子どもたちが私がしたように必死に働かなくてもすむように」という意味から，この did が直前の work so hard の代用となっていることがわかる。この did は前に述べられた動詞(＋語句)との重複を避けるために用いられる代動詞と呼ばれるもの。過去形なので worked so hard と過去形にして答える。　‘so that＋主語＋動詞...’「～が…するように」

問５＜要旨把握＞マッカーティの夢については第５段落第１，２文に述べられているので，この部分を指定の字数の範囲でまとめる。‘help＋人＋動詞の原形’は「〈人〉が～するのを助ける」，can't afford to ～は「～する金銭的余裕がない」という意味。彼女は金銭的に余裕のない家庭の子どもたちを大学に行かせたかったのである。

問６＜内容真偽＞ア．「オセオラは勉強が好きではなかったので，12歳のときに学校に行くのを諦めた」…×　第２段落第１，２文参照。学校をやめたのは，病気のおばの面倒をみるため。　drop out of school「中途退学する」　イ．「オセオラは病気だったので，おばに世話をしてもらった」…×　第２段落第２文参照。　ウ．「オセオラはお金をためて，それを使って大学に行った」…×　第２，３段落参照。彼女は家族を養うためにお金を使い，残りを教会への寄付や貯金に充てたが，自分の学費にすることはなかった。　エ．「オセオラは約40年間働き続けた」…×　12歳のときには洗濯仕事を手伝っており(第２段落第１～３文)，働くのをやめたのは86歳(第３段落最終文)なので，70年以上は働いている。　オ．「ステファニーはオセオラに感謝の手紙を書いた」…

×　第６段落第２文参照。ステファニーはオセオラを訪問し，会って感謝の言葉を述べている。　カ．「オセオラはステファニーの大学卒業を見届けることを楽しみにしている」…○　第６段落最終文に一致する。　キ．「学生を援助するために寄付した人はオセオラだけではない」…○　最終段落第２文に一致する。オセオラの行動に触発された多くの人々が奨学基金に寄付をしている。

4〔書き換え―適語補充〕

(1)「一人旅をするときは気をつけてください」→「一人旅をするときは気をつけてほしいと思います」　Please で始まる命令文を，‘want＋人＋to ～’「〈人〉に～してほしい」または‘ask＋人＋to ～’「〈人〉に～してくれるよう頼む」の形に書き換える。

(2)「そこのカフェでコーヒーでもどうですか」　Would you like to ～？は「～したいですか」と尋ねるていねいな‘提案’の表現。空所の後の having に着目して How about ～ing？「～するのはどうですか」を使って書き換える。

(3)「祖父は約11か月前に亡くなりました」→「祖父が亡くなって約11か月です」　died を has を使って書き換えるので，現在完了形（‘継続’用法）にすると考える。形容詞 dead「死んだ」を使えば状態の継続を表せるので，「約11か月の間，亡くなった状態である」という文に書き換える。

(4)「今何をすべきかわかりません」　what to do「何をすべきか」は what I should do で書き換えられる。間接疑問なので‘疑問詞＋主語＋動詞...’の語順に注意。

5〔整序結合〕

(1)語群に given があるので「彼女が一等賞を取った」は「彼女に一等賞が与えられた」と読み換えて，She was given first prize と受け身で表す。賞は「絵に対して」与えられたので，for the picture とし，「彼女が描いた絵」は「彼女によって描かれた絵」と考えて，painted を形容詞的用法の過去分詞として用いて，‘名詞＋過去分詞＋語句’の形で the picture painted by her とまとめる。　She was given first prize for the picture painted by her.

(2)‘It is ～ for … to —’「…が〔…にとって〕—することは～だ」の形式主語構文にする。It is important の後，「私達みんなが」は for all of us とまとめる。「地球温暖化について話すこと」は to talk about global warming。　It is important for all of us to talk about global warming.

(3)語群より「マイクは私達のチームで他の誰よりも上手にサッカーをする」と読み換えて，‘比較級＋than any other＋単数名詞’「他のどの～より…」の形で表す。Mike plays soccer の後，better than any other member とまとめ，最後に in our team「私達のチームで」を置く。　Mike plays soccer better than any other member in our team.

(4)まず文の骨組みとなる「私はパイを作っているところだった」を過去進行形で，I was making a pie とする。「友達が今朝持ってきたリンゴで」は，まず with the apples とし，残りを my friend brought this morning とまとめて apples の後に続ける（目的格の関係代名詞が省略された‘名詞＋主語＋動詞...’の形）。　I was making a pie with the apples my friend brought this morning.

2021年度／明治大学付属中野八王子高等学校

数学解答

1 (1) $16x-60$ (2) $\dfrac{26\sqrt{2}}{7}$
(3) $2ac+2bc-2c^2$
(4) $(x+1)(x-2)(x+2)(x-3)$
(5) $x=1,\ 3$ (6) $\dfrac{1}{2}$

2 (1) $-4 \leqq a \leqq 0$ (2) 2 (3) $\dfrac{15}{2}$
(4) 54° (5) $3-\sqrt{5}$ (6) $\dfrac{400}{81}$
(7) $80\pi \mathrm{cm}^3$ (8) $\dfrac{5}{216}$

3 (1) $(-2,\ 1)$ (2) $y=\dfrac{1}{10}x+2$

4 (1) $\sqrt{14}$ (2) $\dfrac{35}{2}\pi$

5 (1) 5 (2) 1683

1〔独立小問集合題〕

(1)＜式の計算＞与式 $=4x(5-3x+6)\div\left(-\dfrac{2x}{3}\right)-54x^3(3-x)\div(-27x^3)=4x(11-3x)\times\left(-\dfrac{3}{2x}\right)-\left\{-\dfrac{54x^3(3-x)}{27x^3}\right\}=-\dfrac{4x(11-3x)\times3}{2x}+2(3-x)=-2(11-3x)\times3+6-2x=-66+18x+6-2x=16x-60$

(2)＜平方根の計算＞与式 $=\sqrt{7^2\times2}+\sqrt{5^2\times2}-\dfrac{\sqrt{8}}{\sqrt{49}}-\sqrt{8^2\times2}=7\sqrt{2}+5\sqrt{2}-\dfrac{\sqrt{2^2\times2}}{7}-8\sqrt{2}=\dfrac{49\sqrt{2}}{7}+\dfrac{35\sqrt{2}}{7}-\dfrac{2\sqrt{2}}{7}-\dfrac{56\sqrt{2}}{7}=\dfrac{26\sqrt{2}}{7}$

(3)＜式の計算＞$a+b-c=A$ とおくと，$-a-b+c=-(a+b-c)=-A$ だから，与式 $=A(a-b+c)+(a-b-c)\times(-A)=aA-bA+cA-aA+bA+cA=2cA=2c(a+b-c)=2ac+2bc-2c^2$ となる。

(4)＜因数分解＞$x^2-x=A$ とおくと，与式 $=(A-3)(A-5)-3=A^2-8A+15-3=A^2-8A+12=(A-2)(A-6)$ となる。A をもとに戻して，与式 $=(x^2-x-2)(x^2-x-6)=(x+1)(x-2)(x+2)(x-3)$ である。

(5)＜二次方程式＞$2(x^2-2x+1)=x^2-1$，$2x^2-4x+2=x^2-1$，$x^2-4x+3=0$，$(x-1)(x-3)=0$ $\therefore x=1,\ 3$

(6)＜式の値＞$\sqrt{25}<\sqrt{34}<\sqrt{36}$ より，$5<\sqrt{34}<6$ だから，$\sqrt{34}$ の整数部分 a は $a=5$ であり，小数部分 b は $b=\sqrt{34}-5$ である。これより，$b^2+10b+1=(\sqrt{34}-5)^2+10(\sqrt{34}-5)+1=34-10\sqrt{34}+25+10\sqrt{34}-50+1=10$ となるから，与式 $=\dfrac{5}{10}=\dfrac{1}{2}$ である。

2〔独立小問集合題〕

(1)＜関数―$\boldsymbol{a}$ の値の範囲＞関数 $y=-\dfrac{1}{2}x^2$ は，x の絶対値が大きくなると y の値が小さくなる関数である。y の変域が $-8 \leqq y \leqq 0$ だから，$y=-8$ となるのは，x の絶対値が最大になるときである。これは，$-8=-\dfrac{1}{2}x^2$，$x^2=16$ より，$x=\pm4$ のときだから，x の変域内の値の絶対値は最大の値が 4 である。x の変域が $a \leqq x \leqq 4$ より，$x=4$ が含まれているから，$-4 \leqq a<4$ である。また，$y=0$ となるのは，$0=-\dfrac{1}{2}x^2$ より，$x=0$ のときである。よって，x の変域には，$x=0$ が含まれるので，$a \leqq 0$ である。以上より，求める a の値の範囲は $-4 \leqq a \leqq 0$ となる。

(2)＜連立方程式の応用＞$3x-2y=6a$……①，$-x+3y=-3a-5$……②とする。①＋②×3 より，$-2y+9y=6a+3(-3a-5)$，$7y=-3a-15$ $\therefore y=\dfrac{-3a-15}{7}$ ①×3＋②×2 より，$9x+(-2x)=18a+2(-3a-5)$，$7x=12a-10$ $\therefore x=\dfrac{12a-10}{7}$ ①，②の連立方程式の解が $2x+y=1$ を満たすので，$2\times\dfrac{12a-10}{7}+\dfrac{-3a-15}{7}=1$ が成り立つ。これを解くと，$24a-20-3a-15=7$，$21a=42$，$a=2$ とな

る。

⑶＜式の値＞与式 $=\left(\frac{\sqrt{3}+2}{\sqrt{2}}\right)^2-\frac{\sqrt{3}+2}{\sqrt{2}}\times\frac{\sqrt{3}-2}{\sqrt{2}}+\left(\frac{\sqrt{3}-2}{\sqrt{2}}\right)^2=\frac{3+4\sqrt{3}+4}{2}-\frac{3-4}{2}+\frac{3-4\sqrt{3}+4}{2}$
$=\frac{7+4\sqrt{3}}{2}-\frac{-1}{2}+\frac{7-4\sqrt{3}}{2}=\frac{7+4\sqrt{3}+1+7-4\sqrt{3}}{2}=\frac{15}{2}$

⑷＜図形―角度＞右図1のように，5点A～Eを定め，点Cと点Eを結ぶ。線分CDが円Oの直径より，$\angle\mathrm{CED}=90^\circ$ だから，$\angle\mathrm{CEA}=90^\circ$ である。これより，$\triangle\mathrm{ACE}$ で，$\angle\mathrm{BCE}=180^\circ-\angle\mathrm{CAE}-\angle\mathrm{CEA}=180^\circ-63^\circ-90^\circ=27^\circ$ となる。よって，$\overset{\frown}{\mathrm{BE}}$ に対する円周角と中心角の関係より，$\angle x=2\angle\mathrm{BCE}=2\times27^\circ=54^\circ$ である。

図1
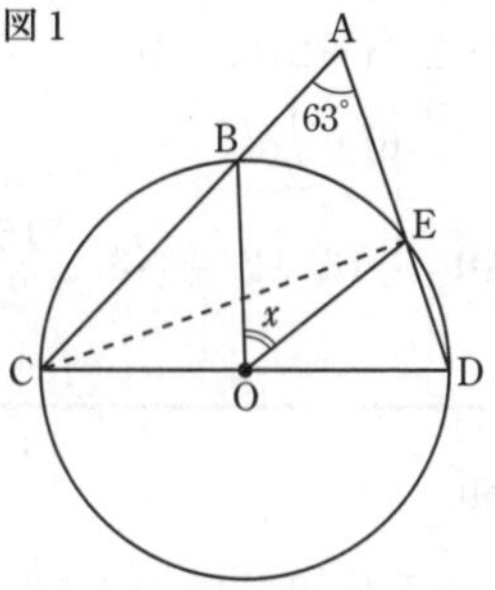

図2
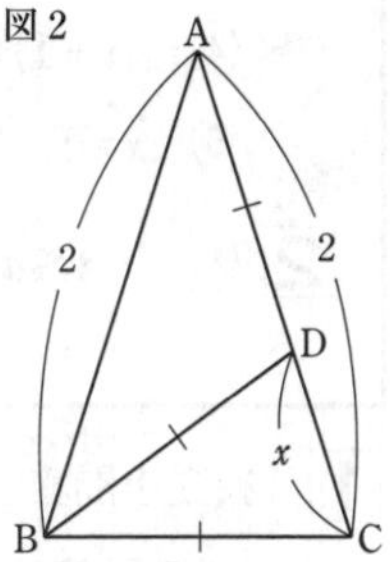

⑸＜図形―長さ―相似＞右図2で，$\triangle\mathrm{ABC}$，$\triangle\mathrm{BDC}$ はそれぞれ AB＝AC，BD＝BC の二等辺三角形であり，$\angle\mathrm{ACB}=\angle\mathrm{BCD}$ より，底角を共有しているから，$\triangle\mathrm{ABC}\backsim\triangle\mathrm{BDC}$ となる。これより，CB：CD＝AC：BC である。CD＝x とすると，BC＝AD＝AC－CD＝$2-x$ となるから，$(2-x):x=2:(2-x)$ が成り立つ。これを解くと，$(2-x)^2=x\times2$ より，$x^2-6x+4=0$，解の公式を利用して，$x=\frac{-(-6)\pm\sqrt{(-6)^2-4\times1\times4}}{2\times1}=\frac{6\pm\sqrt{20}}{2}=\frac{6\pm2\sqrt{5}}{2}=3\pm\sqrt{5}$ となる。$0<x<2$ だから，$x=3-\sqrt{5}$ であり，CD＝$3-\sqrt{5}$ である。

⑹＜図形―長さ―三平方の定理＞右図3で，円O，円O′と直線 l の接点をそれぞれA，Bとし，点Oと点A，点Oと点O′，点O′と点Bを結び，点O′から半径OAに垂線O′Hを引く。$\mathrm{OA}\perp l$，$\mathrm{O'B}\perp l$ より，四角形HABO′は長方形だから，HA＝O′B＝16となり，OH＝OA－HA＝25－16＝9となる。OO′＝25＋16＝41だから，$\triangle\mathrm{OO'H}$ で三平方の定理より，$\mathrm{HO'}=\sqrt{\mathrm{OO'}^2-\mathrm{OH}^2}=\sqrt{41^2-9^2}=\sqrt{1600}=40$ となる。次に，円O″と直線 l の接点をCとし，点O″と3点O，O′，Cを結び，点O″を通り直線 l に平行な直線とOA，O′Bの交点をそれぞれD，Eとする。このとき，$\mathrm{O''C}\perp l$ より，四角形DACO″，四角形O″CBEは長方形となるから，円O″の半径を r とすると，DA＝EB＝O″C＝r となり，OD＝OA－DA＝$25-r$，O′E＝O′B－EB＝$16-r$ となる。OO″＝$25+r$，O′O″＝$16+r$ だから，$\triangle\mathrm{ODO''}$，$\triangle\mathrm{O'O''E}$ で三平方の定理より，$\mathrm{DO''}=\sqrt{\mathrm{OO''}^2-\mathrm{OD}^2}=\sqrt{(25+r)^2-(25-r)^2}=\sqrt{100r}=10\sqrt{r}$，$\mathrm{O''E}=\sqrt{\mathrm{O'O''}^2-\mathrm{O'E}^2}=\sqrt{(16+r)^2-(16-r)^2}=\sqrt{64r}=8\sqrt{r}$ である。四角形HDEO′が長方形より，HO′＝DEだから，HO′＝DO″＋O″Eであり，$40=10\sqrt{r}+8\sqrt{r}$ が成り立つ。これを解くと，$18\sqrt{r}=40$，$\sqrt{r}=\frac{20}{9}$，$r=\frac{400}{81}$ となるので，円O″の半径は $\frac{400}{81}$ である。

図3
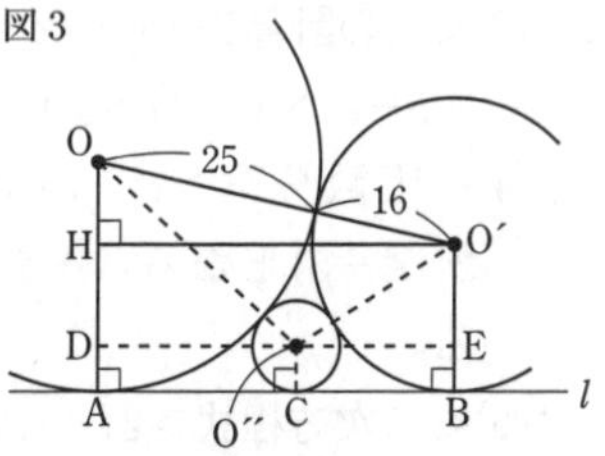

⑺＜図形―体積＞最初，水は，底面の半径が4cmの円柱の容器に，高さが13cmのところまで入っているので，最初に入っていた水の体積は，$\pi\times4^2\times13=208\pi$ である。次に，右図4のように，容器を傾けたときの水面と線分BQの交点をRとする。点Rを通り底面に平行な平面で2つに分けると，水は，底面の半径が4cmで高さがBR＝1の円柱と，底面の半径が4cmで高さがQR＝BQ－BR＝15－1＝14の円柱を半分にしたものに分けられる。よって，傾けた容器に入っている水の体積は $\pi\times4^2\times1+\pi\times4^2\times14\times\frac{1}{2}=128\pi$ だから，捨てた水の体積は $208\pi-128\pi=80\pi\,(\mathrm{cm}^3)$ である。

図4
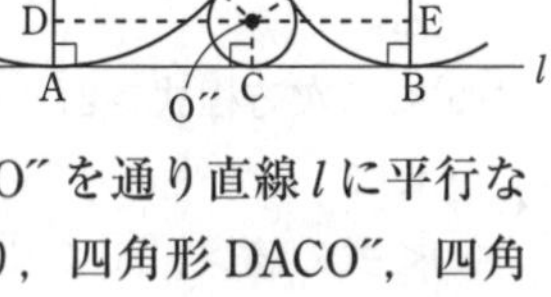

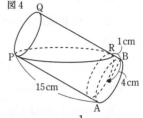

⑻＜確率―さいころ＞3つのさいころA，B，Cを同時に投げるとき，目の出方は全部で $6\times6\times6=216$

（通り）だから，a，b，c の組は216通りある。また，二次方程式 $ax^2+bx+c=0$ の解は $x=\frac{-b\pm\sqrt{b^2-4ac}}{2a}$ である。このとき，解が1つになるのは，$\sqrt{b^2-4ac}=0$ になるときだから，$b^2-4ac=0$ である。$b^2-4ac=0$ になるのは，$b=1$ のとき，$1^2-4ac=0$ より，$ac=\frac{1}{4}$ だから，a，c の値はない。$b=2$ のとき，$2^2-4ac=0$ より，$ac=1$ だから，$(a,\ c)=(1,\ 1)$ の1通りある。$b=3$ のとき，$3^2-4ac=0$ より，$ac=\frac{9}{4}$ だから，a，c の値はない。以下同様にして，$b=4$ のとき $(a,\ c)=(1,\ 4)$，$(2,\ 2)$，$(4,\ 1)$ の3通りあり，$b=5$ のときはなく，$b=6$ のとき $(a,\ c)=(3,\ 3)$ の1通りある。よって，二次方程式 $ax^2+bx+c=0$ の解が1つになる a，b，c の組は $1+3+1=5$（通り）だから，求める確率は $\frac{5}{216}$ である。

3〔関数―関数 $\boldsymbol{y=ax^2}$ と直線〕

≪基本方針の決定≫(1)　直線ABと直線POの位置関係に着目する。

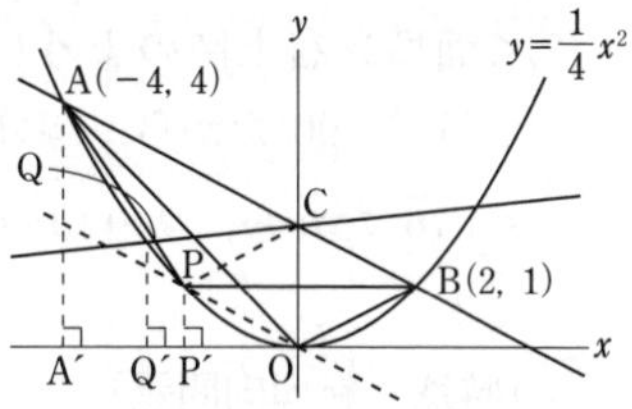

(1)＜座標＞右図で，△PAB，△OABの底辺をABと見ると，△PAB＝△OABだから，この2つの三角形の高さは等しくなる。よって，AB∥POとなる。A(−4, 4)，B(2, 1)より，直線ABの傾きは $\frac{1-4}{2-(-4)}=-\frac{1}{2}$ だから，直線POの傾きも $-\frac{1}{2}$ であり，直線POの式は $y=-\frac{1}{2}x$ となる。点Pは放物線 $y=\frac{1}{4}x^2$ と直線 $y=-\frac{1}{2}x$ の交点となるから，2式から y を消去して，$\frac{1}{4}x^2=-\frac{1}{2}x$ より，$x^2+2x=0$，$x(x+2)=0$ より，$x=0$，-2 となり，点Pの x 座標は -2 である。y 座標は $y=\frac{1}{4}\times(-2)^2=1$ となるから，P(−2, 1)である。

(2)＜直線の式＞右上図で，点Cと点Pを結ぶ。2点A，Bの x 座標がそれぞれ -4，2より，AC＞CBだから，△APC＞△CPBである。よって，点Cを通り△PABの面積を2等分する直線は線分APと交わる。その交点をQとする。(1)より，直線ABの傾きは $-\frac{1}{2}$ だから，その式は $y=-\frac{1}{2}x+b$ とおけ，B(2, 1)を通ることから，$1=-\frac{1}{2}\times2+b$，$b=2$ となるので，C(0, 2)である。また，P(−2, 1)，B(2, 1)より，2点P，Bは y 軸について対称だから，PBは x 軸に平行であり，PB $=2-(-2)=4$ である。PBを底辺と見ると，2点A，B，2点C，Bの y 座標より，△PABの高さは $4-1=3$，△CPBの高さは $2-1=1$ だから，△PAB $=\frac{1}{2}\times4\times3=6$，△CPB $=\frac{1}{2}\times4\times1=2$ となり，△APC＝△PAB−△CPB $=6-2=4$ となる。△AQC＝〔四角形CQPB〕$=\frac{1}{2}$△PAB $=\frac{1}{2}\times6=3$ だから，△AQC：△APC＝3：4となり，AQ：AP＝3：4である。3点A，Q，Pから x 軸に垂線AA′，QQ′，PP′を引くと，AA′∥QQ′∥PP′だから，A′Q′：A′P′＝AQ：AP＝3：4となる。A′P′ $=-2-(-4)=2$ より，A′Q′ $=\frac{3}{4}$A′P′ $=\frac{3}{4}\times2=\frac{3}{2}$ となるから，点Qの x 座標は $-4+\frac{3}{2}=-\frac{5}{2}$ である。ここで，A(−4, 4)，P(−2, 1)より，直線APの傾きは $\frac{1-4}{-2-(-4)}=-\frac{3}{2}$ だから，その式は $y=-\frac{3}{2}x+c$ とおけ，点Aを通ることより，$4=-\frac{3}{2}\times(-4)+c$，$c=-2$ となるから，直線APの式は $y=-\frac{3}{2}x-2$ である。点Qは直線AP上にあり，x 座標が $-\frac{5}{2}$ だから，$y=-\frac{3}{2}\times\left(-\frac{5}{2}\right)-2=\frac{7}{4}$ より，Q$\left(-\frac{5}{2},\ \frac{7}{4}\right)$ である。したがって，2点C，Qの座標より，直線CQは，傾きが $\left(2-\frac{7}{4}\right)\div\left\{0-\left(-\frac{5}{2}\right)\right\}=\frac{1}{10}$，切片が2だから，求める直線の式は $y=\frac{1}{10}x+2$ となる。

4〔空間図形―球と直方体〕

《基本方針の決定》(1)　直方体ABCD-EFGHの対角線が，球の直径となる。

(1)＜長さ―三平方の定理＞右図で，点Aと点C，点Eと点Cを結ぶ。AB：AD：AE＝1：2：3より，AB＝xとおくと，AD＝$2x$，AE＝$3x$と表せ，BC＝AD＝$2x$となる。∠ABC＝90°だから，△ABCで三平方の定理より，$AC^2=AB^2+BC^2=x^2+(2x)^2=5x^2$となる。さらに，∠EAC＝90°だから，△AECで三平方の定理より，$CE=\sqrt{AC^2+AE^2}=\sqrt{5x^2+(3x)^2}=\sqrt{14x^2}=\sqrt{14}x$となる。一方，直方体ABCD-EFGHの対角線AG，BH，CE，DFの交点をOとすると，OA＝OB＝OC＝OD＝OE＝OF＝OG＝OHとなるから，直方体ABCD-EFGHが内接する球の中心は点Oである。よって，線分CEは球Oの直径だから，CE＝2OC＝2×7＝14である。したがって，$\sqrt{14}x=14$が成り立ち，$x=\sqrt{14}$となるから，AB＝$\sqrt{14}$である。

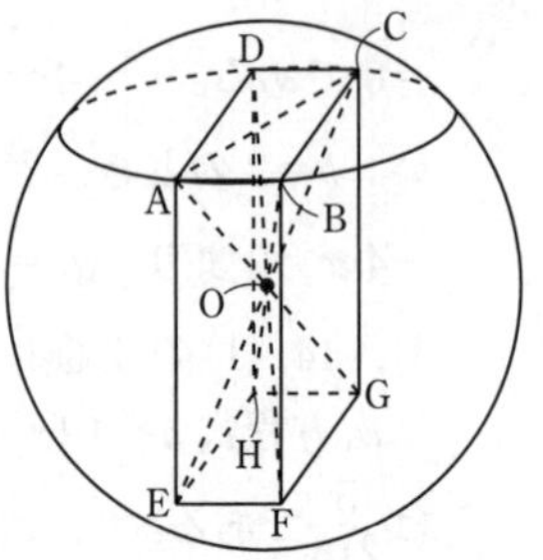

(2)＜面積＞右上図のように，4点A，B，C，Dを通る平面で球Oを切ると，切り口は円となる。∠ABC＝90°だから，線分ACが切り口の円の直径となる。(1)より，$AC=\sqrt{5x^2}=\sqrt{5}x=\sqrt{5}\times\sqrt{14}=\sqrt{70}$だから，切り口の円の半径は$\frac{1}{2}\times\sqrt{70}=\frac{\sqrt{70}}{2}$であり，求める断面積は$\pi\times\left(\frac{\sqrt{70}}{2}\right)^2=\frac{35}{2}\pi$となる。

5〔特殊・新傾向問題〕

《基本方針の決定》(1)　$4(x^2-3x-4)$の範囲を考えよう。　　(2)　規則性に気づきたい。

(1)＜xの値＞$\langle x^2-3x-4\rangle=4x+4$より，$x^2-3x-4$を4倍して小数第1位を四捨五入した整数にすると$4x+4$になるので，$(4x+4)-\frac{1}{2}\leqq4(x^2-3x-4)<(4x+4)+\frac{1}{2}$である。これより，$4(x+1)-\frac{1}{2}\leqq4(x+1)(x-4)<4(x+1)+\frac{1}{2}$……(*)となる。$4(x+1)-\frac{1}{2}\leqq4(x+1)<4(x+1)+\frac{1}{2}$だから，(*)を満たすのは，$4(x+1)(x-4)=4(x+1)$のときである。よって，$x-4=1$だから，$x=5$である。ここで，$x=5$に近い数で，(*)を満たす数がないかを調べる。$4x+4$が整数になることより，$x$は，$m$を自然数として，$x=\frac{m}{4}$と表せる数だから，$x=\frac{19}{4}$，$\frac{21}{4}$のときを考える。$x=\frac{19}{4}$のとき，$4(x+1)=4\times\left(\frac{19}{4}+1\right)=23$，$4(x+1)(x-4)=23\times\left(\frac{19}{4}-4\right)=\frac{69}{4}$であり，$x=\frac{21}{4}$のとき，$4(x+1)=4\times\left(\frac{21}{4}+1\right)=25$，$4(x+1)(x-4)=25\times\left(\frac{21}{4}-4\right)=\frac{125}{4}$だから，いずれの場合も(*)を満たさない。以上より，$x=5$となる。

(2)＜式の値＞$\frac{1}{12}\times4=\frac{1}{3}=0.3\cdots$，$\frac{2}{12}\times4=\frac{2}{3}=0.6\cdots$，$\frac{3}{12}\times4=1$，$\frac{4}{12}\times4=\frac{4}{3}=1.3\cdots$，$\frac{5}{12}\times4=\frac{5}{3}=1.6\cdots$，$\frac{6}{12}\times4=2$，$\frac{7}{12}\times4=\frac{7}{3}=2.3\cdots$，$\frac{8}{12}\times4=\frac{8}{3}=2.6\cdots$，……，$\frac{100}{12}\times4=\frac{100}{3}=33.3\cdots$だから，$\left\langle\frac{1}{12}\right\rangle=0$，$\left\langle\frac{2}{12}\right\rangle=1$，$\left\langle\frac{3}{12}\right\rangle=1$，$\left\langle\frac{4}{12}\right\rangle=1$，$\left\langle\frac{5}{12}\right\rangle=2$，$\left\langle\frac{6}{12}\right\rangle=2$，$\left\langle\frac{7}{12}\right\rangle=2$，$\left\langle\frac{8}{12}\right\rangle=3$，……，$\left\langle\frac{100}{12}\right\rangle=33$である。よって，$\left\langle\frac{1}{12}\right\rangle$～$\left\langle\frac{100}{12}\right\rangle$が表す数は，$100=1+3\times33$より，0が1個，1～33が3個ずつとなるので，$\left\langle\frac{1}{12}\right\rangle+\left\langle\frac{2}{12}\right\rangle+\left\langle\frac{3}{12}\right\rangle+\left\langle\frac{4}{12}\right\rangle+\cdots\cdots+\left\langle\frac{100}{12}\right\rangle=0+(1+2+3+\cdots\cdots+33)\times3$となる。$1+2+3+\cdots\cdots+33=(1+33)+(2+32)+(3+31)+\cdots\cdots+(16+18)+17=34+34+34+\cdots\cdots+34+17=34\times16+17=561$だから，$\left\langle\frac{1}{12}\right\rangle+\left\langle\frac{2}{12}\right\rangle+\left\langle\frac{3}{12}\right\rangle+\left\langle\frac{4}{12}\right\rangle+\cdots\cdots+\left\langle\frac{100}{12}\right\rangle=0+561\times3=1683$である。

2021年度／明治大学付属中野八王子高等学校

国語解答

一 問一 付き合っている　問二 イ
問三 乃〔の〕の字を使った　問四 ウ
問五 知らせられなかった〔言えなかった／告発しなかった〕
問六 エ　問七 ア
問八 ベースを提
問九 言ってやった〔やってやった／やっつけてやった／はき出してやった〕
問十 ウ
問十一 ② 真意 ⑥ 偏差値
⑨ 花壇 ⑩ ぬ ⑫ さえぎ

二 問一 1 産業革命 2 国家／企業
問二 自分たちに
問三 ・大地震や大
・原発が意外〔(原発)の〕
問四 エ
問五 1 といっても 2 薬の開発過
問六 ア 自分で考え判断する姿勢
イ 意見を率直に出し合う
問七 独立した人格の持ち主
問八 イ
問九 ① 立脚 ⑥ 弊害 ⑧ つぐな
⑨ きた ⑪ たてまえ

一〔小説の読解〕出典；小野寺史宜『逆にタワー』(『今日も町の隅で』所収)。

問一＜表現＞「彼女」には，話し手と聞き手以外の女性と，恋人である女性という二つの意味があるが，後者の意味であることを強調するために，わざとカタカナで表記していると考えられる。

問二＜心情＞好き合っていたから結婚したはずの両親が離婚することになり，乃衣は，人を好きになるということがどういうことなのか，わからなくなってしまったのである。

問三＜指示語＞名字と名前に「の」という文字があるとまどろっこしいが，離婚して「一ノ瀬」になると思いつかないほど両親は好き合っていたから，名前に「乃(の)」の字を使った「乃衣」と名づけたのだと，悠太は思ったのである。

問四＜文章内容＞悠太は，離婚を考えていなかったからこそ，娘の名前に，母親の旧姓と同じ「の」という字を使ったのだと言うことで，両親が離婚するという深刻な状況にあり，人を好きになる気持ちも信じられなくなっている乃衣を励まそうとした。そんな悠太の気持ちを，乃衣は，優しいと感じたのである。

問五＜文章内容＞乃衣は，痴漢に触られたときに周囲の人にそのことを伝えず，しなくていい我慢をしてしまった。勇気を出して言えなかった自分を，乃衣は「弱い」と思ったのである。

問六＜心情＞気になっていた女の子におごってあげたいと好意を示したら笑顔で受け入れてもらえたことが，悠太はうれしくて，誰かにそれを自慢したくなったのである。

問七＜文章内容＞悠太は，乃衣が自分の秘密を明かしてくれたので，言うつもりではなかったギターからベースに降格したことを打ち明けた。そして，バンドにはギターが二人いるよりはベースがいた方がよく，「ベースも悪くないかなって，ちょっと思うようになった」と前向きにとらえようとする悠太を，乃衣は，「ギターで勝てないならベースで挑む」ことは「逃げ」ではなく，「立派な勝負だ」と後押しした。悠太は，乃衣のその言葉に励まされるとともに乃衣の強さを感じ取り，日比谷公園でのことは忘れられない出来事になったのである(ア…×)。

問八＜文章内容＞悠太は，自分の提案を尽互が却下するのは，本当は，第一に今からアレンジするのはめんどうくさいから，第二に悠太が自分の言うことに黙って従って，「ベースを提げてただ突っ立って」いればいいと思っているからだと思ったのである。

問九＜心情＞悠太は，尽互に言われるがままに降格させられ従ってきたが，初めて我慢せずに自分の意見を言ったことで，乃衣が東京タワーの話や日比谷公園で見せたのと同じ「やってやろう」と挑むような，強い気持ちになれたのである。

問十＜表現＞「ぼく」という悠太の視点で物語が描かれ，「何かずれてる。どんな理屈だよ」「弱くない。強い。感心する」「真顔が笑顔〜かわいい，と言うしかない」など，悠太のそのときどきの気持ちを端的に表す短い文が重ねられ，読み手に悠太の心情をわかりやすく伝えている。

問十一＜漢字＞②「真意」は，本当の気持ちのこと。　⑥「偏差値」は，テストの得点などが，集団の平均値からどの程度隔たっているかを示す数値のこと。　⑨「花壇」は，庭や公園などで，一部を区切り草花を植えた所。　⑩音読みは「縫製」などの「ホウ」。　⑫音読みは「遮光」などの「シャ」。

二〔論説文の読解—自然科学的分野—科学〕出典；池内了『なぜ科学を学ぶのか』。

≪本文の概要≫現代社会は科学・技術の発展に支えられ，私たちは，その恩恵を当たり前に利用しているが，科学・技術にはよい面だけでなく負の面もあることを認識しなければならない。科学・技術の限界が示された例には東日本大震災と原発事故があるが，多くの人たちが原発の危険性について知ろうとせず，安全神話を信じていたことも問題である。科学・技術が必然的に持っている負の面に騙されないためには，私たちは科学・技術について知る必要がある。とはいえ，全ては知ることができないので，科学的なものの見方・考え方を学び，何が問題で，どう対応すべきかについて判断する観点を身につけることが重要である。他の人に任せて従っていればよいという姿勢が，現代人に多く見られるようになっているが，科学的に考えてお互いの意見を出し合い，よりよい方向を見出していくのが真の民主主義社会なのだから，科学的なものの見方・考え方は，現代社会に不可欠なのである。

問一＜文章内容＞1．「地下資源の効果的な利用法は，産業革命以来の科学や技術の研究から生まれ」，産業革命をきっかけに「科学・技術の重要性がはっきりと認識」され，「国ぐるみ一体となって科学・技術の発展を」目指す現代の文明社会につながった。　2．産業革命以降，「科学・技術の有効性を認識した国家」は科学・技術の研究・教育を財源面から支え，同時に「企業」も「新製品を作り収益を確保するため，最先端の技術開発に力を入れ」て，科学・技術の発展を進めた。

問二＜文章内容＞人類社会が初期に行っていた植物の「品種改良」，野生動物の「家畜化」，「ガラスや鉱物」を取り出す作業は，自然や動植物を「自分たちにとって都合のよいものに」つくり変えるという「科学・技術の初歩的な援用」であり，人類社会はそうすることで進化してきたのである。

問三＜文章内容＞東日本大震災によって，「大地震や大津波の発生を正確に予測できない」という「科学の弱点が露わに」なり，福島第一原子力発電所の「メルトダウン事故」によって，「原発が意外に脆いものである」ことが明らかになったのである。

問四＜表現＞ここでの「神話」とは，絶対的なものと信じ込まされてきたが，実は根拠のない事柄のこと。原発は，絶対安全だと考えられていたが，本当はその考えに根拠はなかったのである。

問五＜文章内容＞1．薬害被害を受けたときに「泣き寝入り」しないためには，「何が問題であり，どこを押さえておけばよいか，どう対応すべきか」を「判断する観点を身につける」ことが必要である。　2．薬害被害を受けたときに「泣き寝入り」しないためには，裁判を通じて薬品の検査の実態を明らかにする必要があり，そのためには「薬の開発過程や毒性検査や副作用に関する実験」についての知識など，「科学・技術に関する知識が不可欠」である。

問六＜文章内容＞現代人は「むずかしいことは上の人や専門家に任せ」て，それらの人に従っているだけで安心し，「自分で考え判断する姿勢」を失っている。しかし，それでは最終的には「独裁的な社会」になりかねない。お互いを尊重し合う本来の民主主義社会にするためには，科学的なものの見方・考え方をもとに，「お互いの意見を率直に出し合う」健全な人間関係をつくっていくことが大切なのである。

問七＜文章内容＞「付和雷同」は，自分の考えを持たず他人の言動に同調すること。真の民主主義社会では，他人に影響されずに「独立した人格の持ち主」として自分の考えを率直に表明し合い，お互いを尊重し合うことが必要とされるのである。

問八＜主題＞現代社会を支えている科学・技術にはよい面もあるが，東日本大震災，原発，薬害などの負の側面もあり，現代人には，科学・技術が持つこうした二面性を理解し，「プラス面は活かし，マイナス面は小さくするよう努める」姿勢が必要である(ウ・エ…×)。そして，科学・技術のよい面だけを過信しないためには，「科学・技術に慣れ親し」むことで「科学的なものの見方・考え方」を身につけることが必要であり，それは，真の民主主義社会を生きる現代人にとって，お互いを尊重し合い，意見を率直に出し合う「健全な人間関係」を築き，「よりよい方向を見いだしていく」ためにも不可欠なのである(ア…×，イ…○)。

問九＜漢字＞①「立脚」は，よりどころとなる立場を定めること。　⑥「弊害」は，他に悪影響を及ぼす物事のこと。　⑧音読みは「補償」などの「ショウ」。　⑨音読みは「鍛錬〔練〕」などの「タン」。　⑪「建前」は，表向きの考えのこと。

＝読者へのメッセージ＝

二に出てきた「付和雷同」は，自分にしっかりとした考えがなく，簡単に他人の意見に合わせる，という意味の「付和」(「付」はその人の側につく，という意味)と，雷の音に万物が応じて響くように他人の意見に同調する，という意味の「雷同」からなった四字熟語です。「雷同付和」ともいいます。

2021年度 明治大学付属中野八王子高等学校(推薦)

【英　語】（30分）〈満点：100点〉

1 次の英文を読み，後の問に答えなさい。＊印の語には注が付いています。

Chen-Chieh Chuang believes that medicine is an art. He also believes that art is good medicine. Chuang is an artist, but he is also a doctor. Chuang believes that both art and medicine help people to heal. Before he sees his first patient every morning, Chuang paints. “(　①　)” he says. And he hopes to use his art to heal others.

Chuang was born in Taiwan. He learned to paint when he was a child. From a very young age, he wanted to be both an artist and a doctor. When he went to college, he studied art and ＊biochemistry at Brown University in Rhode Island. After Chuang graduated from Brown, he taught art in New York City for a year. Then ②<u>he began medical school</u> at Yale University. 【ア】

After medical school, Chuang worked as a doctor in poor communities. He traveled and worked all over the United States, from Arizona to Alaska. During ③<u>this time</u>, he also continued painting. 【イ】 He painted the beautiful things of nature, for example plants, flowers, and birds.

A few years ago, Chuang decided to work in one place for a while. He opened a medical office in Massachusetts. He also began to show and sell his paintings, and he started a class for medical students called Art and Medicine. 【ウ】 He wants to help students to become sensitive and creative doctors.

In 2005, Chuang bought his own building and ④<u>moved his medical practice there</u>. “It's my big art project,” says Chuang. Outside the building, there are thousands of flowers and trees. In the waiting area, there are large windows and plants everywhere. Chuang's paintings and photographs are on the walls. There are also books on art, religion, sports, and of course, medicine. 【エ】

Next to the waiting area, there is a kitchen. There is always fruit there for the patients. Sometimes Chuang bakes bread, and the smell fills the waiting area. Chuang says, “Most of the time when people come to the doctor's, they are already nervous. I want to make them feel comfortable.”

Patients love everything about Dr. Chuang's medical practice, from the gardens outside to the beautiful paintings inside. But they especially love Dr. Chuang, the artist and doctor who created this special place.

（注） biochemistry　生化学

問１　(①)に入る英文として最も適切なものを１つ選び，記号で答えなさい。

ア　. . . Art heals them,　　　イ　. . . Does medicine heal you?

ウ　. . . Medicine heals you all,　　　エ　. . . Art heals me,

問２　下線部②を日本語にした時，下の(　)に適切な日本語を補いなさい。

彼は(　　　　)。

問３　下線部③が表す内容を日本語にした時，下の(　)に10字以上15字以内の日本語を補いなさい。

彼が(　　　　)時。

問４　下線部④の内容として最も適切なものを１つ選び，記号で答えなさい。

ア　移動して，そこで彼の医学的な実験を行った

イ　そこで彼の移動式の医療を練習した

ウ　そこに彼の治療院を移動させた

エ　人々を感動させるような病院をそこに開いた

問５　本文からは下の１文が抜けている。本文中に挿入する場合，最も適切な箇所はどこか。文中の【ア】～【エ】の中から１つ選び，記号で答えなさい。

Chuang designed it to help students see the relationship between art and medicine.

問６　本文の内容を基に，Chuang の建物を説明するように下線部１，２に当てはまる最も適切な語句を４語以内の英語で答えなさい。ただし，１は大文字で始めること。(完答)

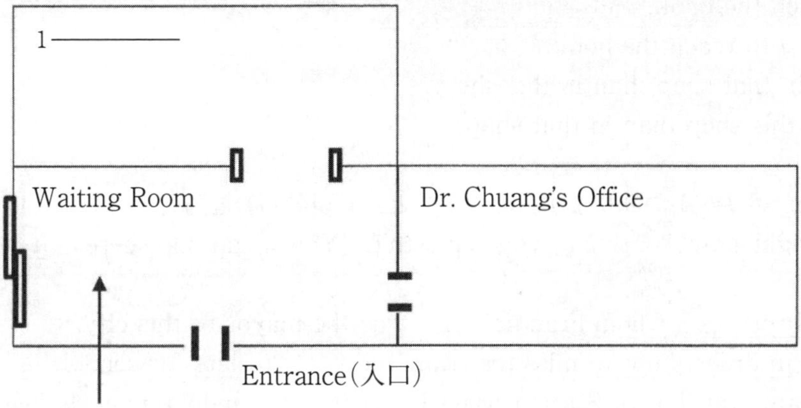

Patients can enjoy looking at
Chuang's ₂________.

問７　本文の内容と一致する英文をア～キから２つ選び，記号で答えなさい。

ア　Chuang thinks that art is the best medicine for people to cure their illnesses.

イ　Chuang usually paints after he finished seeing his patients of the day.

ウ　Chuang was an art teacher before he became a doctor.

エ　Chuang didn't like working in one place for a long time.

オ　Chuang's patients can enjoy reading various categories of books while they are waiting.

カ　Chuang sells homemade bread at the kitchen to make the patients feel relaxed.

キ　Chuang's office is so popular and famous that many patients come to see him.

2　日本語の意味を表すように，(　)に適切な語を入れなさい。

(1)　今日何をすべきか教えてください。

Tell me (　　) (　　) (　　) today.

(2)　あなたはその意見に賛成ですか，反対ですか。

(　　) you (　　) or against the opinion?

(3)　父は去年煙草を止めました。

My father (　　) (　　) smoking last year.

(4) 「彼は泳げないのですか。」―「いいえ，泳げますよ。」
“Can’t he swim?” ― “(　　), he (　　).”

(5) 去年，あなたの英語の先生は誰でしたか。
(　　) (　　) you English last year?

3 次の各組の英文がほぼ同じ意味になるように，(　)に適切な語を入れなさい。

(1) I cooked my family dinner yesterday.
I cooked dinner (　　) my family yesterday.

(2) Taro helps me. I help him, too.
Taro and I help (　　) (　　).

(3) He was sad to see the dead bird.
He was sad (　　) he (　　) the dead bird.

(4) I was too short to reach the book.
I was not (　　) (　　) to reach the book.

(5) The shirt costs more in that shop than in this shop.
The shirt is (　　) in this shop than in that shop.

4 次の各文の下線部には，誤りが１つあります。その記号と正しい語(句)を答えなさい。

(1) “ア Must I leave here right now?” ― “No, you イ mustn’t. You ウ can stay here エ if you want.”

(2) ア That is one of the イ brothers ウ whom grandfather エ was the mayor of this city.

(3) He ア left home early イ in order ウ not to miss the train and not エ to late for school.

(4) I always ア change a train イ at Tokyo Station when I ウ visit my grandparents エ living in Nagoya.

(5) ア Which does your brother イ go to school, ウ on foot or エ by bike?

5 日本語の意味を表すように，(　)内の語(句)を並べかえなさい。ただし，文頭にくる語も小文字になっているので，大文字に変えて解答すること。

(1) 何度君にもっと勉強するように言えばいいの。
(should / more / times / tell / how many / you / I / to study)?

(2) 彼が作ったその問題は思ったよりも難しい。
The questions (more / than / made / difficult / by / thought / I / him / are).

(3) それがどのような種類の動物かを答えられる子供はいなかった。
(was / answer / of / children / it / what / no / animal / could / kind).

【数　学】（30分）〈満点：100点〉

1　次の問いに答えなさい。

(1)　$-\dfrac{36}{ab^3}\times\left(\dfrac{b}{a^2}\right)^2\div\left(-\dfrac{3}{a^2b}\right)^3$ を計算しなさい。

(2)　$\dfrac{5}{\sqrt{3}+1}-\dfrac{1}{\sqrt{3}-1}-(\sqrt{3}+1)(\sqrt{3}-1)$ を計算しなさい。

(3)　$a^2-b^2+c^2+2ac$ を因数分解しなさい。

(4)　連立方程式 $3x+2y-1=\dfrac{x-5y}{2}=0.2x-0.6y+5$ を解きなさい。

(5)　$\sqrt{13}$ の整数部分を a，小数部分を b とするとき，$ab+3a-b-3$ の値を求めなさい。

2　次の問いに答えなさい。

(1)　関数 $y=\dfrac{1}{3}x^2$ において，x がある値 a から 6 だけ増加するとき，変化の割合は -2 です。a の値を求めなさい。

(2)　x の 2 次方程式 $ax^2+(a^2-a-2)x-a^2-3a+2=0$ の 1 つの解が $x=-2$ であるとき，a の値を求めなさい。

(3)　下の図の△ABCにおいて，AB＝ 9 cm，BC＝ 5 cm，CA＝ 6 cm です。△ABCの面積を求めなさい。

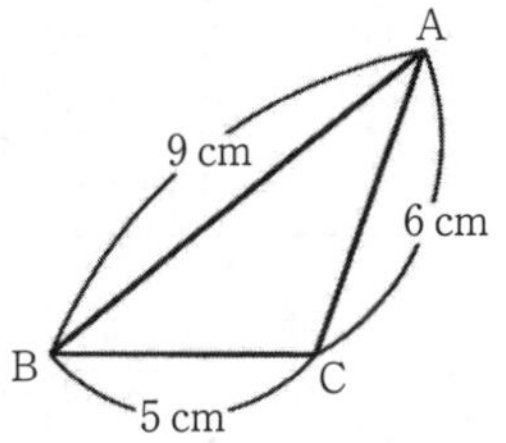

(4)　右の図のように，放物線 $y=2x^2$ は，直線 $y=8x-6$ と 2 点A(1, 2)，B(3, 18)で交わり，直線 $y=2x+12$ と 2 点B，C(−2, 8)で交わります。また，直線 $y=2x+12$ と y 軸との交点をDとします。このとき，点Dを通り，△ABCの面積を 2 等分する直線の式を求めなさい。

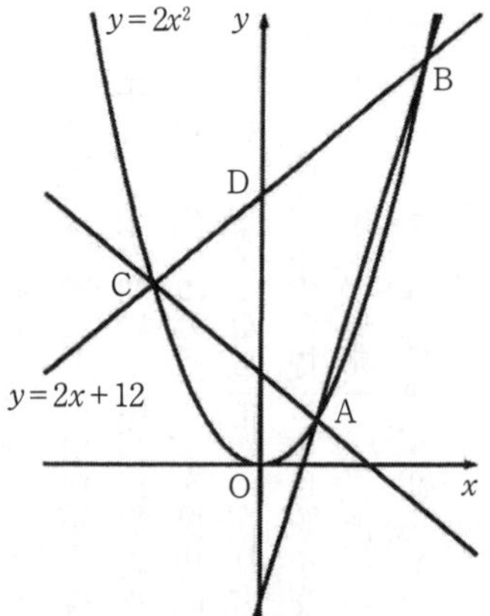

(5)　自然数 n を 5 で割った余りを＜n＞で表すとします。

＜2^1＞＋＜2^2＞＋＜2^3＞＋…＋＜2^{20}＞

の値を求めなさい。

3　2 つの円 O_1，O_2 の半径をそれぞれ r_1，r_2（ただし $r_1>r_2$）とし，中心 O_1，O_2 間の距離を d とします。

(1)　2 つの円 O_1，O_2 が接するとき，r_1，r_2，d の間に成り立つ等式をすべて答えなさい。

(2)　2 つの円 O_1，O_2 が異なる 2 点で交わるとき，d の範囲を r_1，r_2 を用いて不等式で表しなさい。

強くならざるを得ない状況に置かれているのです」とありますが、これを説明した次の文の空欄にあてはまる言葉を文中から七字で抜き出して答えなさい。

　地理的要因による［　　］のためには集団主義的要素が強くならなければならないということ。

問三、——⑤「もう一つ、集団主義が強い理由として考察を加えておくべき事項があります」とありますが、これを説明した次の文の空欄にあてはまる言葉を文中から十四字で探し、最初の五字を抜き出して答えなさい。

　鎖国をしていた江戸時代は［　　］ことが必要だったということ。

問四、——⑧「日本人同士の議論を見ていると、フランスとは決定的な違いがあることに気づきました」とありますが、

1 「日本人同士の議論」についての筆者の考えを説明した次の文の空欄にあてはまる言葉をこれより後の文中から十四字で探し、最初の五字を抜き出して答えなさい。

　主張と人格を分離して考えることができないので、お互いに［　　］ような意見の交わし方ができない。

2 フランス人の議論の仕方についての筆者の考えを説明した次の文の空欄にあてはまる言葉を文中から二字で抜き出して答えなさい。

　自分の意見を述べる際は、まず結論を提示し、その後に［　　］を述べていく。

問五、——⑩「こいつは議論の相手になる」とありますが、これを説明した次の文の空欄にあてはまる言葉を文中から十七字で探し、最初の五字を抜き出して答えなさい。

　相手を［　　］に見ているということ。

問六、——⑪「これ」の指し示す具体的な内容を文中から抜き出して答えなさい。

問七、——⑫「自分のスタイルを人に合わせるということが、非常に重要視されているのだ」とありますが、「人に合わせる」理由を説明した次の文の空欄にあてはまる言葉を文中から漢字二字で抜き出して答えなさい。

　人に合わせないと周囲から［　　］されるから。

問八、日本人とフランス人の議論の違いの原因について筆者が考えていることを説明した次の文の空欄にあてはまる言葉を文中からアは二字、イは七字で抜き出して答えなさい。

［ア］の日本と［イ］にあるフランスという違いが原因かもしれないということ。

問九、本文の論の進め方の説明として最もふさわしいものを次から選び、記号で答えなさい。

ア　まず日本人が集団主義的な考え方を持つに至った背景について例をあげながら説明し、次に集団の意思を大事にするがゆえに議論が苦手になってしまった理由を述べ、目指すべき手本としてフランスを例にあげて論を進めている

イ　集団を中心に物事を考える日本人の特性を地理的・歴史的観点から説明したうえで、それがゆえに議論をすることが苦手になってしまったことに対する筆者の考えを、フランス人の議論の仕方と比較することによって述べている

ウ　さまざまな災害や歴史的事実を検証することを通して日本人の特性を明らかにし、それがゆえに議論をすることがエンターテインメントになってしまっている日本人の悲しさを述べたうえで、筆者なりの解決策を提示している

エ　日本人がいかに自然災害などの困難と背中合わせで生活していたか、ということを歴史的事実を掘り下げることで明らかにし、そうした日本人の在り方がフランス人より素晴らしいものになるための提言を自説を交えて主張している

問十、——①「頻発」、②「逃れ」の漢字の読みを答え、⑥「クズれる」、⑦「サける」、⑨「ミセイジュク」のカタカナを漢字に改めなさい。

す。議論の相手としては面白みに欠けるから、この時点で会話を打ち切りたいという意思を遠回しに表しているとも言えます。もっとも文字通り「面白い」と思っているケースもありますが、相手がパリジャンなら、こうしたアイロニーが含まれていると思った方がいいかもしれません。

反対に、「⑩こいつは議論の相手になる」と判断された場合、フランス人がどんなリアクションを示すかというと、「本当にその通りだね！」とは言わず、むしろ「ノン！　私はそうは思わない！」という印象的な返答で、あえて議論を深めようと吹っかけてきたりするのです。

私も当初は、前項で述べたような日本における議論しか知らなかったので、喧嘩を売られたのかと思って身構えてしまったのですが、⑪これは先ほどのような「あなたの話には興味がないよ」と宣言されてしまうような反応とは逆のものであって、「君の話は面白いね」と相手にある種の敬意を持ち、腰を据えて相手の考え方を聞こうと関心を抱いてもらったという、嬉《うれ》しい証拠でもあるわけです。

これが日本人相手であれば、にっこりほほ笑んで「それは面白いですね」と言ってもらった方が、むしろ受け入れられたような感覚があり、安心します。「僕は違う！」と真っ正面から言われたらかなり険呑《けんのん》な感じがしますし、「自分はこの人に何かしただろうか？」と人間関係の維持すら覚束《おぼつか》なくなるような、不安な気持ちになります。

これも、閉ざされていて自然環境の厳しかった島国の日本と、さまざまな人種と文明の交差点として、多様性と議論が当たり前だったヨーロッパ大陸との違いかもしれません。彼らにとって意見の対立は、互いに意見を持つ人間同士として対等だからこそ、立ちのぼってくる現象として捉えられているのです。

違っていることは当然で、違いがどうあれ、その理由や背景を議論しながら理解を深めていく社会と、同質なのが当たり前で、違っているものがあれば排除しようとする力の働く社会。そのどちらが良いかは、環境・地理・社会条件により変化します。個人的には、フランスにいたときの方が疲れはするけれど、言いたいことを我慢しなくてよいのは楽だったという印象があります。どのような考え方を持っていても、どんなスタイル、どんな容姿でいても、「私はこうである」という考えさえ説明できれば平然としていても誰も文句を言いませんし、許容されないということは、そう多くはありません。

そういう環境に慣れてしまうと、逆に日本に帰国してから驚くことも多くありました。電車の中にいる女性はみな同じメイクをして、同じような髪型、同じようなファッションで、なんだか全員がコピーのように見えたのです。フランスでは気にもしていなかった、⑫自分のスタイルを人に合わせるということが、非常に重要視されているのだと恐ろしくなり、これからこの環境でやっていったら自分も均質化の波に呑《の》まれるのでは、と不安になったことを記憶しています。その後すぐに、呑まれてたまるかとばかりに自分の髪の色を黒から金に変えたのも懐かしい思い出です。

（中野信子「人は、なぜ他人を許せないのか？」による。一部表記・体裁を改めた）

問一、――③「逆に集団の協力行動を拒んだり、集団の了解事項を裏切ったりする人は、みんなからの非難と攻撃の対象になります」とありますが、避難所にいる被災者がとる行動として、これにあてはまるものを次から一つ選び、記号で答えなさい。

ア　復旧作業を手伝うことになった人が、その地域はまだ危険だと判断して参加を断った

イ　高齢の母と一緒なので配給品のパンをレトルトパックのおかゆに替えてもらった

ウ　作業でけがをし、復旧担当から避難所の配給担当に配置転換してもらうよう要請した

エ　避難所がいっぱいになったので、自家用車での車中避難生活に変更すると申し出た

問二、――④「私たちは抗い難い理由によって、集団主義的要素が

あるテーマAに対して、Xという主張、Yという主張を持っている人がいるとします。
　フランスであれば、一方が「Aについて話をしたい。私はXだと考える。その理由はかくかくしかじかだが、あなたはどうか？」と語り始めたら、もう一方は、「私はあなたと考え方が違う。私はYだと考える。その意味するところはかくかくしかじかで……」と応じます。そこからお互いが、より議論を掘り下げていき、この部分はどう考えるか？ とか、この部分は賛成だがこの部分は理由になっていないのではないか？ あるいはこの部分まではお互い共有できる、などといった具合に発展していきます。人と人が会うたび、大きなテーマが世間の話題になるたびに毎日こんな調子で、はたから見ていると、みんなとても楽しそうに意見を交わしていました。
　私は結局日本人だからなのか、正直「また議論か、もうおなかいっぱいだ」と感じることも多かったのですが、ひとたび「君はどう思う？」とこちらに振られたら、反応しないわけにはいかないのです。その理由は後で述べます。
　その後日本に戻ってきて、「君はどう思う？」からはようやく解放されたのですが、⑧日本人同士の議論を見ていると、フランスとは決定的な違いがあることに気づきました。
　同じように、あるテーマAに対して、Xという主張、Yという主張を持っている人がいるとすると、だいたいこんな具合に展開していくのです。
「Aについて、あなたはYだと主張しているが、その考え方はいかがなものか？」「いやいや、Xなどと言い張っているあなたこそ失礼千万だ！」「なんだその態度は！ 生意気な。人の顔をつぶすのか？」「大した勉強もしていないくせに、何を熱くなっているの。どちらもみっともないよ」
　これもこれで、はたから見ている限りでは面白そうですが、日本の議論はなんだか様式美的で、深掘りせずにステートメント（意見）を争わせ、最終的には本質の探究ではなく、喧嘩《けんか》コントのような戦いになってしまうのです。もっとも、これをプロレス遊びのように捉《とら》えるのであればエンターテインメントとして成立するのかもしれませんが、正直議論と呼べるのか、私には疑問です。
　そんなことを考えていたら、あるフランス人にフランス語では、「議論する（discuter）」という動詞が「人」を目的語に取る（〜と議論する）のに対して、「論破する（réfuter）」という動詞は、人を目的語に取らないんだよ、と言われました。これはつまり、議論は人とするものだけれど、言い負かすのはあくまで話している内容、論旨であって、上司を論破する、夫を論破する、相手を論破する、という使い方はしないということです。とはいえ、別のフランス人には、いや、そういう使い方もあるし、時には議論でめちゃくちゃにやられて仲が悪くなることもあるよ、と言われたりもしたのですが……。まあ、多様性があるということになるのでしょうか（私が嘘《うそ》をつかれているのでなければ）。
　一方、日本では主張と人格とが分離されず、容易に人格攻撃へとつながります。これは、日本をある意味象徴するような特徴かもしれません。
　議論の違いについてもう少し深く考えてみると、フランスでは、議論のできる人が一人前であり、議論のできない人は⑨ミセイジュクでありバカにされるということになると言えるでしょう。したがって私も、「君はどう思う？」と議論を持ちかけられたら、答えないわけにはいかなくなります。
　英語の「interesting」という単語は、日本では「面白い、興味深い」という意味合いで学びます。フランス語で同じ意味の単語は「intéressant」ですが、フランス人に「C'est intéressant」と言われた場合、文字通り「それは面白いね」と訳すこともできるのですが、ニュアンスとしては「ありきたりで当たり前だね」、あるいは「ふーん、つまんないね」という意味になってしまうことが、しばしばあるのです。つまり、あなたの主張は取るに足らない、どこかで聞いたような話だ、などと捉えられてしまっているということで

二〇二一年度　明治大学付属中野八王子高等学校(推薦)

【国　語】 (三〇分) 〈満点：一〇〇点〉

〈注意〉　字数には、句読点も記号も一字として数えます。

次の文章を読んで、後の問いに答えなさい。

結局のところ、日本で個人主義的な性質が強い集団よりも集団主義的要素が強い集団が生き延びやすかったのは、災害の多さという地理的要因が大いに影響しているのではないかと考えられます。東日本大震災や熊本地震を始め、ここ最近①頻発する水害でも明らかになった通り、日本はどんなに防災面を発展させてきても、現在の状態の地球上のこの位置にある限り、自然災害から②逃れられません。

防災にコストをかけ、意識をいくら高めても、起きてしまうこと(起きてしまったこと)はどうしようもなく、誰かのせいにもできません。そして、災害からの復興は、助け合いながら、みんなで力を合わせてやる以外にありません。こうした状況下では、個人の意思よりも集団の目的を最優先する人材が重要視されることはごく自然です。③逆に集団の協力行動を拒んだり、集団の了解事項を裏切ったりする人は、みんなからの非難と攻撃の対象になります。また、たとえ災害により非常につらい状況に陥ったとしても、集団で力を合わせて困難を克服することによって、自分の存在価値をかえって強く実感することができ、自らを癒《いや》していった人たちも少なくなかったでしょう。それが良い、悪いという議論ではなく、④私たちは抗《あらが》い難《がた》い理由によって、集団主義的要素が強くならざるを得ない状況に置かれているのです。

⑤もう一つ、集団主義が強い理由として考察を加えておくべき事項があります。統計上の事実として、日本では江戸時代中盤以降から明治期に産業構造が変わるまで、ほとんど人口が増えていないことを理解しなくてはなりません。３０００万人を超えたところで頭打ちとなってしまい、むしろ飢饉《ききん》が起きれば１００万人近い人が短期間に命を落とすこともありました。30人に1人が亡くなるというのは、計算上、太平洋戦争と同レベルの人的損害ということになります。

当時日本にやってきた外国人の見聞録によれば、日本は耕作できるところにはすべて人間の手が入っていて、海外では効率が悪くて作らないような段々畑もたくさん見られたということです。

こうしたことから推察できるのは、鎖国によって交易(特に食糧の輸入)を行っていなかった江戸時代、国土をギリギリまで食糧生産のために使っても、最大限維持できる人口が３０００万人超のレベルであり、ひとたび自然災害が起きてそのバランスが⑥クズれると、あっという間に１００万人単位の命が失われるような限界寸前の状況だっただろうということです。お米の一粒すら貴重な国土では、集団で食糧生産を維持していくより他なく、裏を返せば一人では生きていくことはできないということでもあります。

こうした状況では、良し悪しにかかわらず協働して困難を乗り切る集団主義的戦略が最適であって、集団の考え方に背くことが社会全体の深刻なピンチを招きかねないという思考を、誰もが無意識に採用していたということなのでしょう。

(中略)

このように、集団の意思に従いがちな日本では基本的に議論が行われるケースが少なく、多くの人が議論下手、あるいは議論を⑦サけるようになっていきます。

私はフランスで生活をしていましたが、かの国は日本とは正反対、議論はむしろコミュニケーションの主要な基盤とすら思えてきます。日本人から見れば人と人が顔を合わせれば、毎日議論ばかりしている国に見えるかもしれません。私もそのなかにいたわけですが、日本に戻ってきて考えるのは、日本で行われている議論のほとんどが、フランスで私が見てきた議論とは異質のものだということです。

2021年度／明治大学付属中野八王子高等学校（推薦）

英語解答

1
問１　エ
問２　（例）医療の勉強を始めた〔医学部へ入学した〕
問３　（例）アメリカ中の貧しい地域で働いた
問４　ウ　　問５　ウ
問６　１　Kitchen
　　　２　paintings and photographs
問７　ウ，オ

2
(1)　what to do　　(2)　Are, for
(3)　gave up　　(4)　Yes, can
(5)　Who taught

3
(1)　for　　(2)　each other
(3)　because〔that〕, saw
(4)　tall enough　　(5)　cheaper

4
(1)　記号…イ
　　正しい語(句)…don't have to
(2)　記号…ウ　正しい語(句)…whose
(3)　記号…エ
　　正しい語(句)…to be late
(4)　記号…ア
　　正しい語(句)…change trains
(5)　記号…ア　正しい語(句)…How

5
(1)　How many times should I tell you to study more
(2)　made by him are more difficult than I thought
(3)　No children could answer what kind of animal it was

数学解答

1
(1)　$\frac{4}{3}ab^2$　　(2)　$2\sqrt{3}-5$
(3)　$(a+b+c)(a-b+c)$
(4)　$x=4$，$y=-2$　　(5)　$2\sqrt{13}$

2
(1)　-6　　(2)　-1，2
(3)　$10\sqrt{2}\,\mathrm{cm}^2$　　(4)　$y=-\frac{11}{2}x+12$
(5)　50

3
(1)　$d=r_1+r_2$，$d=r_1-r_2$
(2)　$r_1-r_2<d<r_1+r_2$

国語解答

問一　ア　　問二　災害からの復興
問三　集団で食糧
問四　１　議論しなが
　　　２　理由〔わけ／背景〕
問五　互いに意見
問六　「ノン！　私はそうは思わない！」という印象的な返答〔「ノン！　私はそうは思わない！」〕
問七　排除〔非難／攻撃〕
問八　ア　島国　イ　ヨーロッパ大陸
問九　イ
問十　①　ひんぱつ　②　のが　⑥　崩
　　　⑦　避　⑨　未成熟

2020年度 明治大学付属中野八王子高等学校

【英　語】（50分）〈満点：100点〉

1 リスニング問題　〈編集部注：放送文は未公表につき掲載してありません。〉

放送の指示に従って答えなさい。

問1

Q．1　What does the woman usually do after class?

A．She goes straight home.

B．She meets a friend for dinner.

C．She goes somewhere nice.

D．She works at Fabio's.

Q．2　What will the woman say next?

A．"Really?　Thank you very much."

B．"Oh, I'm sorry."

C．"That's nice.　Let's go together."

D．"No problem.　See you later."

問2

Q．1　During her homestay, what could she NOT do?

A．Go to bed after 11:00 p.m.

B．Take a bath after dinner.

C．Wash the dishes after breakfast.

D．Come back home after 10:30 p.m.

Q．2　What was the rule about bringing her friends home?

A．She could bring them only to her room.

B．She could talk to them anywhere at her homestay parents' home.

C．She could bring them only to the living room or dining room.

D．She could talk to them only in the living room.

2 次の英文を読み，後の問いに答えなさい。＊印の語(句)には注が付いています。

Denmark is one of the most bicycle-friendly countries in the world.　*Roughly, 40 percent of the people in its capital, Copenhagen, *commute to school or work by bicycle.

Why are bikes so popular in Denmark?　First of all, the government is worried about pollution.　Cars *pollute the air, and the number of cars is growing.　Denmark has a very high tax on (①) because the government wants more people to ride (②) instead.

Another reason for the *popularity of bicycles is that Denmark is a very flat country.　The highest place in the country is only 577 feet (170m), so it is a very (③) place to ride a bike.　In Copenhagen, there are also special *lanes just for cyclists.　Cars must stop when a bike is crossing the road.　Some places have special traffic lights to tell drivers that bikes are going to cross the road.

About 20 percent of people in nearby towns commute to Copenhagen on their bikes.　But

Denmark wants to *double ④this number. The government is planning to build bicycle "superhighways." These roads will only be for cyclists. Cyclists will have special places on these highways to stop and rest or put air in their tires.

Denmark is also making traffic lights friendlier for cyclists. Most people ride their bikes at about 10 mph (16km/h). On the bicycle superhighways, people going this speed will only see green traffic lights. They won't have to (⑤) for a red light.

With these bicycle superhighways, Copenhagen may become the most bicycle-friendly city in the world. Many other cities, *such as New York, London, and Guangzhou, China, are thinking about copying its plans. In fact, there is a new word for making a city more bicycle-friendly : "Copenhagenization."

（注） *roughly：だいたい　*commute to ～：～へ通う　*pollute：～を汚染する
*popularity：人気　*lane：車線　*double：～を倍にする
*such as ～：～のような

問１　空所①②に入る乗り物の名前をそれぞれ複数形で答えなさい。

問２　空所③に入る語として最も適切なものを１つ選び，記号で答えなさい。
ア crowded　イ difficult　ウ easy　エ heavy

問３　下線部④の内容を説明した以下の文の空所に入る日本語を８字以内で答えなさい。
コペンハーゲンへ(　　　　)人の数。

問４　空所⑤に入る適切な英語を１語で答えなさい。

問５　本文のタイトルとして最も適切なものを１つ選び，記号で答えなさい。
ア Denmark Loves Bicycles
イ Pollution in Denmark
ウ Friendly Cyclists
エ Health and Bicycles

問６　本文の内容と一致する文を以下の中から２つ選び，記号で答えなさい。
ア About 40 percent of the people in Copenhagen use cars to commute.
イ A car is faster than a bicycle, but a bicycle is more useful than a car.
ウ Cyclists will be able to stop and rest in special places on the bicycle superhighways.
エ Many other cities in the world also want the people to ride bicycles instead of cars.
オ "Copenhagenization" means that bicycles make people friendlier.

3　次の英文を読み，後の問いに答えなさい。

These days, Japanese manga is everywhere, but they weren't always so popular. So how did it all begin? Today I want to write about Osamu Tezuka (1928-1989). He was a Japanese manga artist. People call him "the father of manga."

When he was a child, his mother often read stories to him, and she also took him to the theater. His father showed animated films at home. These influences appeared in his later work.

He started to draw comics when he was about six years old. During the Second World War, at the age of 16, he worked in a factory. There he drew comics for the other workers.

After the war, he started his studies in medicine, but he didn't stop ①his creative work, and soon he had his first real success with comics like "New Treasure Island." In the early 1950s, he created the very popular boy robot ― Astro Boy.

Tezuka didn't write for one age group ; instead, he produced stories for ②(e　　) — from very young children to adults.　He changed manga because ③(artist / first / he / long / stories / the / to / was / write) — stories with the feeling of films.

People often ask why the characters in Japanese manga have very big eyes.　Probably from Walt Disney.　Tezuka really admired Disney ; they say he watched "Bambi" 80 times !

Over a period of 40 years, Tezuka created about 700 stories — over 150,000 pages of manga. ④He also worked on many animated films and TV programs.　He wasn't very old when he died — only 60 — and perhaps he worked too hard.　Still, his last words were : "Let me work !"

問１　下線部①が指す内容を，以下に合うように日本語で答えなさい。

his creative work＝［　　　　　　］こと

問２　空所②に入る語を，与えられた頭文字を使って答えなさい。

問３　下線部③が意味の通る英文になるように，（　）内の語を並べ換えなさい。

問４　下線部④と同じ内容を表すように，以下の英文の空所に適語を入れなさい。

He worked (　　) (　　) on manga (　　) on many animated films and TV programs.

問５　本文には，以下の一文が抜けている。この文が本来入る位置はどこが適切か。直前の英文の最後の語と，直後の英文の最初の語を答えなさい。ただし，句読点は語に含まない。

Well, this was Tezuka's idea — but where did he get it from ?

問６　本文の内容と一致する文を以下の中から２つ選び，記号で答えなさい。

ア　Japanese manga has been very popular since the first Japanese manga was created.

イ　Tezuka is called "the father of manga" because he created Japanese manga.

ウ　Tezuka's parents taught him how to draw comics.

エ　Tezuka's life had no connection with comics when he was 16 years old.

オ　Tezuka drew his first manga while he was working in a factory.

カ　"New Treasure Island" brought the first success to Tezuka.

キ　Tezuka liked Walt Disney so much that he used the same characters.

ク　Tezuka wanted to continue his work even when he was dying.

4　次の各組の英文がほぼ同じ内容になるように，（　）に適切な語を入れなさい。

(1) My grandmother walks to the hospital every Monday.
My grandmother goes to the hospital (　　) (　　) every Monday.

(2) I've never seen such an interesting YouTube channel.
This is the most interesting YouTube channel I (　　) (　　) (　　).

(3) I came back home and it began to rain at once.
(　　) (　　) (　　) I came back home, it began to rain.

(4) Miyuki is younger than Saki.　Akiko is older than Saki.
Akiko is (　　) (　　) (　　) the three.

5

日本語の意味を表すように次の語(句)を並べ換えたとき，(A)(B)(C)に入る語(句)を下の語群から選び，記号で答えなさい。〈ただし，文頭に来る語(句)の最初の文字も小文字になっています。〉

(1) ドイツ製の自動車は世界中の人々に愛されている。

(　　)(　　)(　　)(A)(　　)(　　)(B)(　　)(　　)(C)(　　)(　　).

ア all　イ are　ウ by　エ cars　オ Germany
カ in　キ loved　ク made　ケ over　コ people
サ the　シ world

(2) 私は叔母が書いてくれた手紙を受け取るのを楽しみにしている。

(　　)(　　)(　　)(A)(　　)(B)(　　)(C)(　　) to me.

ア am　イ I　ウ forward　エ getting　オ looking
カ my aunt　キ the letter　ク to　ケ wrote

(3) 彼女が彼にそのお金を与える必要はない。

(　　)(　　)(A)(　　)(B)(　　)(　　)(C)(　　).

ア for　イ her　ウ him　エ it　オ is
カ necessary　キ not　ク to　ケ to give　コ the money

(4) きみがサッカーを始めてから何年くらい経ったのだろう。

(　　)(　　)(A)(　　)(B)(　　)(　　)(C)(　　)?

ア have　イ how　ウ many　エ passed　オ since
カ soccer　キ started　ク years　ケ you

【数　学】（50分）〈満点：100点〉

1　次の問いに答えなさい。

(1)　$\dfrac{4x-y-1}{3}-\dfrac{3x-5y-2}{4}-y$ を計算しなさい。

(2)　$\dfrac{2}{3}x^3y^3\div\left(-\dfrac{3}{4}x^2y\right)^2\div\left(-\dfrac{2y^2}{3x^3}\right)^3$ を計算しなさい。

(3)　$\left(\dfrac{\sqrt{3}+\sqrt{2}}{\sqrt{3}-\sqrt{2}}\right)^2-\left(\dfrac{\sqrt{3}-\sqrt{2}}{\sqrt{3}+\sqrt{2}}\right)^2$ を計算しなさい。

(4)　$(x-2y)^2+2(2y-x-4)-16$ を因数分解しなさい。

(5)　$\sqrt{11}$ の小数部分を a とするとき，a^2+6a+1 の値を求めなさい。

(6)　$10001^2-9999^2+102\times98$ を計算しなさい。

2　次の問いに答えなさい。

(1)　2次方程式 $x^2+x+b=0$ の2つの解の差が2であるとき，b の値を求めなさい。

(2)　$n^2-20n+75$ が素数となるような整数 n をすべて求めなさい。

(3)　右の図のような5枚のカードがあります。これらのカードから無作為に2枚のカードをとり出すとき，2枚のカードに書いてある数字の積が負の数となる確率を求めなさい。

(4)　関数 $y=\dfrac{1}{2}x^2$ の x の変域は，関数 $y=-3x+1$ における x の変域が $-1\leqq x\leqq1$ のときの y の変域と一致します。このとき，関数 $y=\dfrac{1}{2}x^2$ の y の変域を求めなさい。

(5)　右の図1のように，円周上に4点A，B，C，Dがあり，直線ADと直線BCの交点をE，線分ACと線分BDの交点をFとします。このとき，ADの長さを求めなさい。

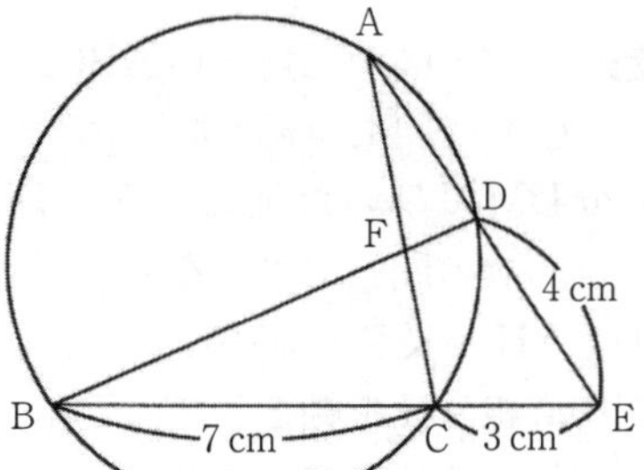

図1

(6)　下の図2は，ABを直径とする半円で，$\overset{\frown}{AB}$ 上の点は $\overset{\frown}{AB}$ を8等分する点です。$\angle x$ の大きさを求めなさい。

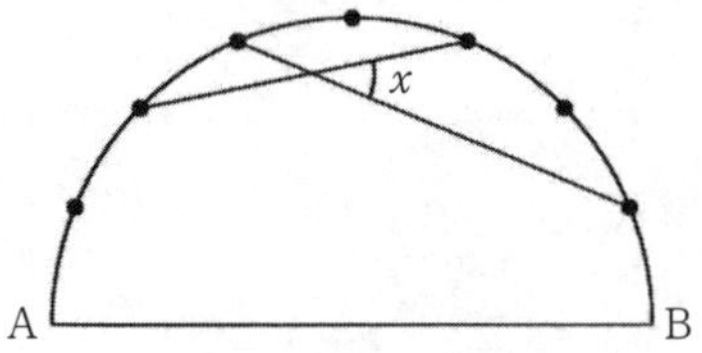

図2

(7)　右の図3において，1辺の長さが6 cmの正三角形が円に内接しています。直線 l を軸として1回転したとき，斜線部分がつくる立体の体積を求めなさい。ただし，円周率は π とします。

(8)　右の図4において，四角形ABCDは1辺の長さが6 cmの正方形です。辺CDを2：1に分ける点をEとし，辺CDの延長上に∠CBE＝∠EBFとなる点Fをとります。このとき，DFの長さを求めなさい。

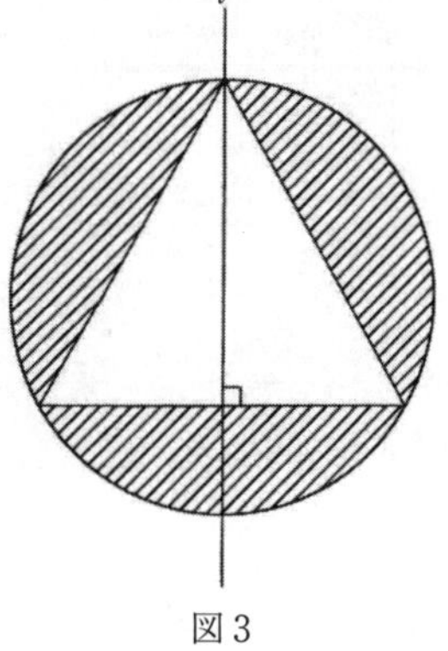

図3

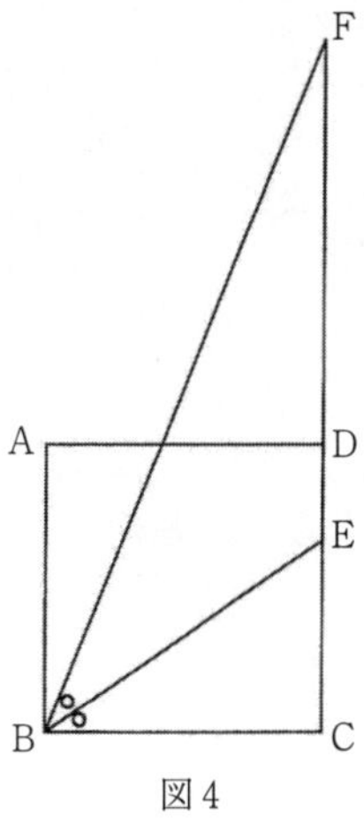

図4

3 　ある学校で，男子の人数は生徒全体の45%，部活動に加入している生徒の人数は生徒全体の70%です。また，男子で部活動に加入している生徒の人数は男子生徒全体の84%です。このとき，次の問いに答えなさい。

(1) 男子で部活動に加入している生徒の人数は，部活動に加入している生徒全体の何%になりますか。

(2) 女子で部活動に加入していない生徒の人数は，生徒全体の何%になりますか。

4 　x 座標も y 座標もともに整数である点を格子点といいます。

右の図のように，放物線 $y=x^2$ 上の2点 $A\left(-\frac{5}{2},\ \frac{25}{4}\right)$，$B(3,\ 9)$ を通る直線を l とします。斜線部分は放物線と直線 l に囲まれた図形であり，周上も含むものとします。このとき，次の問いに答えなさい。

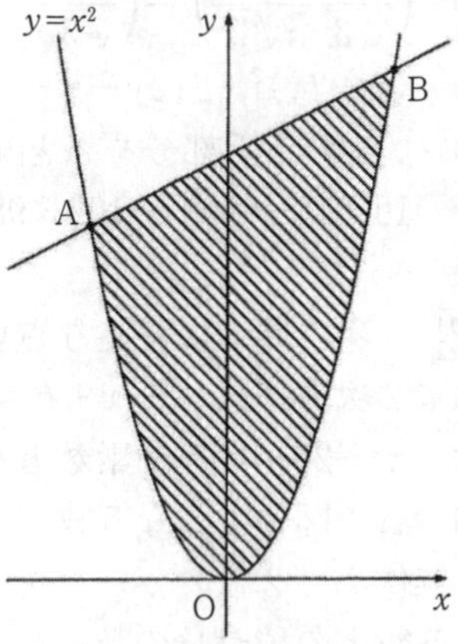

(1) 斜線部分に含まれる格子点の個数を求めなさい。

(2) 直線 $x=m$ 上の斜線部分に含まれる格子点の個数を，m が偶数の場合と奇数の場合に分けて，それぞれ m を用いた式で表しなさい。ただし，$-\frac{5}{2} \leqq m \leqq 3$ とします。

5 　右の図の三角すいABCDは，AB＝AC＝6，AD＝$2\sqrt{13}$，BD＝CD＝$2\sqrt{14}$，BC＝$4\sqrt{2}$ です。辺BCの中点をM，頂点Aから線分DMにひいた垂線と線分DMとの交点をHとします。このとき，次の問いに答えなさい。

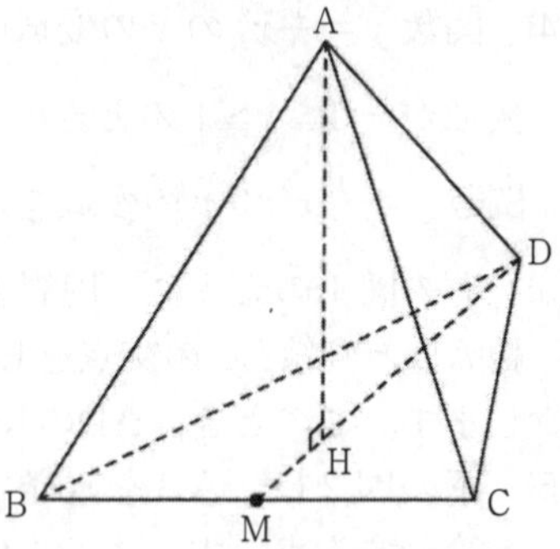

(1) AHの長さを求めなさい。

(2) 直線AHを軸として，三角すいABCDを1回転してつくられる立体の体積を求めなさい。ただし，円周率を π とします。

語を答えなさい。

[　　]しないでいいことを[　　]すること。

2　この場合の「杞憂」の内容として最もふさわしいものを次から選び、記号で答えなさい。

ア　お金は働いて手に入れるものだと考えることは、まったく違っていたということ

イ　働く人に感謝しない人間が多いというのは、一方的な決めつけだったということ

ウ　他人の心を理解できない人間は確かにいるが、必ずしも多くはないということ

エ　感謝しない子どもがいるのはなぜか考えたが、答えは出せなかったということ

問四、――⑦「人は個々にはそれほど立派ではないという、自戒というか自重が、ここにはある」とありますが、この説明として最もふさわしいものを次から選び、記号で答えなさい。

ア　つねに適切な行動をとる人間はいないので、他者を主観的に見なければならないということ

イ　他者の視点で自分をとらえるのは難しいので、つねに訓練をしなければならないということ

ウ　外見にこだわるあまり内面をないがしろにすると、他者との関係まで希薄になるということ

エ　他者の目を意識しながら自分を振り返り、誇りがもてるよう行動することが大切だということ

問五、――⑧「『見た目』で支えなくてはならない」とありますが、「見た目」で支えるとはどうすることですか。文中から十八字で探して、最初の五字を抜き出して答えなさい。

問六、――⑩「それなりの理由」とありますが、これを説明した次の文の空欄にあてはまる言葉をそれぞれ文中から、アは五字、イは二字で抜き出して答えなさい。

人は弱いものだから[ア]によって[イ]を保とうとしなければみっともないことになるから。

問七、――⑫「教養教育の必要」とありますが、この理由が述べられている段落を文中から探して、最初の五字を抜き出して答えなさい。

問八、――⑬「現代に求められている『教養』」としてあげられているものを二つ、文中から六字と十二字で抜き出して答えなさい。

問九、《Ⅰ》と《Ⅱ》に共通する内容として最もふさわしいものを次から選び、記号で答えなさい。

ア　道徳の重要性　イ　教養の必要性

ウ　他者の視線の重要性　エ　他者への思いやりの必要性

問十、――②「シュウユウ」、⑪「ヨウセイ」のカタカナを漢字に改め、――④「臨床」、⑥「偽装」、⑨「忌避」の漢字の読みを答えなさい。

大正までのこうした高等遊民〈世俗的な労苦を嫌い、定職につかないで自由気ままに暮らしている人〉的な教養人像には、昭和の初期につよい批判が起こった。たとえば三木清〈哲学者〉は、政治や経済の世界を軽蔑して文化を偏重するその教養主義に、国家エリートへのルサンチマン〈憎悪やねたみ〉を嗅ぎつけた。彼は、知識は断片的であってはならず、それらを関係づけ、とりまとめる、より基礎的で根源的な視点を内に含まねば、時代のうわべをなぞるだけに終わると考えた。あらゆる知的探究を束ねるこの根源的な思考は「哲学」にほかならず、それを軸に組み立てられてはじめて、教養は社会的な実践に活かせるものとなりうるとした。「デカンショ〈学生歌のかけ声。哲学者三人の名前を略したもの〉」と歌われたあの旧制高校的な教養像である。

いずれの「教養」も、同時代の社会に対して批判的な距離を置こうとしている。ただ、前者が時代を俯瞰《ふかん》する〈高い所から見下ろし眺める〉「人間性〈ヒューマニティ〉」の高みへと上昇しようとするのに対して、後者は時代の根源へと潜り込もうとする。向きが逆なのである。

上向きか下向きかは別として、これらはともに時代に垂直方向から向きあおうとした。これに対し、⑬現代に求められている「教養」はむしろ水平方向にはたらくべきものではないかというのが、わたしの考えだ。

時代を至近距離からでなく、一定距離を置いて見ることが大事なのは、直近の利害に眼を曇らせないためである。いますぐ役に立たないかもしれないが、時代が危機的な状況に陥ったときに、こういうやり方もあるという選択肢をできるだけ多く用意しておくためである。「教養」もそのためにある。

マッピングという言葉がある。じぶんが世界のどのような位置にあるのか、じぶんがどのような歴史的脈絡のなかで生きているのか、それを知ることである。その意味で、マッピングは、世阿弥《ぜあみ》〈室町時代の能役者、能作者〉のいう「離見の見」、つまり舞うじぶんを後ろから見つめるまなざしをもつことに似ている。

とはいえ、政治状況や経済市場についても、さらにはエネルギー源や環境保護をめぐっても、諸要因が複雑にからまり、さらに不確定要因も多くて、全体を俯瞰することも、一義的な視点から制御することも困難なのが、現代世界である。世界が一つの視点から見通せないときに必要なのは、別の視線である。世界を立体的に見るためには複眼が要る。そのためには、世界を別の眼で見ている人たち、つまり異なる文化的背景をもつ人たちとの対話をこまやかに紡いでゆかねばならない。

自己を世界のなかにマッピングするというのは、じぶんを後方から見ることであると同時に、他者の視線をみずからの内に引き入れることでもある。そのためには対話のセンス、さらにはどのように人と人を編むかというネットワーキングのセンスが要る。そういうセンスこそ、水平方向にはたらく「教養」の核をなすべきものだとおもう。

（鷲田清一「濃霧の中の方向感覚」による。一部表記・体裁を改めた）

問一、――①「見たくないなとおもう子どものふるまい」とありますが、この説明として最もふさわしいものを次から選び、記号で答えなさい。

ア　妙な全能感にもとづくふるまい
イ　過剰な無能感に襲われたふるまい
ウ　全能感と無能感に揺れ動くふるまい
エ　互酬性の感覚にもとづくふるまい

問二、――③「ひっかかる」とありますが、この理由を説明した次の文の空欄にあてはまる言葉を文中から九字で抜き出して答えなさい。

大人をこき使う子どもには［　　　］という感覚がないから。

問三、――⑤「杞憂」とありますが、

1　意味を説明した次の文の両方の空欄に共通してあてはまる熟

ている。だから、お金さえあれば何でも買える、他人をじぶんのために動かせる、という妙な全能感に知らぬまに浸されてしまう。身の丈に合わず、何の裏づけもない全能感である。だからなにか事が一つうまく行かないと、逆に過剰な無能感に襲われる。まるでじぶんはだれからも愛されていないと言わんばかりに。

この全能感と無能感のあいだの魂の激しい揺れが、子どもをことさら不安定にしているようにおもう。自由というものを、じぶんの意のままにできることと勘違いさせているようにおもう……。と、ここまで書いてきて、このことが元来、子どもだけの話ではないことに思いは向く。

④臨床心理家、霜山徳爾《とくじ》は『人間の限界』のなかで、ある老舗《しにせ》の料理人のこんな言葉を引いている――

「ものの味わいの判る人は人情も判るのではないかと思いやす。人が働いてくれてるということ、この情愛がわからん人々が世の中に多いさかいにね」

これを⑤杞憂《きゆう》とするふるまいを目にしたことがある。ある家族が、料理店で食事を済ませたあと、テーブルの食器がそれぞれに片づけやすいようにきちんと揃《そろ》えられていたこと。それと、旅先でタクシーに乗ることになろうからと、郷里の特産品をタクシーの運転手さんへのおみやげに持参した静岡の修学旅行生たちのこと。これは運転手さんから聞いた。

そういえば、人はふつう、じぶんのほうが客なのに、店先で「ご免ください」と言う。帰りに「ごちそうさまでした」と礼を言う。そう、申し訳ないけれどきょうはわたしが客にならせてもらいます。そんな「おたがいさま」という互酬性の感覚である。

これを「魂の移転」と呼んだのは、スペインの思想家、オルテガ・イ・ガセットである。「しばらくの間じぶんから抜け出て隣人のところへじぶんを移す」という心持ちのことである。

まるでじぶんが彼/彼女であるかのようにという仮想をいつでもできること。このことは、道徳やマナー（礼節）が、いわば演技という側面をもつことをしめしている。演技といっても、こころにもないことを⑥偽装するという意味ではない。人の視線のなかで身を整えるということである。みっともないこと、目も当てられないこと、格好わるいことはできないという矜持《きょうじ》（自信と誇り）、いってみればつねになりふりかまうことである。道徳やマナーは、志操（主義や考えなどを固く守る意志）としてかたくなに守るより先に、まずはこういう他者のまなざしを意識した演技として育まれ、身についてゆく。⑦人は個々にはそれほど立派ではないという、自戒というか自重が、ここにはある。

品位というものを自然にまとえるほど人は強くない。感情というものはつい野放しになる。だからこそこういう自重を、あるいは感情の抑制を、⑧「見た目」で支えなくてはならない。「人は見た目」というのは、人はつねに外見で判断するという意味ではなく、演技でじぶんを整えるしかないという、人の弱さについての自重の言葉であるはずだ。人が勝ち負けの結果よりも、きれいな負け方にこだわり、きたない勝ち方を⑨忌避することには、⑩それなりの理由があるのである。

《Ⅱ》

国立大から教養部という機関が消えてから、次いで国立大学における「文系」縮小、ないしは「社会的⑪ヨウセイのより高い分野への転換」への路線が敷かれてから、逆に⑫教養教育の必要を訴える声が、大学の内外から頻繁に聞こえるようになったのは、なんとも皮肉なことである。

教養人といえば、かつてこんなイメージがあった。古今東西の古典に親しむ博識の人、文芸から美術・音楽まで高尚な趣味をもつ人、いわば眺める人、観照の人である。観照的というのは、裏返せば、あえて国家社会の外に立って実利に無縁であろうとすることである。要は、上から見下ろすような高踏的な（世俗を離れて気高く身を保っているさま）構えである。

えなさい。

問六、――⑪「傲慢さと善良さが、矛盾なく同じ人の中に存在してしまう」とありますが、これにあてはまるものとして最もふさわしいものを次から選び、記号で答えなさい。

ア　誰かに決めてもらうのに、教えてくれず不満に思う
イ　自分で決められないのに、相手に求める基準が高い
ウ　真面目でいい子なのに、得をするとは限らない
エ　相手の理解を求めているのに、相手のことを考えない

問七、――⑫「実際に親になって確かにわかったよ」とありますが、何がわかったのですか。この説明として最もふさわしいものを次から選び、記号で答えなさい。

ア　子どもが失敗しないように、正しい価値観を教えることができているかどうか心配な気持ち
イ　結婚相手を決める際に、子どもの選択に口出しをせず、本人に任せるべきかどうか悩む気持ち
ウ　自分の考えと合わないからと、子どもの自主性を尊重して受け入れることができない気持ち
エ　自由を求める子どもが親から自立していくことを絶対に認めたくないという身勝手な気持ち

問八、――⑬「子どもが自分で決めるまで待てなかったうちの親のことはますます許せない」とありますが、この理由を説明した次の文の空欄にあてはまる言葉を文中から六字で抜き出して答えなさい。

将来、［　　　　］に成長できない可能性があるから。

問九、「希実」にあって「真実」にないものにあたる言葉を文中から十五字で抜き出して答えなさい。

問十、本文の内容についての説明として最もふさわしいものを次から選び、記号で答えなさい。

ア　親子のつながりを重んじる慣習への疑問を通して、お見合いという古い制度の問題が現代にも存在することを示している
イ　希実が極力感情を排して淡々と語っていることから、母親と真実に対する修復困難な怒りを持っていることがわかる
ウ　真実の発言や容姿の描写が一切行われず、彼女が架にとってわかりづらい存在であることが暗にほのめかされている
エ　冷静な希実の説明に対し、架の感想は直感的で、少しずつ真実のことがわかっていく臨場感を味わうことができる

問十一、――①「陥る」、④「闇雲」の漢字の読みを答え、――⑥「キョクタン」、⑦「コンキョ」、⑧「ヨウリョウ」のカタカナを漢字に改めなさい。

二　次のⅠ・Ⅱの文章を読んで、後の問いに答えなさい。なお、文中の言葉の下にある〔　〕の中はその言葉の意味とする。

《Ⅰ》

これだけは①見たくないなとおもう子どものふるまいが、わたしには二つある。

一つは鮨屋《すしや》で板前さんに「まぐろ」「ひらめ」などと注文する姿。「かっぱ」や「鉄火」だったらいいという意味ではない。親に頼んでもらうのではなくて、子どもがじかに板前さんに注文する姿である。いま一つは、京都に住んでいるとよく目にすることなのだが、修学旅行生がタクシーに乗ってまちを②シュウユウする光景である。とくに繁華街の脇にタクシーを待たせて、買い物に興ずる姿は見たくない。

いずれも「客」なのだから、つまりこちらが支払いをするのだから当然というふうに、子どもが大人をこき使っている。

わたしが③ひっかかるのは、子どもが働いて稼ぐ前に、大人からもらったお金で他人によるサーヴィスを消費するという図である。もっとあからさまに言えば、金で大人をこき使うという図である。

コンビニやショッピングモールなどがあたりまえのように周りにあって、子どもはものごころがつく頃にはもう、消費の主体になっ

になった。
「お義姉さんからは真実さんにそれらを教えようとは思わなかったんですか？」
「私？」
　希実がきょとんとした顔をして――そして首を振った。
「思うわけないよ」
「だったら」
　だったら、真実を〝箱入り娘〟にした責任は親だけにあるのではないように思う。続けようとした架に希実がぴしゃりと言う。
「だって、悪意とかそういうものは、人に教えられるものじゃない。巻き込まれて、どうしようもなく悟るものじゃない。教えてもらえなかったって思うこと自体がナンセンスだよ」
　架が黙る。希実がやるせなさそうに息を吐いた。「でも、そうだね」と続ける。
「――結婚相手を探したり、恋愛するのにもそれまでの恋愛の経験や蓄積がないと動けない。そんなことも誰も教えてくれなかったって、真実はそう思ってたかもしれない」
　誰も教えてくれなかった、という言葉が重たく、架の胸に沈む。悪意を知り、打算を学ぶ――そうした⑩負の感情を取り除かれ、苦労がないようにと親に御膳立てされた道を、真実は確かに歩いてきたのだ。
　真実だけではないのかもしれない。
　婚活で知り合った何人かの顔が思い浮かぶ。あの人たちはどうだったろうか。
　架は絶対に自分のことは自分で決めたいし、自由でいたい。しかし、世の中には、人の言うことに従い、誰かの基準に沿って生きることの方が合っている――そういう生き方しか知らず、その方が得意な人たちも確かにいるのだ。特に、真面目で優しい子がそうなるのはよくわかる。
　――現代の結婚がうまくいかない理由は、『傲慢さと善良さ』にある――。
　ここでも小野里夫人の言葉が思い出された。善良に生きている人ほど、親の言いつけを守り、誰かに決めてもらうことが多すぎて、〝自分がない〟ということになってしまう。⑪傲慢さと善良さが、矛盾なく同じ人の中に存在してしまう――。
　そしてその善良さは、過ぎれば世間知らずとか、無知ということになる。
「親になればわかるって、私はいろいろな場面で母に言われ続けてきたけど、⑫実際に親になって確かにわかったよ」
　希実の声がまるで独白のように響く。
「ただ、母の心配が理解できて許せるようになったっていうわけじゃなくて、むしろ逆。心配がわかる分、自分の不安を優先して子どものことを信じなかった、⑬子どもが自分で決めるまで待てなかったうちの親のことはますます許せないし、自分の子には同じことは絶対にしたくないなって思う」

（辻村深月「傲慢と善良」による。一部表記・体裁を改めた）

問一、――②「そう見ていた」とありますが、これを言い換えた次の文の空欄ア・イにあてはまる言葉をそれぞれ文中から五字以上十字以内で抜き出して答えなさい。

　自分の［ア］を見て、［イ］ではないと判断していた。

問二、――③「なぜか自信満々なの」とありますが、これについて架が思ったことを文中から九字で抜き出して答えなさい。

問三、――⑤「自分たちの常識」とありますが、これと同じ内容の言葉を文中から八字で抜き出して答えなさい。

問四、――⑨「箱入り娘」とありますが、「真実」にとって「箱」にあたるものは何ですか。文中より十九字で探し、はじめの五字を抜き出して答えなさい。

問五、――⑩「負の感情」とありますが、これと対照的な内容をあらわす言葉を文中から十一字で探し、最初の五字を抜き出して答

手だから」

「お義姉さんの場合でもそんな感じだったんですね」

今度は架がため息を吐いた。希実の言う通り、陽子の言い方は確かに自分たちに都合がよすぎる。しかし、そう指摘されたところで陽子は無自覚なのだろう。彼女に悪意はない。ただ無神経なのだ。

「真実が親の言う通りにお見合いした時に、思い出したの」

架が黙って次の言葉を待つと、彼女が続けた。

「大学生の頃、真実の友達が他の大学の男の子とつきあってて。グループデートみたいな感じで互いの友達もつれて泊まりがけでスキーに行くことになったの。格安のペンションみたいなところに」

「はい」

「紹介された彼の友達がかっこいい人で、ちょっといい雰囲気だから行きたいんだけど、どうしようって真実から相談されて。男子もいる外泊なんて、うちは許してもらえないよねって」

「ありそうですよね、そういうこと」

親に対して後ろめたい外泊の経験のひとつやふたつ、どこにでもある話だ。女子大だったといっても、真実にも異性とのそういう出会いがあったのではないか。いまさら嫉妬《しっと》するということもないほどの過去の話を微笑ましく思って架が言うと、希実が「うん」と頷いた。

「私も似たようなことがあったし、だから言ったの。そんなの、男子がいるって言わなければいいだけじゃないかって。女の子だけのスキー旅行だって言って、あとは写真とか見せなければいいよ、私も何かあったら口裏合わせて協力してあげるって。真実もそれを聞いて、ありがとう助かるって、旅行に行くことになったんだけど」

「ええ」

「だけどね、真実が旅行に行く気配が一向にないの。そのまま春になって、そういえばあの旅行の話ってどうなったんだろうって後から真実に聞いたら、行けなくなったって」

「え?」

顔を覗《のぞ》き込むと、希実が困ったような顔をして薄く微笑んだ。

「——親に嘘《うそ》をつくのがしのびなくて、旅行の直前に、やっぱり男子もいるって、父と母に正直に言っちゃったんだって。罪悪感に耐えられなくなったらしいの」

真実の顔を思い出した。

架が知る三十代の真実は、もちろんその時とは少し違うだろう。しかし、架が繰り返し思ってきた「いい子」の言葉が重なる。間違いなく、これは真実の話だ。

「バカじゃないのって、正直、呆れた。そんなの、自分から言わなきゃ絶対バレないのに、生きてく力がなさすぎない? って思った。⑧ヨウリョウが悪すぎる」

「真実さん、昔から真面目だったんですね」

「うん。でも真面目ないい子が得をするとは限らないでしょ? そんなことの繰り返しだった娘がなんの恋愛経験もないのにいきなり自分で結婚相手を見つけるとか、そりゃ無理だよ」

小野里から聞いた、〝傲慢〟と対になるもうひとつの言葉が頭の中で弾けた。〝善良〟の方だ。

架の中でひとつの記憶が共鳴する。

——二人で行ったレストランの記憶だ。高級店と呼ばれるフレンチの店の料理を食べて、彼女が言った。「なんだか両親に申し訳なくて」と。そう聞いて、いい子だ、と架は思った。

けれどもし、その話を希実にしたらどう言われるだろう。大学時代、外泊の嘘を正直に話した時と同じ感想を、この姉なら持つかもしれない。

真実は、とても善良な女性だった。

「⑨箱入り娘って言葉があるけど、真実の場合もそうだったのかもね。うちは、そんなたいそうな家じゃないけど。だけど、真面目でいい子の価値観は家で教えられても、生きてくために必要な悪意や打算の方は誰も教えてくれない」

希実の目線がまた遠ざかる。架が訊《き》いた。真実を庇《かば》いたい気持ち

歯科医の息子なのに歯科医ではなく助手だったと、陽子が不満そうに洩《も》らしていた。あれを聞いて、架も確かに思った。なんてことを平然と口にするのか、と呆《あき》れていた。

希実が頷《うなず》いた。

「たぶん。自分が選んだんじゃないっていうのも、おもしろくなかったのかもしれないけど、とにかく気に入らなかったみたい。真実の大学とか職歴だってそんなたいそうなものじゃないのに、うちはちゃんとしてる家なんだからって、③なぜか自信満々なの。私が結婚する時もそうだったし」

「そうなんですか？」

希実の夫の剛志《つよし》は、架の目から見てもいい夫であり、父親に見える。仕事だって順調そうだし、夫婦仲もいい。希実がふーっと吐息を洩らす。

「まずフリーのデザイナーっていう時点でアウェイ（居心地が悪い雰囲気）だったよ。大丈夫なのか、大丈夫なのかって何度も聞かれて本当にうんざり。親たちも、何を心配してるのかはっきりわかってなかったと思う。ただもう、自分の決めたことじゃないからっていう一点だけで④闇雲に心配なんだよね。娘のことを信じてないの」

「どうして信じられないんでしょうか。僕なんかが言うのもあれですけど、お義姉さんはお仕事もしっかりされてるように見えるし、心配することなんか何もないと思うんですけど」

希実は自立した大人だ。むしろ、田舎の狭い価値観の中で過ごす彼女の親たちの方が、架からしてみるとよほど頼りない。納得できずに尋ねると、希実が微笑《ほほえ》み、そして答えた。

「信じたことがないから」と。

「自分の目に見える範囲で、娘のことは全部自分たちで決めてきたから、本人にまかせたことがないの。⑤自分たちの常識にないことをされると不安になるんでしょう。私は真実と違って高校も大学も親の言う通りにしなかったから、全部、反対されてきた。大学も、県外にやるなんて心配だって最初は許してもらえなかったのを説得したの」

勘違いしないでね、と希実が言った。静かな、優しい声音《こわね》だった。

「うちの母たちも、何も⑥キョクタンな学歴差別主義とかそんなわけじゃないんだよ。普段は、そんなことで人を判断しちゃいけないって私たちにも諭してきたような人だけど、それがいざ自分の娘の結婚相手となると別の話になるっていうか」

「それはなんとなくわかります」

「お見合いがうまくいってないって聞いて、思ったよ。真実も母もどうしてそんなに傲慢なんだろうって」

傲慢。

その言葉は、小野里夫人から聞いた言葉であると同時に、架もつい最近思ったことだった。過去の自分に対して、それから、真実の将来に介在する陽子たち両親に対して。

しかし、希実の目から見ると、妹もまたそう映るのか。

「自分たちにそんなに価値があると思っているのかなって。何を⑦コンキョにそんなに自信があるのかって謎だった。あなたたちがそうなんだったら、他の家だってみんなそうだよ。あなたたちから見てたいしたことがないように見える息子でも、相手も自分の家に自信があるし、息子がかわいいんだよって思っちゃった」

家族の殻が厚いのだ、と思う。

希実の言わんとすることが、架にも伝わる。それぞれの家の物語が強すぎて、自分の家の勝手がわかりすぎているから、わからない相手の家を受け入れられない。

「その頃になって、母から、『真実にも剛志さんみたいな人が見つかるといいんだけど』って言われて、どの口がそれを言うんだってムカつきもしたよ。お姉ちゃんは剛志さん、友達だったのよね、学生時代に出会えてよかったねって。――大学も、剛志のことも、自分が最初は反対したり心配してたことなんか忘れて急に上から目線で物を言う。自分が悪かったってことは絶対に認めない。親って勝

二〇二〇年度 明治大学付属中野八王子高等学校

【国語】（五〇分）〈満点：一〇〇点〉

〈注意〉字数には、句読点も記号も一字として数えます。

一 次の文章は、架《かける》が、突然姿を消した婚約者の真実《まみ》のことについて、その姉、希実《のぞみ》から話を聞く場面である。これを読んで、後の問いに答えなさい。なお、文中の言葉の下にある（ ）の中はその言葉の意味とする。

希実が再び重たいため息を吐く。

「そのお見合いも、結局うまくいかなかったみたいだけど」

「そうみたいですね」

「お見合いするところまでは親の言う通りにできても、恋愛の好みだけは譲れなかったってことなんだろうなぁ。自分で決められないけど、趣味だけは贅沢《ぜいたく》って、世の婚活（結婚相手を探す活動）がうまくいかない根本的な原因なのかもね。結局、架くんみたいなイケメンじゃないとピンとこないってことだったのかも」

「よしてください」

冗談ではなく、本気で言う。

ピンとくる、という感覚が真実が架に投影した自己評価額だった、という小野里（結婚相談所の主宰者）の言葉を思い出すと、いまだに肌が粟立《あわだ》つような感覚に①陥る。

希実が「ごめんごめん」と軽い調子で架に謝る。真顔に戻った。

「母に限らず、真実もきっと自分の物語が強かったんだよ。こんな過去や好みを持った自分を理解してくれる相手、みたいなものを求めすぎて、逆に相手もそういう物語を持ってるかもしれないってことの方は疎《おろそ》かになる」

「小野里さんに言われました。――みんな、自分につけてる自己評価額が高いって」

言うと、希実が興味深そうに架を見た。架が続ける。

「小野里さんに言わせると、お見合いがうまくいかない人はみんな、自分に釣り合う相手じゃなければ納得しないし、その基準が控えめだと言いつつ、実は相当高いそうなんです。実際には相手の方が収入があったりして、ステータス（地位）が高い場合でもそう思うって、不思議なものですけど」

「じゃあ、そういう場合は相手の方が外見が悪いとか、社交下手だとか、そういうことなんじゃない？ みんな、自分のパラメーター（基準を表した数値）の中のいい部分でしか勝負しないんだよ。自分の方が収入が低くても、外見が悪くても、相手より勝ってる部分にしか目が向かない。傲慢《ごうまん》だけど、人ってそういうものじゃない？」

希実がさらりと口にした言葉に、黙りこくる。ある面では、それも真理をついている気がした。何より、架自身が婚活の最中、相手の女性を②そう見ていたかもしれない。

「真実がお見合いするようになってから、連絡するようになってきたのは母の方。いい相手だと思うんだけど、真実が断ろうとしてる、一体何がダメなのか聞いてよ、説得してよ、みたいな電話が何度もきたよ」

「お義姉《ねえ》さんは実際そうされたんですか」

「しなかった。さっき言ったみたいに本当にもう関わりたくなかったから」

希実がきっぱりと言った。

「母の話を聞いててもいい加減うんざりだったんだよね。二人くらいお見合いしたんだっけ？ 母がお見合いの相手のことを、そういい大学を出てるわけじゃないとか、社交性に問題がありそう、とか言ってるのを聞いて、自分の娘を一体どれだけのものだと思ってるんだろうって腹立った」

「それは、真実さんが選んだっていう二人目のお相手のことですか？ 歯科助手をされてる、という」

2020年度／明治大学付属中野八王子高等学校

英語解答

1 問1　Q1　A　Q2　B

問2　Q1　D　Q2　C

2 問1　①　cars　②　bicycles〔bikes〕

問2　ウ　問3　自転車で通う

問4　stop　問5　ア

問6　ウ，エ

3 問1　漫画を描く

問2　everyone〔everybody〕

問3　he was the first artist to write long stories

問4　not only, but

問5　直前の語…eyes

直後の語…Probably

問6　カ，ク

4 (1)　on foot

(2)　have ever seen

(3)　As soon as

(4)　the oldest of

5 (1)　A…オ　B…ウ　C…ケ

(2)　A…ウ　B…エ　C…カ

(3)　A…キ　B…ア　C…ク

(4)　A…ク　B…エ　C…キ

1〔放送問題〕放送文未公表

2〔長文読解総合―説明文〕

≪全訳≫❶デンマークは世界で最も自転車に優しい国の1つだ。首都コペンハーゲンの人々の約40％が自転車で学校や仕事場に通っている。❷デンマークで自転車が人気なのはなぜか。第一に，政府は汚染を心配している。車は大気を汚染し，車の数は増え続けている。政府は車の代わりに自転車に乗る人が増えることを望んでいるので，デンマークは車に対して非常に高い税金を課している。❸自転車人気のもう1つの理由は，デンマークが非常に平らな国だからだ。国内で最も高い場所がわずか577フィート(170m)しかないため，自転車に乗るのが非常に簡単な地域なのだ。コペンハーゲンには，自転車専用の車線もある。自転車が道路を横断するとき，車は停止しなければならない。場所によっては，自転車が道路を横断することをドライバーに知らせるための特別な信号機がある。❹都市近郊に住む人の約20％が自転車でコペンハーゲンに通っている。しかし，デンマークはこの数を倍にしたいと考えている。政府は自転車の「スーパーハイウエー」の建設を計画している。この道路は自転車に乗る人専用だ。このハイウエーには，自転車に乗る人が自転車を止めて休憩したり，タイヤに空気を入れたりするための特別な場所がある。❺デンマークはまた，自転車に乗る人にとって信号機をより使いやすくしている。ほとんどの人はおよそ時速10マイル(時速16km)で自転車に乗る。自転車のスーパーハイウエーでは，この速度で進む人には青信号のみが表示される。彼らは赤信号で停止する必要がなくなる。❻この自転車スーパーハイウエーにより，コペンハーゲンは世界で最も自転車に優しい都市になるかもしれない。ニューヨーク，ロンドン，中国の広州など，他の多くの都市では，その計画にならうことを検討している。実際，都市を自転車により優しいものにすることを意味する「コペンハーゲン化」という新しい言葉が生まれている。

問1＜適語補充＞①直前の2文から，デンマーク政府は車による大気汚染を心配していることがわかる。そこで，デンマーク政府はcars「車」の税率を高くし，これを抑制しようとしているのである。②直前にrideがあることと，この後の部分でデンマークでは自転車に乗る人にさまざまな優遇措置がとられていると説明されていることから，政府はより多くの国民に bicycles〔bikes〕「自転車」に乗ってほしいと望んでいることがわかる。

問２＜適語選択＞直前の文で，デンマークが非常に平らな国だと説明されている。平らで坂が少なければ，自転車に乗るのが簡単になる。

問３＜文脈把握＞this number「この数」は，直前の文にある About 20 percent「約20％」を指している。これは，コペンハーゲンに自転車で通う人の割合である。

問４＜適語補充＞直前で，ある速さで進む人は青信号しか見ないと述べられているので，そういう人は赤信号で止まる必要がないことがわかる。

問５＜表題選択＞この文章では，デンマークに自転車利用者が多い理由やデンマークで自転車が利用されている状況が述べられているので，ア．「デンマークは自転車が大好きだ」が適切。

問６＜内容真偽＞ア．「コペンハーゲンの人々の約40％が通勤・通学に車を使っている」…×　第１段落第２文参照。コペンハーゲンの人々の約40％は自転車で通勤・通学している。　イ．「車は自転車よりも速いが，自転車は車よりも便利だ」…×　便利さの点で自転車と車を比較した記述はない。　ウ．「自転車に乗る人は，自転車のスーパーハイウエーの特別な場所で，止まって休むことができる。」…○　第４段落最終文に一致する。　エ．「世界の他の多くの都市も，人々が車の代わりに自転車に乗ることを望んでいる」…○　第６段落第２文に一致する。　オ．「『コペンハーゲン化』とは，自転車が人々をより優しくする，という意味だ」…×　本文最終文参照。「コペンハーゲン化」とは，都市を自転車により優しいものにするという意味である。

３〔長文読解総合―伝記〕

≪全訳≫❶近年，日本の漫画はどこにでもあるが，いつもそれほど人気があったわけではない。では，それはどのようにして始まったのか。今日は手塚治虫(1928–1989)について書きたいと思う。彼は日本の漫画家だった。彼は「漫画の父」と呼ばれている。❷彼が子どもの頃，母親はよく彼に物語を読み聞かせ，また彼を映画館に連れていった。彼の父親は自宅でアニメーション映画を見せた。こうした影響は後年の彼の作品に表れた。❸彼は６歳くらいのとき，漫画を描き始めた。第二次世界大戦中，16歳の彼は工場で働いていた。そこで彼は他の労働者のために漫画を描いた。❹戦後，彼は医学の勉強を始めたが，創造的な仕事をやめたわけではなく，やがて『新宝島』のような漫画で最初の本当の成功を収めた。1950年代初頭には，とても人気のあるロボット少年を生み出した――鉄腕アトムである。❺手塚は，特定の年齢層向けには描かなかった。そうではなく，彼は非常に小さな子どもから大人まで――全ての人向けの物語をつくった。彼は漫画を変えた，というのも，彼は長い物語，つまり映画的感覚を備えたストーリーを描いた初めてのアーティストだったからだ。❻人々はよく，日本の漫画のキャラクターはなぜ非常に大きな目をしているのかと尋ねる。まあ，これは手塚のアイデアなのだが――ではどこからヒントを得たのか。おそらくウォルト・ディズニーからだろう。手塚はディズニーを本当に崇拝していて，『バンビ』を80回も見たといわれている。❼手塚は40年間に，およそ700の物語――15万ページを超える漫画を生み出した。彼はまた，多くのアニメ映画やテレビ番組に携わった。彼が亡くなったとき，それほど高齢ではなかった――わずか60歳だった――おそらく一生懸命働きすぎたのだ。それでも，彼の最期の言葉は，「仕事をさせてくれ！」だった。

問１＜文脈把握＞下線部①の his creative work「彼の創造的な仕事」とは，直前の医学の勉強と対比され，本文全体で述べられている，「漫画を描くこと」である。

問２＜文脈把握＞この文の前半に「手塚は，特定の年齢層向けには描かなかった」とある。また，直後には「小さな子どもから大人まで」と説明がつけ加えられている。これを表し，e で始まる語として適切なのは everyone〔everybody〕「全ての人，全員」である。

問３＜整序結合＞この because には‘主語＋動詞’が続くと推測できるので he was と始め，この後に‘the first＋名詞＋to不定詞’「～した最初の…」の形を続ける。すると，he was the first artist to write とまとめられるので，write の目的語として long stories を置けばよい。 … he was the first artist to write long stories「彼は長い物語を描いた初めてのアーティストだった」

問４＜書き換え―適語補充＞下線部④から，手塚がアニメ映画とテレビ番組の両方に携わったことがわかる。これは，手塚が漫画だけでなくアニメ映画やテレビ番組にも携わったということなので，‘not only ～ but (also) …’「～だけでなく…も」の形で書き換えられる。

問５＜適所補充＞入れる文は「まあ，これは手塚のアイデアなのだが――ではどこからヒントを得たのか」という意味である。第６段落第２文の Probably from Walt Disney. はこの問いかけに対する答えになっているので，この直前が適する。

問６＜内容真偽＞ア．「日本の漫画は，日本の漫画が初めてつくられてからずっと非常に人気がある」…×　第１段落第１文参照。　イ．「手塚は日本の漫画をつくったため『漫画の父』と呼ばれている」…×　手塚が日本の漫画をつくったという記述はない。　ウ．「手塚の両親は彼に漫画の描き方を教えた」…×　第２段落参照。「漫画の描き方を教えた」という記述はない。　エ．「手塚の生活は，16歳のとき，漫画とは関係がなかった」…×　第３段落第２，３文参照。　オ．「手塚は工場で働いている間に最初の漫画を描いた」…×　第３段落第１文参照。６歳くらいの頃である。　カ．「『新宝島』は手塚に最初の成功をもたらした」…○　第４段落第１文に一致する。キ．「手塚はウォルト・ディズニーが大好きだったので，同じキャラクターを使っていた」…×　第６段落参照。「同じキャラクターを使っていた」という記述はない。　ク．「手塚は亡くなりかけていたときでも仕事を続けたいと思っていた」…○　最後の２文に一致する。

4〔書き換え―適語補充〕

(1)「私の祖母は毎週月曜日に徒歩で病院に行く」　walk to ～「～へ歩いていく」は go to ～ on foot でも表せる。

(2)「私はこんなにおもしろい YouTube チャンネルを見たことがない」→「これは私が今まで見た中で一番おもしろい YouTube チャンネルだ」　‘主語＋have/has never＋過去分詞＋such (a/an)＋形容詞の原級＋名詞’「こんなに～な…をこれまで―したことがない」は，‘This is the＋形容詞の最上級＋名詞(＋that)＋主語＋have/has ever＋過去分詞’「これはこれまで―した中で一番～な…だ」で書き換えられる。

(3)「私が帰宅するとすぐに雨が降り始めた」　at once は「すぐに」。これを，‘As soon as＋主語＋動詞...’「～するとすぐに…」の形で書き換えればよい。

(4)「ミユキはサキより年下だ。アキコはサキより年上だ」→「アキコは３人の中で一番年上だ」「～の中で一番年上だ」なので，最上級を使って the oldest of ～とする。最上級の文で「～の中で」という場合，‘～’が‘同類・数’を表す語(句)のときは of を，‘範囲・場所’を表す語(句)のときはinを用いる。

5〔整序結合〕

(1)「ドイツ製の自動車」は「ドイツでつくられた自動車」と読み換え，madeを形容詞的用法の過去分詞として用いてcars made in Germanyとする。「〜に愛されている」は‘be動詞＋過去分詞’の受け身形を使ってare loved by 〜とまとめる。「世界中の人々」はpeople all over the worldと表す。　Cars made in Germany are loved by people all over the world.

(2)「〜するのを楽しみにしている」は‘look forward to 〜ing’を用い，これを現在進行形で表す。「叔母が書いてくれた手紙」は，「手紙」を先行詞，「叔母が(私に)書いてくれた」を関係代名詞のまとまりで表し，the letter my aunt wrote to meとする。目的格の関係代名詞は省略されている。　I am looking forward to getting the letter my aunt wrote to me.

(3)「彼女が―する必要はない」は‘It is 〜 for … to ―’「…にとって―することは〜だ」の否定文で表し，‘〜’にはnecessary「必要な」を当てはめる。「彼にそのお金を与える」は‘give＋物＋to＋人’「〈人〉に〈物〉を与える」で表す。　It is not necessary for her to give the money to him.

(4)「〜から〈時間〉が経つ」は‘時間＋have/has passed since 〜’で表せる。ここでは，‘時間’に当たる部分がHow many yearsという疑問詞になっているので，これを文頭に置く。sinceの後にyou started soccer「きみがサッカーを始め」を置けばよい。　How many years have passed since you started soccer?

2020年度／明治大学付属中野八王子高等学校

数学解答

1 (1) $\dfrac{7x-y+2}{12}$　(2) $-\dfrac{4x^8}{y^5}$

(3) $40\sqrt{6}$

(4) $(x-2y-6)(x-2y+4)$　(5) 3

(6) 49996

2 (1) $-\dfrac{3}{4}$　(2) 4, 16　(3) $\dfrac{3}{5}$

(4) $0\leqq y\leqq 8$　(5) $\dfrac{7}{2}$cm

(6) 33.75°　(7) $23\sqrt{3}\pi\text{cm}^3$

(8) $\dfrac{42}{5}$cm

3 (1) 54%　(2) 22.8%

4 (1) 32個

(2) 偶数の場合…$-m^2+\dfrac{1}{2}m+8$個

奇数の場合…$-m^2+\dfrac{1}{2}m+\dfrac{17}{2}$個

5 (1) 5　(2) 45π

1〔独立小問集合題〕

(1)＜式の計算＞与式$=\dfrac{4(4x-y-1)-3(3x-5y-2)-12y}{12}=\dfrac{16x-4y-4-9x+15y+6-12y}{12}=\dfrac{7x-y+2}{12}$

(2)＜式の計算＞与式$=\dfrac{2}{3}x^3y^3\div\dfrac{9}{16}x^4y^2\div\left(-\dfrac{8y^6}{27x^9}\right)=\dfrac{2x^3y^3}{3}\times\dfrac{16}{9x^4y^2}\times\left(-\dfrac{27x^9}{8y^6}\right)=-\dfrac{2x^3y^3\times16\times27x^9}{3\times9x^4y^2\times8y^6}=-\dfrac{4x^8}{y^5}$

(3)＜平方根の計算＞$\dfrac{\sqrt{3}+\sqrt{2}}{\sqrt{3}-\sqrt{2}}=A$，$\dfrac{\sqrt{3}-\sqrt{2}}{\sqrt{3}+\sqrt{2}}=B$とおくと，与式$=A^2-B^2=(A+B)(A-B)$
$=\left(\dfrac{\sqrt{3}+\sqrt{2}}{\sqrt{3}-\sqrt{2}}+\dfrac{\sqrt{3}-\sqrt{2}}{\sqrt{3}+\sqrt{2}}\right)\left(\dfrac{\sqrt{3}+\sqrt{2}}{\sqrt{3}-\sqrt{2}}-\dfrac{\sqrt{3}-\sqrt{2}}{\sqrt{3}+\sqrt{2}}\right)=\dfrac{(\sqrt{3}+\sqrt{2})^2+(\sqrt{3}-\sqrt{2})^2}{(\sqrt{3}-\sqrt{2})(\sqrt{3}+\sqrt{2})}\times$
$\dfrac{(\sqrt{3}+\sqrt{2})^2-(\sqrt{3}-\sqrt{2})^2}{(\sqrt{3}-\sqrt{2})(\sqrt{3}+\sqrt{2})}=\dfrac{(3+2\sqrt{6}+2)+(3-2\sqrt{6}+2)}{3-2}\times\dfrac{(3+2\sqrt{6}+2)-(3-2\sqrt{6}+2)}{3-2}=$
$\dfrac{10}{1}\times\dfrac{4\sqrt{6}}{1}=40\sqrt{6}$となる。

(4)＜因数分解＞$x-2y=A$とおくと，$2y-x=-(x-2y)=-A$となるから，与式$=A^2+2(-A-4)-16=A^2-2A-8-16=A^2-2A-24=(A-6)(A+4)$となる。$A$をもとに戻して，与式$=(x-2y-6)(x-2y+4)$である。

(5)＜式の値＞$\sqrt{9}<\sqrt{11}<\sqrt{16}$より，$3<\sqrt{11}<4$だから，$\sqrt{11}$の整数部分は3，小数部分$a$は$a=\sqrt{11}-3$となり，与式$=(\sqrt{11}-3)^2+6(\sqrt{11}-3)+1=11-6\sqrt{11}+9+6\sqrt{11}-18+1=3$となる。

(6)＜数の計算＞与式$=(10001+9999)(10001-9999)+(100+2)(100-2)=20000\times2+10000-4=40000+10000-4=49996$

2〔独立小問集合題〕

(1)＜二次方程式の応用＞二次方程式$x^2+x+b=0$を解くと，$x=\dfrac{-1\pm\sqrt{1^2-4\times1\times b}}{2\times1}=\dfrac{-1\pm\sqrt{1-4b}}{2}$となる。2つの解の差が2より，$\dfrac{-1+\sqrt{1-4b}}{2}-\dfrac{-1-\sqrt{1-4b}}{2}=2$が成り立ち，$-1+\sqrt{1-4b}-(-1-\sqrt{1-4b})=4$，$2\sqrt{1-4b}=4$，$\sqrt{1-4b}=2$，$1-4b=4$，$-4b=3$，$b=-\dfrac{3}{4}$となる。

≪別解≫二次方程式$x^2+x+b=0$の2つの解は$x=m$，$m+2$とおける。一方，$x=m$，$m+2$を解とする二次方程式は$(x-m)\{x-(m+2)\}=0$より，$x^2-(2m+2)x+m(m+2)=0$である。これが$x^2+x+b=0$と同じになるから，$-(2m+2)=1$……①，$m(m+2)=b$……②が成り立つ。①より，$2m+2=-1$，$2m=-3$，$m=-\dfrac{3}{2}$となるので，これを②に代入して，$-\dfrac{3}{2}\times\left(-\dfrac{3}{2}+2\right)=b$，$b=-\dfrac{3}{4}$である。

(2)＜整数の性質＞$n^2-20n+75=(n-5)(n-15)$となる。$n-5>n-15$だから，$n^2-20n+75$が素数に

なるとき，$n-5$，$n-15$ がともに正の数とすると，$n-5$ が素数で，$n-15=1$……①となる。①より，$n=16$ であり，このとき，$n-5=16-5=11$ となり，素数であるから，適する。また，$n-5$，$n-15$ がともに負の数とすると，$n-5=-1$……②で，$n-15$ は絶対値が素数となる数である。②より，$n=4$ であり，このとき，$n-15=4-15=-11$ となり，絶対値が素数となる数だから，適する。以上より，求める整数 n は $n=4$，16 である。

(3)＜確率―数字のカード＞5 枚のカードから 2 枚のカードを取り出すとき，取り出し方は，$\underline{(1,\ -2)}$，$(1,\ 3)$，$\underline{(1,\ -4)}$，$(1,\ 5)$，$\underline{(-2,\ 3)}$，$(-2,\ -4)$，$\underline{(-2,\ 5)}$，$\underline{(3,\ -4)}$，$(3,\ 5)$，$\underline{(-4,\ 5)}$ の 10 通りある。このうち，カードの数字の積が負の数となるのは，下線をつけた 6 通りだから，求める確率は $\frac{6}{10}=\frac{3}{5}$ である。

(4)＜関数―変域＞関数 $y=-3x+1$ において，$x=-1$ のとき y は最大で $y=-3\times(-1)+1=4$，$x=1$ のとき y は最小で $y=-3\times1+1=-2$ だから，x の変域が $-1\leqq x\leqq1$ のときの y の変域は $-2\leqq y\leqq4$ となる。よって，関数 $y=\frac{1}{2}x^2$ の x の変域は，$-2\leqq x\leqq4$ となる。関数 $y=\frac{1}{2}x^2$ は，$x=0$ のとき y は最小で $y=0$，$x=4$ のとき y は最大で $y=\frac{1}{2}\times4^2=8$ となり，求める y の変域は $0\leqq y\leqq8$ である。

(5)＜図形―長さ＞右図 1 で，∠AEC＝∠BED であり，$\overset{\frown}{\mathrm{CD}}$ に対する円周角より，∠CAE＝∠DBE だから，△ACE∽△BDE となる。よって，AE：BE＝CE：DE であり，AE：$(7+3)=3:4$ が成り立つ。これを解くと，$\mathrm{AE}\times4=10\times3$ より，$\mathrm{AE}=\frac{15}{2}$ となるので，$\mathrm{AD}=\mathrm{AE}-\mathrm{DE}=\frac{15}{2}-4=\frac{7}{2}$ (cm) である。

図 1
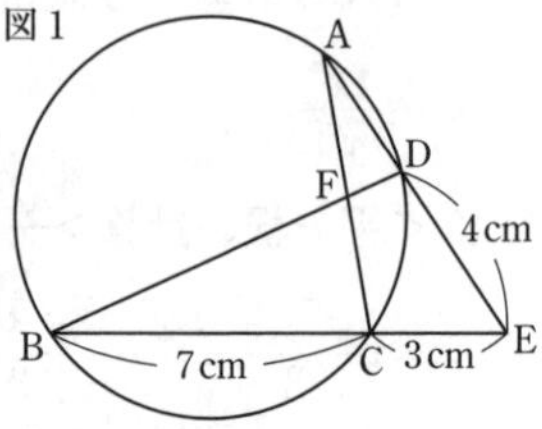

(6)＜図形―角度＞右図 2 のように，5 点 C～G を定め，半円の中心を O とし，点 O と 2 点 C，D，点 C と点 F をそれぞれ結ぶ。$\overset{\frown}{\mathrm{AB}}$ 上の点は $\overset{\frown}{\mathrm{AB}}$ を 8 等分しているので，$\angle\mathrm{COD}=180^\circ\times\frac{1}{8}=22.5^\circ$ となり，$\overset{\frown}{\mathrm{CD}}$ に対する円周角と中心角の関係より，$\angle\mathrm{CFG}=\frac{1}{2}\angle\mathrm{COD}=\frac{1}{2}\times22.5^\circ=11.25^\circ$ である。また，$\overset{\frown}{\mathrm{EF}}=2\overset{\frown}{\mathrm{CD}}$ だから，$\angle\mathrm{GCF}=2\angle\mathrm{CFG}=2\times11.25^\circ=22.5^\circ$ である。よって，△CFG で内角と外角の関係より，$\angle x=\angle\mathrm{CFG}+\angle\mathrm{GCF}=11.25^\circ+22.5^\circ=33.75^\circ$ となる。

図 2
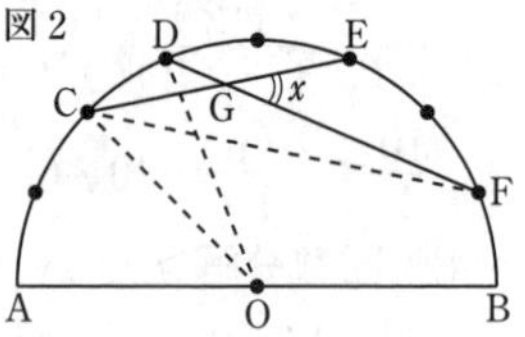

(7)＜図形―体積＞右図 3 のように，4 点 A，B，C，D を定め，円の中心を O，直線 l と辺 BC の交点を M とする。△ABC が正三角形で，$l\perp$BC だから，直線 l は線分 BC の垂直二等分線となり，円の中心 O を通る。このことから，△ABC，円 O は直線 l について対称であるから，直線 l を軸として 1 回転させたとき，斜線部分がつくる立体は，線分 AD を直径とする半円がつくる球から，△ABM がつくる円錐を除いた立体となる。点 O と点 B を結ぶ。$\angle\mathrm{BAM}=\frac{1}{2}\angle\mathrm{BAC}=\frac{1}{2}\times60^\circ=30^\circ$ であり，$\overset{\frown}{\mathrm{BD}}$ に対する円周角と中心角の関係より，$\angle\mathrm{BOM}=2\angle\mathrm{BAM}=2\times30^\circ=60^\circ$ だから，△ABM，△OBM は 3 辺の比が $1:2:\sqrt{3}$ の直角三角形である。よって，△ABM がつくる円錐の底面の半径は $\mathrm{BM}=\frac{1}{2}\mathrm{AB}=\frac{1}{2}\times6=3$，高さは $\mathrm{AM}=\sqrt{3}\mathrm{BM}=\sqrt{3}\times3=3\sqrt{3}$ である。また，線分 AD を直径とする半円がつくる球の半径は $\mathrm{OA}=\mathrm{OB}=\frac{2}{\sqrt{3}}\mathrm{BM}=\frac{2}{\sqrt{3}}\times3=2\sqrt{3}$ となる。したがって，求める立体の体積は，$\frac{4}{3}\pi\times(2\sqrt{3})^3-\frac{1}{3}\times\pi\times3^2\times3\sqrt{3}=23\sqrt{3}\pi$ (cm^3) である。

図 3
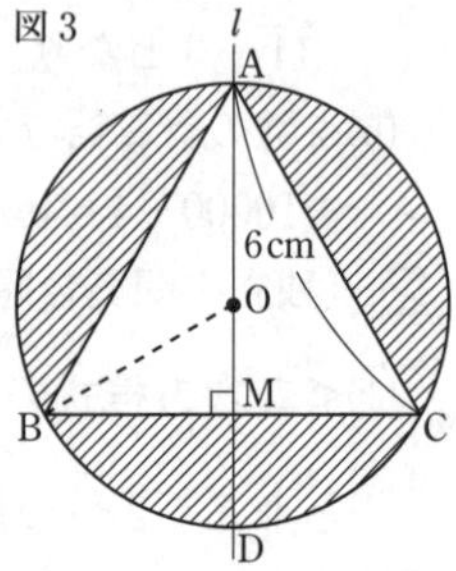

(8)＜図形―長さ＞次ページの図 4 で，点 E から線分 BF に垂線 EH を引き，DF＝x (cm) とする。

∠BHE＝∠BCE＝90°，BE＝BE，∠EBH＝∠EBC より，△BHE≡△BCE であり，CD＝6，CE：ED＝2：1 より，$CE=\frac{2}{2+1}CD=\frac{2}{3}\times6=4$ だから，HE＝CE＝4 となる。また，∠EFH＝∠BFC，∠EHF＝∠BCF＝90° より，△EHF∽△BCF だから，EF：BF＝EH：BC＝4：6＝2：3 である。よって，$EF=CD+DF-CE=6+x-4=x+2$ より，$BF=\frac{3}{2}EF=\frac{3}{2}\times(x+2)=\frac{3x+6}{2}$ と表せる。さらに，$CF=CD+DF=6+x$ である。したがって，△BCF で三平方の定理 $BC^2+CF^2=BF^2$ より，$6^2+(6+x)^2=\left(\frac{3x+6}{2}\right)^2$ が成り立つ。これを解くと，$5x^2-12x-252=0$ より，$x=\frac{-(-12)\pm\sqrt{(-12)^2-4\times5\times(-252)}}{2\times5}=\frac{12\pm\sqrt{5184}}{10}=\frac{12\pm72}{10}$ となり，$x=\frac{42}{5}$，-6 である。$x>0$ より，$x=\frac{42}{5}$(cm)である。

図4

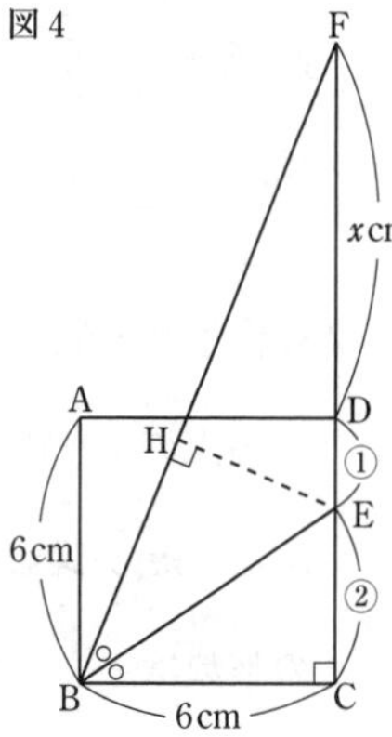

3 〔数と式─文字式の利用〕

(1)＜割合＞全体の生徒の人数を a 人とする。男子の人数は全体の 45％だから，$a\times\frac{45}{100}=\frac{9}{20}a$(人)となり，このうちの 84％が部活動に加入しているから，男子で部活動に加入している生徒の人数は，$\frac{9}{20}a\times\frac{84}{100}=\frac{189}{500}a$(人)と表せる。一方，部活動に加入している生徒の人数は全体の 70％だから，$a\times\frac{70}{100}=\frac{7}{10}a$(人)と表せる。よって，$\frac{189}{500}a\div\frac{7}{10}a=0.54$ より，男子で部活動に加入している生徒の人数は，部活動に加入している生徒の人数の 54％である。

(2)＜割合＞(1)と同様に全体の生徒の人数を a 人とすると，部活動に加入していない生徒の人数は，$a-\frac{7}{10}a=\frac{3}{10}a$(人)である。また，男子で部活動に加入していない生徒の人数は，$\frac{9}{20}a-\frac{189}{500}a=\frac{9}{125}a$(人)である。よって，女子で部活動に加入していない生徒の人数は $\frac{3}{10}a-\frac{9}{125}a=\frac{57}{250}a$(人)となるので，$\frac{57}{250}a\div a=0.228$ より，女子で部活動に加入していない生徒の人数は全体の 22.8％である。

4 〔関数─関数 $y=ax^2$ と直線〕

(1)＜格子点の個数＞右図で，$A\left(-\frac{5}{2},\ \frac{25}{4}\right)$，B(3，9)だから，斜線部分に含まれる格子点の x 座標は，−2，−1，0，1，2，3 である。直線 AB は傾きが $\left(9-\frac{25}{4}\right)\div\left\{3-\left(-\frac{5}{2}\right)\right\}=\frac{11}{4}\div\frac{11}{2}=\frac{1}{2}$ だから，その式は $y=\frac{1}{2}x+b$ とおけ，点 B を通ることより，$9=\frac{1}{2}\times3+b$，$b=\frac{15}{2}$ となるから，直線 AB の式は $y=\frac{1}{2}x+\frac{15}{2}$ である。直線 $y=\frac{1}{2}x+\frac{15}{2}$ 上，放物線 $y=x^2$ 上で x 座標が −2 の点の y 座標はそれぞれ，$y=\frac{1}{2}\times(-2)+\frac{15}{2}=\frac{13}{2}$，$y=(-2)^2=4$ だから，斜線部分に含まれる格子点で x 座標が −2 の点は，(−2，4)，(−2，5)，(−2，6)の 3 個ある。直線 $y=\frac{1}{2}x+\frac{15}{2}$ 上，放物線 $y=x^2$ 上で x 座標が −1 の点の y 座標はそれぞれ，$y=\frac{1}{2}\times(-1)+\frac{15}{2}=7$，$y=(-1)^2=1$ だから，斜線部分に含まれる格子点で x 座標が −1 の点は，(−1，1)，(−1，2)，……，(−1，6)，(−1，7)の 7 個ある。以下同様に考えて，x 座標が 0 の点は，$y=\frac{15}{2}$，$y=0$ より，(0，0)，(0，1)，(0，2)，……，(0，6)，(0，7)の 8 個，x 座標が 1 の点は，

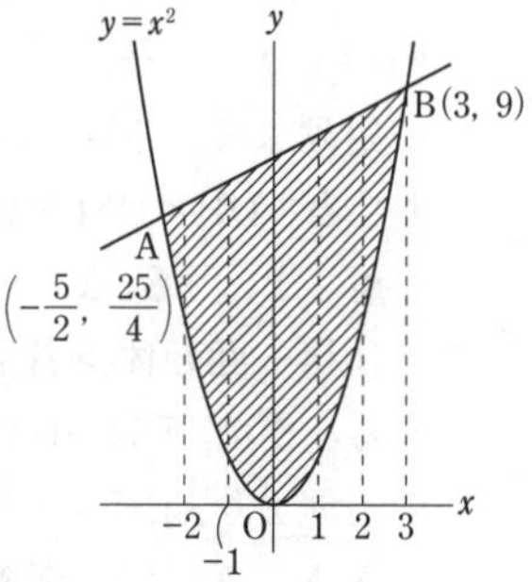

$y=\frac{1}{2}\times1+\frac{15}{2}=8$，$y=1^2=1$ より，(1，1)，(1，2)，……，(1，7)，(1，8)の8個，x 座標が2の点は，$y=\frac{1}{2}\times2+\frac{15}{2}=\frac{17}{2}$，$y=2^2=4$ より，(2，4)，(2，5)，(2，6)，(2，7)，(2，8)の5個，x 座標が3の点は(3，9)の1個ある。以上より，求める格子点の個数は $3+7+8+8+5+1=32$(個)となる。

(2)＜格子点の個数―文字式の利用＞前ページの図で，直線 $y=\frac{1}{2}x+\frac{15}{2}$ 上，放物線 $y=x^2$ 上で x 座標が m の点の y 座標はそれぞれ，$y=\frac{1}{2}m+\frac{15}{2}$，$y=m^2$ と表せる。$-\frac{5}{2}\leqq m\leqq3$ だから，$\frac{1}{2}m+\frac{15}{2}\geqq m^2$ である。m が偶数の場合，$\frac{1}{2}m$ は整数だから，$\frac{1}{2}m+\frac{15}{2}$ は整数ではない。$\frac{1}{2}m+\frac{15}{2}$ を超えない最大の整数は，$\frac{1}{2}m+\frac{15}{2}=\frac{1}{2}m+7+\frac{1}{2}$ より，$\frac{1}{2}m+7$ だから，直線 $x=m$ 上の斜線部分に含まれる格子点で y 座標が最大のものは $\left(m,\ \frac{1}{2}m+7\right)$ である。m^2 は整数なので，y 座標が最小のものは $(m,\ m^2)$ である。よって，m が偶数の場合，求める格子点の個数は $\frac{1}{2}m+7-(m^2-1)=-m^2+\frac{1}{2}m+8$(個)となる。$m$ が奇数の場合，$\frac{1}{2}m+\frac{15}{2}=\frac{m+15}{2}$ より，$m+15$ は偶数となり，$\frac{1}{2}m+\frac{15}{2}$ は整数となる。これより，直線 $x=m$ 上の斜線部分に含まれる格子点で y 座標が最大のものは $\left(m,\ \frac{1}{2}m+\frac{15}{2}\right)$ である。y 座標が最小のものは $(m,\ m^2)$ だから，m が奇数の場合，求める格子点の個数は $\frac{1}{2}m+\frac{15}{2}-(m^2-1)=-m^2+\frac{1}{2}m+\frac{17}{2}$(個)となる。

5 〔空間図形―三角錐〕

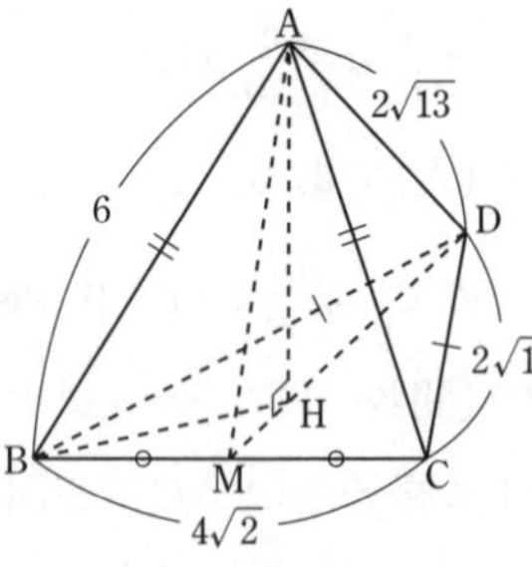

(1)＜長さ―三平方の定理＞右図で，点Aと点Mを結ぶ。AH⊥DM だから，△AMH，△ADH で三平方の定理より，$AH^2=AM^2-MH^2$，$AH^2=AD^2-DH^2$ となり，$AM^2-MH^2=AD^2-DH^2$ である。△ABC は AB＝AC の二等辺三角形で，点Mは辺BC の中点だから，AM⊥BC となる。$BM=\frac{1}{2}BC=\frac{1}{2}\times4\sqrt{2}=2\sqrt{2}$ だから，△ABM で三平方の定理より，$AM^2=AB^2-BM^2=6^2-(2\sqrt{2})^2=28$ となる。また，△BCD は BD＝CD の二等辺三角形だから，DM⊥BC となり，△BDM で三平方の定理より，$DM=\sqrt{BD^2-BM^2}=\sqrt{(2\sqrt{14})^2-(2\sqrt{2})^2}=\sqrt{48}=4\sqrt{3}$ となる。よって，$MH=x$ とおくと，$DH=DM-MH=4\sqrt{3}-x$ と表せるから，$28-x^2=(2\sqrt{13})^2-(4\sqrt{3}-x)^2$ が成り立つ。これを解くと，$-8\sqrt{3}x=-24$，$x=\sqrt{3}$ となるので，$AH=\sqrt{28-(\sqrt{3})^2}=\sqrt{25}=5$ である。

(2)＜体積―回転体＞右上図で，〔面AMD〕⊥〔面BCD〕であり，AH⊥DM だから，AH⊥〔面BCD〕となる。また，$DH=DM-MH=4\sqrt{3}-\sqrt{3}=3\sqrt{3}$ であり，点Bと点Hを結ぶと，△BMH で三平方の定理より，$BH=\sqrt{BM^2+MH^2}=\sqrt{(2\sqrt{2})^2+(\sqrt{3})^2}=\sqrt{11}$ となる。$\sqrt{11}<3\sqrt{3}$ だから，BH＜DH である。よって，直線AH を軸として三角錐ABCD を1回転させると，底面の半径が $DH=3\sqrt{3}$，高さが AH＝5 の円錐となるので，求める体積は $\frac{1}{3}\times\pi\times(3\sqrt{3})^2\times5=45\pi$ である。

═読者へのメッセージ═

4では，格子点の個数を文字式で表しました。(1)で，x 座標が -2，-1，0，1，2，3である格子点の個数を求めていますので，求めた式が正しいか確かめてみましょう。

国語解答

一 問一　ア　相手より勝ってる部分

イ　自分に釣り合う相手

問二　家族の殻が厚いのだ

問三　田舎の狭い価値観

問四　苦労がない　　問五　真面目でい

問六　イ　　問七　ウ

問八　自立した大人

問九　生きてくために必要な悪意や打算

問十　エ

問十一　①　おちい　④　やみくも

⑥　極端　⑦　根拠　⑧　要領

二 問一　ア　　問二　人が働いてくれてる

問三　1　心配　2…イ

問四　エ　　問五　人の視線の

問六　ア　感情の抑制

イ　品位〔格好／矜持〕

問七　時代を至近

問八　・対話のセンス

・ネットワーキングのセンス

問九　ウ

問十　②　周遊　⑪　要請

④　りんしょう　⑥　ぎそう

⑨　きひ

一〔小説の読解〕出典；辻村深月『傲慢と善良』。

問一＜文章内容＞架は，婚活がうまくいかない人が皆そうであるように，架自身も自分が持っている基準の中で相手より勝っている部分にだけ目を向けて，相手は自分に釣り合わないと判断していたことに気づいたのである。

問二＜文章内容＞希実の言葉を聞いた架は，希実と真実の母が自分の家族に対して根拠のない自信を持っているのは，家という厚い殻の中に閉じこもって，自分たちの家族だけに通じる常識や理屈をつくり，それに満足して，殻の外にある他の家の常識や理屈を受け入れようとしないからだと，思ったのである。

問三＜表現＞田舎で暮らす両親にとって，田舎の狭い価値観だけが自分たちの常識であり，希実がその常識の範囲から出ることは不安の材料となったため，両親は，希実の高校や大学の進学について全部反対してきたのである。

問四＜文章内容＞「箱入り娘」とは，箱の中にしまい込むようにして，家庭の中で大事に育てられた娘のこと。両親は，真実が苦労せずに生きられるよう，あらかじめ障害を取り除き人生のレールを引いてあげていたのである。つまり，ここでの「箱」とは，「苦労がないようにと親に御膳立てされた道」のことである。

問五＜文章内容＞両親の「言いつけを守り」，両親に「決めてもらう」ことが多かった真実は，「真面目でいい子の価値観」を教えられ善良な女性にはなれたが，人の悪意を知ることができず，人間関係において計算高く振る舞うことを学べなかった。

問六＜文章内容＞家という厚い殻の中で，家族だけの価値観を教えられてきた人は，自分と自分の家族に対し根拠のない自信を持つため，相手に求める基準も「相当高い」という意味で「傲慢」である。その反面，両親が与えた「基準に沿って」生きてきたために，真面目で優しく善良であったとしても，教えてもらわないと自分では決められない「自分がない」人でもある。

問七＜心情＞希実は，自分が親になったことで，子どもを心配に思う両親の気持ちが理解できた一方で，両親が自分たちの価値観から子どもがはずれていくことへの不安を優先するあまり，子どもを信頼せず，子どもが自分で選択し自分の人生をつくることを認めなかったということも，わかったのである。

問八＜文章内容＞親が，子ども自身による決定を待てずに，親の決めたことを子どもに従わせると，子どもは，自分で決めるという経験を持てないまま大人になるが，それでは「自立した大人」になれたとはいえないのである。

問九＜文章内容＞真実は，大学時代，外泊のうそを親に正直に話したような「真面目でいい子」だったが，希実のように「悪意を知り，打算を学ぶ」経験をしていなかった。「生きてくために必要な悪意や打算」は，誰かに教えられるものではなく，経験から「どうしようもなく悟る」ものであるが，「負の感情」を取り除かれた人生を歩んできた真実は，悪意や打算を学ぶことができなかったのである。

問十＜表現＞「さらりと口にした」，「きっぱりと言った」というように，希実の言葉は冷静で，真実や自分の家族について淡々と説明している。一方，「そうなんですか？」，「それはなんとなくわかります」，「え？」というように，架は，希実の説明に対し，瞬間的で感覚的な反応をしている。読者は，架の視点に立ち，彼の驚き，疑問，発見を追うことによって，今まで知らなかった真実のことを，その場にいるように知っていくことができる。

問十一＜漢字＞①音読みは「陥落」などの「カン」。　④「闇雲」は，先の見通しもなくむやみに物事を行うこと。　⑥「極端」は，普通の程度から大きく離れていること。　⑦「根拠」は，理由のこと。　⑧「要領」は，要点をつかんだ処理の仕方のこと。

二〔論説文の読解―哲学的分野―人間〕出典；鷲田清一『濃霧の中の方向感覚』。

≪本文の概要≫《Ⅰ》子どもが金で大人をこき使う振る舞いは，お金さえあれば他人を自分のために動かせるという妙な全能感を伴うものだが，何の裏づけもない全能感であるため，うまくいかないことがあると，逆に過剰な無能感をもたらす。一方，「おたがいさま」という互酬性の感覚とは，人が自分のために働いてくれるということを理解することである。こうした道徳やマナーは，他者のまなざしを意識した演技として身についていく。人は弱いものだから演技によって感情の抑制を支え，他者の目を意識しながら誇りを持てる行動をする必要がある。

《Ⅱ》大正時代までの教養とは，高尚な趣味を持ち，時代を俯瞰する人間性の高みへ上昇することであり，昭和の初期の教養とは，より基礎的で根源的な視点を持ち，社会的な実践に生かせるものであったが，いずれの教養も，同時代の社会への批判的な距離を置こうとした。一方，現代に求められている教養は，時代を垂直方向ではなく，水平方向の距離を置いて見ることである。現代社会は複雑で一つの視点から見通すことができないため，他者の視線を自分の中に引き入れて世界を立体的に見なければならず，そのために，対話のセンスとネットワーキングのセンスが必要とされ，それらが現代の教養の中心となるべきである。

問一＜文章内容＞大人をこき使っている子どもは，お金さえあれば「他人をじぶんのために動かせる，という妙な全能感」を持っている。

問二＜文章内容＞大人をこき使っている子どもは，自分のために「人が働いてくれてる」ということに気づかず，働いてくれた人に感謝もしていないことに，「わたし」は納得がいかないのである。

問三．１＜語句＞「杞憂」は，中国古代の杞の人が，天が崩れ落ちてくるのではないかと心配したという故事から転じて，心配する必要のないことを心配することを表す。　　２＜文章内容＞料理店やタクシーの客が，相手からしてもらったサービスに対し感謝を示す振る舞いをしていたのを見て，「人が働いてくれてる」ということをわからない人々が多いという心配は取り越し苦労だったと，「わたし」は思ったのである。

問四＜文章内容＞人は，一人でいて自然に道徳やマナーが身につくほど意志が強いわけではなく，何もなければつい感情に従う行動をとってしまうということがわかっているので，「他者のまなざしを意識」して，軽率な行動は慎み，「格好わるいことはできない」という自信と誇りを持てるようにしなければならないのである。

問五＜文章内容＞人は，自然に感情の抑制ができるほど強くないので，感情のままに行動しないようにするには，他者からどう見えているかを意識し，「みっともないこと」をしないように「演技でじぶんを整えるしかない」のである。

問六＜文章内容＞人は，弱く感情のままに行動しがちであるため，勝負に勝ちたいあまり手段を選ばなかったりひきょうな方法で勝とうとしたりしてしまうが，感情を抑制しない「きたない勝ち方」は，他者の目からは「格好」わるく品位や誇りに欠けて「みっともないこと」に見えるため，嫌がられる。

問七＜文章内容＞社会的要請の高い分野は，社会や時代と密着した関係にあるため，かえって目の前の損得に惑わされ，危機的状況に対処できない可能性がある。それに対し，教養という学問は，社会に対し「いますぐ役に」立つわけではないが，時代を一定の距離から離れて「こういうやり方もある」という選択肢を与えてくれる。そのため，教養を教育する必要があるのである。

問八＜文章内容＞現代社会は複雑で，一つの視点から見通すことができないため，世界を「別の視線」で見ることが必要になる。そのためには，「異なる文化的背景をもつ人たちとの対話」をていねいにつくりあげていく「対話のセンス」と，人と人との関係をつくりあげていく「ネットワーキングのセンス」によって，「他者の視線」を自分の中に持つことが重要になる。

問九＜主題＞《Ⅰ》では，相手が自分のために働いてくれることに感謝できるのは，相手の視点に立てるからこそであり，道徳やマナーは，「他者のまなざしを意識した演技として」身につけるものだと述べている。《Ⅱ》では，現代の教養とは，「対話のセンス」と「ネットワーキングのセンス」を身につけることであり，そうすることで「他者の視線をみずからの内に引き入れる」ことができると述べている。二つの文章は，他者の視線の重要性を論じている点で共通している。

問十＜漢字＞②「周遊」は，各地を旅して回ること。　　⑪「要請」は，必要だとして強く求めること。　　④「臨床」は，病床に臨み実際に患者の診療にあたること。　　⑥「偽装」は，実際は違うのにあたかも本当であるかのように偽ること。　　⑨「忌避」は，嫌って避けること。

Memo

2020年度 明治大学付属中野八王子高等学校(推薦)

【英　語】 (30分) 〈満点：100点〉

1　次の英文を読み，後の問に答えなさい。＊印の語(句)には注が付いています。

New and better *weapons change the way we fight wars. *Armies want better weapons because better weapons make them stronger. But other than weapons, another important part of war is (①). People need to make plans. However, they cannot always be in the same room when they make those plans. So, they need to send messages to each other.

How did armies ②do this before radio and telephones? The answer is pigeons! They could send a message to a person far away by using a pigeon. These birds are very good at finding their way home. They are also very fast. This is good for two reasons. First, the message gets from one person to another quickly. Second, the birds are hard to *shoot. That way, the enemy cannot shoot the pigeon and read the message.

(ア) With radio, they had to worry about the enemy hearing their messages. (イ) The answer was to use *secret codes and try to *make sure the enemy did not learn how to understand the secret code. (ウ) Of course, both sides in a war try to learn each other's secret code, so armies have to keep coming up with better ways to communicate. (エ) ③The way an army communicates could cost that country a war, or it could help them win. That is why governments and people in the army are always looking for better ways to communicate. They have come up with some great inventions.

Take the Internet, for example. The Internet was an idea that came from people in the army. When other people started using the invention, the idea really *took off. Today, you do not have to be in the army to enjoy using the Internet. Almost everybody uses it. It has changed the world!

(注) weapon：武器　army：軍　shoot：～を撃つ　secret code：暗号
make sure：必ず～するようにする　take off：流行する

問1　(①)に入る英語として最も適切なものを1つ選び，記号で答えなさい。

ア　communication
イ　plans
ウ　secret codes
エ　technology
オ　weapons

問2　下線部②が表す具体的な内容を文中から抜き出し5語で答えなさい。

問3　軍はハトに備わっているどのような特徴に目をつけてそれらを利用しようとしたか。下のそれぞれの(　)に，指定された字数の日本語を補って2つ答えなさい。

A：ハトは(15字以内)という特徴

B：ハトは(10字以内)という特徴

問4　本文からは下の1文が抜けています。それを入れるのに最も適切な箇所はどこか。文中の(ア)～(エ)の中から1つ選び，記号で答えなさい。

However, once radio and telephones came along, armies did not have to use pigeons anymore.

問5　下線部③の内容として最も適切なものを1つ選び，記号で答えなさい。
ア　軍の戦争のやり方によって国家の出費が左右される。
イ　軍による交信内容が戦争の行方を決定する。
ウ　軍の通信の方法が敗戦につながることがある。
エ　軍の敵とのやりとりの内容で戦費が決まってくる。

問6　本文の内容と一致する文を2つ選び，記号で答えなさい。
ア　People wanted more weapons because they are stronger.
イ　When people hold a meeting to make plans for fighting a war, some of them are always absent.
ウ　Pigeons were convenient for sending a message because they shot the enemy.
エ　When people in the army used radio to send their messages, it was possible for the enemy to hear them.
オ　People in the army tried to invent better ways to communicate to win a war.
カ　People in the army have invented some communication tools to make the world better.
キ　People who enjoy using the Internet are from the army.

2　日本語の意味を表すように，(　)に適切な語を入れなさい。

(1)　今日は1月23日です。
(　　) (　　) 23 today.

(2)　私達は偶然あなたの友人に会った。
We happened to meet a friend (　　) (　　).

(3)　オレンジ2，3個とバターを少しください。
Please give me a (　　) oranges and a (　　) butter.

(4)　どうぞケーキを自由に召し上がれ。
Please (　　) (　　) to the cake.

(5)　その問題を解決するなら，彼に尋ねるのが一番楽だ。
The (　　) way (　　) solve the problem is to ask him.

3　次の各組の英文がほぼ同じ意味になるように，(　)に適切な語を入れなさい。

(1)
I have never visited this park before.
This is my (　　) (　　) to this park.

(2)
Shall I open the window ?
Do you want (　　) (　　) open the window ?

(3)
How large are those shoes ?
What is the (　　) (　　) those shoes ?

(4)
I am sure that lady is our new math teacher.
That lady (　　) (　　) our new math teacher.

(5)
"Kokoro" is the book I like the best.
(　　) (　　) book is "Kokoro".

4 次の各文の下線部には，誤りが１つあります。その記号と正しい語(句)を答えなさい。

(1) "Can we ア have two イ cup of ウ coffee please?" — "Sure. Do you want cream エ and sugar?"

(2) I was glad ア to hear イ that he ウ could finally go エ to abroad to study English.

(3) ア A tall tower イ stands ウ among the station エ and the restaurant.

(4) I found the books ア easily イ although I thought they were ウ too difficult for me エ at first.

(5) The city ア had no public halls when they イ moved ウ around thirty years ago, エ didn't it?

5 日本語の意味を表すように，(　)内の語(句)を並べかえなさい。ただし，文頭にくる語も小文字になっているので，大文字に変えて解答すること。

(1) 昨晩彼女が私達にしてくれた話は，とてもわくわくした。
(told / very / story / us / she / the / was / last / exciting / night).

(2) 私は扉にある表示が何と書いてあるか分からない。
(know / says / what / on / I / the door / the sign / don't).

(3) その本を読めば，外国の人々や文化についてもっと興味を持つでしょう。
(make / more interested / cultures / that book / foreign people / will / you / reading / in / and).

【数　学】（30分）〈満点：100点〉

1　次の問いに答えなさい。

(1)　$\left(-\dfrac{2}{3}a^2b\right)^2 \div (-4ab^2) \times (3ab)^3$ を計算しなさい。

(2)　$(\sqrt{3}+\sqrt{2}+\sqrt{5})^2(\sqrt{3}+\sqrt{2}-\sqrt{5})^2$ を計算しなさい。

(3)　$a^2+3ac-4b^2-6bc$ を因数分解しなさい。

(4)　$x=\sqrt{7}+\sqrt{5}$，$y=\sqrt{7}-\sqrt{5}$ のとき，$\dfrac{1}{x}+\dfrac{1}{y}$ の値を求めなさい。

(5)　2^{2020} の一の位の数字を求めなさい。

2　次の問いに答えなさい。

(1)　2次方程式 $x^2+ax+b=0$ を解くつもりが，誤って $x^2+bx+a=0$ を解いてしまったため，解が $x=3$，-2 となりました。このとき，正しい解を求めなさい。

(2)　$m^2-n^2=13$ を満たす自然数 m，n の値を求めなさい。

(3)　大小2つのさいころを投げるとき，出た目の積が4の倍数となる確率を求めなさい。

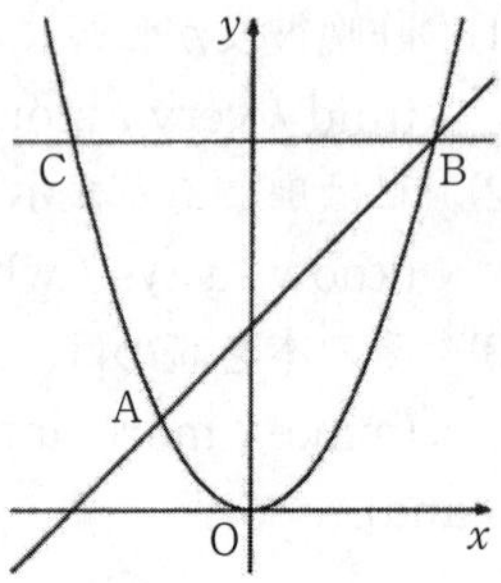

(4)　右の図において，放物線 $y=\dfrac{1}{3}x^2$ 上の2点A，Bの x 座標は，それぞれ -3，6です。点Bを通り，x 軸に平行な直線と放物線 $y=\dfrac{1}{3}x^2$ との交点をCとするとき，△AOBと△ABCの面積の比を最も簡単な整数の比で表しなさい。

(5)　下の図は，1辺の長さが a の正四面体OABCです。辺OA，BCの中点をそれぞれM，Nとするとき，三角すいMABNの体積を求めなさい。

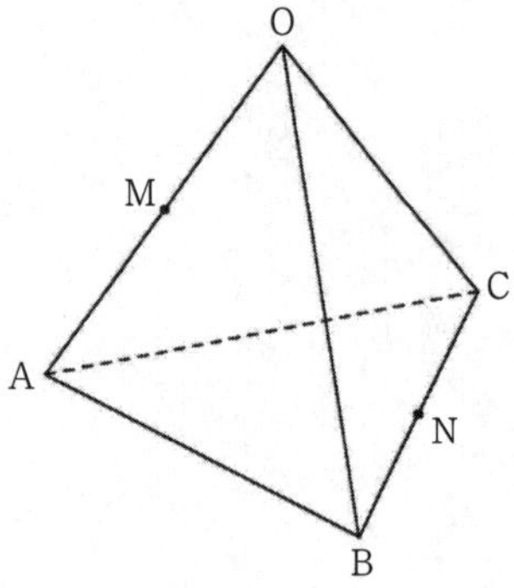

3　右の図のように，放物線 $y=ax^2\,(a>0)$ 上に2点A，Bがあり，それぞれの x 座標は3，-2 です。また，$\mathrm{AB}=5\sqrt{5}$ です。このとき，次の問いに答えなさい。

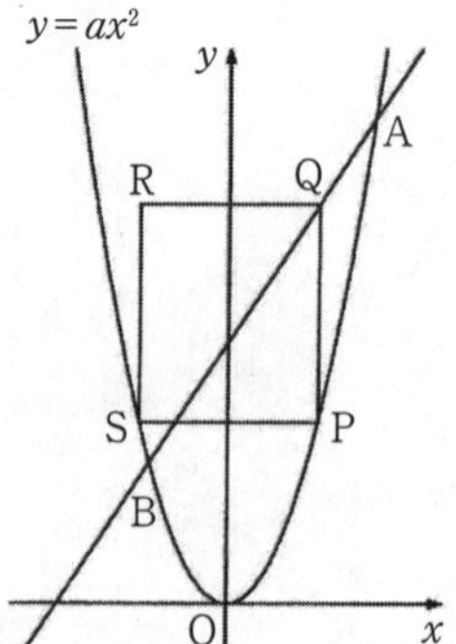

(1)　a の値を求めなさい。

(2)　点Pは放物線上の原点Oと点Aの間を動く点とします。点Pを通り，y 軸に平行な直線と直線ABの交点をQとし，点Pを通り，x 軸に平行な直線と放物線の交点をSとします。また，四角形PQRSが長方形となるように点Rをとります。四角形PQRSが正方形となるとき，点Pの座標を求めなさい。

うこと

問五、――⑩「現実についての認識をずらしたり」とありますが、認識をどのようにずらしているのですか。このことが書かれている一文を文中から探して、最初の五字を抜き出して答えなさい。

問六、――⑪「市場の原則」とありますが、これを説明した次の文の空欄ア・イにあてはまる言葉をそれぞれ文中からアは十六字、イは三字で抜き出して答えなさい。

市場が［ア］に対応するように、ものの価値を［イ］に調整する仕組み。

問七、――⑫「うしろめたさ」とありますが、

1 「うしろめたさ」を説明した次の文の空欄にあてはまる言葉を考えて、十五字以内で答えなさい。

［　　　］を責める気持ち。

2 「うしろめたさ」が生じる理由を説明した次の文の空欄にあてはまる言葉を文中から十一字で抜き出して答えなさい。

公平さへの希求がぼくらの［　　　］から。

問八、――⑬「倫理性は『うしろめたさ』を介して感染していく」とありますが、この説明として最もふさわしいものを次から選び、記号で答えなさい。

ア 公平さを取り戻そうとする正義感は、「うしろめたさ」を感じて活動した人が、現実から目を背ける人たちに自発的な行動を呼びかけることで広まっていくということ

イ 格差を解消したいという願いは、「うしろめたさ」を感じて支援する人の、望ましいコミュニケーションを通して人間関係を構築する姿勢として広まっていくということ

ウ 人として何をするべきかという判断力は、「うしろめたさ」を感じて反省した人たちの、自分が犯した間違いを人に繰り返させないという思いとなって広まっていくということ

エ 人として正しいことをしようという意識は、「うしろめたさ」を感じて行動した人を見て、「自分も何かしよう」という気持ちとなって広まっていくということ

問九、本文から読み取れる内容として最もふさわしいものを次から選び、記号で答えなさい。

ア 制度上の問題を解消するためには、交換や贈与を通して双方向的なコミュニケーションを取り、自発的な援助の姿勢を喚起していくことが大切である

イ 国の政策や市場の仕組みとは別に、個々の人間が責任感や判断力の重要性を再認識し、それぞれが社会の中で役割を果たさなければ公平性は期待できない

ウ いたずらに支援の輪を広げても、受け取る側に重い義務感を強制することになるので、贈与よりは再分配の方が格差是正の方策としては優れている

エ 政治や経済の領域に主体的に参加して、グローバルな視点で格差を認識し、擬似的な公平感を抱いて満足している人々に警鐘を鳴らさなければならない

問十、――①「偏り」、②「是正」、③「歳暮」の漢字の読みを答え、――⑦「ドガイシ」、⑧「チョウシュウ」のカタカナを漢字に改めなさい。

にも「うしろめたさ」が生じるだろう。

電車のなかはお互いの様子が見えるので、どちらかといえば共感が生じやすい空間だ。病気にしても、貧困にしても、世の中には表に出ない不均衡があふれている。ある程度までは国が制度をつくって対応しないといけない。でも、制度が整えば整うほど、国がやるべきことだとか、うまくいかないのは制度の不備だとか、個人が責任を回避する口実も増える。「制度」に頼りすぎるのもよくない。国や市場のやることには、かならず抜け落ちる部分があるのだから。

では、どうしたらいいのか？

まず、知らないうちに目を背け、いろんな理由をつけて不均衡を正当化していることに自覚的になること。そして、ぼくらのなかの「⑫うしろめたさ」を起動しやすい状態にすること。人との格差に対してわきあがる「うしろめたさ」という自責の感情は、公平さを取り戻す動きを活性化させる。そこに、ある種の倫理性が宿る。

ぼくらは「これが正しいのだ！」とか、「こうしないとだめだ！」なんて真顔で正論を言われても、それを素直に受け入れることができない。でも、目の前で圧倒的な格差や不均衡を見せつけられると、誰もがなにかしなければ、という気持ちになる。バランスを回復したくなる。

震災後、冷たい雨のなか、がれきを拾い集める人たちの姿をテレビで見て、快適な部屋でなにもしていない自分にうしろめたさを感じ、被災地に義援金を送った、という人もいるだろう。国会前でデモが続いているとき、若者が自分の言葉で政治について語る姿を見て、自分はなにをやっているんだ、と反省を迫られた人もいるだろう（私です）。

こうして、⑬倫理性は「うしろめたさ」を介して感染していく。目を背けていた現実への認識を揺さぶられることで、心と身体に刻まれている公平さへの希求が、いろんな場所で次つぎと起動しはじめる。

エチオピアの物乞いの老婆が通行人に「ほれっ」と腕を突き出すように、それまで覆い隠されていた不均衡を目《ま》のあたりにすると、ぼくらのなかで、なにかが変わる。その変化が世界を動かしていく。

（松村圭一郎「うしろめたさの人類学」による。一部表記・体裁を改めた）

問一、――④「そばに無料の支援物資がたくさんあるのに、なぜ自分でお金を払う商品が求められるのか」とありますが、この理由を説明した次の文の空欄にあてはまる言葉を文中から十字で抜き出して答えなさい。

［　　　　］ことが、「支援物資」には期待できないが、「商品」には期待できるから。

問二、――⑤「それは、ある種の『義務』だ」とありますが、これを説明した次の文の空欄にあてはまる言葉を文中から十一字で抜き出して答えなさい。

相手の［　　　　］を無駄にしてはいけないということ。

問三、――⑥「すでにある偏り」とありますが、このことにより公平さが損なわれることになる具体例が書かれている一文を文中から探して、最初の五字を抜き出して答えなさい。

問四、――⑨「再分配では本来あるべきつながりが途中で切れている」とありますが、この説明として最もふさわしいものを次から選び、記号で答えなさい。

ア　公正さを取り戻すための負担であるという市民の意識が失われる一方で、恩を受けた者は国の政策としか受け止めないということ

イ　匿名の出資者には資金の使い道が事前に説明されない一方で、支援される者には現場のニーズを伝える可能性が失われるということ

ウ　政治家が市民の代表であるという責任を忘れてしまう一方で、援助を受けた者は恩を返す対象を国と勘違いしてしまっているということ

エ　納税者の意図が国の介在で見えづらくなる一方で、市民同士が取るべきコミュニケーションの機会が与えられていないとい

とで達成される。

再分配はどうか。再分配は、税などでいったん多くの人から⑧チョウシュウした財を特定の人や事業に振り分けることだ。非市場的な財の移譲という意味では贈与に近いが、おもに国の政策を実施するために利用される。

贈与と違うのは、お金の出所が匿名化〔実名を隠してあらわさないようにする〕され、覆い隠されること。個人からの義援金や支援物資といった「贈り物」は、受けとった人に少なからず贈り手のことを想起させる。だから、たぶんちょっと重い。でも、国が支給した支援金だと、気軽に使えてしまう。最初にお金を出した人の存在がみえないからだ。

公共事業の功績者に政治家の名前はあげられても、納税者の名前が出されることはない。国にとって再分配が重要なのは、それが国民の負担を国家や政治家の功績に変える仕組みだから。その恩恵を受けた人は、国への恩を感じたとしても、税を払った市民に感謝することはない。

同じく納税者の側も、自分が資金の提供者であるという意識を失う。再分配の失敗は、政府の責任であって、自分の責任ではない。交換が人の関係を解消し、贈与が人と人をつなげるとしたら、⑨再分配では本来あるべきつながりが途中で切れている。

公平さを実現するための手段にはさまざまな限界がある。では、どうすべきなのか。

公平さというバランスを取り戻すために、ぼくらは⑩現実についての認識をずらしたり、物や財を動かしたりすることで対応している。モノを動かす動かし方には市場での交換、社会のなかでの贈与、そして国家による再分配があった。

それぞれに一長一短があって、万能な方法があるわけではない。それらを組み合わせながら公平さを目指すしかないし、現にそうやっている。

具体的なケースで考えてみよう。電車でお年寄りが立っていて、若者が座っていることがある。はたして電車内での「公平さ」はどう確保できるのか？

国家が政策でやるとしたら、優先パスを発行するかもしれない。高齢者や妊婦、障がい者、長距離を移動する人など、座る必要性が高い人にはパスを発行し、そのパスをもっている人が優先的に座れるようにする。でもこれを実現するには、それぞれの必要性を審査したり、違反者を監視する仕組みをつくったり、膨大な手間やコスト〔費用〕がかかる。そもそも妊婦と高齢者のどちらを優先すべきかなんて、一概には決められない。荒唐無稽な例だと思われるかもしれないけど、生活保護や介護保険などの制度は、このような仕組みで成り立っている。

市場なら、どうするか。⑪市場の原則に従えば、席に座りたい人は高い料金設定のチケットを買う仕組みをつくるだろう。これはすでに導入されている。新幹線の指定席のように、必要性の高さを国などの機関が決めるのではなく、どれだけ高い料金を払えるか、個々のニーズに応じた判断にゆだねるやり方だ。どうしても座りたい人は高い料金でも払うだろうし、我慢できる人は安い料金で立つことを選ぶはずだ。このやり方だとあまりコストはかからない。ただ、「公平さ」を確保するのは、やはり困難だ。お金持ちなら、若くて元気でも高いチケットを買うだろうし、身体が不自由でも、お金に困っていれば、安いチケットで我慢するはずだ。それがはたして公平なのか。

結局、国や市場の仕組みには限界がある。相手の様子やその場の状況に応じて、自発的に席を譲り合うという個人のコミュニケーション・レベルでの対処が、どうしても必要になる。目をつぶって気づかないふりをする人もいるし、正直者が損をするかもしれない。でも、若者が優先席に座って目の前にお年寄りが立っていれば、少なくとも周囲の人に「図々しいよな」とか、「恥ずかしいな」といった「共感」のスイッチが入る。電車が揺れるたびにそのお年寄りがふらふらでもしていたら、気づかないふりをしていた人のあいだ

二〇二〇年度 明治大学付属中野八王子高等学校（推薦）

【国　語】（三〇分）〈満点：一〇〇点〉

〈注意〉字数には、句読点も記号も一字として数えます。

次の文章を読んで、後の問いに答えなさい。なお、文中の言葉の下にある〔　〕の中はその言葉の意味とする。

ぼくらの心と身体は公平さというバランスを希求している。他者とのあいだに大きな①偏りを察知すると、人はそれを②是正しようとする。

では、公平さのバランスを取り戻すには、どんな手段があるのか？ひとつは、偏りそのものを否定したり、覆い隠したり、見て見ぬふりをすること。もともと偏りがなかったことにしてしまえば、擬似的にバランスを回復できる。これは、ぼくらがもっとも頻繁にやっていることかもしれない。

偏りには、その偏りができる正当な理由がある。収入や境遇の格差は、能力に差があるからだ。努力した結果なのだから、格差が生じても仕方ない。世界には苦しんでいる人もいるが、それはその国の責任だ。日本人は日本の問題だけを考えればよい。こうして偏りの因果関係や対象範囲が限定され、自分とは無関係なものにされる。

バランスを取り戻すもうひとつの方法は、物や財を動かすこと。より多くもつ人からもたない人へモノを譲り渡す。この「移譲」には、おもに市場での交換、社会的な贈与、国家による再分配がある。

市場での交換は、等価物が交換されているようにみえるが、じつはそうではない。モノの価値は、人によって異なる。野菜をたくさんもっている人は、肉や魚により高い価値を見いだす。逆に肉や魚が余っている人にとっては、野菜がより高い価値をもつ。同じ額のお金があっても、人によって本を買うのか、服を買うのか、映画を観《み》に行くのか、違う。違う価値のモノが交換され、双方が満足を得る。市場での交換は、基本的には、こうした個々の必要性をみたす最適値を目指す。

一方、贈与は、この最適値を目指さない。バレンタインデーのチョコレートは、相手がチョコレートに価値を見いだすかどうかわからないまま渡される。お中元やお③歳暮〔世話になった人などに品物を贈ること〕なども、相手の必要をまかなうために贈られるわけではない。ふだん自分では買わないような品が贈られることも多い。贈与は、相手の必要性や欲求を満たすためのものではない。感謝や愛情といった感情を表現し、相手との関係を築くためのコミュニケーションだ。

東日本大震災のあと、被災地に向けて大量の支援物資が届けられた。それは、ある種の公平さの回復を目指した行為だったと思う。でも、ぼくらが目にしたのは、被災地の実情に合わず、倉庫に大量に保管されたままの物資であり、刻々と変化する現地のニーズに対応する難しさだった。

避難所の近くに簡易コンビニが開設されると、被災者の方が喜んで買い物をしていた。④そばに無料の支援物資がたくさんあるのに、なぜ自分でお金を払う商品が求められるのか。

贈り物を受けとることに選択の余地はない。与えられたモノは、受けとらなければならない。⑤それは、ある種の「義務」だ。

しかし市場では、誰もが自分の必要に応じて意志決定し、欲求を充足できる。それぞれが限られた資金のなかで必要性の高いものを選択する。お金が有限だからこそ、人は自分の責任で冷静に必要度の優先順位を考えられる。贈与のように人間関係にわずらわされることもない。

市場での交換は、個々の微細なニーズの差異や多様性に対応できる。贈与は、人と人をつなぐ心温まる行為だが、けっして万能ではない。市場での交換も、もとからある資金〔交換財〕の偏りは解消できない。その「最適値」は、⑥すでにある偏りを⑦ドガイシするこ

2020年度／明治大学付属中野八王子高等学校(推薦)

英語解答

1 問1　ア

問2　send messages to each other

問3　A　家までの道を見つけることが得意

B　とても速く飛べる

問4　(ア)　　問5　ウ　　問6　エ，オ

2 (1)　It's January　　(2)　of yours

(3)　few, little　　(4)　help yourself

(5)　easiest, to

3 (1)　first visit　　(2)　me to

(3)　size of　　(4)　must〔should〕 be

(5)　My favorite

4 (1)　記号…イ　正しい語(句)…cups

(2)　記号…エ　正しい語(句)…abroad

(3)　記号…ウ　正しい語(句)…between

(4)　記号…ア　正しい語(句)…easy

(5)　記号…エ　正しい語(句)…did

5 (1)　The story she told us last night was very exciting

(2)　I don't know what the sign on the door says

(3)　Reading that book will make you more interested in foreign people and cultures

数学解答

1 (1)　$-3a^6b^3$　　(2)　24

(3)　$(a-2b)(a+2b+3c)$　　(4)　$\sqrt{7}$

(5)　6

2 (1)　$x=3\pm\sqrt{10}$　　(2)　$m=7$，$n=6$

(3)　$\dfrac{5}{12}$　　(4)　1：2　　(5)　$\dfrac{\sqrt{2}}{48}a^3$

3 (1)　2　　(2)　$(\sqrt{6}, 12)$

国語解答

問一　個々の必要性をみたす〔必要性や欲求を満たす〕

問二　感謝や愛情といった感情

問三　お金持ちな　　問四　ア

問五　ひとつは，〔こうして偏〕

問六　ア　個々の微細なニーズの差異や多様性

イ　最適値

問七　1　不均衡を見て何もしない自分

2　心と身体に刻まれている

問八　エ　　問九　イ

問十　①　かたよ　②　ぜせい　③　せいぼ

⑦　度外視　⑧　徴収

Memo

2019年度 明治大学付属中野八王子高等学校

【英　語】（50分）〈満点：100点〉

1　リスニング問題　〈編集部注：放送文は未公表につき掲載してありません。〉

放送の指示に従って答えなさい。

問１

Q.1　A　One.　B　Two.　C　Three.　D　Four.

Q.2　A　Pay 12 dollars at a ticket machine next to the bus stop.

B　Pay 12 dollars at a ticket machine in the city center.

C　Pay 20 dollars at a ticket machine next to the bus stop.

D　Pay 20 dollars at a ticket machine in the city center.

問２

Q.1　A　Yesterday.　B　Today.　C　He doesn't know.　D　In his desk.

Q.2　A　He should check his pockets.

B　He should look in his desk.

C　He should buy a new one.

D　He should give up finding it.

2　次の英文を読み，後の問いに答えなさい。＊印の語(句)には注が付いています。

What do you do when you want a cold drink? You probably get a drink from your refrigerator. Or you get ice to make your drink cold. But people did not have refrigerators before the early 1900s. (①) did they keep things cool before then?

In the past, it was difficult to keep food cold. (②) food *spoils quickly. Before refrigerators were *available, people *used to get sick a lot or even die from eating spoiled food. In the past, people tried many different *methods to keep things (③). They used to put food in cool *streams or in *caves near their homes. They also *stored food like vegetables and fruits in rooms under their houses. These rooms stayed cooler in warm months. (④), none of these methods was perfect.

What was a better way? Putting food on ice. In 1000 *BCE, people in China collected ice and snow. Then they *dug holes under their homes and filled them with the ice and snow. After that, they put their food in the holes. In many countries, people continued to do this for about 2000 years.

There are a few problems with ⑤this method. First, ice and snow are not available everywhere. An American businessman named Frederick Tudor solved these problems. He wanted to deliver ice to hot places, *such as the Caribbean. In the early 1800s, he sent a ship full of ice from Boston, Massachusetts, to the island of ⑥Martinique. Almost all of the ice *melted. After that happened, Tudor realized that he had to find a way to keep the ice frozen. He spent ten years working on the problem. *Eventually, he tried putting sawdust — very small pieces of wood — between the pieces of ice. ⑦It worked! Sawdust keeps ice frozen for a longer period of time.

People used to work hard to keep their food and drinks cold. Now, it's much easier. The next time you want a cold drink, imagine your life without a (⑧).

（注） ＊spoil：腐る　＊available：入手できる　＊used to：以前はよく～したものだ
＊method：方法　＊stream：小川　＊cave：洞穴　＊store：～を保存する
＊BCE：紀元前　＊dug：dig(掘る)の過去形　＊such as：例えば～など
＊melt：解ける　＊eventually：最終的には

問１　空所①に適する語を以下の中から選び，記号で答えなさい。
ア　When　イ　How　ウ　What　エ　Why

問２　空所②③に入る組み合わせとして正しいものを選び，記号で答えなさい。
ア　②＝Cold　③＝cold　イ　②＝Cold　③＝warm
ウ　②＝Warm　③＝cold　エ　②＝Warm　③＝warm

問３　空所④に適する語(句)を以下の中から選び，記号で答えなさい。
ア　So　イ　For the first time　ウ　For example　エ　However

問４　下線部⑤の内容を説明した下記の文の空所に入る日本語を，それぞれ３字で答えなさい。
自分たちの(　　)に穴を掘って(　　)で埋め，その中に食べ物を入れるという方法。

問５　本文中の第４段落には，“Second, ice melts.” という一文が抜けている。この文が本来入る位置はどこが適切か。直前の英文の最後の語と，直後の英文の最初の語を答えなさい。ただし，句読点は語に含まない。

問６　下線部⑥の地域はどのあたりと推定できるか。次の地図上の記号で答えなさい。

問７　下線部⑦の内容を説明した下記の文の空所に入る日本語を，空所(A)に１字，空所(B)に３字で答えなさい。
(A)の破片を(B)に入れること。

問８　空所⑧に適する語を文中から抜き出して答えなさい。

問９　本文の内容と一致する文を以下の中から２つ選び，記号で答えなさい。
ア　In the past, people sometimes died because they couldn't make their drink cold.
イ　One example to keep food cold is to put food on ice.
ウ　About 2000 years ago, people in China started to use ice to keep food cold.
エ　An American businessman named a man Frederick Tudor.
オ　About 150 years ago, there were things like refrigerators.
カ　Frederick Tudor once failed to send ice from one place to another.

3 次の英文を読み，後の問いに答えなさい。＊印の語(句)には注が付いています。

Most people in Australia live in cities along the coast. Very few people live in the huge middle area. Houses are far away from each other in the area. Australians call this part of the country “the Outback.” In the past, when people in the Outback had an accident or got very sick, there were no doctors nearby to ①take care of them. Today, people in the Outback can call a special service called the Royal Flying Doctor Service and get medical advice in a few minutes. ②The Royal Flying Doctors (airplanes / doctors / don’t / have / in / people / places / reach / that / to / use).

A *minister, *Reverend John Flynn, started the Royal Flying Doctor Service in the 1920s. He often traveled by truck through central and northern Australia for his church. Many times, he saw people die because there was no doctor near. He thought, “There must be some way to help these people. First, I will build hospitals for them.”

Flynn worked very hard, and by 1927, there were ten small hospitals in central and northern Australia. Nurses took care of the sick and injured people. But Flynn was not ③(satisfy). He had hospitals and nurses, but he needed doctors. And there was another problem. If he had doctors, how could they treat people who still lived far away from the hospitals? Then, he had an idea! “The doctors can travel by airplane. We will also build a place for a plane to land near every Outback home.” Many people laughed at the idea. Airplane travel in 1927 was a new and dangerous thing.

There was one more problem: people so far away couldn’t get in touch (④) a doctor. Flynn said, “We will use a *radio to send and receive messages.” At that time, radios could not work in most of the Outback because there was no electricity. But an engineer invented a radio that worked with a foot pedal. With this invention people were able to call (⑤) help from far away.

Everything was ready. The Royal Flying Doctor Service began in May 1928. The Service was a great success, and Flynn was very happy. In the first year, doctors made fifty flights. They flew ⑥18,000 miles, helped 225 people, and saved 4 lives. Flynn now wanted the Service to be in all parts of the Outback. His church did not have enough money for ⑦this plan, so the different states in Australia agreed to help. Each state built one or two hospitals.

In 1942, the Royal Flying Doctor Service came up with another good idea. Every home in the Outback got a carefully prepared *first-aid kit. Each kit had the same drugs, *bandages, and other first-aid *materials. Everything in the kit had its own special number. Later, the kits had a picture of the human body with a number for each different part. When people got sick or injured, they used the radio to call the medical center. The doctor asked about the problem by number. Then the doctor told the caller to use medicine from the kit by numbers, too. For example, the doctor said, “Take one *pill from number 8 every three hours,” or “Put number 22 on your injured leg.”

Today there are 3,000 medical kits, 22 hospitals, and 53 Royal Flying Doctor Service airplanes. Each year the service helps about 274,000 people.

(注) ＊minister：牧師　＊Reverend：～師　＊radio：無線　＊first-aid kit：救急箱
＊bandage：包帯　＊material：道具　＊pill：錠剤

問1　下線部①とほぼ同じ意味を表す語を，第3段落から抜き出して答えなさい。

問2　下線部②が「The Royal Flying Doctorsは，医師を持たない場所にいる人々のもとへ行くのに飛行機を使う」という意味になるように(　)内の語を並べ換えなさい。

問3　第2段落から第4段落について，Flynn氏が直面した以下の問題1，2の解決策を選択肢ア～ウからそれぞれ選び，記号で答えなさい。

Flynn氏が直面した問題

1　People in the Outback died because they did not have doctors near them.

2　People living so far away could not contact a doctor.

解決策

ア　Building hospitals in central and northern Australia

イ　Building a church to take care of the sick and injured people

ウ　Inventing a radio which worked without electricity

問4　下線部③を適切な形に直しなさい。

問5　空所④⑤に入る語の組み合わせとして正しいものを選び，記号で答えなさい。

ア　④＝to　⑤＝after

イ　④＝with　⑤＝for

ウ　④＝on　⑤＝on

エ　④＝at　⑤＝off

問6　下線部⑥の読み方を英語で答えなさい。

問7　下線部⑦の具体的な内容として正しい文を以下の中から選び，記号で答えなさい。

ア　アウトバックのあらゆる地域に派遣する飛行機をもっと増やすこと。

イ　アウトバックのあらゆる地域に医療品をもっと送ること。

ウ　アウトバックのあらゆる地域にThe Royal Flying Doctor Serviceをもっと普及させること。

エ　アウトバックのあらゆる地域で無線をもっと使えるようにすること。

問8　第6段落について，first-aid kitに使われている番号には，2つの用途がある。それぞれの用途を下記のように説明するとき，空欄に入る語句を日本語で答えなさい。

1つ目は，医師が患者の(　　)を知るため。

2つ目は，医師が患者に(　　)を教えるため。

問9　本文の内容と一致する文を以下の中から2つ選び，記号で答えなさい。

ア　It takes a few minutes for people in the Outback to get the Royal Flying Doctor Service now.

イ　By 1927 Flynn built ten small hospitals and a place for a plane to land near the Outback.

ウ　When Flynn thought of the idea of using airplanes to send doctors, people agreed with the idea.

エ　At first only people in the Outback who had enough money were able to use the Royal Flying Doctor Service.

オ　The Royal Flying Doctor Service didn't work well in the first year.

カ　The flying doctor service was successfully introduced, and Flynn hoped that people could use the service through the Outback.

キ　With carefully prepared first-aid kits, the flying doctor service airplanes are not needed any more.

4　次の各組の英文がほぼ同じ意味になるように，(　)に適切な語を入れなさい。

(1)
I'm free this afternoon.
I (　　) (　　) to do this afternoon.

(2)
Miki's test score was not as bad as Kumi's.
Kumi's test score was (　　) (　　) Miki's.

(3)
This bridge is forty-three years old.
This bridge (　　) (　　) forty-three years ago.

(4)
Mr. Smith doesn't know Mika's birthday.
Mr. Smith doesn't know (　　) Mika (　　) (　　).

5　日本語の意味を表すように次の語(句)を並べ換えたとき，(A)(B)(C)に入る語(句)を下の語群から選び，記号で答えなさい。〈ただし，文頭に来る語(句)の最初の文字も小文字になっています。〉

(1) あなたはいつから外国のことについてもっと知りたいと思っているのですか。
(　　)(A)(　　)(　　)(　　)(B)(　　)(　　)(C)(　　)?
ア about　イ foreign countries　ウ have　エ how　オ know
カ long　キ more　ク to　ケ wanted　コ you

(2) ロンドンで私たちが行ったあの公園をおぼえていますか。
(A)(　　)(　　)(B)(　　)(　　)(　　)(C)(　　)(　　)?
ア do　イ in　ウ London　エ park　オ remember
カ that　キ to　ク we　ケ went　コ you

(3) どの道を行けば駅につきますか。
(A)(B)(　　)(　　)(C)(　　)(　　)?
ア leads　イ me　ウ road　エ station
オ the　カ to　キ which

(4) 私に道を尋ねてきたその外国人は高尾山に登るつもりだった。
(　　)(　　)(A)(　　)(B)(　　)(C)(　　)(　　).
ア asked　イ climb　ウ Mt. Takao　エ me　オ planned
カ the foreigner　キ the way　ク to　ケ who

【数　学】（50分）〈満点：100点〉

1 次の問いに答えなさい。

(1) $\dfrac{2b^2}{a^3}\div\left(\dfrac{3b}{a^2}\right)^3\times\dfrac{6}{a^2}$ を計算しなさい。

(2) $(2+2\sqrt{5})\left(\dfrac{1}{2}+\sqrt{5}\right)(1-\sqrt{5})(1-2\sqrt{5})$ を計算しなさい。

(3) $a^2b-ab-a+1$ を因数分解しなさい。

(4) 2次方程式 $(x-1)^2=2(x-1)$ を解きなさい。

(5) $\sqrt{\{7-0.75\times(-2)^3\}\div 0.25}$ の小数部分を a とするとき，a^2+6a の値を求めなさい。

(6) $ab=1$ のとき，$\dfrac{1}{a+1}+\dfrac{1}{b+1}$ の値を求めなさい。

2 次の問いに答えなさい。

(1) 2直線 $y=-\dfrac{1}{3}x+4a-4$，$y=\dfrac{5}{3}x-2a+2$ の交点が直線 $y=2x-3$ 上にあるとき，a の値を求めなさい。

(2) $-1<x<3$，$2x-3y=0$ のとき，積 xy の値の範囲を求めなさい。

(3) 次のような2組の連立方程式(I)，(II)があります。

(I) $\begin{cases}-3x+y=11\\ ax+4y=14\end{cases}$　(II) $\begin{cases}x+2y=1\\ x+by=8\end{cases}$

連立方程式(I)の解の x と y の値を入れかえると，連立方程式(II)の解になります。このとき，a，b の値を求めなさい。

(4) 下の図1において，点Oは円の中心である。$\angle a$ の大きさを求めなさい。

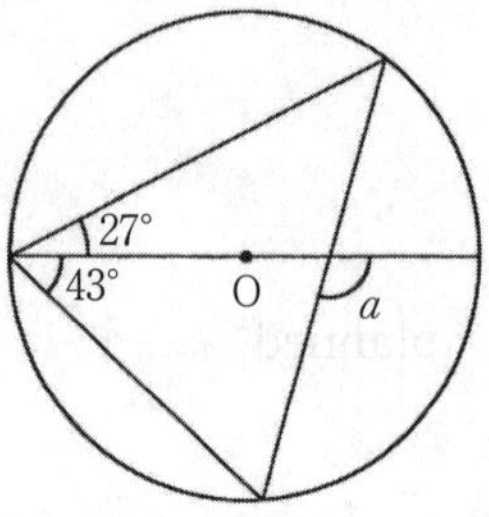

図1

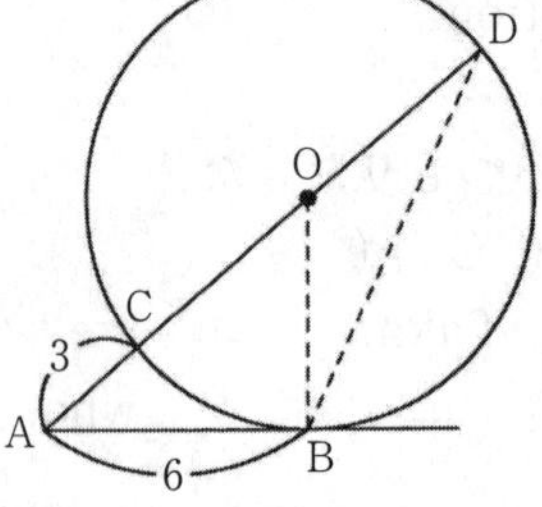

図2

(5) 上の図2において，△BODの面積を求めなさい。ただし，直線ABは円Oの接線です。

(6) 次の調査は，全数調査，標本調査のどちらが適切ですか。全数調査の方が適切だと思われるものの番号をすべて選びなさい。

① 選挙の出口調査
② 学校で行う視力検査
③ 国勢調査
④ けい光灯の寿命調査
⑤ テレビ番組の視聴率調査

(7) a の正の約数の和から1と a を引いたものを表す記号を $<a>$ とします。
例えば，$<6>=1+2+3+6-(1+6)=5$ となります。
$30\leqq a\leqq 50$ のとき，$<a>=0$ となる a の値をすべて求めなさい。

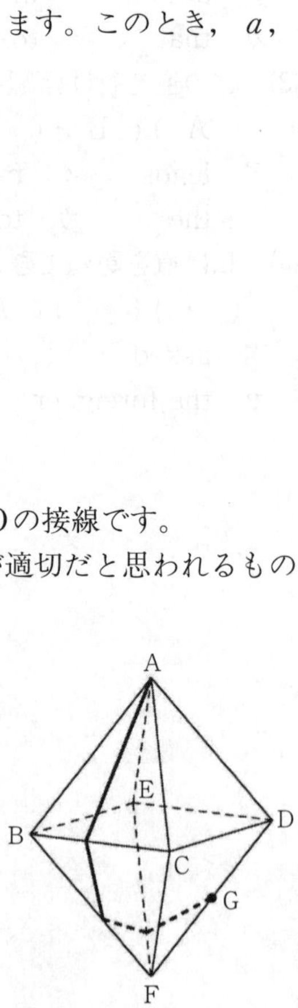

図3

(8) 右の図3のような，1辺の長さが8 cmの正八面体があります。点Aから辺BC，BF，EF上を通り，辺DFの中点Gまでひもをかけるとき，ひもの長さの最小値を求めなさい。

3 下の図のように，放物線 $y=2x^2$ と２つの直線 $y=4x+48$，$y=4x+k$ があります。２点A，Bの x 座標はそれぞれ-4，６で，△ABDの面積は210です。このとき，次の問いに答えなさい。ただし，$0<k<48$ とします。

(1) k の値を求めなさい。

(2) 点Dを通り，四角形ABDCの面積を２等分する直線の式を求めなさい。

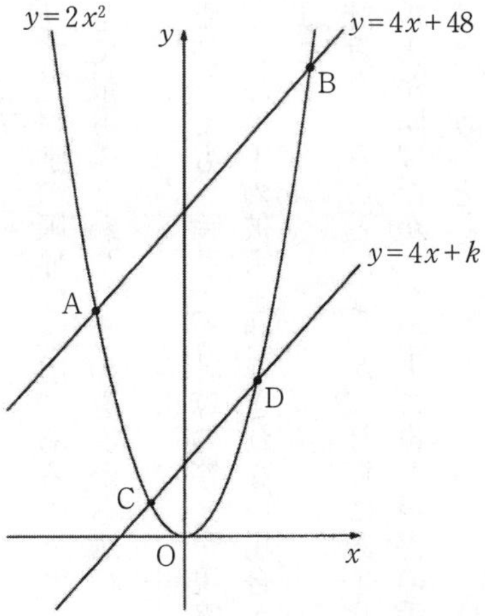

4 右の図において，はじめにAの場所に碁石を置きます。サイコロを３回振って，１回振るごとに碁石を次の①～③の条件にしたがって動かします。ただし，Cまで碁石を進めたら，碁石をAに移動させます。

A					B	C

① １，２の目が出たら右に１つ進む。

② ３，４の目が出たら右に２つ進む。

③ ５，６の目が出たら左に１つ戻る。ただし，Aにあるときはそのままとする。

このとき，次の問いに答えなさい。

(1) 碁石がBにある確率を求めなさい。

(2) 碁石がAにある確率を求めなさい。

5 右の図のように，AB＝AD＝４，AE＝６の直方体ABCD-EFGHがあります。

DI：IC＝BJ：JC＝３：１となるように点Ｉ，Ｊをとります。点Pは線分IJ上の点であり，点Qは線分EGの中点です。このとき，次の問いに答えなさい。

(1) IP：PJ＝1：1のとき，PQの長さを求めなさい。

(2) IP：PJ＝1：3のとき，PQの長さを求めなさい。

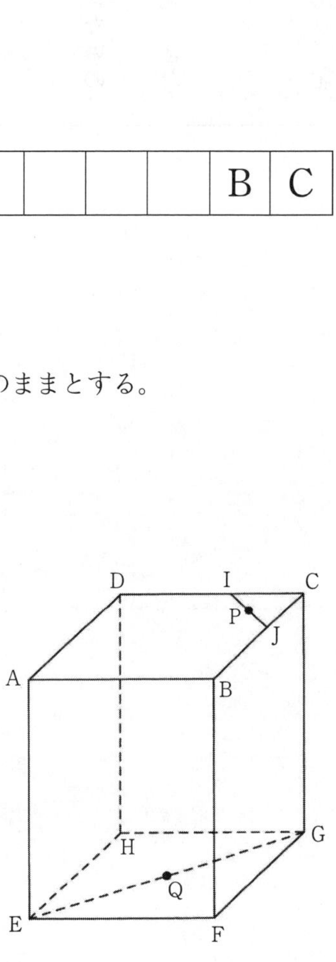

ことを想像できないということ

問五、――⑤「科学を過信せず、科学の限界に謙虚であること」とありますが、この説明として最もふさわしいものを次から選び、記号で答えなさい。

ア　最先端の科学技術を駆使しても、論理的な計算の答えが現実と一致するとは限らず、自然災害の被害を防ぎきれない場合があると心得ておくということ

イ　最先端の科学技術が計算を誤ることはないが、計算にあまりに時間がかかったため被害が防げなかった過去の自然災害の手痛い失敗を素直に認めるということ

ウ　最先端の科学技術で高度な機器を開発したとしても、科学者個々の処理能力には差があり、思わぬミスによる大事故が起こる可能性を想定しておくということ

エ　最先端の科学技術を整備してもそれを利用する人間の力には限界があることを反省し、まずは基本的な自然現象の解明を適切に行わなければならないということ

問六、――⑧「この言葉」とはどの言葉のことですか。文中から抜き出して答えなさい。

問七、――⑨「予見できる未来にシンギュラリティが来ることはありません」と筆者が述べている理由として最もふさわしいものを次から選び、記号で答えなさい。

ア　数学者はロマンチストだが、自分のロマンを追求するために人を巻き込むようなことはしないから

イ　脳が認識している方法を数式に置き換えることができないので「真の意味でのＡＩ」は作れないから

ウ　今の数学では脳のシステムを論理、統計、確率に還元できたとしてもそれ以上のことはできないから

エ　日本は解決しなければならない問題がたくさんあるので、シンギュラリティに投資する余裕がないから

問八、（⑫）に入る言葉として最もふさわしいものを次から選び、記号で答えなさい。

ア　ＡＩの電気回路がどんどん複雑になる

イ　日本の企業が世界でどんどん活躍できる

ウ　脳についてはまだまだ研究の余地がある

エ　私たち人間の出番はまだまだたくさんある

問九、――⑥「フンカ」、⑦「カショウ」、⑪「サンセキ」のカタカナを漢字に改め、――⑩「挑んだり」、⑬「代替」の漢字の読みを答えなさい。

きに、なぜシンギュラリティというロマンに投資しなければならないのか、私には理解できません。
　ＡＩとシンギュラリティという用語の厳密な定義を確認します。ＡＩは実はＡＩ技術のことであり、「真の意味でのＡＩ」とは、「人間の一般的な知能と同等レベルの知能」という意味です。そして、シンギュラリティは、「ＡＩがどこかの分野で人間の能力を超える」地点という曖昧《あいまい》な意味ではなく、「真の意味でのＡＩ」が自分自身よりも能力の高いＡＩを作り出すようになる地点という意味です。
　シンギュラリティが来ないのは、今のＡＩの延長では、あるいは今の数学では、「真の意味でのＡＩ」ができるはずがないからです。
　ＡＩはいくらそれが複雑になって、現状より遥《はる》かに優れたディープラーニング（コンピューターが物事を理解するための新しい学習方法）によるソフトウェア（コンピューターのプログラム）が搭載されても、所詮《しょせん》、コンピューターに過ぎません。コンピューターは計算機ですから、できることは計算だけです。計算するということは、認識や事象を数式に置き換えるということです。
　つまり、「真の意味でのＡＩ」が人間と同等の知能を得るには、私たちの脳が、意識無意識を問わず認識していることをすべて計算可能な数式に置き換えることができる、ということを意味します。しかし、今のところ、数学で数式に置き換えることができるのは、論理的に言えること、統計的に言えること、確率的に言えることの3つだけです。そして、私たちの認識を、すべて論理、統計、確率に還元することはできません。
　脳科学が随分前に明らかにしたように、脳のシステムはある種の電気回路であることは間違いなさそうです。電気回路であるということは、ｏｎかｏｆｆか、つまり0と1だけの世界に還元できることを意味します。基本的な原理は計算機と同じかもしれません。それが、「真の意味でのＡＩ」や「シンギュラリティの到来」を期待させている一面はあると思います。けれども、原理は同じでも、脳がどのような方法で、私たちが認識していることを「０、１」の世界に還元しているのか。それを解明して数式に翻訳することができないかぎり、「真の意味でのＡＩ」が登場したりシンギュラリティが到来したりすることはないのです。
　でも、シンギュラリティが到来しないことはめでたいことではありませんか。（　⑫　）ということを意味するのですから。
　残る問題は、ただの計算機に過ぎないＡＩに⑬代替されない人間が、今の社会の何割を占めているかということです。

（新井紀子「ＡＩ vs. 教科書が読めない子どもたち」による。一部表記・体裁を改めた）

問一、――①「数学の言葉を使って言語化し」とありますが、これと同じことを言い表している部分を文中から十九字で探して、最初の五字を答えなさい。

問二、――②「無限の連続を有限のコマにかたづけてしまう」とありますが、これを言い替えた次の文の空欄にあてはまる言葉をそれぞれ文中より三字以内で抜き出して答えなさい。

　科学や技術が［ア］を［イ］に変えてしまうこと。

問三、――③「無理にかたづける」を説明した次の文の空欄に入る熟語を答えなさい。

　物事の「似ている」と「似ていない」の違いを［　　］すること。

問四、――④「ＡＩへの過度の期待は、違いを感じ取る感性を鈍らせてしまいます」とありますが、この説明として最もふさわしいものを次から選び、記号で答えなさい。

ア　ＡＩの進歩にばかり関心を向けて、人間を危険にさらす可能性に思い至らないということ
イ　ＡＩの技術革新ばかりを評価し、それが人間の成果だということを忘れてしまうということ
ウ　ＡＩができるようになったことばかりに注目し、できないことに気づけなくなるということ
エ　ＡＩの可能性ばかりに希望を持ち、人間が不幸になるという

そして、ひまわりも新しくなりました。もちろんスパコンも最新です。

それでも予測を誤ったのです。

原因はプログラム〔コンピューターに行わせる処理手順を書き表したもの〕のバグ〔プログラム上の不具合や誤り〕にあったのでしょうか。そうではなさそうです。

地震が起こったときには、震源地と深さを推測します。これは確立した技術と考えられています。複数の地点でS波〔横波〕やP波〔縦波〕で観測して逆算すれば震源の位置がわかるというのが基本的な理論です。高校の物理でも学習します。その震源から波が伝わります。波も高校物理で学ぶ基本的な物理現象です。もちろん、波は海底の地形や潮の満《み》ち干《ひ》の影響も受けます。それらもすべて基本的な物理現象です。物理現象というのは、論理的には計算により予測可能であるはずだという意味です。

未来の地震を予測するという話ではありません。すでに発生した地震に起因する、2時間後の津波の高さの予測の話です。それでも予想ははずれました。東日本大震災の教訓を胸に刻み、装備を向上し、研鑽《けんさん》〔学問などを深く研究すること〕を積み、最善を尽くしたにもかかわらずです。

気象庁を批判しているのではありません。高校の物理教科書に出てくるような基本的な物理現象であっても、私たちは未《いま》だに完全には把握したり予測したりすることができていない。それが科学の現実なのです。その事実に、私たちは謙虚でなければならないと思います。そして、科学は、いくらその必要があって社会がそれを過度に期待していても、時が熟さなければ前に進みません。

今、「シンギュラリティ〔後述参照〕」という言葉が時代の寵児《ちょうじ》〔世にもてはやされること〕のように受け止められています。その日が来ることを、たとえば、1960年代に、人類が月面着陸に成功する瞬間を、わくわくして待ち侘《わ》びたのと同じように、心待ちにしている人も少なくないと思います。ウィキペディア〔インターネット上で利用できる百科事典〕の日本語版が「人工知能研究の世界的権威」と持ち上げ、グーグル〔インターネットの検索エンジンを運営するアメリカの会社〕のAI開発を指揮する未来学者のレイ・カーツワイルが2029年に真の意味でのAIが開発され、2045年に1000ドルのコンピューターが全人類を合わせたより知的になると公言しているのですから、信じる人が多くても仕方がないのかもしれません。私は、⑧この言葉の賞味期限は長く見積もってもあと2年だろうと思っています。

日本の企業は非常に勉強熱心です。私は年間50回ほど企業や勉強会で講演をさせていただいています。2年前には、どの会場でも「シンギュラリティは来ますか?」という質問があるので辟易《へきえき》〔うんざり〕したものです。こんなにナイーブ〔物事に感じやすいさま〕で日本の企業は大丈夫なのかと不安でした。けれども、この半年はそのような質問は減りました。一年間、必死で論文を読み漁《あさ》り、データを集め、そして、さまざまなAI技術を試して、エラーを分析してきたのでしょう。そして、「モノづくり」企業として、あるいは信頼を売る企業として、この技術は取り入れられるのだろうかと自問自答を繰り返してこられたのだ思います。

（中　略）

コンピューターが数学の言葉だけを使って動いている限り、⑨予見できる未来にシンギュラリティが来ることはありません。そう言うと、「夢がない」とか「ロマンがない」と批判されることがありますけど、来ないものは来ないと言うしかありません。

数学者はロマンチストです。数百年かかっても解けない問題に平気で⑩挑んだりします。数学者にとって、自分が生きているうちに問題が解けないことは当たり前のことです。だからこそ、数学者は自分のロマンのために他人の財布を当てにしたりしません。ロマンを追い求めるために、他人を巻き込むのは変ですから。

この国には、本当にお金を使って、人を巻き込んで、解決しなければならない問題が⑪サンセキしています。そんなまさに国難のとき日に記した日記の一節です。

言語化し数値化し測定し数理モデル化するということは、つまり「③無理にかたづける」ことなのです。かたづける腕力を持つのと同時に、そこで豊かさが失われることの痛みを知っている人だけが、一流の科学者や、技術者たりうるのだと思います。

ワトソンが解いたファクトイド〔この○○は何かとたずねる質問の形式〕と一般質問応答はどう違うか。一般質問応答とセンター入試はどこが違うか。センター入試の問題を解くことと知性の決定的違いはどこにあるのか。物体検出〔何が、どこに、いくつ写っているかまで調べ上げる技術〕と画像認識はどう違うか。現状の物体検出を理想の物体検出に近づけるには、精度以外に何が決定的に足りないか。画像認識と「見る」ことはどう似ていて、どう似ていないか――。その違いを一旦《いったん》無視しなければ数理モデルを作ることはできません。違いばかりに気を取られて、最初の一歩を踏み出せなければ科学も技術も生まれません。他方、数理モデルと現実との違いを明確に感じることのできる感受性と責任感を欠いていると、重大なリスク〔危険〕を見落とします。さらには社会的受容性を見誤り、売れない商品やサービスに投資することになります。④AIへの過度の期待は、違いを感じ取る感性を鈍らせてしまいます。「似ている」と「似ていない」の両方をフェア〔公平〕に、冷徹に見据えることなしに、まともな技術は生まれないのです。

もう一つ、私が科学者として肝に銘じていることがあります。それは、⑤科学を過信せず、科学の限界に謙虚であることです。

スパコン〔スーパーコンピューター。超高速の演算が可能〕を使っても東ロボくん〔東大合格を目標に開発しているAI〕の成績は上がらないのですが、気象シミュレーション〔ある現象を模擬的に現出すること〕のようにスパコンが大活躍する分野もあります。

日本は、地震や火山の⑥フンカ、台風など自然災害の多い国です。大量の観測データから、リアルタイムで予測・予報をするためにスパコンは不可欠です。20年前、週間天気予報がこれほど当たる日が来るなど誰も予想していませんでした。下駄《げた》を飛ばして表が出たら晴れ、裏が出たら雨、というのとさほど変わらないなどと陰口を叩《たた》かれていました。けれども、どうでしょう。今は誰もがテレビで、あるいはスマホで天気予報を見てからその日の服装や傘を持つかどうかを決めています。特に、2014年に気象衛星ひまわり8号が投入されてからは予報精度が一層上がりました。

ひまわり8号は放射計〔放射のエネルギーを測定する装置〕を搭載しています。最先端の観測技術です。米国や欧州などに先駆けて運用を開始した次世代静止気象衛星で、それまでのひまわりに比べ、大幅に解像度も向上し国際的な注目を集めています。7号の画像と比べると、雲ができる過程などが鮮明かつスムーズに観測できることがわかります。まるで宇宙船に乗って地球をこの目で見下ろしているような解像度です。

ひまわり8号の打ち上げから約1年半後の2016年11月22日午前5時59分に、東日本大震災の余震が発生しました。震災から5年8カ月後のことです。震源地は福島県沖。それまでも余震を繰り返していた海域でした。福島県中通り、福島県浜通りなどで震度5弱を観測。気象庁は津波の可能性について、すぐに検討を開始しました。午前6時2分、宮城県などに津波注意報が出されました。予想の波の高さが0・2メートル以上1メートル以下の場合には注意報が出されます。しかし、地震発生から約2時間後の午前8時3分に仙台港に到達した津波の高さは1・4メートル。予報の高さが1メートルを超え3メートル以下の場合は警報となるので、結局、津波到達後に、注意報を警報に切り替えるというドタバタ劇になってしまいました。

2011年の東日本大震災では、最初に津波の大きさを⑦カショウに予想してしまい、それが人的被害を拡大させたと批判されました。それを誰よりも痛みを持って受け止めたのは、気象庁だったに違いありません。長い期間余震は続くと予想されましたから、センサー〔感知器〕を増やし、海底の地形の測量も精緻《せいち》化したはずです。

イ　施設の子供それぞれの事情など関係なく接することが正しいと思っていること
ウ　自分の接し方が施設の子供たち全員と仲良くできるに違いないと思っていること
エ　かわいそうな子供たちの面倒をみる意義のある仕事をしていると思っていること

問九、――⑬「施設に入っているからといって、かわいそうとは限らない」とありますが、三田村が奏子についてさらに理解を深めた内容にあたる一文を文中から探して、最初の五字を答えなさい。

問十、――⑮「つかんでいた温みがそっと抜け出した」とありますが、これは和泉のどのような気持ちの表れだと考えられますか。最もふさわしいものを次から選び、記号で答えなさい。
ア　人を頼りにしている三田村をうっとうしく思う気持ち
イ　三田村が奏子との関係を改善できそうだと思う気持ち
ウ　自分に甘えていては三田村は一人前になれないという気持ち
エ　奏子に自分が三田村の味方だと思われたくないという気持ち

問十一、――⑯「三田村だけでなく和泉にも無差別攻撃になっていたらしい」とありますが、ここから分かる和泉についてのことを十字以内で答えなさい。

問十二、本文の登場人物についての説明として最もふさわしいものを次から選び、記号で答えなさい。
ア　三田村は正義感の強い人物で、子供が施設で厳しい生活を余儀なくされていることに批判的である
イ　奏子は母親に対し恐怖心を抱きながらも、愛情を捨てきれずに葛藤《かっとう》を抱えて大人と触れ合っている
ウ　久志は奏子と違い、若く情熱的な三田村のことを和泉よりも強く信頼しており、常に味方の立場である
エ　和泉は芯の強い職員で、普段はすすんでおどけるようなことをしないが、子供たちからは好かれている

問十三、――③「アイソ」、⑥「カマって」、⑫「ナツく」のカタカナを漢字に改め、――⑪「免れない」、⑭「諭して」の漢字の読みを答えなさい。

二

次の文章を読んで、後の問いに答えなさい。なお、文中の言葉の下にある〔　〕の中はその言葉の意味とする。

AI〔人工知能〕はロマンではありません。AIは電子レンジがそうであるのと同じように、技術です。すべての技術には可能性と限界があります。過去のイノベーション〔技術革新〕を見れば一目瞭《りょう》然《ぜん》です。AIも例外ではありません。だとすれば、重要なのはその可能性と限界の非常にデリケート〔細心の注意を要するさま〕で入り組んだ状況を、まず自ら手を動かして体験することです。2011年の段階でワトソン〔クイズ王を破ったAI〕を開発したIBM〔米国のコンピューターメーカー〕の技術陣は、それを経験していたからこそ、2021年までにAIが日本の大学入試で最難関校に合格するのは無理だと、わかっていたのです。

　科学や技術とは「なんだかよくわからないけれども複雑なこと」を、①数学の言葉を使って言語化し、説明していく営みです。それと同時に、言語化できなかったことを、痛みをもって記憶することでもあります。そして、前者以上に後者が大切です。

「物理学の自然というのは自然をたわめた不自然な作りものだ。一度この作りものを通って、それからまた自然にもどるのが学問の本質そのものだろう。しかし、これでとらえられない面がものごとにはあるにちがいない。活動しゃしん〔映画の古い呼び方〕で運動を見る方法がつまり学問の方法だろう。②無限の連続を有限のコマにかたづけてしまう。しかし、絵描きはもっと他の方法で運動をあらわしている。吾々《われわれ》は物ごとを有限の概念にかたづけてでなければ物が考えられないくせがついてしまった。しかしこれは何といっても無理にかたづけたものであるから、本ものそのものではない」

　ノーベル物理学賞受賞者の朝永振一郎《ともながしんいちろう》がドイツに留学していた若

精一杯のおどけた口調はどうやら冗談口のつもりのようだ。⑯三田村だけでなく和泉にも無差別攻撃になっていたらしい。が、いかんせん弾《はじ》け切れていないので冗談の確信が持てず、笑っていいのかどうか他の三人で様子を探り合う。

「笑うところよ」

　真顔の付け足しで久志が盛大に吹き出し、奏子もぎこちなく笑った。

「三田村先生も笑っていいんですよ」

　気遣いの冗談はまったく面白くなかったが、その面白くなさが逆におかしくなって、三田村も遅ればせながら盛大に笑った。

（有川　浩「明日の子供たち」による。一部表記・体裁を改めた）

問一、——①「眼差しが険を含んだ」とありますが、このときの奏子の気持ちとして最もふさわしいものを次から選び、記号で答えなさい。

ア　三田村の熱心さを重く感じ、迷惑に思う気持ち
イ　三田村を不快に思い、受け入れたくない気持ち
ウ　部屋を抜け出していたので、バツが悪い気持ち
エ　久志と一緒のところを見られて照れくさい気持ち

問二、——②「ちゃんと話したいんだ」とありますが、こう思った理由を説明した次の文の空欄にあてはまる言葉を文中から二十三字で探して、最初の五字を答えなさい。

　奏子にとって［　　　　］と思ったから。

問三、——④「壁は取り払われている」とありますが、この理由として最もふさわしいものを次から選び、記号で答えなさい。

ア　奏子の言い分は十分に理解できるものだから
イ　奏子が大人っぽく冷静に言葉を発しているから
ウ　奏子の幼い理屈は簡単に覆すことができるから
エ　奏子が感情に任せて怒りを表にあらわしているから

問四、——⑤「奏子は少したじろいだようだ」とありますが、この理由として最もふさわしいものを次から選び、記号で答えなさい。

ア　三田村が奏子を本気で心配していると感じたから
イ　三田村の発言を久志が支持していると感じたから
ウ　三田村が高校生の言葉をまねているだけと感じたから
エ　三田村が和泉の代理をしようとしていると感じたから

問五、——⑦「核心」とありますが、これはどのようなことですか。十字以上十五字以内で答えなさい。

問六、——⑧「堰を切りそうになる」とありますが、堰が切れるとどうなると考えられますか。最もふさわしいものを次から選び、記号で答えなさい。

ア　あきれて笑う　　イ　悲しくて泣く
ウ　怒りで怒鳴る　　エ　くやしくて震える

問七、——⑨「三田村には分かる」とありますが、三田村が分かっていることとして最もふさわしいものを次から選び、記号で答えなさい。

ア　久志は奏子の生活の場所から少しでも不快な要素を取り除くために、今はあえて奏子の気持ちにそぐわない言動をとっているということ
イ　久志は奏子と三田村の関係の改善のため、奏子ができるだけ傷つかずに自身の過ちに気付けるようあえて不誠実な態度に出ているということ
ウ　久志は奏子に好意を持っており、今は自分が奏子の憎しみをかうことになってでも奏子と三田村の溝を埋めてあげようとしているということ
エ　久志はこれ以上奏子が大人の偽善や自己満足に苦しまないように、この場を円満に納めるため、明るい雰囲気をつくろうとしているということ

問八、——⑩「先生の自己満足」の説明として最もふさわしいものを次から選び、記号で答えなさい。

ア　他の先生たちよりも子供たちに信頼される努力をしていると思っていること

規則だらけの施設で窮屈に暮らさなければならないことは、やはり恵まれていないように思える。
「自分だったらどうなのよ!? その年になって結婚してないなんてかわいそうって、初対面の人に決めつけられたらどう思うの!?」
いきなり突きつけられた矛先に、ほとんど反射で言い返した。
「け、結婚してないからってかわいそうだとは限らないだろ」
「じゃあ恋人もいなくてかわいそうにね!」
「恋人がいないって何で決めつけられるんだよ」
「じゃあいるの!?」
「いないけど……」
「ほーら、かわいそうかわいそう!」
鬼の首を獲《と》ったようにかわいそうだとあげつらわれて、不本意な思いがこみ上げる。別に恋人がいないからといって不自由は感じていないし、自分をみじめだとも思っていない。
そりゃあ、彼女がいたらいいなと思うことはあるけど――
「わたしたちだって同じことよ!」
まるで、目隠しを外されたように、その理屈がすとんと腑《ふ》に落ちた。――そうか。
⑬施設に入っているからといって、かわいそうとは限らない。
ようやく奏子の苛立ちの糸口がつかめたような気がした。
「分かった、ごめん」
素直に言葉が滑り出た。
「勝手な決めつけだった。施設のこと知りもしないのに、悪かった。――カナちゃんたちにとって、施設がどういう場所なのか、教えてくれないかな」
奏子には突っぱねる気配があった。だが、
「カナちゃん」
和泉が一言滑り込ませた。その一言で⑭諭してのけた。
奏子はしばらくふて腐れたように黙っていたが、やがて口を開いた。最初は渋々と。

「……わたしは、施設に来て、ほっとした。ちゃんと毎日ごはんが食べられて、お腹《なか》すかなくて、ゆっくり眠れて、学校にも行かせてもらえて……先生たちも、ちゃんとわたしの話を聞いてくれるし。何ていいところなんだろうって思った。わたしの母親は、母親としてはちょっと足りてないところがある人だったから……」
施設に来たいきさつは、三田村も知っている。
そういう母親でかわいそうだと思ってしまう気持ちは止められないが、それは当人に向かって言うことでもないのだろう。
「施設のおかげで普通に生活ができるの。そりゃ、規則とかいろいろあるけど、それは施設なんだから仕方のないことでしょ。普通の家だって門限とか家の決まりはあるだろうし、携帯禁止の親だっているだろうし。規則とか集団生活とかめんどくさいって思うときもあるけど、前の生活に戻りたいなんて思わない。施設に不満のある子もいるだろうけど、わたしは施設に入れてよかった。もし施設に入れなかったらと思うと……」
ぞっとする、と最後に小さく呟いた。
「……ごめん。俺、考えが足りなくて」
奏子にとって施設に入れたことは幸運なのだ。
施設のことをよく知りもしない新参者が、勝手な思い込みでその幸運を哀れむなど、一体何様になったつもりだったのか。
「それと、ありがとう」
は? と奏子が怪訝《けげん》な顔をした。
「カナちゃんが教えてくれなかったら、勘違いしたままでほかの子供たちにも接するところだった。ありがとう」
奏子は拍子抜けしたような顔で横を向いた。
三田村の手の中から、⑮つかんでいた温みがそっと抜け出した。
まだその手にすがっていたのだと温みが去ってから気がついた。
和泉が階段を上り、奏子に並んだ。そして奏子のおでこをぺちんと叩く。
「恋人がいなくてかわいそう、は大きなお世話よ」

お願いします、力を貸してください。
俺が揺らがないでいられるように、錨のようなこの手を貸してください。
「偽善者って、どういう意味」
同じ言葉を繰り出したのに、音階は全然違った。フラット〔平らであること〕に。フラットにフラットにフラットに——どうして彼女がその言葉を使ったのかを探り出せ。
「そのまんまの意味だよ」
「どうして、俺を偽善者だと思ったの」
奏子はぷいと横を向いた。だが、振り落とされるものか。
「教えてよ。本当に分かんないんだ。どうしてカナちゃんにそう思われちゃったのか分かんないんだ。だから教えてほしいんだ」
奏子は答えない。だが、堰を切らせようと誘う凶暴さはもう失《う》せた。
「俺なりに、子供たちの支えになりたいと思って施設〔児童養護施設〕で働こうと思ったんだ。俺は、カナちゃんのことも支えたいよ」
「⑩先生の自己満足に付き合う義理ないから！」
一方的な弾劾〔問題をはっきりさせて責任をとるように求めること〕にまたしても気持ちが揺らぐ。「自己満足」。偽善者よりは「知っている」言葉だが、やはり自分に投げつけられるとえぐられる。
つかんでいた和泉の手を、すがるように握りしめた。
「何で俺のこと自己満足だって決めつけられるの」
「動機が薄っぺらいじゃない、ドキュメンタリー〔実際にあった事を中心に構成された放送番組など〕観たからなんて」
テレビに影響されて、というのは言われてみれば確かに薄っぺらさを⑪免れないように思われて怯む。だが、
「テレビで施設を観たのがきっかけって先生は他にもいるよ」
援護射撃は和泉から来た。
「荒木先生だって、高橋先生だってそうだよ」
二人とも三十代半ばの男性で、和泉よりキャリアの長い職員だ。

「荒木先生と高橋先生も薄っぺらいの？」
「そうじゃないけど……」
奏子がふて腐れたように横を向く。
「どこが違うの」
思わず一歩を踏み出した。同じ男性の先輩職員と自分とで、奏子が一体何を分けたのか。それが知りたい。
「他の先生は、わたしたちのことかわいそうな子供なんて言わない！」
叩《たた》きつけるような声に、自分の言葉が一気に巻き戻った。——初日、洗濯物を畳みながら。
初めて会った奏子に、志望動機を話した。
ドキュメンタリーの中で、結婚退職する女性職員に泣きながらすがりつく子供に心を打たれた。魂を振り絞るような、獣の咆哮《ほうこう》〔ほえること〕のような泣き声。——すごくない？
親に捨てられた子があんなに⑫ナツくなんて。実の親に裏切られてるのに、赤の他人とあんな関係が作れるなんて。
素直な感想を分かち合いたくて訴えた。
俺もあんなふうにかわいそうな子供の支えになれたらなぁって。
——それは奏子の耳にはどう響いたのか。
こう響いたのだと遅ればせながら思い知る。
「施設のこと知りもしない奴《やつ》に、どうしてかわいそうなんて哀れまれなきゃいけないの!?——どうして、」
奏子が言葉を切った。言葉が見つからないのではなく、言葉があふれすぎて却ってつっかえたのだと分かった。
「かわいそうな子供に優しくしてやろうって自己満足にわたしたちが付き合わなきゃいけないの!?　わたしたちは、ここで普通に暮らしてるだけなのに！　わたしたちにとって、施設がどういう場所かも知らないくせに！」
その普通がかわいそうだと思うのは悪いことなのだろうか。同じ年頃の子供が親にわがままを言いながら気ままに暮らしているのに、

だ隙《すき》に切り込む。

「カナちゃんにとってここは生活の場所だろ。それなら、嫌いな人は一人でも少ないほうが気分良く暮らせるだろ」

十七歳の高校生が言ったことをそのまま真似《まね》っこだ。だが、なりふり⑥カマっていられない。奏子に届きそうな言葉なら何でも借りなくては。

「それに、俺はカナちゃんと仲良くなりたいんだ」

「けっこうです」

返す刀でばっさりだ。だが、奏子が苛立つにつれて話は⑦核心に迫っている。

「わたし、別に仲良くなりたくないから」

「何で?」

「偽善者は嫌いなの」

偽善者という言葉はもちろん知っている。だが、その言葉が自分に向けられたことなど今までない。そういう意味で、自分はこの言葉を知らなかったのだと思った。

自分に向かって投げつけられたら、どれほど気持ちをえぐり取られる言葉なのか、今まで全く知らなかった。

えぐり取られて、気持ちの背骨が軋《きし》んだ。――どうして、こんなこと言われなきゃならないんだ。いくら相手が施設のかわいそうな子供でも、こんなことまで言われる筋合いは、

「……偽善者って、どういう意味」

呻《うめ》くように押し出した言葉は、自分で思っていた以上に音階が低かった。その低さが自分の⑧堰《せき》を切りそうになる。

奏子の挑みかかるような表情はそれを待ち受けている。その凶暴な顔つきが誘う。荒れ狂った三田村の気持ちに、そのまま堰を切れと――

「どうしたの!」

鋭くその場の空気を打ったのは、和泉の声だった。

振り向くと、階段を駆け上がってきた和泉が息を切らしてこちらを見上げている。眼差しは厳しい。

凶暴に誘っていた奏子の表情が明らかに怯んだ。どうして、と呟《つぶや》く形に唇《くちびる》が動いた。どうして和泉ちゃんがここに。

まるで答えるようなタイミングで、今度は久志の能天気な声だ。

「俺、俺。今呼んだ」

手に持ってひらひら振るのは携帯だ。どうやらメールを打ったらしい。

「カナと慎平ちゃんが激突中って」

「ヒサちゃん!」

奏子が久志に食ってかかる。

「どっちの味方なの!?」

久志はヘラヘラ笑っているだけだったが、⑨三田村には分かる。

――カナちゃん。

ヒサは絶対的にカナちゃんの味方だよ。ただし、最終的に。

奏子が今後息苦しくならないために、今食ってかかられることもヘラヘラヒラヒラかわしてのける。

「三田村先生、どういうことなの」

和泉が階段の二段下から三田村の袖《そで》をつかんだ。

きつくつかんで引く重みが、まるで錨《いかり》のようだった。

この揺るがない声が言った。

子供たちは、試しているのだ。甘えたり反発したり、いろんな手札を切りながら、大人がどう出るかを観察している。

敵か味方か見極めようとしている。

そして、同じ声がこうも言った。――揺らがないようにね。

三田村の袖をつかんだ和泉の手が、様子を窺《うかが》いながら離れていこうとする。

その手を引き止めるように、つかんだ。完全に無意識だった。手の中に温《ぬく》みが生じたことと、その温みが驚いたように強《こわ》ばったことで、自分が手を取ったと気づいた。

和泉は身じろぎはしたが、手を引かなかった。それに甘える。

二〇一九年度
明治大学付属中野八王子高等学校

【国　語】（五〇分）〈満点：一〇〇点〉

〈注意〉字数には、句読点も記号も一字として数えます。

一　次の文章を読んで、後の問いに答えなさい。なお、文中の言葉の下にある〔　〕の中はその言葉の意味とする。

屋上に続く階段へ向かうと、果たして低い話し声が聞こえてきた。久志《ひさし》と奏子《かなこ》の声だ。

踊り場の下でしばらく立ち尽くした。決意と弱気がせめぎ合う。二人が何を話しているのか、遠くて聞き取れない声に聞き耳を立ててしまう。

——いいから踏み出せ！

心で叫んだ言葉の終《しま》いが強い息になって漏れた。

二人を見上げる踊り場に、それこそ躍り出る。

二人は階段のてっぺんに並んで座っていて、久志が先にこちらを向いた。一瞬その目を意外そうにしばたたき、それから眼差《まなざ》しが笑みを含む。

奏子は遅れてこちらに目を向け、三田村を認めた途端に①眼差しが険を含んだ。——怯《ひる》むな。

「カナちゃん。俺、話したいことがあるんだけど」

「何ですか？」

「多分、俺、カナちゃんと行き違っちゃってるよね」

「気のせいじゃないですか？」

奏子が立ち上がって階段を下りようとしたその前に、両手を広げて立ち塞《ふさ》がる。

「気のせいじゃないよね。ちゃんと話そうよ」

奏子は鬱陶《うっとう》しそうに溜息《ためいき》をついた。その溜息の音色に心がくじかれる。

だが、三田村は広げた両手を下ろさなかった。

「②ちゃんと話したいんだ」

「何を？」

「どうして俺がカナちゃんに壁作られちゃってるか」

カナは面倒くさそうに三田村から目を外した。

「いいじゃないですか、別に。百人以上も人がいるのに全員と仲良くなれるわけないでしょ。大人なんだから割り切りましょうよ」

「俺はカナちゃんを割り切りたくないんだ」

「何で？」

「俺はカナちゃんの副担当だから」

はぁ？　と盛大に苛立《いらだ》つ声と共に、奏子の視線がこちらを向いた。怒りの籠《こ》もった眼差しに貫かれて、却《かえ》って気持ちが奮い立った。

気のせいですよ、と素っ気なく逃げられるよりマシだ。お③アイソの笑顔でお行儀よく三田村先生と呼ばれるよりも。

率直に苛立ちをぶつけてくる今だけは、④壁は取り払われている。

「慎平ちゃん、ガンバー」

からかうような声かけに、奏子がキッと久志を睨《にら》みつけた。「茶化さないで！」と、——だが、久志の気軽そうな声は三田村にとっては心強い声援だ。

「俺がカナちゃんの副担当じゃなかったら、諦《あきら》めるよ。子供たち全員に好かれる自信なんかないし。でも、俺は副担当だから。いざというときは俺が和泉《いずみ》先生の代わりにならなきゃいけないから」

「和泉ちゃんの代わりになれるなんてうぬぼれないで！」

「代わりになれるなんて思ってないよ、でも代理は務めなくちゃいけないから」

懸命に奏子の苛立ち混じりの視線を受け止める。

「ほんとに合わないんだったら、配置換えとか考えてもらわなきゃいけないし」

現実的な提案に、⑤奏子は少したじろいだようだ。そのたじろい

2019年度／明治大学付属中野八王子高等学校

英語解答

1 問1　Q1…D　Q2…A

問2　Q1…B　Q2…D

2 問1　イ　問2　ウ　問3　エ

問4　家の下，氷と雪

問5　直前の語…everywhere

直後の語…An

問6　エ

問7　A…木　B…氷の間

問8　refrigerator　問9　イ，カ

3 問1　treat

問2　use airplanes to reach people in places that don't have doctors.

問3　1…ア　2…ウ

問4　satisfied　問5　イ

問6　eighteen thousand　問7　ウ

問8　1つ目…患部　2つ目…薬

問9　ア，カ

4 (1)　have nothing　(2)　worse than

(3)　was built　(4)　when, was born

5 (1)　A…カ　B…ク　C…ア

(2)　A…ア　B…カ　C…キ

(3)　A…キ　B…ウ　C…カ

(4)　A…ア　B…キ　C…ク

1〔放送問題〕放送文未公表

2〔長文読解総合―説明文〕

≪全訳≫❶冷たい飲み物が欲しいとき，あなたはどうするだろうか。おそらく冷蔵庫から飲み物を取り出すことだろう。あるいは飲み物を冷やすための氷を取り出すだろう。しかし人々は1900年代初頭まで冷蔵庫を持っていなかった。それまではどうやって物を冷たく保ったのだろうか。❷昔，食べ物を冷たく保つことは困難だった。温かい食べ物はすぐに腐ってしまう。冷蔵庫が利用可能になる前，人々は傷んだ食べ物を食べてよく病気になったし，死ぬことさえあった。昔の人々は物を冷たく保つためのさまざまな方法を試した。彼らは家の近くの涼しい小川や洞窟に食べ物を置いた。また家の下の部屋に野菜や果物のような食べ物を保存した。これらの部屋は暖かい月にも涼しいままだった。しかし，これらの方法はどれも完璧ではなかった。❸もっと良い方法は何か。氷の上に食べ物を置くことだった。紀元前1000年に中国の人々は氷と雪を集めた。それから彼らは家の下に穴を掘り，穴を氷と雪で埋めた。その後，彼らはその穴の中に食べ物を入れた。多くの国で人々は約2000年間にわたってこのことをやり続けた。❹この方法にはいくつかの問題点がある。第1に，氷と雪はどこにでもあるわけではない。第2に，氷は解ける。フレデリック・チューダーというアメリカのビジネスマンがこれらの問題を解決した。彼はカリブ海のような暑い場所に氷を届けたいと思った。1800年代初頭，彼はマサチューセッツ州ボストンからマルティニーク島に，氷を満載した船を送った。氷のほとんど全てが解けた。そのことが起きた後，チューダーは氷を凍らせたままにしておく方法を見つけなければならないことに気づいた。彼は10年かけてその問題に取り組んだ。最終的に，彼は氷の間に，おがくず――とても小さな木の破片――を入れることにした。それがうまくいったのだ。おがくずは長期間氷を凍らせ続けた。❺人々は食べ物や飲み物を冷たく保つために一生懸命に努力した。今，それははるかに簡単である。今度冷たい飲み物が欲しくなったとき，冷蔵庫のない生活を想像してみてほしい。

問1＜適語選択＞第2段落以降では，冷蔵庫が発明される前の，食べ物を冷たく保つ方法が説明され

ていることから，この文で「それまではどうやって物を冷たく保ったのだろうか」と問題提起していると判断できる。

問２＜適語選択＞②すぐに腐ってしまうのは，「温かい」食べ物。　③食べ物が傷むのは温かいからなので，人々が試したのは，物を「冷たく」保つ方法。‘keep＋目的語＋形容詞’「～を…(の状態)に保つ」の形。

問３＜適語(句)選択＞空所の前では，昔に人々が試みた物を冷たく保つ方法がいくつか紹介されているが，空所の後は「これらの方法はどれも完璧ではなかった」とあるので，‘逆接’を表すHowever「しかし」が適切。

問４＜指示語＞このthis methodは，この前の第３段落で述べられている方法を指している。与えられている日本語から，第３段落第４文の内容をまとめればよい。　‘fill ～ with …’「～を…で満たす，埋める」

問５＜適所選択＞第４段落第１文に「いくつかの問題点がある」とあり，直後でFirst「第１に」と最初の問題点が述べられている。ここまででは問題点は１つだけしか述べられていないが，次の文ではthese problemsと複数の問題を述べたことになっているので，この間にSecond「第２に」で始まる，２つ目の問題の内容と考えられるこの文が入るとわかる。

問６＜要旨把握＞直前に「彼はカリブ海のような暑い場所に氷を届けたいと思った」とあるので，マルティニーク島とはカリブ海にある島だと判断できる。

問７＜指示語＞この文のworkは「うまくいく」という意味。うまくいったのは，直前で述べられた方法だと判断できるので，その内容を与えられた日本語に合わせてまとめればよい。

問８＜適語補充＞この文章は，世の中に冷蔵庫がまだない時代に，人々がどうやって食べ物を保存してきたかについて述べたものである。筆者は，最後にそうした人々の苦労，つまり冷蔵庫のない生活を，現代の人にも想像してみてほしいといっているのである。

問９＜内容真偽＞ア．「昔の人々は飲み物を冷たくすることができなかったため，ときどき死んだ」…×　第２段落第３文参照。人々が死んだ原因は傷んだ食べ物を食べたため。　イ．「食べ物を冷たく保つための一例は，食べ物を氷の上に置くことだ」…○　第３段落第１，２文に一致する。　ウ．「約2000年前，中国の人々は食べ物を冷やすために氷を使い始めた」…×　第３段落第３文参照。中国の人が氷を使い始めたのは，紀元前1000年，つまり今から約3000年前である。　エ．「アメリカのビジネスマンはある男をフレデリック・チューダーと名づけた」…×　第４段落第３文参照。本文でのnamedは「～と名づけられた〔という名前の〕」という意味の過去分詞(形容詞的用法)。エの文は，‘name＋*A*＋*B*’「*A*を*B*と名づける」という意味。　オ．「約150年前，冷蔵庫のようなものがあった」…×　第１段落最後から２文目参照。世の中に冷蔵庫が初めて現れたのは，1900年代初頭。つまり，およそ100年前。　カ．「フレデリック・チューダーはかつて，ある場所から別の場所に氷を届けることに失敗した」…○　第４段落第５～７文に一致する。

3〔長文読解総合―説明文〕

≪全訳≫❶オーストラリアのほとんどの人は海岸沿いの都市に住んでいる。広大な中部地域に住んでいる人はほとんどいない。この地域では家と家とが遠く離れている。オーストラリア人はこの地域を

「アウトバック(奥地)」と呼ぶ。昔，アウトバックに住む人々が事故に遭うか，重病になったとき，彼らの世話をする医師が近くにいなかった。今日，アウトバックに住む人々はロイヤル・フライング・ドクター・サービスと呼ばれる特別なサービスに電話をかけ，数分のうちに医療アドバイスを受けることができる。ロイヤル・フライング・ドクターは医師を持たない場所にいる人々のもとへ行くのに飛行機を使う。❷牧師のジョン・フリン師は1920年代にロイヤル・フライング・ドクター・サービスを始めた。彼はしばしば彼の教会のために，オーストラリア中部と北部をトラックで移動した。彼は，近くに医師がいなかったために人々が死ぬのを何度も見た。彼は「これらの人々を助けるための何らかの方法があるはずだ。まず，彼らのために病院を建てよう」と思った。❸フリンは一生懸命に働き，1927年にはオーストラリア中部と北部に10の小さな病院が設立されていた。看護師は病気やけがをした人々の世話をした。しかしフリンは満足しなかった。病院があり，看護師もいたが，医師が必要だった。そして別の問題もあった。医師がいても，病院から遠く離れた所にいる人々をどうやって治療できるだろうか。そのとき彼に考えが浮かんだ。「医師は飛行機で移動すればいいのだ。アウトバックの全ての家の近くに飛行機が着陸できる場所もつくろう」　多くの人がその考えを笑った。1927年当時，飛行機で移動することは不慣れで危険なことだった。❹もう１つ問題があった。遠くにいる人々は医師と連絡を取ることができなかったのだ。フリンは「メッセージの送受信には無線を使用する」と言った。当時，電気がなかったのでアウトバックのほとんどでは無線が機能しなかった。しかしある技術者がフットペダルで動かす無線を発明した。この発明によって，人々は遠くから助けを求めることができるようになった。❺全ての準備が整った。ロイヤル・フライング・ドクター・サービスは1928年５月に始まった。このサービスは大成功を収め，フリンはとても喜んだ。初年度，医師は50回飛行した。彼らは１万8000マイルを飛行し，225人を助け，そして４人の命を救った。そのときフリンは，そのサービスがアウトバックのあらゆる地域に行き渡ることを望んでいた。彼の教会はこの計画に対する資金を十分に持っていなかったので，オーストラリアのさまざまな州が援助することに同意した。各州が１つか２つの病院を建設した。❻1942年にロイヤル・フライング・ドクター・サービスは別の良いアイデアを思いついた。アウトバックの全ての家は周到に用意された救急箱を受け取った。各救急箱には同じ薬，包帯，その他の応急処置の道具が入っていた。救急箱内の全てのものに独自の特別な番号がついていた。その後，救急箱には，体の各部位に番号のついた人体図が入るようになった。人々が病気やけがをしたとき，彼らは医療センターを呼ぶために無線を使った。医師は症状について番号で尋ねた。それから，医師は連絡をしてきた者に，救急箱内のどの薬を使うかを番号で指示もした。例えば，医師は「３時間おきに８番の薬を１錠飲んでください」とか「負傷した足に22番を貼ってください」などと言った。❼今日，3000の医療救急箱，22の病院，53のロイヤル・フライング・ドクター・サービスの飛行機がある。このサービスは毎年約27万4000人の人々を助けている。

問１＜語句解釈＞take care of ～は「～の世話〔看護〕をする」。第３段落でこれとほぼ同じ意味を持つ語はtreat「～を治療する」。

問２＜整序結合＞「The Royal Flying Doctorsは飛行機を使う」→ The Royal Flying Doctors use airplanesが文の骨組み。「医師を持たない場所にいる人々のもとへ行くのに」は，‘目的’を表すto不定詞の副詞的用法で表す。「(人々の)もとへ行く」は，語群のreach「～に到達する」を用いる。「場所にいる人々」は people in places。「場所」を修飾する「医師を持たない」は，thatを主格の関係代名詞として用いてthat don't have doctorsとまとめてplacesの後に置く。

問３＜要旨把握＞１．「アウトバックに住む人々は近くに医師がいないために死亡した」―ア．「オーストラリア中部および北部に病院を建設すること」　第２段落第２文～第３段落第１文参照。

２．「遠隔地に住む人々は医師と連絡を取ることができなかった」―ウ．「電気がなくても機能する無線を発明すること」　第４段落参照。

問４＜語形変化＞動詞satisfyは「〈人〉を満足させる」という意味なので，過去分詞satisfiedは「満足させられた」→「(人が)満足した」，現在分詞satisfyingは「満足させるような」→「(物事が)満足な，十分な」という意味になる。

問５＜適語選択＞④ get in touch with ～「～と連絡を取る」　⑤ call for ～「～を要求する」

問６＜数字の読み方＞英語の数字はカンマによって３けたずつ小さい順にthousand(千)，million(百万)，billion(十億)…と区切られる。18,000は'18 thousand'なのでeighteen thousandとなる。

問７＜指示語＞このthis planの内容は，直前の文の内容を指している。前文は'want ～ to …'「～に…してほしい」の形で，... wanted the Service to be in all parts of the Outbackは，直訳すると「そのサービスにアウトバックの全ての地域に存在してほしい」となる。

問８＜要旨把握＞救急箱には，体の各部位に番号のついた人体図が入っていて(第５文)，患者から連絡を受けた医師は，患者の症状を番号で尋ねた(第７文)のだから，１つ目は，「患部」，「病気やけがの部位」などという語句が適切。また，医師は患者に，番号で使う薬を指示した(第８文)のだから，２つ目は「薬」を入れればよい。

問９＜内容真偽＞ア．「アウトバックに住む人々がロイヤル・フライング・ドクター・サービスを利用できるのに数分かかる」…○　'It takes＋時間＋for ～ to …'「～が…するのに〈時間〉がかかる」　第１段落最後から２文目に一致する。　イ．「1927年までに，フリンは10の小さな病院と，アウトバックの近くに飛行機が着陸する場所をつくった」…×　第３段落参照。10の小さな病院はできていたが，飛行機が着陸する場所はまだできていなかった。　ウ．「フリンが飛行機を使って医師を派遣するというアイデアを考えたとき，人々はそのアイデアに同意した」…×　第３段落後半参照。人々はそのアイデアを笑った。　エ．「最初，十分なお金を持っていたアウトバックの人々だけがロイヤル・フライング・ドクター・サービスを利用することができた」…×　そのような記述はない。　オ．「ロイヤル・フライング・ドクター・サービスは最初の１年間はうまくいかなかった」…×　第５段落第３～５文参照。１年目から成功し，十分な成果を挙げている。カ．「フライング・ドクター・サービスは成功のうちに始まり，その後，フリンは人々がアウトバックの至る所でそのサービスを利用できることを望んだ」…○　第５段落後半に一致する。　キ．「周到に用意された応急処置救急箱により，フライング・ドクター・サービスの飛行機はもう必要ない」…×　第７段落参照。応急処置救急箱が利用できる今日でも，53機の飛行機が人々の役に立っている。

4〔書き換え―適語補充〕

(1)「私は今日の午後，暇だ」→「私は今日の午後はすることが何もない」　下の文にはto doがあるので，have nothing to do「することが何もない」の形にする(to不定詞の形容詞的用法)。

(2)「ミキのテストの点はクミのほど悪くなかった」→「クミのテストの点はミキのより悪かった」

上の文は，‘not as … as ～’「～ほど…でない」の形。これを比較級の文に書き換える。 bad－worse－worst

(3)「この橋は築43年だ」→「この橋は43年前に建てられた〔つくられた〕」 ‘～ year(s) old’は「(人が)～歳の」，「(物が)～年経過した」という意味。下の文ではforty-three years agoがあるので，「建てられた」という受け身の文にする。 build－built－built

(4)「スミスさんはミカの誕生日を知らない」→「スミスさんはミカがいつ生まれたのか知らない」 ‘疑問詞＋主語＋動詞’の語順の間接疑問に書き換える。‘be動詞＋born’で「生まれる」。

5〔整序結合〕

(1)「いつから」は「どのくらいの期間」ということなのでHow longで表せる。「～したいと思っているのですか」はwant to ～を現在完了の疑問文で表し，have you wanted to ～とする。「～のことについてもっと知る」はknow more about ～。 How long have you wanted to know more about foreign countries?

(2)「あの公園をおぼえていますか」→Do you remember that park?が文の骨組み。「あの公園」を修飾する「ロンドンで私たちが行った」は，we went to in Londonとまとめてthat parkを後ろから修飾する形にする(目的格の関係代名詞が省略された‘名詞＋主語＋動詞...’の形)。thatは「あの」という指示形容詞として使い，関係代名詞としては使わない点に注意する。 Do you remember that park we went to in London?

(3)語群にleadsがあるので，「どの道が私を駅に連れていきますか」と読み換えて，‘lead＋人＋to＋場所’「〈人〉を〈場所〉に連れていく」の形にする。「どの道」はwhich roadと表す。 Which road leads me to the station?

(4)「～するつもりだった」は語群にplannedがあるので，plan to ～「～する計画だ」を用いて表す。文の骨組みは「その外国人は高尾山に登るつもりだった」で，これはThe foreigner planned to climb Mt. Takaoとまとまる。「その外国人」を修飾する「私に道を尋ねてきた」は，whoを主格の関係代名詞として用いて，the foreignerを先行詞とする関係代名詞節で表す。「〈人〉に〈物事〉を尋ねる」は‘ask＋人＋物事’の形で表せる。 The foreigner who asked me the way planned to climb Mt. Takao.

数学解答

1 (1) $\frac{4a}{9b}$　(2) 76
(3) $(ab-1)(a-1)$　(4) $x=1,\ 3$
(5) $59-16\sqrt{13}$　(6) 1

2 (1) 2　(2) $0\leqq xy<6$
(3) $a=3,\ b=-\frac{3}{2}$　(4) 106°
(5) $\frac{81}{10}$　(6) ②，③
(7) 31，37，41，43，47
(8) $4\sqrt{19}$ cm

3 (1) 6　(2) $y=-\frac{13}{2}x+\frac{75}{2}$

4 (1) $\frac{1}{9}$　(2) $\frac{5}{27}$

5 (1) $\frac{9\sqrt{2}}{2}$　(2) $\frac{5\sqrt{26}}{4}$

1〔独立小問集合題〕

(1)＜式の計算＞与式 $=\frac{2b^2}{a^3}\div\frac{27b^3}{a^6}\times\frac{6}{a^2}=\frac{2b^2}{a^3}\times\frac{a^6}{27b^3}\times\frac{6}{a^2}=\frac{2b^2\times a^6\times 6}{a^3\times 27b^3\times a^2}=\frac{4a}{9b}$

(2)＜平方根の計算＞与式 $=2(1+\sqrt{5})\times\frac{1}{2}(1+2\sqrt{5})\times(1-\sqrt{5})(1-2\sqrt{5})=(1+\sqrt{5})(1-\sqrt{5})\times(1+2\sqrt{5})(1-2\sqrt{5})=(1-5)\times(1-20)=(-4)\times(-19)=76$

(3)＜因数分解＞与式 $=ab(a-1)-(a-1)$ として，$a-1=A$ とおくと，与式 $=abA-A=(ab-1)A$ となるから，A をもとに戻して，与式 $=(ab-1)(a-1)$ である。

(4)＜二次方程式＞$x^2-2x+1=2x-2$，$x^2-4x+3=0$，$(x-1)(x-3)=0$　$\therefore x=1,\ 3$

(5)＜式の値＞$\sqrt{\{7-0.75\times(-2)^3\}\div 0.25}=\sqrt{\left\{7-\frac{3}{4}\times(-8)\right\}\div\frac{1}{4}}=\sqrt{(7+6)\times 4}=\sqrt{13\times 4}=\sqrt{52}=2\sqrt{13}$ である。よって，$\sqrt{49}<\sqrt{52}<\sqrt{64}$ より，$7<\sqrt{\{7-0.75\times(-2)^3\}\div 0.25}<8$ であり，整数部分は7，小数部分 a は $a=2\sqrt{13}-7$ となる。したがって，$a^2+6a=(2\sqrt{13}-7)^2+6(2\sqrt{13}-7)=52-28\sqrt{13}+49+12\sqrt{13}-42=59-16\sqrt{13}$ である。

(6)＜式の値＞$\frac{1}{a+1}+\frac{1}{b+1}=\frac{(b+1)+(a+1)}{(a+1)(b+1)}=\frac{a+b+2}{ab+a+b+1}=\frac{a+b+2}{1+a+b+1}=\frac{a+b+2}{a+b+2}=1$

2〔独立小問集合題〕

(1)＜関数―$\boldsymbol{a}$ の値＞まず，2直線 $y=-\frac{1}{3}x+4a-4$，$y=\frac{5}{3}x-2a+2$ の交点の座標を求める。$-\frac{1}{3}x+4a-4=\frac{5}{3}x-2a+2$ より，$-2x=-6a+6$，$x=3a-3$ となり，$y=-\frac{1}{3}\times(3a-3)+4a-4$，$y=3a-3$ となるから，交点の座標は $(3a-3,\ 3a-3)$ と表せる。この点が直線 $y=2x-3$ 上にあるので，$3a-3=2(3a-3)-3$ が成り立ち，$-3a=-6$，$a=2$ となる。

(2)＜数の性質＞$2x-3y=0$ より，$-3y=-2x$，$y=\frac{2}{3}x$ となるから，$xy=x\times\frac{2}{3}x=\frac{2}{3}x^2$ である。この値は，x の絶対値が大きいほど大きくなる。$-1<x<3$ だから，$x=0$ のとき最小で，$xy=0$ となる。$x=3$ とすると，$xy=\frac{2}{3}\times 3^2=6$ となる。よって，積 xy の値の範囲は $0\leqq xy<6$ である。

(3)＜連立方程式の応用＞連立方程式(Ⅰ)を $-3x+y=11$……①，$ax+4y=14$……②，連立方程式(Ⅱ)を $x+2y=1$……③，$x+by=8$……④とする。連立方程式(Ⅰ)の解を $x=m$，$y=n$ とすると，連立方程式(Ⅱ)の解は，x と y を入れかえたものだから，$x=n$，$y=m$ と表せる。$x=m$，$y=n$ は①を満たすから，$-3m+n=11$……⑤が成り立つ。また，$x=n$，$y=m$ は③を満たすから，$n+2m=1$ より，$2m+n=1$……⑥が成り立つ。⑤，⑥を連立方程式として解くと，$m=-2$，$n=5$ となるから，連立方程式(Ⅰ)の解は $x=-2$，$y=5$ であり，連立方程式(Ⅱ)の解は $x=5$，$y=-2$ である。$x=-2$，$y=5$ を②に代入すると，$-2a+20=14$ より，$a=3$ となる。$x=5$，$y=-2$ を④に代入すると，$5-2b=8$ より，$b=$

$-\dfrac{3}{2}$となる。

図1

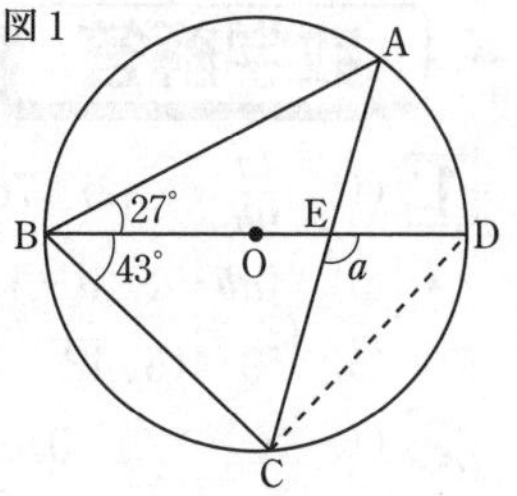

(4)＜図形—角度＞右図1のように，5点A～Eを定め，点Cと点Dを結ぶ。$\overset{\frown}{AD}$に対する円周角より，$\angle ECD=\angle ABD=27°$である。また，線分BDが円Oの直径であることより，$\angle BCD=90°$だから，△BCDで，$\angle EDC=180°-\angle CBD-\angle BCD=180°-43°-90°=47°$となる。よって，△ECDで，$\angle a=180°-\angle ECD-\angle EDC=180°-27°-47°=106°$となる。

図2

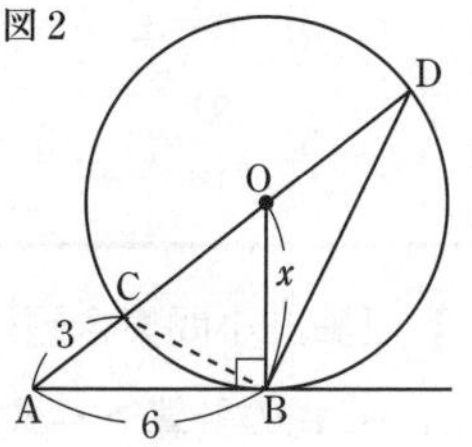

(5)＜図形—面積—三平方の定理＞右図2で，$OB=OC=OD=x$とする。直線ABは点Bで円Oに接するから，$\angle OBA=90°$である。よって，△OABで三平方の定理$OA^2=AB^2+OB^2$より，$(x+3)^2=6^2+x^2$が成り立つ。これを解くと，$x^2+6x+9=36+x^2$より，$x=\dfrac{9}{2}$となる。△BOD，△OABの底辺をそれぞれ辺OD，辺OAとすると，この2つの三角形は高さが等しいから，面積の比は底辺の比となり，$\triangle BOD:\triangle OAB=OD:OA=\dfrac{9}{2}:\left(\dfrac{9}{2}+3\right)=3:5$である。$\triangle OAB=\dfrac{1}{2}\times AB\times OB=\dfrac{1}{2}\times 6\times\dfrac{9}{2}=\dfrac{27}{2}$だから，$\triangle BOD=\dfrac{3}{5}\triangle OAB=\dfrac{3}{5}\times\dfrac{27}{2}=\dfrac{81}{10}$となる。

(6)＜資料の活用—全数調査＞②の学校で行う視力検査は，生徒全員のことを正確に知るため，全数調査が適切である。③の国勢調査は，国民全員を調べることになっているので，全数調査である。①，④，⑤については，無作為に抽出した一部分を調べる標本調査が適切である。

(7)＜整数の性質＞$\langle a\rangle=0$より，aは，約数の和から，1とaをひいたものが0になるので，aの約数の和は$1+a$である。つまり，aの約数は1とaの2つなので，aは素数である。$30\leqq a\leqq 50$だから，$a=31$，37，41，43，47である。

図3

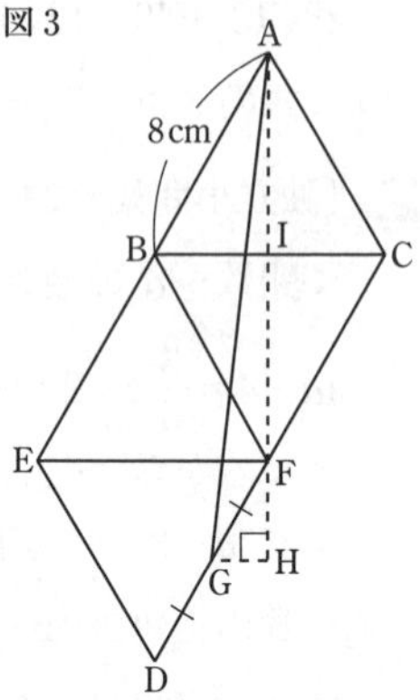

(8)＜図形—長さ—三平方の定理＞ひもが通る4つの面ABC，BCF，BEF，DEFを右図3のように展開する。ひもの長さが最小となるのは，展開図上でひもが線分となるときだから，ひもの長さの最小値は線分AGの長さとなる。直線AFと点Gを通り線分BCに平行な直線の交点をH，線分AFと線分BCの交点をIとする。△ABC，△BCFは正三角形だから，四角形ABFCはひし形であり，$AF\perp BC$，$AI=IF$である。△ABIは3辺の比が$1:2:\sqrt{3}$の直角三角形だから，$IF=AI=\dfrac{\sqrt{3}}{2}AB=\dfrac{\sqrt{3}}{2}\times 8=4\sqrt{3}$となる。また，$BC/\!/GH$より，$\angle AHG=\angle AIB=90°$であり，$\angle GFH=\angle CFI=\dfrac{1}{2}\angle BFC=\dfrac{1}{2}\times 60°=30°$だから，△FGHも3辺の比が$1:2:\sqrt{3}$の直角三角形となる。$GF=\dfrac{1}{2}DF=\dfrac{1}{2}\times 8=4$だから，$GH=\dfrac{1}{2}GF=\dfrac{1}{2}\times 4=2$，$FH=\sqrt{3}GH=\sqrt{3}\times 2=2\sqrt{3}$となり，$AH=AI+IF+FH=4\sqrt{3}+4\sqrt{3}+2\sqrt{3}=10\sqrt{3}$である。よって，△AGHで三平方の定理より，求めるひもの長さの最小値は，$AG=\sqrt{GH^2+AH^2}=\sqrt{2^2+(10\sqrt{3})^2}=\sqrt{304}=4\sqrt{19}$(cm)となる。

3 〔関数—関数 $y=ax^2$ と直線〕

(1)＜切片＞次ページの図で，直線AB，直線CDとy軸の交点をそれぞれE，Fとする。直線AB，直線CDは傾きがともに4で等しいから，$AB/\!/CD$である。よって，$\triangle ABF=\triangle ABD=210$となる。また，直線AB，直線CDの切片がそれぞれ48，kだから，$EF=48-k$と表せる。辺EFを底辺と見ると，点Aのx座標-4，点Bのx座標6より，△AEFの高さは4，△BEFの高さは6だから，

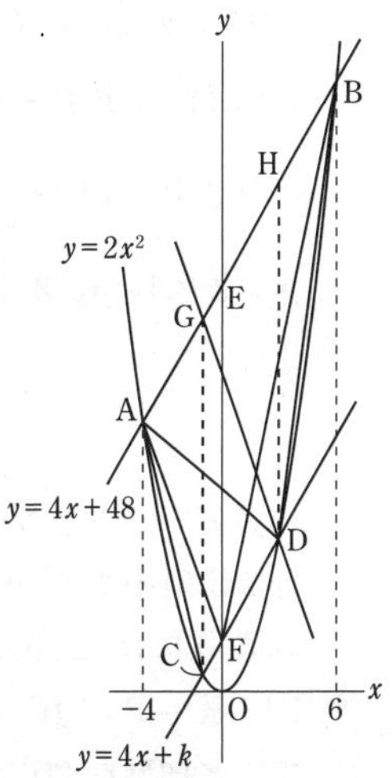

$\triangle ABF=\triangle AEF+\triangle BEF=\frac{1}{2}\times(48-k)\times4+\frac{1}{2}\times(48-k)\times6=240-5k$ となる。よって，$240-5k=210$ が成り立ち，$k=6$ となる。

(2)＜直線の式＞右図で，(1)より，直線 CD の式は $y=4x+6$ である。2 点 C，D は放物線 $y=2x^2$ と直線 $y=4x+6$ の交点だから，$2x^2=4x+6$ より，$x^2-2x-3=0$，$(x+1)(x-3)=0$　∴$x=-1$，3　よって，2 点 C，D の x 座標はそれぞれ −1，3 である。点 C，点 D を通り y 軸に平行な直線と直線 AB との交点をそれぞれ G，H とする。四角形 GCDH は平行四辺形となるから，GC＝HD である。また，辺 GC を底辺と見ると，2 点 A，C の x 座標より，△AGC の高さは $-1-(-4)=3$ となる。辺 HD を底辺と見ると，2 点 B，D の x 座標より，△BHD の高さは $6-3=3$ となる。したがって，△AGC，△BHD は底辺，高さが等しいので，△AGC＝△BHD となる。これより，点 D を通り四角形 ABDC の面積を 2 等分する直線は，▱GCDH の面積を 2 等分する直線だから，直線 DG である。点 D は直線 $y=4x+6$ 上にあり x 座標は 3 だから，$y=4\times3+6=18$ より，D(3, 18)である。点 G は直線 $y=4x+48$ 上にあり x 座標は −1 だから，$y=4\times(-1)+48=44$ より，G(−1, 44)である。以上より，直線 DG の傾きは $\frac{18-44}{3-(-1)}=-\frac{13}{2}$ だから，直線 DG の式は $y=-\frac{13}{2}x+b$ とおける。これが点 D を通るので，$18=-\frac{13}{2}\times3+b$，$b=\frac{75}{2}$ となり，求める直線の式は $y=-\frac{13}{2}x+\frac{75}{2}$ である。

4 〔確率—サイコロ〕

(1)＜確率＞サイコロを 3 回振るとき，目の出方は全部で $6\times6\times6=216$(通り)ある。このうち，碁石が B にあるのは，碁石が右に 5 つ進むときだから，(ア)右に 1 つ→右に 2 つ→右に 2 つ，(イ)右に 2 つ→右に 1 つ→右に 2 つ，(ウ)右に 2 つ→右に 2 つ→右に 1 つの 3 つの場合がある。(ア)の場合，1 回目は 1，2 の 2 通り，2 回目は 3，4 の 2 通り，3 回目は 3，4 の 2 通りの目の出方があるから，$2\times2\times2=8$(通り)ある。(イ)，(ウ)の場合も同様にそれぞれ 8 通りある。よって，碁石が B にあるサイコロの目の出方は $8\times3=24$(通り)だから，求める確率は $\frac{24}{216}=\frac{1}{9}$ である。

(2)＜確率＞216 通りのサイコロの目の出方のうち，碁石が A にあるのは，(エ)右に 1 つ→左に 1 つ→そのまま，(オ)右に 2 つ→左に 1 つ→左に 1 つ，(カ)そのまま→右に 1 つ→左に 1 つ，(キ)そのまま→そのまま→そのままの場合と，C まで進んで A に移動する(ク)右に 2 つ→右に 2 つ→右に 2 つの場合がある。(エ)の場合，1 回目が 1，2 の 2 通り，2 回目が 5，6 の 2 通り，3 回目が 5，6 の 2 通りの目の出方があるから，$2\times2\times2=8$(通り)ある。(オ)，(カ)，(キ)，(ク)の場合も同様にそれぞれ 8 通りある。よって，碁石が A にあるサイコロの目の出方は $8\times5=40$(通り)だから，求める確率は $\frac{40}{216}=\frac{5}{27}$ である。

図 1

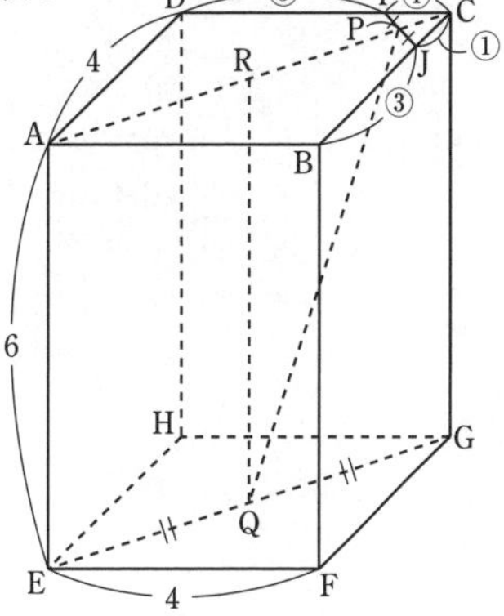

5 〔空間図形—直方体〕

≪基本方針の決定≫直角三角形をつくり，三平方の定理を利用する。

(1)＜長さ—三平方の定理＞右図 1 で，四角形 AEGC は長方形だから，線分 AC の中点を R とすると，四角形 AEQR，RQGC は長方形となり，∠PRQ＝90°，RQ＝AE＝6 である。また，DC＝BC＝4，DI：IC＝BJ：JC＝3：1 より，$IC=JC=\frac{1}{3+1}DC=\frac{1}{4}\times4=1$ であり，∠ICJ

$=90^\circ$だから，$\triangle$CIJ は直角二等辺三角形である。IP：PJ＝1：1 より，点 P は線分 IJ の中点だから，CP$\perp$IJ，$\angle ICP=\angle JCP=\frac{1}{2}\angle ICJ=\frac{1}{2}\times 90^\circ=45^\circ$となり，$\triangle$ICP，$\triangle$JCP も直角二等辺三角形となる。これより，$CP=\frac{1}{\sqrt{2}}IC=\frac{1}{\sqrt{2}}\times 1=\frac{\sqrt{2}}{2}$である。$\triangle$ABC は直角二等辺三角形だから，$AC=\sqrt{2}AB=\sqrt{2}\times 4=4\sqrt{2}$ より，$AR=CR=\frac{1}{2}AC=\frac{1}{2}\times 4\sqrt{2}=2\sqrt{2}$，$PR=CR-CP=2\sqrt{2}-\frac{\sqrt{2}}{2}=\frac{3\sqrt{2}}{2}$となる。よって，$\triangle$PRQ で三平方の定理より，$PQ=\sqrt{PR^2+RQ^2}=\sqrt{\left(\frac{3\sqrt{2}}{2}\right)^2+6^2}=\sqrt{\frac{162}{4}}=\frac{9\sqrt{2}}{2}$となる。

(2)＜長さ—三平方の定理＞右図 2 で，(1)の点 P を P′ とする。点 R は線分 AC の中点だから，正方形 ABCD の対角線の交点と一致する。これより，DB$\perp$AC，DB$\perp$RQ だから，DB$\perp$〔面 AEGC〕である。また，DI：IC＝BJ：JC より，DB$/\!/$IJ だから，IJ$\perp$〔面 AEGC〕となる。よって，$\angle PP'Q=90^\circ$である。$\triangle$ICP′ は直角二等辺三角形より，$IP'=CP'=\frac{\sqrt{2}}{2}$となる。$\triangle$CIJ も直角二等辺三角形だから，$IJ=\sqrt{2}IC=\sqrt{2}\times 1=\sqrt{2}$ であり，IP：PJ＝1：3 より，$IP=\frac{1}{1+3}IJ=\frac{1}{4}\times\sqrt{2}=\frac{\sqrt{2}}{4}$である。よって，$PP'=IP'-IP=\frac{\sqrt{2}}{2}-\frac{\sqrt{2}}{4}=\frac{\sqrt{2}}{4}$である。(1)より，$P'Q=\frac{9\sqrt{2}}{2}$だから，$\triangle$PP′Q で三平方の定理より，$PQ=\sqrt{PP'^2+P'Q^2}=\sqrt{\left(\frac{\sqrt{2}}{4}\right)^2+\left(\frac{9\sqrt{2}}{2}\right)^2}=\sqrt{\frac{650}{16}}=\frac{5\sqrt{26}}{4}$となる。

図 2

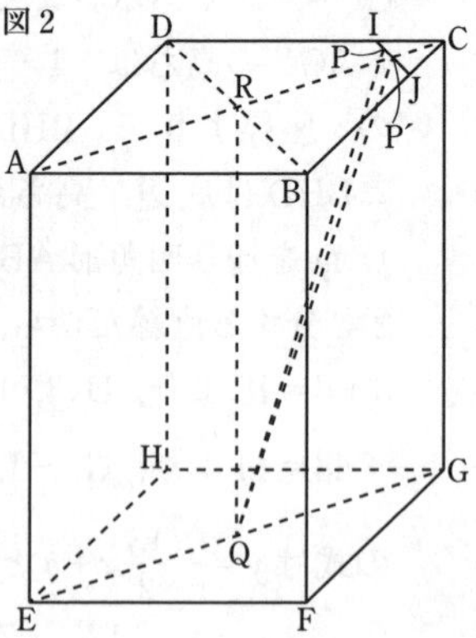

2019年度／明治大学付属中野八王子高等学校

国語解答

一 問一 イ　問二 嫌いな人は
問三 エ　問四 ア
問五 奏子が三田村を嫌う理由
問六 ウ　問七 ア　問八 エ
問九 奏子にとっ　問十 イ
問十一 恋人がいない(こと)
問十二 エ
問十三 ③ 愛想　⑥ 構　⑫ 懐
⑪ まぬか〔まぬが〕　⑭ さと

二 問一 言語化し数
問二 ア 自然　イ 不自然
問三 無視　問四 ウ　問五 ア
問六 シンギュラリティ　問七 イ
問八 エ
問九 ⑥ 噴火　⑦ 過小　⑪ 山積
⑩ いど　⑬ だいたい

一〔小説の読解〕出典；有川浩『明日の子供たち』。

問一＜心情＞三田村が話をしようとすると，奏子は「鬱陶しそう」な態度をとった。奏子は，三田村に対していらだちを感じていたのである。

問二＜文章内容＞三田村は，自分を嫌う奏子と本音を言い合うことで関係の改善を図ろうとした。

問三＜文章内容＞奏子は，三田村に対して素っ気なく振る舞ったり，他人行儀に接したりすることなく，面と向かっていらだちを見せ，率直な怒りをあらわにして向き合っている。

問四＜文章内容＞「配置換え」という「現実的な提案」をも切り出され，奏子は，話が施設の人事という大事になっても構わないという三田村の覚悟を感じ取り，驚いたのである。

問五＜文章内容＞三田村は，奏子に「壁作られちゃって」おり，会話の初めから奏子は鬱陶しいという気持ちを隠そうともしていない。そして，「仲良くなりたい」と歩み寄る三田村に対し，奏子は，いらだちながら拒絶した。そこで三田村は，「何で？」と，奏子が自分を嫌う理由を尋ねたのである。

問六＜文章内容＞三田村は，奏子から「偽善者」と呼ばれたことに対し，「どうして，こんなこと言われなきゃならないんだ」と感じ，抑えきれないほどの激しい怒りを覚えた。

問七＜文章内容＞一見，久志は，奏子に対して能天気な態度をとっている。しかし携帯で和泉を呼び出すなどして，実は奏子が今後の生活で「息苦しくならない」ように取り計らっていた。三田村は，久志が絶対的に奏子の味方であることに気づいていたのである。

問八＜文章内容＞三田村は，「施設」に入っている子どもたちが「かわいそう」だと感じ，だからこそ「施設」で子どもを支える仕事をしようと考えていた。しかし奏子からすれば，「施設」に入っているから「かわいそう」だと考える三田村は，「偽善者」にしか見えなかったのである。

問九＜文章内容＞奏子は，「施設」のおかげで普通の生活を送れていると言った。三田村は，それを聞き，「施設」の子どもたちを「かわいそう」だと短絡的に決めつけていた自分に気づいたのである。

問十＜心情＞三田村は，奏子と向き合う勇気を得るために，和泉の手をつかんでおり，和泉も，それに応えるようにしばらく手を引かなかった。しかし，奏子の話を聞いて，三田村は，自分の「勝手な思い込み」に気づき，奏子に謝罪と感謝を述べた。和泉は，その二人の様子を見て安心し，手をそっと引いたのである。

問十一＜文章内容＞和泉が奏子に「大きなお世話」だと言ったのは，恋人がいないことを「かわいそう」だと責めた奏子の発言が，和泉にも当てはまっていたからである。

問十二＜文章内容＞和泉は，久志が一触即発の三田村と奏子を押しとどめるために助けを呼ぶほど

「揺るがない」人物であり，奏子も和泉の前では挑発的な態度を抑えるなど，子どもたちからの信頼も厚い。一方で恋人がいないことを「精一杯のおどけた口調」で笑い話にしようとしたものの，「弾け切れていない」など，和泉は，あまり冗談の得意でない人物でもある。

問十三＜漢字＞③相手の機嫌をとるための振る舞いのこと。　⑥音読みは「構築」などの「コウ」。⑫音読みは「懐古」などの「カイ」。　⑪逃れることができないこと。　⑭物事の道理を，相手によくわかるように話し聞かせること。

二〔論説文の読解―自然科学的分野―科学〕出典；新井紀子『AI vs. 教科書が読めない子どもたち』。

≪本文の概要≫現代では，AIへの期待が高まっている。AIが人間以上の知能を獲得し，自分自身を超えるAIを生み出すという地点が「シンギュラリティ」であり，それがいつか訪れると信じられている。しかしAIもまた，技術であることを忘れてはならない。技術には可能性もあるが，限界もある。そもそも科学や技術というものは，数学の言語を用いて自然を説明していく行為である。だが数学の言語でどれだけ緻密に自然を説明したとしても，現在の技術レベルでは，必ずズレやゆがみが生じてしまうのである。同様に，AIの技術がいくら発展したところで，それが今の数学の延長上にあるのであれば，人間の知能と同等のものは生み出せないだろう。その可能性と限界をよく見きわめたうえで，私たちは，人間の役割を考えるべきなのである。

問一＜文章内容＞複雑な要素で成り立つ物事を，数学の言語によって説明していく営みが科学や技術である。それは，人間が認識したものを，「数値化」や「測定」などによって，「言語化」するということである。

問二＜文章内容＞自然についての物理学は，数学の言語を用いて，複雑さに満ちた自然の世界を無理やり説明し，不自然な形で簡略化しようとする行いである。

問三＜文章内容＞機械の画像認識と，人間が「見る」行為とは，互いに似ている部分もあれば，違いも存在する。しかし「数理モデルを作る」場合は，いったん違いの部分を無視することから始める必要がある。

問四＜文章内容＞AIは，あくまでもコンピューターによる知能であり，物事を数式に置き換えることには優れていても，人間の知能とは性質や構造が異なるものである。AIがどんな分野でも人間の知能を超えるものだと過信してしまえば，AI技術の限界に気づけなくなってしまう。

問五＜文章内容＞気象衛星ひまわりやスーパーコンピューターによる最先端の観測技術でも，基本的な物理現象である津波でさえ予測はしきれなかった。このように，いくら科学や技術が進歩していても，限界がある。

問六＜指示語＞人間と同等以上の知能を実現したAIが，「自分自身よりも能力の高いAIを作り出すようになる地点」がシンギュラリティである。シンギュラリティは，多くの人にもてはやされている言葉であるが，現状では実現することのないロマンにすぎない。

問七＜文章内容＞「真の意味でのAI」を実現するためには，人間の脳のはたらきや認識の仕方を数式で再現する必要がある。しかし数式で置き換えられるのは，論理，統計，確率の三つであり，それだけでは人間の知能を再現できないのである。

問八＜文章内容＞シンギュラリティが到来しない以上，人間が活躍できる分野はまだ残されていることになるが，「AIに代替されない人間」がどれだけいるのかという問題は残されている。

問九＜漢字＞⑥火山からマグマなどが噴き出ること。　⑦小さすぎること。　⑪処理すべき問題などがたくさんたまること。　⑩立ち向かっていくこと。　⑬他のもので代えること。

2019年度　明治大学付属中野八王子高等学校(推薦)

【英　語】（30分）〈満点：100点〉

1　次の英文を読み，後の問に答えなさい。

You have an important test tomorrow. You study very hard. You understand the information. You're doing well in the class. But you're still worried. You need to relax. What can help? Maybe a quiet walk? A cup of tea? A little yoga? Psychologists have another idea: Sit down and write! Write about your (①).

Why does writing help? There are two reasons. First, stress takes up ②room in the brain. As a result, there is (③) room for memory. Writing moves the stress out of the brain. It puts it on paper. Then there is (④) room for memory.

⑤Your memory works like the memory in a computer. You need to delete some files to make room for other files. Students need to remember a lot of information. So they need a lot of room in their brains for memory. They need to delete their "(⑥)" of stress.

The second reason is writing helps you to focus. Sometimes people can think only about their stress. Writing can help them. ⑦How? People write about their stress. As a result, they feel less worried. Then they can focus better on other things.

Psychologists are studying the connection between stress and writing. They do experiments with students. [⑧] What are the results? The students in the writing group do better than the other group of students. In fact, their scores are one grade higher!

Writing can help other people, too. Some people don't sleep well. Writing at night will help them sleep better. Some athletes get stressed about winning or losing. They can't focus on playing well. Writing before a game can help them play better. People in job interviews get stressed, too. Writing before an interview can help them relax.

Do you get stressed about tests? Try this experiment: Go to class 10 minutes early, and write about your stress. You can write in English or your own language. Then take the test. ⑨Maybe the psychologists are right. Maybe writing will help you, too.

問1　(①)に入る英語1語を本文中から抜き出して答えなさい。

問2　下線部②の日本語の意味として適切なものを1つ選び，記号で答えなさい。

ア　可能性　　イ　空間　　ウ　部屋　　エ　機能

問3　(③)―(④)に入る英語の組み合わせとして適切なものを1つ選び，記号で答えなさい。

ア　much―little
イ　much―less
ウ　less―more
エ　less―little

問4　下線部⑤の英文の述語動詞を抜き出して答えなさい。

問5　(⑥)に入る英語1語を同じ段落から抜き出して答えなさい。

問6　下線部⑦を以下のように書き換えた時，(　)に当てはまる単語を答えなさい。

How (　　) (　　) (　　) them?

問7　⑧ に以下のア～エの4つの文を挿入する時，正しい順番を記号で答えなさい。

ア　The other group sits quietly.

イ　They put students into two groups.

ウ　Then all the students take a test.

エ　One group of students writes about their stress for ten minutes.

問8　下線部⑨が表す内容を，下の（　）内に7字以上12字以内の日本語を補って簡潔に答えなさい。

心理学者の研究が示すように，きっと（　　　　）だろう。

問9　本文について次の質問に3語の英語で答えなさい。

Can writing help some players who are nervous about the game before playing?

問10　本文の内容と一致する文を1つ選び，記号で答えなさい。

ア　The only way to get relaxed is to sit down and write about the stress you have.

イ　Many people can keep the stress in the computers in their brains.

ウ　Our brains sometimes need to throw away unnecessary information to remember more things.

エ　Athletes should write something about winning or losing after the game.

オ　When people take an English test, it is better to write about their stress in English.

2　日本語の意味を表すように，（　）に適切な語を入れなさい。

(1)　私は早起きすることがあまり好きではない。

I don't like to get up early (　　　) (　　　).

(2)　顔色が悪そうだよ。医者へ行ったらどうだい。

You look pale. (　　　) (　　　) you go to see a doctor?

(3)　ピザをもう一切れいかがですか。

Would you like (　　　) slice of pizza?

(4)　ここからその図書館までは約30分かかります。

(　　　) takes about half an (　　　) from here to the library.

(5)　近代オリンピックは4年ごとに異なった都市で開かれる。

The modern Olympic Games is held (　　　) four years in a different city.

3　次の各組の英文がほぼ同じ意味になるように，（　）に適切な語を入れなさい。

(1)　Akira plays soccer well.
Akira is (　　　) (　　　) (　　　) soccer.

(2)　He was not able to arrive by 6 p.m.
It was (　　　) (　　　) (　　　) to arrive by 6 p.m.

(3)　This notebook is mine.
This notebook (　　　) (　　　) me.

(4)　We have a lot of rain in this country.
(　　　) (　　　) a lot in this country.

(5)　My grandfather died ten years ago.
My grandfather (　　　) (　　　) (　　　) for ten years.

4 次の各文の下線部には，誤りが１つあります。その記号と正しい語(句)を答えなさい。

(1) How ア many イ money did you spend ウ during your stay in Hokkaido? The bag you bought エ looks so nice.

(2) I ア have gone to the amusement park イ many times when I ウ lived in Osaka three years エ ago.

(3) I really ア thought イ how ウ a エ lovely dress Jane wore at the party.

(4) I'm ア going イ shopping ウ to Hong Kong エ with my cousin.

(5) If a great person ア like you イ become a leader in the future and ウ fights for human rights, we can make エ the world better.

5 日本語の意味を表すように，(　)内の語(句)を並べ換えなさい。ただし，(1)は文頭の語も小文字になっているので，大文字に変えて解答すること。

(1) 忙しすぎて英語を毎日勉強できないと言う人々がいる。
(English / say / they / are / people / busy / to / that / too / study / every day / some).

(2) 彼がスペイン滞在中に感動したあの場所に，私は行きたい。
I want to (while / go / him / he / impressed / stayed / to / that place / which) in Spain.

(3) 最初に歩いて世界一周をした人が誰か分かりますか。
Do (to / walk / you / who / the world / know / person / the first / around) was?

【数　学】（30分）〈満点：100点〉

1　次の問いに答えなさい。

(1)　$\dfrac{a+4b}{3}-\dfrac{a-3b}{2}$ を計算しなさい。

(2)　$\dfrac{(2-\sqrt{6})^2}{\sqrt{2}}+\dfrac{\sqrt{(-3)^2}}{\sqrt{3}}$ を計算しなさい。

(3)　$a^3b^2-3a^2b^3+2ab^4$ を因数分解しなさい。

(4)　2次方程式 $4(x-2)^2-5=0$ を解きなさい。

(5)　$\sqrt{26+2a}$ が整数となるような20以下の整数 a をすべて求めなさい。

2　次の問いに答えなさい。

(1)　x が a から $a+2$ まで変化するとき，関数 $y=-\dfrac{1}{2}x^2$ と関数 $y=-3x+4$ の変化の割合が等しくなりました。このとき，a の値を求めなさい。

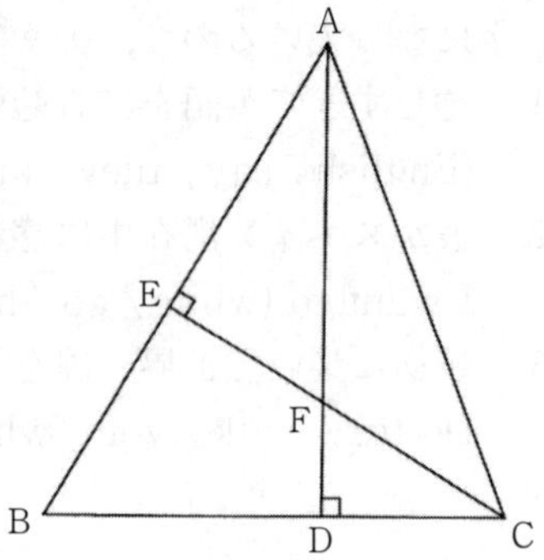

(2)　右の図において，2点A，Cからその対辺BC，ABに垂線AD，CEを引きます。ADとCEの交点をFとするとき，$CF=\sqrt{3}$，$CD=\dfrac{3}{2}$，CD：DB＝1：2となります。△AFEと△CFDの面積の比をもっとも簡単な整数の比で表しなさい。

(3)　x の2次方程式 $x^2-(a+1)x-a(a+3)=0$ の1つの解が－2です。a が負の数のとき，もう1つの解を求めなさい。

(4)　下の図において，$\overset{\frown}{AC}:\overset{\frown}{CB}=2:3$ のとき，∠ADBの大きさを求めなさい。ただし，直線BDは円の接線です。

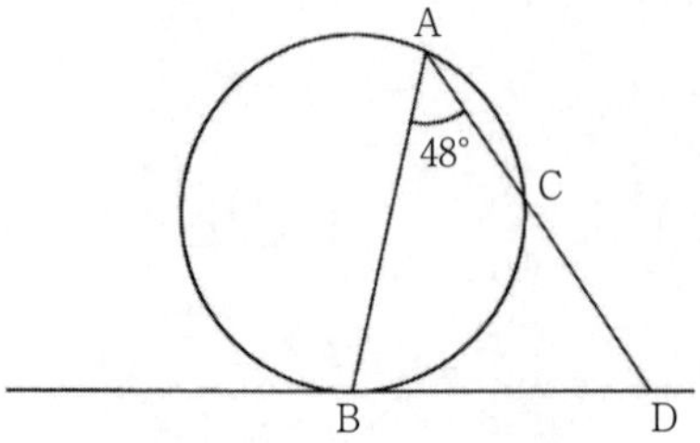

(5)　1つのさいころを3回投げるとき，出た目の数の最大と最小の差が2となる確率を求めなさい。

3　右の図のように，AB＝3，BC＝4，AD＝7，∠ABC＝90°の三角柱があります。次の問いに答えなさい。

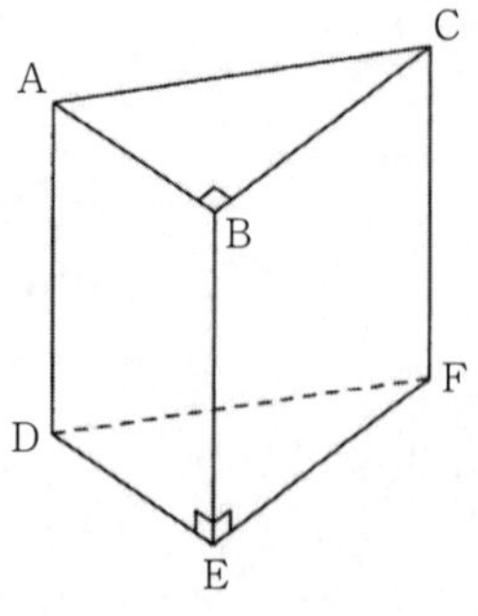

(1)　三角柱の辺BE，CF上にそれぞれ点P，Qをとり，AP＋PQ＋QDの値が最小になるとき，その値を求めなさい。

(2)　三角柱の辺BC，CF，DF，DE，AB上にそれぞれ点R，S，T，U，Vをとり，AR＋RS＋ST＋TU＋UV＋VCの値が最小になるとき，その値を求めなさい。

彼女達が［　　］になること。

問十、この文章の特徴の説明として最もふさわしいものを次から選び、記号で答えなさい。

ア　心情を天候の描写に託し、彼女の気持ちを効果的に表現している

イ　夜市の喧騒の中でも気持ちが晴れない二人の心情を表現している

ウ　途中に回想場面を挟むことで二人の関係の深刻さを表現している

エ　受験期の揺れ動く心情を漢詩を用いてわかりやすく表現している

問十一、――①「スんで」、⑤「トウトツ」、⑦「ツトめて」のカタカナを漢字に改め、――③「不摂生」、⑩「陳腐」の漢字の読みを答えなさい。

「私だってそうよ」
と、小雪は静かな声で言った。
「でも、両親の期待だけじゃない。私もあの杜鵑花城に入りたいし、迎梅と同じ大学に行きたい。だから……我が儘なのは知ってるけど、一年間待ってほしいの。絶対会いに行くから。その時、二人で邱《きゅう》妙津《みょうしん》〔台湾の女性小説家〕の軌跡を辿《たど》ろう。酔月湖、汀州路《ディンジョールー》、温州街……悲劇で終わらない『鰐《わに》の手記』〔邱妙津の作品〕を、一緒に書こう」
彼女は思わず想像した。やっと再会した二人が、夜の酔月湖の畔《ほとり》で風に吹かれながら散歩したり、温州街の入り組んだ小道で書店とカフェを探索したり……小雪は何も我が儘を言っているのではない。行きたい大学に入るために、⑬叶《かな》えたい夢をつかむために努力して、何が悪いのだろうか。
「結局……人生不相見《じんせいあいみざること》、動如参与商《ややもすればしんとしょうのごとし》〔人生では会いたくても会えないことが多い、ときには参星と商星のように隔たってしまう〕、か」
また嘆くようなことを言ってしまった。小雪の前ではどうしても甘えてしまう。
「縁起でもないこと言わないで。二十年も離れないよ。無為在岐路《なすことなかれきろにありて》、児女共沾巾《じじょとともにきんをうるおすを》〔やめよう、この岐路に立って女子供のように涙でハンカチを濡らすようなことは〕」
「⑭そう言われても、児女だから仕方無いじゃん」
小雪は彼女の肩から頭を離し、今度は彼女を軽く抱いて、頭を撫《な》でた。二人はそのまま黙り込んだ。少し離れた所の逢甲夜市の喧騒だけが、遠くで木霊《こだま》していた。空には星も月も見えなかった。

（李《り》 琴峰《ことみ》「独り舞」による。一部表記・体裁を改めた）

問一、——②「何だかやりきれない気分」とありますが、このときの気持ちの説明として最も ふさわしいものを次から選び、記号で答えなさい。
ア 試験さえなければ二人で楽しく過ごせるのにという気持ち
イ 自分が先に合格したから彼女に苦労させているという気持ち
ウ 試験で今後の二人の関わり合いが決まるのかという気持ち
エ 合格発表まで待たなければならないのが面倒だという気持ち

問二、——④「夜市を歩き回っていた時の高揚感」とありますが、これを説明した次の文の空欄にあてはまる言葉を文中から十字以内で抜き出して答えなさい。
B級グルメを食べては笑い合い、二人の関係の確かさを実感しては［　　］こと。

問三、——⑥「不安を感じている」とありますが、この理由が書かれている部分を解答用紙の言葉に続くように、文中から十五字以内で抜き出して答えなさい。

問四、——⑧「小雪は啜り泣き始めた」とありますが、この理由を説明した次の文の空欄にあてはまる言葉を文中から十一字で抜き出して答えなさい。
試験に落ちて［　　］が実現しなくなると考えたから。

問五、⑨に入る言葉を文中から抜き出して答えなさい。

問六、——⑪「……」とありますが、ここにあてはまる言葉を文中から十字以内で抜き出して答えなさい。

問七、——⑫「心がチクリと痛んだ」とありますが、この理由を説明した次の文の空欄A、Bにあてはまる言葉をそれぞれ文中から十字以内で抜き出して答えなさい。
小雪は［　A　］して行動していたのに、自分は［　B　］して直面するのを回避していたから。

問八、——⑬「叶えたい夢」とありますが、台湾大学に入ること以外で小雪が望んでいることを文中から二十字以上二十五字以内で探し、最初の五字を抜き出して答えなさい。

問九、——⑭「そう言われても」とありますが、小雪の引用した漢詩の中の「岐路」という言葉は、本文の展開においてどのようなことを指しますか。それを説明した次の文の空欄にあてはまる言葉を文中から四字で抜き出して答えなさい。

分からず、つい狼狽《うろた》えてしまった。恐る恐る手を伸ばして、小雪の背中をゆっくりと摩《さす》るのが精一杯だった。本当は一つに溶け合うくらいきつく抱き締めてあげたかったが、小雪を刺激するのが怖くてできなかった。

「まだ決まったわけじゃないでしょ？　案外上手《うま》く行ったかも。決め付けずに、良い結果になるようにと祈ろうよ」

　十八年間も語彙《ごい》を蓄積してきたのに、肝心な時にそんな⑩陳腐な言葉しか出てこないことを、彼女は歯痒《はがゆ》く思った。

「無理。受験した本人が一番よく分かってる。奇跡は絶対起きない」

　小雪は頭を彼女の肩に凭《もた》せ掛けた。空気はどことなく暑苦しく、雲は今にも頭に雪崩れてくるように低い。それでも雨は降らない。小雪の瞳から流れ出てくる透明な雫《しずく》が、彼女の肩を濡《ぬ》らしていった。

「迎梅と離れ離れになりたくない。けど⑪……」

　彼女も奇跡を信じるほどロマンチストではない。しかしあの時だけは奇跡を渇望していた。

「離れ離れになんてならないよ。台大が駄目でも、台北には他にも良い大学が沢山あるでしょ？　政治大学はどう？　文学部も外国語学部もコースがいっぱいあるし、有名な作家や芸術家も沢山出てるよ」

　そう言いながら、彼女は自分の言葉に心底失望した。政治大学の文学部にどんなコースがあるかなんて問題ではないはずだ。彼女達が共に描いた未来――春の暖かな陽射《ひざ》しの下で杜鵑花を愛《め》で、秋の爽《さわ》やかな風に吹かれながら詩を詠み合う、そんな未来だ。一緒に受けたい授業が沢山あるし、一緒に回りたい本屋も沢山ある。彼女達はこれまで何度もそんな想像を練り、何度も一緒に台大のシラバス〔講義などの内容や進め方を示す計画書〕と、大学周辺の独立系書店〔店主が店頭に並べる本を選ぶ書店〕の情報を調べた。小雪が気にしているのは、自分自身の失敗でそんな未来予想が壊れてしまうということのはずだ。だとすれば、他に掛けるべき言葉があるのではないか。

　しかし、彼女が何かを言う前に、小雪が先に宣言した。

「私、一浪〔「一年浪人」の略。次年度の受験合格を目指して一年間受験勉強をすること〕すると思う」

　彼女は驚いた。台大に入れなくても、何も浪人をする必要は無いはずだ。

　小雪は頭を凭せ掛けたまま、彼女の反応を気にせず、独り言のように話し続けた。

「両親と約束したの。台大に入れなければ浪人するって。両親はどちらも台大出身で、私にも台大に入ってほしいといつも言っている。私も心の中で決めたの。両親の期待に応えて、代わりに迎梅との関係も認めてもらおうって」

　⑫心がチクリと痛んだ。小雪にそんな考えがあったなんて、彼女は知らなかった。小雪はいつも凛《りん》としていて、我が道を行くように振る舞っているから、家族に性的指向や恋人を認めてもらいたいという願いが小雪にもあることに、彼女は気付いてあげられなかった。願いだけではない。きちんと計画もしていたのだ。

　彼女にはそれができなかった。見通しの立たない未来をどこか恐れていて、そんな未来に直面するのをいつか死によって回避することを想像していた。何かにつけて死に惹《ひ》かれ、先のことを虚無視する彼女とは違い、小雪は二人のために将来のことも考えているのだ。ならば、小雪の決めたことに対して、彼女も支持の意を示さないわけにはいかないはずだ。しかし――

「離れたくないよう」

　我《わ》が儘《まま》なのは重々承知だ。もし小雪が本気で浪人したいと決めたのなら、その決定を左右する権利は彼女には無いし、我が儘を言う自分が嫌だった。それでも言わずにはいられなかった。小雪は台中〔台湾中西部の都市〕が実家だから、浪人するとなると台中の予備校に通うことになるだろう。しかし彼女は台北に行く。二百キロの距離は、当時の彼女にとって天と地のように遠く感じられた。

われていた。
「小雪はそうかもしれないけど、こっちは一か月前にもう卒業したからね」
卒業式は六月だったが、小雪は七月に試験があるから卒業式の後も毎日学校に通って勉強していた。
「迎梅はさあ、まだ死にたいと思ってる？」
⑤トウトツに小雪がそう聞いた。
「いや、死にたいと思ったことなんて一度も無いよ。少なくとも小雪と出会ってからは。ただ何となく、長生きできないだろうなあと、心のどこかで思ってるだけ」
「なんでそう思うの？」
何故《なぜ》だろう。彼女にもはっきり分からない。恐らく丹辰《ダンチェン》〔小五の時に交通事故で死んだクラスメイト〕とは無関係ではないだろう。では、レズビアン〔女性の同性愛者〕であることに関係はあるのか。社会的な雰囲気はもはや九〇年代とは違うにしろ、今でも同性愛者は社会制度から排除されている。普通の人間のように育ち、結婚し、子を授かることができないからこそ、未来に対するイメージがつかめず、それが死への想像に繋がるのだろう。しかし、小雪と付き合う一年半で、彼女はもう十分セクシュアル・マイノリティ〔性的少数者〕としてのアイデンティティ〔自分が何者か認識すること〕を確立したはずだ。同性愛は病気ではないことははっきり分かったし、台北では毎年アジア最大規模のプライドパレード〔性的少数者のイベント〕が開催されていることも知った。大学に入ったら一緒にパレードに出ようと小雪と約束を交わしもした。なのに、もしまだレズビアンでいることに⑥不安を感じているのなら、それはあまりにも小雪に申し訳ないのではないか。
黙り込んだ彼女を見て、小雪は話し続けた。
「迎梅は、大事な人の死を経験したことがあるでしょ？」
そう訊《き》かれて、彼女は少し動揺した。彼女は小雪に丹辰の話をしたことが無い。意図的に隠していたわけではなく、小学生の頃の出来事を敢《あ》えて話題に取り上げる必要性を感じなかっただけだ。しかし、誰よりも丁寧に彼女の小説を読んでいた小雪がそれに気付くのは、考えてみれば当たり前のことかもしれない。そんな小雪は大好きだが、時には丸裸にされ、心の隅々まで見透かされているような気分になる。
「大丈夫だよ、小雪がいてくれれば、迂闊《うかつ》に死んだりしないよ」
と、彼女は動揺を隠すべく話題を逸《そ》らした。
「じゃ、私がいなければどうなるの？」
「どういう意味？　小雪がいなくなるの？」
「いや、いなくならないよ」
小雪は溜息《ためいき》を吐いた。「ただ、ずっと迎梅の傍《そば》にいられるとも限らないの。私は本当に迎梅のことがすごく好きだから、たとえ私がいなくなっても、生きていてくれる？」
改めてそう頼まれると、彼女もつい意地を張ってしまう。
「それは約束できない。小雪がいなくなるの嫌だし、いなくなったら私にそんなことを求める権利も無いでしょ？」
「それは間違いない。迎梅の人生に私がとやかく言う筋合いは無い。でも……」
小雪は少し間を置いて、彼女の方に顔を向けた。驚いたことに、小雪の目は涙ぐんでいた。「聞いて。私、迎梅と同じ大学には入れないと思う」
なるほど、と彼女は思った。小雪は⑦ツトめて笑顔を見せようとしていたが、やはり試験が気掛かりなのだ。
小雪は続けた。
「今日の試験、やってしまったの。答えは知ってるはずなのに、いざ選ぼうとするとつい考え過ぎて間違ってしまう。そして次の教科の途中でハッと思い出して、それで落ち込んで、結局また同じ過ちを繰り返して……」
それまで抑えていた感情がいよいよ爆発したようで、⑧小雪は啜《すす》り泣き始めた。初めて小雪の（⑨）を見た彼女はどうすればいいか

二〇一九年度　明治大学付属中野八王子高等学校（推薦）

【国　語】（三〇分）〈満点：一〇〇点〉

〈注意〉　字数には、句読点も記号も一字として数えます。

次の文章を読んで、後の問いに答えなさい。なお、文中の言葉の下にある〔　〕の中はその言葉の意味とする。

高三の二月の学測〔台湾の大学入試の一種〕で、彼女は良い成績を取り、個人申請入試〔学測の成績に基づく入試〕で台湾大学〔台湾随一の大学〕日文科に合格したが、小雪《シャウシュエ》は思うほど良い点数が取れず、七月の指考〔台湾の大学入試の一種〕を受けることになった。鳳凰木《ホウオウボク》〔台湾では卒業式のある六月に開花する〕が燃え盛る季節になっても、死に物狂いで猛勉強を続ける小雪を見ると、彼女は心が痛んだ。

「迎梅《インメー》と一緒に杜鵑花城《ツツジのしろ》に入るためだよ。応援してね」

と、小雪が笑いながら彼女に言った。台大は春になると杜鵑花《ツツジ》が咲き乱れることから、杜鵑花城とも呼ばれる。

「うん。晴れた日には椰林大道《イエーリンダーダウ》で自転車を走らせ、雨の日には総図書館に引き籠《こ》もろう。月が出ていれば酔月湖《ズエーユエーフー》で月見をし、出ていなければ温州街《ウェンジョージエー》で散歩をしよう」

彼女はたしかそんなことを言ったはずだ。潮騒《しおさい》のように雪崩《なだ》れてくる蝉《せみ》の声。小雪の笑い声もまた、蝉の声のように①スんでいて耳に心地よく、湿った薫風《くんぷう》に運ばれ晴れ渡る空の向こうに溶け込んで消えた。

指考の最終日、彼女は試験会場の外で小雪を待っていた。会場の教室内ではエアコンが効いているが、外はそうも行かない。真夏の曇りの日には烈日が猛威を振るう場こそ無いものの、暗い対流雲が低く空に立ち籠めていて、晴れの日よりも一層蒸し暑い。いっそ雨が降った方が気持ち良いだろうにと、彼女は思った。

試験の最後の教科が終わったのは夕方の頃だった。小雪は受験生の群れの間を縫って、手を振りながら彼女に向かって歩いてきた。この試験の結果によって、彼女と小雪がこれからの四年間一緒になるか離れ離れになるかが決まる。そう思うと、彼女は②何だかやりきれない気分になった。それに対して、やっと試験が終わった小雪は、重荷から解放されたような微笑《ほほえ》みを浮かべていた。

逢甲《フェンジャー》夜市《よいち》〔夕方から真夜中に営業する屋台、露店、雑貨、売店、移動販売などの集合体〕は台中女中〔バス停の名前〕からバスで一時間もかかるから、普段はあまり行かないが、その日は二人とも何となく夜市で食べ歩きしたい気分だったので、行くことにした。帰宅ラッシュのバスは身動きも取れないほど混雑しているが、小雪に手を握られていると彼女は安らぎを感じた。夜市に着いた時にはすっかり夜になっていて、あちこち乱立するネオンの看板が毒々しく光っていた。彼女達は互いの手を繋《つな》いで人垣を掻《か》き分けながら、③不摂生なB級グルメを頬《ほお》張った。顔より大きい骨付きの鶏《とり》胸肉を丸ごと揚げた鶏排《ジーパイ》や、糯米《もちごめ》の腸詰で豚肉のソーセージを包んだ大腸包《ダーチャンバウ》小腸《シャウチャン》。顔についた糯米の粒や油でテカった口元を見つめ合っては、彼女達は笑い合った。たとえ真夏でも、雪と梅はちゃんと結ばれているなあと、そんな馬鹿げた発想に彼女は陶然としていた。

夜市の中核である文華路《ウェンファールー》を進むと、逢甲大学の正門が見えた。夜市の雑踏と喧騒《けんそう》とは無関係に、夜のキャンパスは静かな闇《やみ》に包まれていた。歩き疲れて、二人はどちらからともなく、当たり前のようにキャンパスに入っていった。大学も夏季休暇に入っていたためか、キャンパス内は人が少ない。暫《しば》く歩くと、十四階建てのビルと、その前に広がる芝生《しばふ》が目に入る。芝生の横には一列のガジュマルが並んでおり、樹間にベンチが設置されていた。彼女達は照明のあまり届かないベンチを選んで腰を下ろした。④夜市を歩き回っていた時の高揚感が次第に退《の》いた。

「これで高校生活が終わり、か。やっと実感が湧《わ》いてきた」

小雪が空を見上げながら言った。空は相変わらず重苦しい雲に覆

英語解答

1 問１ stress　問２ イ　問３ ウ
問４ works　問５ files
問６ can it〔writing〕 help
問７ イ→エ→ア→ウ
問８ テストで良い点数がとれる
問９ Yes, it can.　問10 ウ

2 (1) very much　(2) Why don't
(3) another　(4) It, hour
(5) every

3 (1) good at playing
(2) impossible for him
(3) belongs to　(4) It rains
(5) has been dead

4 (1) 記号…ア　正しい語(句)…much
(2) 記号…ア　正しい語(句)…went
(3) 記号…イ　正しい語(句)…what
(4) 記号…ウ　正しい語(句)…in
(5) 記号…イ　正しい語(句)…becomes

5 (1) Some people say that they are too busy to study English every day
(2) go to that place which impressed him while he stayed
(3) you know who the first person to walk around the world

数学解答

1 (1) $\dfrac{-a+17b}{6}$　(2) $5\sqrt{2}-3\sqrt{3}$
(3) $ab^2(a-b)(a-2b)$
(4) $x=\dfrac{4\pm\sqrt{5}}{2}$
(5) -13, -11, -5, 5, 19

2 (1) 2　(2) 25：4　(3) $x=0$
(4) 52°　(5) $\dfrac{2}{9}$

3 (1) $\sqrt{193}$　(2) $\sqrt{617}$

国語解答

問一 ウ　問二 陶然としていた
問三 未来に対するイメージがつかめ[ないから]
問四 彼女達が共に描いた未来
問五 涙　問六 奇跡は絶対起きない
問七 A きちんと計画(も)
B 先のことを虚無視
問八 家族に性的　問九 離れ離れ
問十 ア
問十一 ① 澄　⑤ 唐突　⑦ 努
③ ふせっせい　⑩ ちんぷ

2025年度用

高校スーパー過去問

■編集人　声の教育社・編集部

■発行所　株式会社　声の教育社

〒162-0814 東京都新宿区新小川町8-15

☎03-5261-5061㈹ FAX03-5261-5062

https://www.koenokyoikusha.co.jp

※本書の内容についての一切の責任は当社にあります。内容・解説・解答その他の質問等は文書にて当社に御郵送くださるようお願いいたします。

カコを追いかけ
ミライをつかめ
「今の説明、もう一回」を何度でも
web過去問
ストリーミング配信による入試問題の解説動画
声の教育社
詳しくはこちらから

明治大学付属八王子高等学校

別冊 解答用紙

丁寧に抜きとって、別冊としてご使用ください。

★合格者最低点

年度		2024	2023	2022	2021	2020	2019
推薦	男	492	530	508	509	509	477
	女	502	539	501	517	515	497
一般	男	220	220	208	205	199	202
	女	223	223	207	200	199	202

(注) 推薦の合格者最低点には、内申点が含まれています。(660点満点)
一般の合格者最低点には、優遇制度による加算点が含まれています。

注意

○ 解答用紙は、収録の都合により縮小したものや、小社独自に作成したものもあります。
○ 学校配点は学校発表のもの、推定配点は小社で作成したものです。
○ 無断転載を禁じます。
○ 解答用紙を拡大コピーする場合、表示した拡大率に対応する用紙サイズは以下のとおりです。
101%～102%＝B5　103%～118%＝A4　119%～144%＝B4　145%～167%＝A3
(タイトルと配点表は含みません)

２０２４年度　明治大学付属八王子高等学校

英語解答用紙

番号		氏名		評点	／100

1

問１　Q.1　A　B　C　D　　Q.2　A　B　C　D

問２　Q.1　A　B　C　D　　Q.2　A　B　C　D

2

問１

問２

問３　問４

問５　とは異なる形で

問６　問７

3

問１　問２

問３　ごとのオオカバマダラのみが

ため。

問４　問５　問６　問７

4

(1)

(2)

(3)

(4)

5

(1)　A　B　C　　(2)　A　B　C

(3)　A　B　C　　(4)　A　B　C

（注）この解答用紙は実物を縮小してあります。A３用紙に154％拡大コピーすると、ほぼ実物大で使用できます。（タイトルと配点表は含みません）

推定配点		計
	1 各５点×４　2，3 各４点×14　4，5 各３点×８	100点

２０２４年度　明治大学付属八王子高等学校

数学解答用紙

番号		氏名		評点	／100

1	(1)		(2)	
	(3)			
	(4)		(5)	$x=$
	(6)			

2	(1)	個	(2)	通り
	(3)	$a=$	(4)	$a=$
	(5)		(6)	BE＝
	(7)	度	(8)	GP＝

3	(1)	4冊…　　人，5冊…　　人，6冊…　　人
	(2)	5月…　　，6月…

4	(1)	AB＝	(2)	BD＝

5	(1)	B(　　,　　)	(2)	

（注）この解答用紙は実物を縮小してあります。B４用紙に125%拡大コピーすると、ほぼ実物大で使用できます。（タイトルと配点表は含みません）

推定配点	1　各４点×６　　2　各５点×８　　3～5　各６点×６	計　100点

二〇二四年度　明治大学付属八王子高等学校

国語解答用紙

番号　氏名　評点 /100

一

問一

問二　ア　イ

問三

問四

問五

問六

問七　1　2

問八

問九　1　2

問十　①ヘンテツ　③ツクロ（わ）　④ソクザ　⑦判子　⑫自嘲

二

問一

問二

問三

問四

問五

問六　ア　イ

問七

問八　ア　イ

問九

問十　（こと）

問十一　③ハッショウ　⑧タイザイ　⑨ビミョウ　④紛（れ）　⑬駆使

（注）この解答用紙は実物を縮小してあります。Ａ４用紙に116%拡大コピーすると、ほぼ実物大で使用できます。（タイトルと配点表は含みません）

推定配点	
一　問一～問九　各４点×10〔問九は各４点×２〕　問十　各２点×５ 二　問一～問十　各４点×10　問十一　各２点×５	計 100点

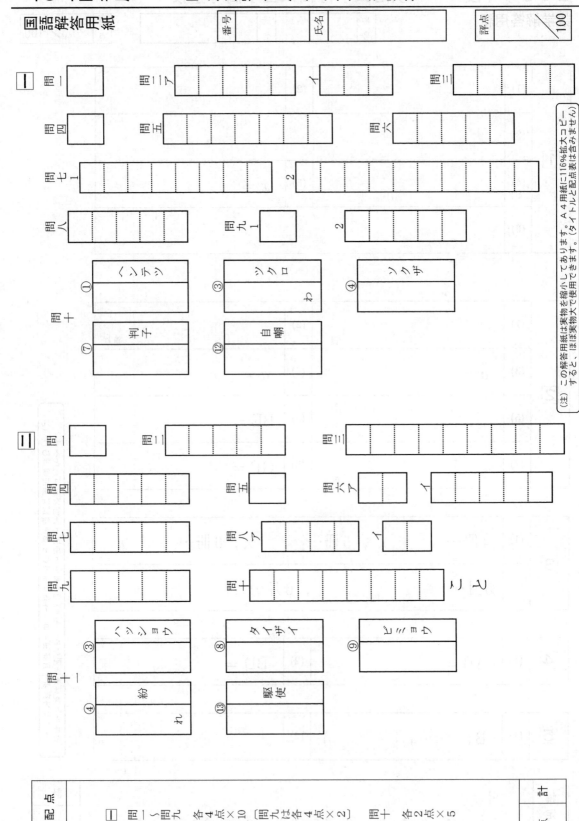

２０２４年度　明治大学付属八王子高等学校　推薦

英語解答用紙

番号		氏名	

評点　／100

1

問1　問2　問3

問4　d

問5

問6　(A)　(B)

問7　問8

2

(1)　(2)

(3)

(4)　(5)

3

(1)　(2)

(3)　(4)

(5)

4

(1) 記号　正しい語(句)

(2) 記号　正しい語(句)

(3) 記号　正しい語(句)

(4) 記号　正しい語(句)

(5) 記号　正しい語(句)

5

(1) .

(2) Keiko .

(3) next week.

（注）この解答用紙は実物を縮小してあります。Ａ３用紙に152％拡大コピーすると、ほぼ実物大で使用できます。（タイトルと配点表は含みません）

推定配点		計
	1　各５点×８　　2〜4　各３点×15　　5　各５点×３	100点

２０２４年度　明治大学付属八王子高等学校　推薦

数学解答用紙

番号		氏名	

評点	／100

1	(1)		(2)	
	(3)			
	(4)		(5)	$x=$

2	(1)	$n=$	(2)	通り
	(3)	$a=$	(4)	
	(5)	度		

3	(1)	
	(2)	E(　　　,　　　)

（注）この解答用紙は実物を縮小してあります。B４用紙に120％拡大コピーすると、ほぼ実物大で使用できます。（タイトルと配点表は含みません）

推定配点		計
	1, 2　各８点×10　　3　各10点×２	100点

二〇二四年度　明治大学付属八王子高等学校　推薦

国語解答用紙

番号		氏名		評点	/100

問一　ア　　イ

問二　ア　　イ

問三

問四

問五

問六　ア　　イ

問七　ア　　イ

問八　ア　　イ

問九　ア　　イ

問十　第二段落　　第三段落

問十一

① 潜　め

⑩ 酷似

④ タンポ

⑧ カンキ

⑭ タイキョク

（注）この解答用紙は実物を縮小してあります。Ａ４用紙に115％拡大コピーすると、ほぼ実物大で使用できます。（タイトルと配点表は含みません）

推定配点		計
	問一～問十　各８点×10　問十一　各４点×５	100点

２０２３年度　明治大学付属中野八王子高等学校

英語解答用紙

番号		氏名		評点	／100

1
問１ Q.1 A B C D　Q.2 A B C D
問２ Q.1 A B C D　Q.2 A B C D

2
問１　問２　問３
問４　問５　問６　問７

3
問１　問２
問３ Here
問４　問５
問６ ア　イ　ウ　エ

4
(1)
(2)
(3)
(4)

5
(1) A B C　(2) A B C
(3) A B C　(4) A B C

（注）この解答用紙は実物を縮小してあります。B４用紙に132％拡大コピーすると、ほぼ実物大で使用できます。（タイトルと配点表は含みません）

推定配点		計
	1　各５点×４　2　各４点×７ 3　問１～問５　各４点×５　問６　各２点×４ 4, 5　各３点×８	100点

2023年度　明治大学付属中野八王子高等学校

数学解答用紙

番号		氏名		評点	／100

1	(1)		(2)	
	(3)			
	(4)		(5)	$x =$
	(6)	$x =$		

2	(1)	$n =$	(2)	通り
	(3)	$a =$	(4)	
	(5)	FG $=$	(6)	度
	(7)	度	(8)	cm^2

3	(1)	平均値…　　冊，中央値…　　冊
	(2)	㋐…　　，㋑…

4	(1)		(2)	S(　　,　　)

5	(1)		(2)	

（注）この解答用紙は実物を縮小してあります。B4用紙に120%拡大コピーすると、ほぼ実物大で使用できます。（タイトルと配点表は含みません）

推定配点		計
	1　各4点×6　　2　各5点×8　　3～5　各6点×6	100点

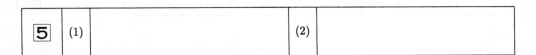

二〇二三年度 明治大学付属中野八王子高等学校

国語解答用紙

番号　　氏名　　評点 /100

一

問一

問二

問三

問四

問五

問六

問七 1 幼い頃　現在　2

問八

問九

問十
① 罵られた
⑤ 和やか
② シンガイ
⑪ タンネン
⑫ フオン

二

問一

問二

問三

問四

問五

問六

問七

問八

問九

問十

問十一
③ コチョウ
⑤ メイロウ
⑥ 遮断
⑨ 声高
⑬ 単一

（注）この解答用紙は実物を縮小してあります。A４用紙に116％拡大コピーすると、ほぼ実物大で使用できます。（タイトルと配点表は含みません）

推定配点	
一 問一～問九 各４点×10　問十 各２点×５ 二 問一～問十 各４点×10　問十一 各２点×５	計 100点

２０２３年度　明治大学付属中野八王子高等学校　推薦

英語解答用紙

番号		氏名	

評点　／100

1
問1　問2　問3
問4　問5
問6　問7　→　→
問8

2
(1)
(2)　(3)
(4)　(5)

3
(1)　(2)
(3)　(4)
(5)

4
(1) 記号　正しい語(句)　(2) 記号　正しい語(句)
(3) 記号　正しい語(句)　(4) 記号　正しい語(句)
(5) 記号　正しい語(句)

5
(1) We　late.
(2)　.
(3)　around the park.

（注）この解答用紙は実物を縮小してあります。A3用紙に145%拡大コピーすると、ほぼ実物大で使用できます。（タイトルと配点表は含みません）

推定配点		計
	1　各５点×８　2～4　各３点×15　5　各５点×３	100点

2023年度　明治大学付属中野八王子高等学校　推薦

数学解答用紙

番号		氏名		評点	／100

1	(1)		(2)	
	(3)			
	(4)		(5)	$x =$

2	(1)		(2)	$x =$
	(3)	cm	(4)	
	(5)			

3	(1)	C(　　　,　　　)
	(2)	C(　　　,　　　)

（注）この解答用紙は実物を縮小してあります。B4用紙に122%拡大コピーすると、ほぼ実物大で使用できます。（タイトルと配点表は含みません）

推定配点		計
	1, 2　各8点×10　　3　各10点×2	100点

二〇二三年度　明治大学付属中野八王子高等学校　推薦

国語解答用紙

番号　　氏名　　評点 /100

問一

問二

問三

問四

問五

問六

問七

問八

問九　・

問十

問十一

① トウタツ

② ソエン

⑩ ナゾ

⑤ 宰相

⑧ 偏って

（注）この解答用紙は実物を縮小してあります。A４用紙に116％拡大コピーすると、ほぼ実物大で使用できます。（タイトルと配点表は含みません）

推定配点	計
問一～問十　各８点×10　問十一　各４点×５	100点

２０２２年度　明治大学付属中野八王子高等学校

英語解答用紙

番号		氏名		評点	／100

1
問１　Q.１　A　B　C　D　　Q.２　A　B　C　D
問２　Q.１　A　B　C　D　　Q.２　A　B　C　D

2
問１　　問２
問３　したこと
理由
問４　　問５　→　→　→
問６

3
問１　10　20　こと。
問２
問３　が　にいる光景。
問４　　問５
問６　　問７

4
(1)
(2)
(3)
(4)

5
(1)　A　B　C　　(2)　A　B　C
(3)　A　B　C　　(4)　A　B　C

（注）この解答用紙は実物を縮小してあります。Ａ３用紙に147％拡大コピーすると、ほぼ実物大で使用できます。（タイトルと配点表は含みません）

学校配点		計
	1　各５点×４ 2，3　各４点×14〔2問３，3問３はそれぞれ完答〕 4，5　各３点×８	100点

２０２２年度　明治大学付属中野八王子高等学校

数学解答用紙

番号		氏名		評点	／100

1	(1)		(2)	
	(3)			
	(4)	$x=$　　　　，$y=$		
	(5)	組	(6)	

2	(1)	$a=$	(2)	
	(3)	$a=$	(4)	B(　　，　　)
	(5)	cm^2	(6)	
	(7)	度	(8)	

3	(1)	通り	(2)	通り

4	(1)	cm	(2)	cm^2

5	(1)	：	(2)	

（注）この解答用紙は実物を縮小してあります。B４用紙に123％拡大コピーすると、ほぼ実物大で使用できます。（タイトルと配点表は含みません）

学校配点		計
	1 各４点×６　2 各５点×８　3～5 各６点×６	100点

二〇二二年度　明治大学付属中野八王子高等学校

国語解答用紙

番号　　氏名　　評点　／100

一

問一　問二

問三　問四　1　2

問五　問六

問七　問八　問九

問十　① フチ　② ムダ　⑦ ラレツ　④ 粗い　⑫ 閲覧

二

問一　問二ア　イ

問三ア　イ

問四　問五　問六ア　イ

問七　問八　問九　問十

問十一　① シントウ　⑪ チョウリュウ　⑥ 醸成　⑦ 示唆　⑧ 享受

（注）この解答用紙は実物を縮小してあります。B４用紙に123％拡大コピーすると、ほぼ実物大で使用できます。（タイトルと配点表は含みません）

学校配点	
一 問一～問九　各４点×10　問十　各２点×５ 二 問一～問十　各４点×10　問十一　各２点×５	計 100点

２０２２年度　明治大学付属中野八王子高等学校　推薦

英語解答用紙

番号		氏名		評点	／100

1　問1　問2　問3 A

問3 B

問4

問5　問6　問7

2　(1)

(2)　(3)

(4)　(5)

3　(1)　(2)

(3)　(4)

(5)

4　(1) 記号 正しい語(句)　(2) 記号 正しい語(句)

(3) 記号 正しい語(句)　(4) 記号 正しい語(句)

(5) 記号 正しい語(句)

5　(1) Do you know ?

(2) .

(3) I around here.

（注）この解答用紙は実物を縮小してあります。A３用紙に149％拡大コピーすると、ほぼ実物大で使用できます。（タイトルと配点表は含みません）

学校配点		計
	1　各５点×８〔問３は完答〕　2～4　各３点×15　5　各５点×３	100点

２０２２年度　明治大学付属中野八王子高等学校　推薦

数学解答用紙

番号		氏名		評点	／100

1	(1)		(2)	
	(3)			
	(4)	$x=$	(5)	：　：

2	(1)	$b=$	(2)	
	(3)		(4)	度
	(5)	cm^2		

3	(1)	
	(2)	P(　　,　　)

（注）この解答用紙は実物を縮小してあります。B４用紙に123％拡大コピーすると、ほぼ実物大で使用できます。（タイトルと配点表は含みません）

学校配点		計
	1, 2　各８点×10　　3　各10点×２	100点

二〇二三年度　明治大学付属中野八王子高等学校　推薦

国語解答用紙

番号　　氏名　　評点 ／100

問一　ア　イ

問二

問三

問四

問五

問六

問七

問八　ア　イ

問九

問十

問十一

③ 必須

④ シナン

⑤ 旺盛

⑦ センレン

⑩ サマタげ

(注) この解答用紙は実物を縮小してあります。A４用紙に110%拡大コピーすると、ほぼ実物大で使用できます。(タイトルと配点表は含みません)

学校配点	計
問一～問十　各８点×10　問十一　各４点×５	100点

２０２１年度　明治大学付属中野八王子高等学校

英語解答用紙

番号		氏名	

評点	／100

1

問1　Q.1　A　B　C　D　　Q.2　A　B　C　D

問2　Q.1　A　B　C　D　　Q.2　A　B　C　D

2

問1　　問2　　問3 (A)　　(B)　　問4

問5　直前の語　　直後の語

問6

3

問1　　問2

問3

問4

問5

									20
									30

問6

4

(1)

(2)

(3)

(4)

5

(1)　A　B　C　　(2)　A　B　C

(3)　A　B　C　　(4)　A　B　C

（注）この解答用紙は実物を縮小してあります。Ａ３用紙に145％拡大コピーすると、ほぼ実物大で使用できます。（タイトルと配点表は含みません）

学校配点		計
	1　各５点×４ 2，3　各４点×14〔2問３，問５はそれぞれ完答〕 4，5　各３点×８	100点

２０２１年度　明治大学付属中野八王子高等学校

数学解答用紙

番号		氏名		評点	／100

1	(1)		(2)	
	(3)			
	(4)			
	(5)	$x =$	(6)	

2	(1)		(2)	$a =$
	(3)		(4)	度
	(5)	CD $=$	(6)	
	(7)	cm^3	(8)	

3	(1)	P（　　，　　）	(2)	

4	(1)	AB $=$	(2)	

5	(1)	$x =$	(2)	

（注）この解答用紙は実物を縮小してあります。B４用紙に122％拡大コピーすると、ほぼ実物大で使用できます。（タイトルと配点表は含みません）

学校配点		計
	1 各４点×６　2 各５点×８　3～5 各６点×６	100点

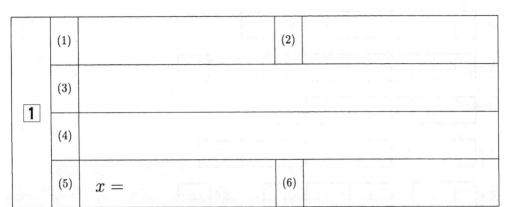

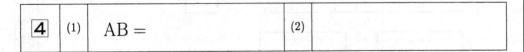

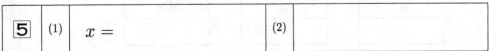

二〇二二年度　明治大学付属中野八王子高等学校

国語解答用紙

番号		氏名		評点	/100

一

問一

問二

問三

問四

問五

問六

問七

問八

問九

問十

問十一　②シンイ　⑥ヘンサチ　⑨カダン　⑩縫う　⑫遮る

二

問一　1　2　・

問二

問三　・

問四

問五　1　2

問六　ア　イ

問七

問八

問九　①リッキャク　⑥ヘイガイ　⑧償い　⑨鍛えて　⑪建前

（注）この解答用紙は実物を縮小してあります。Ｂ４用紙に133％拡大コピーすると、ほぼ実物大で使用できます。（タイトルと配点表は含みません）

学校配点		計
	一　問一〜問十　各４点×10　問十一　各２点×５ 二　問一〜問八　各４点×10〔問一２、問三、問六はそれぞれ完答〕 問九　各２点×５	100点

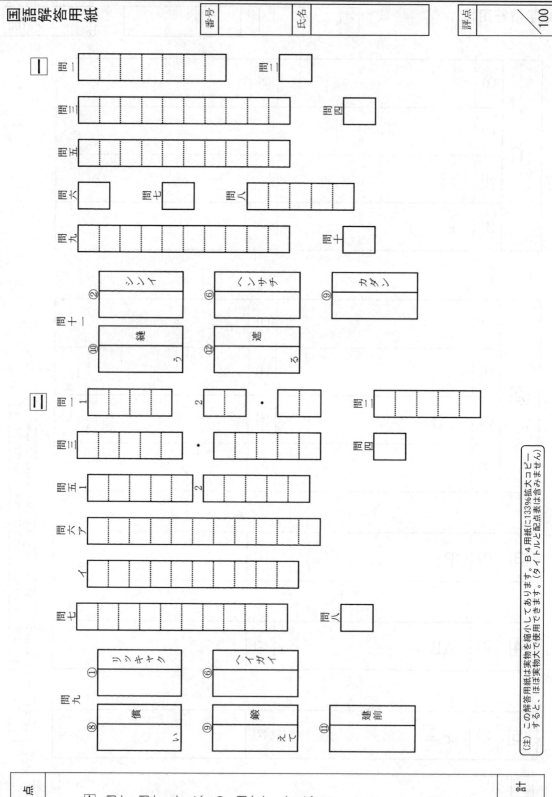

２０２１年度　明治大学付属中野八王子高等学校　推薦

英語解答用紙

番号		氏名	

評点	／100

1

問1　　問2　彼は　　　　　　　。

問3　彼が　　　　　　　時。

問4　　問5　　問6　1.

問6　2.　　問7

2

(1)

(2)　　(3)

(4)　　(5)

3

(1)　　(2)

(3)　　(4)

(5)

4

(1) 記号　正しい語(句)　　(2) 記号　正しい語(句)

(3) 記号　正しい語(句)　　(4) 記号　正しい語(句)

(5) 記号　正しい語(句)

5

(1)　　?

(2) The questions　　.

(3)　　.

（注）この解答用紙は実物を縮小してあります。A３用紙に149％拡大コピーすると、ほぼ実物大で使用できます。（タイトルと配点表は含みません）

学校配点		計
	1　各５点×８〔問６は完答〕 2～4　各３点×15　　5　各５点×３	100点

２０２１年度　明治大学付属中野八王子高等学校　推薦

数学解答用紙

番号		氏名	

評点	／100

1	(1)		(2)	
	(3)			
	(4)	$x=$ 　　　, $y=$	(5)	

2	(1)	$a=$	(2)	$a=$
	(3)	cm^2	(4)	
	(5)			

3	(1)	
	(2)	

（注）この解答用紙は実物を縮小してあります。Ｂ４用紙に120％拡大コピーすると、ほぼ実物大で使用できます。（タイトルと配点表は含みません）

学校配点		計
	1, 2　各８点×10　　3　各10点×２	100点

二〇二二年度　明治大学付属中野八王子高等学校　推薦

国語解答用紙

番号　　氏名

評点　／100

問一

問二

問三

問四　1　2

問五

問六

問七

問八　ア　イ

問九

問十
① 頻発
② 逃　れ
⑥ クズ　れる
⑦ サ　ける
⑨ ミセイジュク

（注）この解答用紙は実物を縮小してあります。Ｂ４用紙に125％拡大コピーすると、ほぼ実物大で使用できます。（タイトルと配点表は含みません）

学校配点	
問一～問九　各８点×10〔問八は完答〕　問十　各４点×５	
計	100点

２０２０年度　明治大学付属中野八王子高等学校

英語解答用紙

番号		氏名		評点	／100

1
問１ Q.1　A　B　C　D　　Q.2　A　B　C　D
問２ Q.1　A　B　C　D　　Q.2　A　B　C　D

2
問１ ①　②　問２
問３ コペンハーゲンへ　　　人の数。
問４　問５　問６

3
問１　　こと
問２
問３ ...because
問４
問５ 直前の語　　直後の語
問６

4
(1)
(2)
(3)
(4)

5
(1) A B C　(2) A B C
(3) A B C　(4) A B C

（注）この解答用紙は実物を縮小してあります。A３用紙に149％拡大コピーすると、ほぼ実物大で使用できます。（タイトルと配点表は含みません）

推定配点		計
	1 各５点×４ 2，3 各４点×14〔2問１，3問４，問５はそれぞれ完答〕 4，5 各３点×８	100点

２０２０年度　明治大学付属中野八王子高等学校

数学解答用紙

番号		氏名		評点	／100

1	(1)		(2)	
	(3)			
	(4)			
	(5)		(6)	

2	(1)	$b=$	(2)	$n=$
	(3)		(4)	
	(5)	cm	(6)	度
	(7)	cm^3	(8)	cm

3	(1)	%	(2)	%

4	(1)	個	
	(2)	偶数の場合　個	奇数の場合　個

5	(1)	AH $=$	(2)	

（注）この解答用紙は実物を縮小してあります。Ｂ４用紙に128％拡大コピーすると、ほぼ実物大で使用できます。（タイトルと配点表は含みません）

推定配点		計
	1　各４点×６　2　各５点×８　3～5　各６点×６	100点

二〇二〇年度 明治大学付属中野八王子高等学校

国語解答用紙

番号　　氏名　　評点　／100

一

問一　ア　　イ

問二　　問三

問四　　問五

問六　　問七　　問八

問九　　問十

問十一　① 陥る　④ 闇雲　⑥ キョクタン　⑦ コンキョ　⑧ ヨウリョウ

二

問一　　問二

問三　1　　2　　問四　　問五

問六　ア　　イ

問七

問八

問九

問十　② シュウユウ　⑪ ヨウセイ　④ 臨床　⑥ 偽装　⑨ 忌避

（注）この解答用紙は実物を縮小してあります。Ｂ４用紙に133%拡大コピーすると、ほぼ実物大で使用できます。（タイトルと配点表は含みません）

推定配点		計
	一　問一～問十　各４点×10　問十一　各２点×５ 二　問一～問九　各４点×10〔問六、問八はそれぞれ完答〕 問十　各２点×５	100点

2020年度　明治大学付属中野八王子高等学校　推薦

英語解答用紙

番号		氏名	

評点	／100

1 問1　問2

問3　A：ハトは　　　　という特徴

B：ハトは　　　　という特徴

問4　問5　問6

2 (1)　(2)

(3)　(4)

(5)

3 (1)　(2)

(3)　(4)

(5)

4 (1) 記号　正しい語(句)　(2) 記号　正しい語(句)

(3) 記号　正しい語(句)　(4) 記号　正しい語(句)

(5) 記号　正しい語(句)

5 (1) .

(2) .

(3) .

（注）この解答用紙は実物を縮小してあります。A3用紙に152%拡大コピーすると、ほぼ実物大で使用できます。（タイトルと配点表は含みません）

推定配点		計
	1　各5点×8　2～4　各3点×15　5　各5点×3	100点

２０２０年度　明治大学付属中野八王子高等学校　推薦

数学解答用紙

番号		氏名		評点	／100

1	(1)		(2)	
	(3)			
	(4)		(5)	

2	(1)	$x=$	(2)	$m=$　　　, $n=$
	(3)		(4)	：
	(5)			

3	(1)	$a=$
	(2)	P(　　　,　　　)

（注）この解答用紙は実物を縮小してあります。B4用紙に122%拡大コピーすると、ほぼ実物大で使用できます。（タイトルと配点表は含みません）

推定配点		計
	1, 2　各８点×10　　3　各10点×２	100点

二〇二〇年度　明治大学付属中野八王子高等学校　推薦

国語解答用紙

番号	氏名	評点
		/100

問一

問二

問三

問四

問五

問六　ア　イ

問七　1　2

問八

問九

問十

① 偏　り

② 是正

③ 歳暮

⑦ ドガイシ

⑧ チョウシュウ

（注）この解答用紙は実物を縮小してあります。Ｂ４用紙に123％拡大コピーすると、ほぼ実物大で使用できます。（タイトルと配点表は含みません）

推定配点	計
問一～問九　各８点×10〔問六は完答〕　問十　各４点×５	100点

２０１９年度　明治大学付属中野八王子高等学校

英語解答用紙

番号		氏名		評点	／100

1

問１ Q.1　A　B　C　D　　Q.2　A　B　C　D

問２ Q.1　A　B　C　D　　Q.2　A　B　C　D

2

問１　問２　問３

問４ 自分たちの　　　に穴を掘って　　　で埋め. . .

問５ 直前の語　　　直後の語　　　問６

問７　　　の破片を　　　に入れること　問８

問９

3

問１

問２ **The Royal Flying Doctors**　　　.

問３ 1　2　問４　問５

問６　問７

問８ 1つ目　2つ目　問９

4

(1)　(2)

(3)

(4)

5

(1) A B C　(2) A B C

(3) A B C　(4) A B C

（注）この解答用紙は実物を縮小してあります。A３用紙に152％拡大コピーすると、ほぼ実物大で使用できます。（タイトルと配点表は含みません）

推定配点		計
推定配点	1～4　各３点×28〔2問９，3問９はそれぞれ各３点×２〕　5　各４点×４	100点

2019年度　明治大学付属中野八王子高等学校

数学解答用紙

番号		氏名		評点	／100

1	(1)		(2)	
	(3)			
	(4)	$x =$	(5)	
	(6)			

2	(1)	$a =$	(2)	
	(3)	$a =$　　　　, $b =$	(4)	度
	(5)		(6)	
	(7)	$a =$	(8)	cm

3	(1)	$k =$	(2)	

4	(1)		(2)	

5	(1)		(2)	

（注）この解答用紙は実物を縮小してあります。B4用紙に125%拡大コピーすると、ほぼ実物大で使用できます。（タイトルと配点表は含みません）

推定配点		計
	1　各4点×6　　2　各5点×8　　3～5　各6点×6	100点

二〇一九年度　明治大学付属中野八王子高等学校

国語解答用紙

番号		氏名	

評点	/100

一

問一　問二　問三　問四

問五　問六

問七　問八　問九　問十

問十一　問十二

問十三

③ アイツ

⑥ カマ　って

⑫ ナツ　く

⑪ 免　れない

⑭ 諭　して

二

問一　問二 ア　イ

問三　問四　問五　問六

問七　問八

問九

⑥ フンカ

⑦ カジョウ

⑪ サンセキ

⑩ 挑　んだり

⑬ 代替

（注）この解答用紙は実物を縮小してあります。B4用紙に119%拡大コピーすると、ほぼ実物大で使用できます。（タイトルと配点表は含みません）

推定配点	計
一　問一～問十二　各4点×12　問十三　各2点×5 二　問一～問八　各4点×8　問九　各2点×5	100点

２０１９年度　明治大学付属中野八王子高等学校　推薦

英語解答用紙

番号		氏名	

評点	／100

1

問１

問２

問３

問４

問５

問６ How　　　　them?

問７ 　→　→　→

問８ 心理学者の研究が示すように、きっと　　　　だろう。

問９

問１０

2

(1)

(2)

(3)

(4)

(5)

3

(1)

(2)

(3)

(4)

(5)

4

(1) 記号 正しい語(句)

(2) 記号 正しい語(句)

(3) 記号 正しい語(句)

(4) 記号 正しい語(句)

(5) 記号 正しい語(句)

5

(1)　　　　.

(2) I want to　　　　in Spain.

(3) Do　　　　was?

（注）この解答用紙は実物を縮小してあります。Ａ３用紙に159％拡大コピーすると、ほぼ実物大で使用できます。（タイトルと配点表は含みません）

推定配点		計
	1 各４点×10　2～4 各３点×15　5 各５点×３	100点

2019年度 明治大学付属中野八王子高等学校 推薦

数学解答用紙

番号	氏名	評点
		／100

1	(1)		(2)	
	(3)			
	(4)	$x=$	(5)	$a=$
2	(1)	$a=$	(2)	:
	(3)	$x=$	(4)	度
	(5)			
3	(1)			
	(2)			

推定配点		計
	1, 2 各8点×10　3 各10点×2	100点

二〇一九年度 明治大学付属中野八王子高等学校 推薦

国語解答用紙

番号	氏名	評点
		／100

問一

問二

問三 ないから

問四

問五

問六

問七 A B

問八

問九

問十

問十一

① ス　んで

⑤ トウトツ

⑦ ツト　めて

③ 不摂生

⑩ 陳腐

推定配点		計
	問一～問十 各8点×10　問十一 各4点×5	100点

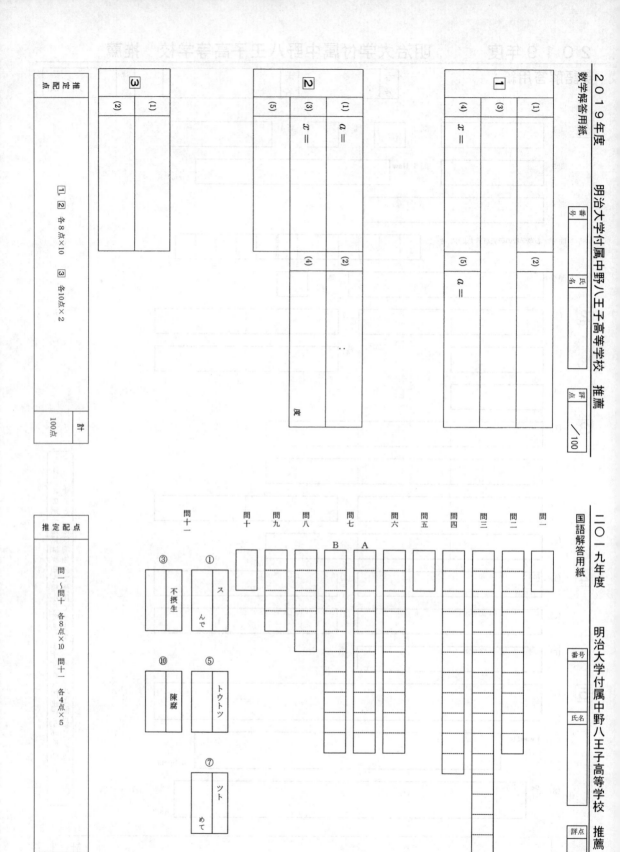

高校スーパー過去問　抜群の解説・解答!! 声の教育社版

合格必需品

定価2,200～2,530円（税込）

各都県狭域版
高校受験案内

定価2,310円（税込）

公立高校
過去問シリーズ

定価1,100円（税込）

高校面接ブック

定価1,320円（税込）

「今の説明、もう一回」を何度でも
web過去問
ストリーミング配信による入試問題の解説動

①優秀な解説・解答スタッフが執筆!!　②くわしい出題傾向分析と対策　③解答用紙が別冊、自己採点ができる

No.　学校名
★はリスニングアクセスコード付

●東京都

ア
T 17 青山学院高等部★
T 40 足立学園高校
T 62 郁文館高校
　　郁文館グローバル高校
T 111 岩倉高校★
T 102 上野学園高校
T 91 江戸川女子高校
T 38 桜美林高校
T 4 お茶の水女子大附高校

カ
T 5 開成高校★
T 113 関東第一高校
T 88 共栄学園高校
T 80 錦城高校
T 46 錦城学園高校
T 10 慶應義塾女子高校
T 64 京華高校
T 66 京華商業高校
T 65 京華女子高校
T 109 工学院大附高校
T 36 佼成学園高校
T 47 佼成学園女子高校
T 24 国学院高校
T 25 国学院大久我山高校
T 16 国際基督教大高校
T 93 国士舘高校
T 41 駒込高校
T 51 駒沢学園女子高校
T 58 駒澤大高校
T 50 駒場学園高校

サ
T 105 桜丘高校
T 59 実践学園高校
T 63 十文字高校
T 75 淑徳高校
T 67 淑徳巣鴨高校
T 42 順天高校
T 98 潤徳女子高校
T 78 城西大附城西高校★
T 13 城北高校
T 115 昭和第一学園高校
T 83 女子美術大付高校
T 45 巣鴨高校
T 108 杉並学院高校
T 70 駿台学園高校
T 18 成蹊高校
T 73 正則高校
T 49 青稜高校
T 26 専修大附高校

タ
T 94 大成高校
T 76 大東文化大第一高校
T 81 拓殖大第一高校
T 56 多摩大目黒高校
T 39 中央大高校
T 23 中央大杉並高校★
T 22 中央大附高校
T 2 筑波大附高校
T 1 筑波大附駒場高校
T 107 貞静学園高校
T 53 東亜学園高校
T 37 東海大付高輪台高校
T 55 東京高校
T 3 東京学芸大附高校
T 101 東京家政大附女子高校
T 9 東京工大附科学技術高校
T 116 東京実業高校
T 79 東京成徳大高校
T 35 東京電機大高校
T 71 東京立正高校
T 7 桐朋高校
T 74 東洋高校
T 72 東洋大京北高校
T 95 豊島学院高校

ナ
T 34 二松学舎大附高校
T 103 日本工大駒場高校
T 52 日本学園高校
T 30 日本大櫻丘高校★
T 27 日本大第一高校
T 28 日本大第二高校
T 29 日本大第三高校
T 31 日本大鶴ヶ丘高校
T 32 日本大豊山高校★
T 33 日本大豊山女子高校

ハ
T 100 八王子学園八王子高校
T 68 広尾学園高校
T 96 藤村女子高校
T 60 文化学園大杉並高校★
T 69 文京学院大女子高校★
T 77 文教大付高校
T 21 法政大高校
T 106 豊南高校
T 112 朋優学院高校★
T 85 保善高校★
T 87 堀越高校

マ
T 82 明星学園高校
T 48 武蔵野大学高校
T 15 明治学院高校
T 6 明治大付中野高校
T 20 明治大付八王子高校
T 19 明治大付明治高校★
T 86 明星高校（府中）
T 54 目黒学院高校
T 110 目黒日本大高校
T 97 目白研心高校

ヤ
T 90 安田学園高校★

ラ
T 114 立正大付立正高校

ワ
T 14 早稲田実業高等部
T 11 早稲田大高等学院

●神奈川県
K 8 慶應義塾高校
K 18 相模女子大高等部
K 11 湘南工科大附高校
K 16 相洋高校
K 13 鶴見大附高校
K 1 桐蔭学園高校
K 6 東海大付相模高校★
K 7 桐光学園高校
K 2 日本女子大附高校
K 4 日本大高校（日吉）★
K 5 日本大藤沢高校
K 17 武相高校
K 9 法政大国際高校
K 3 法政大第二高校★
K 15 山手学院高校
K 14 横浜高校★
K 19 横浜隼人高校

●千葉県
C 6 市川高校★
C 17 市原中央高校
C 34 植草学園大附高校
C 18 木更津総合高校
C 25 敬愛学園高校
C 33 光英VERITAS高校
C 31 国府台女子学院高等部
C 20 志学館高等部
C 9 芝浦工大柏高校
C 15 渋谷教育学園幕張高校★
C 36 秀明八千代高校
C 10 昭和学院高校
C 23 昭和学院秀英高校★
C 29 西武台千葉高校
C 2 専修大松戸高校
C 21 拓殖大紅陵高校
C 12 千葉英和高校
C 11 千葉敬愛高校
C 24 千葉経済大附高校
C 8 千葉商科大付高校
C 5 千葉日本大第一高校
C 28 千葉明徳高校
C 19 中央学院高校
C 7 東海大付浦安高校
C 26 東京学館高校
C 27 東京学館浦安高校
C 37 東葉高校
C 35 成田高校★
C 14 二松学舎大柏高校
C 30 日本体育大柏高校
C 4 日本大習志野高校
C 13 八千代松陰高校
C 16 流通経済大付柏高校★
C 32 麗澤高校
C 3 和洋国府台女子高校

公立高校版　定価1,100円～2,420円（税込

東京都立高校
埼玉県公立高校
神奈川県公立高校
神奈川県特色検査
千葉県公立高校
栃木県公立高校
茨城県公立高校
群馬県公立高校
都立日比谷高校
都立西高校
都立八王子東高校
都立国立高校
都立戸山高校
都立国分寺高校
都立立川高校
都立新宿高校
都立青山高校

●埼玉県
S 33 秋草学園高校
S 21 浦和学院高校
S 26 浦和実業学園高校
S 38 浦和麗明高校
S 31 叡明高校
S 2 大宮開成高校
S 14 開智高校
S 10 春日部共栄高校★
S 13 川越東高校
S 4 慶應義塾志木高校
S 29 国際学院高校
S 16 埼玉栄高校
S 20 埼玉平成高校
S 36 栄北高校★
S 9 栄東高校
S 27 狭山ヶ丘高校
S 40 秀明高校
S 37 秀明英光高校
S 5 淑徳与野高校★
S 3 城西大付川越高校
S 34 正智深谷高校
S 18 昌平高校
S 7 城北埼玉高校
S 11 西武学園文理高校
S 25 西武台高校
S 15 聖望学園高校
S 28 東京成徳大深谷高校
S 23 東京農大第三高校
S 8 獨協埼玉高校
S 22 花咲徳栄高校
S 39 東野高校
S 24 武南高校
S 12 星野高校
S 30 細田学園高校
S 19 本庄第一高校
S 32 本庄東高校
S 17 武蔵越生高校
S 35 山村学園高校
S 1 立教新座高校
S 6 早大本庄高等学院

●茨城県
I 11 茨城高校★
I 12 茨城キリスト教学園高校
I 16 岩瀬日本大高校
I 4 江戸川学園取手高校
I 5 霞ケ浦高校★
I 2 常総学院高校
I 8 水城高校
I 14 大成女子高校
I 7 つくば国際大高校
I 15 つくば秀英高校
I 1 土浦日本大高校
I 3 東洋大附牛久高校
I 10 常磐大学高校
I 6 水戸葵陵高校★
I 9 水戸啓明高校
I 17 水戸女子高校
I 13 明秀学園日立高校

●栃木県
To 4 足利大附高校
To 5 宇都宮短大附属高校
To 8 宇都宮文星女子高校
To 1 國學院大栃木高校
To 6 作新学院（英進）
To 7 作新学院（総進・情報
To 2 佐野日本大高校★
To 3 白鷗大足利高校
To 9 文星芸術大高校

●群馬県
G 1 関東学園大附高校
G 4 桐生第一高校
G 2 樹徳高校
G 9 高崎健康福祉大高崎高
G 3 高崎商科大附高校
G 5 東京農大第二高校
G 7 常磐高校
G 6 前橋育英高校
G 8 明和県央高校

●全国共通
T 8 国立高等専門学校

声の教育社
〒162-0814　東京都新宿区新小川町8-15
TEL 03(5261)5061㈹　FAX 03(5261)5062
https://www.koenokyoikusha.co.jp

高校後見返し